3판

아동심리검사

3판

아동심리검사

강문희 · 박경 · 정옥환 지음

교문사

3판 머리말

아동심리검사 개정판을 출간한지 어느덧 10년이 되었다. 그동안 아동과 관련된 현장이나 아동심리 및 교육 분야에서 아동을 보다 더 객관적이고 정확하게 이해하고자 하는 관심과 열의가 조금씩 증가하고 있음을 자주 대하게 되는데 매우 고무적인 일이다. 아동이 생활하고 있는 시대와 상황, 그리고 정신적, 물리적 환경이 다양하고 복잡해질수록 아동을 이해하는 방법과 접근시도도 다양해진다. 그러나 한 가지 확실한 것은 예나 지금이나 아동을 이해하려는 목적은 아동의 행복과 신체적·심리적 안녕이라고 할 수 있다. 부모, 교사, 아동심리 전문가들은 이를 달성하기 위하여 끊임없이 노력하고 있다.

아동의 심리적 특성이나 행동을 과학적으로 파악하고 측정하여 현재 이동이 보여주고 있는 행동을 보다 객관적이고 정확하게 이해하고, 아동의 행동을 예측함으로써 아동의 심리적 안녕을 돕고 미래에 대한 계획을 보다 구체적으로 할 수 있도록 돕고자 하는 노력은 이미 오래전부터 있어왔다. 현대에 이르러 이러한 시도들은 보다 체계적이고 과학적인 연구를 통해 다양한 영역의 심리검사들이 개발되어 현장에서 활용됨으로써 아동에게 실제적으로 도움이 되는 결과로 이어지고 있다.

심리검사를 교육현장이나 복지 또는 상담 등 일선 현장에서 활용하기 위해서는 이에 대한 지식과 실용적인 훈련의 경험이 필수적임은 주지하고 있는 사실이다. 이 책은 대학이나 아동 임상현장에서 이러한 전문적 경험을 보다 깊이 있게 하고자 하는 분들을 위한 준비서, 더 나아가 참고용 도서로 활용할 목적으로 만들게 되었다.

2011년에 출간한 아동심리검사 2차 개정판에 비해 이번 아동심리검사 3판에서는 그 내용이나 전체적인 틀에서 달라짐이 거의 없음을 밝혀둔다.

본 개정판에서 중점적으로 보완한 점은 아동용 지능검사 특히 최근 개정이 활발하게 이루어진 개인용 아동지능검사와 유아용 지능검사에 대한 내용들이다.

심리검사 전문가에게 무엇보다도 중요한 것은 아동심리검사에 대한 단편적인 지식과 정보보다는 검사에서 얻어진 결과를 아동에게 어떻게 효과적으로 적용하느냐 하는 검사자의 기본적인 심리검사에 대한 태도와 가치관, 그리고 아동에 대한 관점이라고 생각한다.

본 개정판은 심리검사를 전공하고 앞으로 심리검사를 임상현장에서 적용하고자 하는 분들의 전문적 욕구를 충분히 만족시키기에는 역부족이라고 생각한다. 그러나 앞으로 계속 보완해 나가면서 아동심리검사에 대한 전문서적으로서의 시발점이 될 수 있는 서적으로 자리매김 할 수 있기를 희망한다.

이 책이 나오기까지 많은 분들의 도움을 받았다. 특히 더운 여름에 원고의 교정과 수정, 책 표지와 편집 디자인까지 꼼꼼하게 살펴주신 교문사 편집부 관계자 분들에게 감사의 말씀을 전한다.

2022년 8월

저자 씀

머리말

아동심리검사 초판이 2003년에 나온 이후 심리검사에 대한 학계나 각급 교육 현장 전문가, 그리고 일반인들의 관심이 매우 높아졌음을 느낄 수 있다. 각종 심리검사들이 지속적으로 개발되어 출간되고 있으며, 대학에서도 심리검사 교과목들이 개설되는 반가운 소식들을 접할 수 있다. 그러나 아직도 해외에서 제작된 심리검사들을 우리 문화와 실정에 맞게 번안 또는 재표준화하는 것이 주류이어서 한국인의 특성과 한국문화의 독특성이 충분히 반영된 독창적인 새로운 심리검사의 개발이 많지 않다는 아쉬움이 남는다.

현대사회의 특성은 양면의 칼날 같아서 과거에는 감히 상상하기 어려울 정도의 혜택을 인류에게 안겨주는 문명의 발달을 가져오기도 했지만, 다른 한편으로는 그 발달된 문명의 혜택이 또 다른 칼이 되어 가슴을 겨누는 결과를 초래하기도 했다. 특히 문명을 사려깊이 받아들이고 현명하게 사용하지 않을 경우, 인간 정신의 황폐화는 차츰 더 증가하고 걷잡을 수 없게 된다. 이러한 문명의 폐해는 성인에게만 해당되는 것이 아니라 아직 독립적인 판단에 의해 어떤 행동을 취사선택할 수 있는 능력이 미숙한 발달단계에 있는 어린아이일수록 더욱 큰 영향권에 들게 되어 그 결과는 커다란 문제로 부각된다.

오늘날 아동의 내면세계를 보다 과학적이고 객관적인 방법으로 관찰하고 측정하여 그의 행동을 보다 정확하게 이해함으로써 아동의 미래에 대한 구체적이고 긍정적인 계획을 돕고자 하는 노력은 심리학과 의학에서뿐만 아니라 다른 학문에서도 오랫동안 시도하고 노력해 온 중대한 과제이다. 이러한 노력 중의 하나로 중요한 것은 심리검사를 통한 방법을 들 수 있다. 아동을 대상으로 하는 심리검사의 측정과 평가방법은 성인의 것과 유사할 수 있으나 아동의 발달적 특징에 따르는 특유의 독특한 검사내용과 방법이 포함되어야 함은 매우 중요하다.

이 책은 아동을 대상으로 하는 임상상황에서 심리검사를 사용하고 있는 임상가들이나 앞으로 심리검사를 사용하기 위한 준비와 교육, 훈련을 받고 있는 대학생과 대학원생들을 위한 교재 또는 참고서적으로서의 역할을 할 수 있도록 구성하였다. 특히 초판에서의 내용과는 달리 심리검사의 기본적인 학문적 기초를 보다 더 보완하였으며, 최근 출간된 심리검사들을 추가하였다. 우리나라에서 개발되어 사용되고 있지 않은 외국의 검사들은 포함하지 않음으로써 가능한 한 실제로 활용할 수 있는 검사들을 수록하려고 노력하였다. 또한 개인용 지능검사들과 로샤 등 투사적 기법을 활용하는 검사들은 그 실시방법과 해석방법을 보다 자세히 다룸으로써 임상에서 전문가로서 활동하기 위한 훈련과정에서뿐만 아니라 임상 상황에서 실제로 참고가 되도록 하였다. 초판을 개정, 보완하다 보니 2개의 장이 늘어나게 되어 이 책은 모두 14개의 장으로 구성하게 되었다.

제1장에서는 심리검사의 개념과 역사적 발전과정, 그리고 심리검사자의 윤리적 책무를 간략하게 기술하였고, 제2장에서는 심리검사의 선택에 도움이 되는 기술적 지표들을 설명하였다. 제3장에서는 임상평가의 절차와 심리검사의 활용에 대한 내용을 다루었으며, 제4장에서는 아동 평가면접의 방법을, 그리고 제5장에서는 관찰과 각종 체크리스트를 활용한 아동 행동평가의 방법을 제시하였다. 제6장과 제7장은 지능검사로서 K-WISC와 K-ABC를 중심으로 내용과 실시 및 결과의 해석방법을 비교적 상세히 담아내었다. 제8장, 제9장, 제10장, 제11장, 제12장에서는 투사적 기법을 활용한 아동용 심리검사들과 H-T-P, KFD 등 그림검사의 실시와 해석방법을 포함하고 있으며, 제13장은 아동용 집단검사들 중 비교적 자주 사용되고 있는 검사들을 중심으로 성격, 학업성취, 창의성 등의 객관적 검사들을 수록, 설명하였다. 제14장에서는 이러한 심리검사를 실시한 후 전문가들이 반드시 보고해야 할 심리검사 보고서 작성방법을 사례를 중심으로 제시하였다.

아동용 심리검사를 중점적으로 다루는 전문적인 서적이 필요하다는 생각은 초판을 준비하던 2003년이나 지금이나 동일하다. 오히려 개정판을 마무리한 지금도 그 필요성에 대한 생각은 더욱 절실하다고 해도 과언이 아니다. 그런 점에서 볼 때 이 개정판도 아동용 심리검사의 종착이 아닌 하나의 작은 시발점이며 과정에 불과하다는 생각을 해 본다. 부족한 점은 계속해서 보완해 나가겠다는 약속을 다시 한번 해 본다. 모쪼록 이 책이 아동 임상가들에게 조금이나마 도움이 된다면 큰 다행으로 여기겠다.

이 책이 나오기까지 많은 분들의 도움을 받았다. 특히 원고의 체제와 편집에 수고를 아끼지 않으신 ㈜교문사 편집부 관계자 여러분과 오랫동안 개정판을 기다려 주신 양계성 상무님과 류제동 사장님께 감사의 말씀을 전한다.

2011년 2월

저자 씀

차례

CHAPTER 7 ········

아동용 지능검사 II: K-ABC

CHAPTER 8 ········

아동용 BGT

CHAPTER 14 ········ 심리검사 보고서의 작성

부록

CHAPTER 1.
심리검사의 기초

심리검사의 기초

아동의 행동을 이해하는 방법에는 여러 가지가 있다. 아동과 대화를 나누거나 아동의 행동을 면밀하게 관찰하여 이해하는 방법도 있고, 다양한 형태와 내용의 객관적인 검사를 사용하여 이해하는 방법도 있다. 이 장에서는 아동의 심리적인 특성을 보다 객관적으로 파악하기 위하여 활용되는 심리검사의 기초로서 그 이론과 실제적인 몇 가지 측면을 살펴보고, 더 나아가 심리검사실시자의 윤리적인 측면 등을 알아보고자 한다.

1. 심리검사의 의미

여기에서는 심리검사의 의미를 이해하는 데 도움을 주기 위하여 먼저 심리검사의 정의를 간략히 살펴본 후 심리검사의 기능을 알아보기로 하겠다.

1) 심리검사의 정의

심리검사는 심리측정, 심리진단 등의 용어와 혼용되는 경우가 많이 있다. 심리검사의 정의는 학자에 따라 조금씩 차이가 있는데, 예를 들면 심리검사를 "개인의 인지적, 정의적, 행동적, 사회적 특성을 객관적으로 측정하는 데 사용되는 방법(Thurstone, 1938)"이라는 고전적인 정의가 있는가 하면, "특정 영역의 행동표본을 통해 객관적이고 표준화된 측정(Anastasi, 1997)"을 하는 것이 심리검사라는 정의도 있다. 이러한 정의들은 심리검사의 객관성을 강조하는 표준화된 측정과 평가를 강조하고 있다.

한편, 최근에는 심리검사를 "개인에 대한 어떤 중요한 결정을 내릴 때 사용할 수 있는 가장 공정하고 정확한 심리학적 기술(김재환 등, 2009)"이라고 정의함으로써 개인의 문제를 진단하고 개입방법을 결정하는 데 적절한 도움을 주기 위한 심리검사의 기능적 측면을 강조하고 있다. 즉, 심리검사 과정을 통해 개인의 세부적인 문제를 알아보고 그 문제의 원인을 탐색하며 그에 따른 해결방법을 결정하는 데 심리검사가 유용한 자료의 역할을 할 수 있음을 제시하고 있는 것이다.

심리검사라고 하면 표준화된 검사만을 생각하는 경향이 있으나 표준화되지 않은 검사도 인간의 심리적 특성과 행동을 이해하는 데 매우 유용한 역할을 하고 있다. 따라서 표준화된 검사이든 표준화되지 않은 검사이든 간에 "인간의 능력, 지각, 흥미, 동기, 성격, 적응, 가치, 태도 등과 같이 개인이 가지고 있는 심리적 특성과 그 정도를 밝힐 목적으로 일정한 조건에서 이미 마련된 자극이나 문제, 작업을 제시한 다음 그 사람의 반응을 특정 관점에 비추어 질적, 양적으로 기술하는 조직적 절차(김영환 등, 2008)"라는 정의가 심리검사의 의미를 비교적 종합적으로 정의하고 있다고 하겠다.

2) 심리검사의 기능

병원이나 심리상담실, 학교, 군대 등 공공기관이나 기업체 등에서는 개인이나 집단의 특성을 보다 정확하고 객관적으로 이해하며 그 결과를 유용하게 활용하고 결정하기 위한 방법으로 심리검사를 활용한다. 이를 위해 심리검사 전문가들은 심리검사의 기능을 이해하는 것이 필수적이라고 하겠다. 다음에서 심리검사의 기능으로 이해, 선발, 분류, 배치placement, 진단, 평가, 검증을 중심으로 간략히 살펴보기로 하겠다(김재환 등, 2009).

(1) 개인차 이해의 기능

심리검사는 직업상담사, 학교상담자, 그리고 임상심리전문가 등이 학생이나 환자, 군인 구직자 등 대상자의 심리적 특성과 개인차를 이해하기 위한 기법으로 개발되어 사용되어 왔다. 최근에 와서 심리검사가 보편화되면서 학교나 병원, 기업체 등의 기관뿐만 아니라 개인들이 자기 자신을 보다 잘 이해하기 위한 방법으로 심리검사를 이용하고 있다.

(2) 선발의 기능

기업체나 군대 등의 조직에서는 심리검사를 인력의 적절한 활용을 위하여 사용한다. 조직에 적합한 심리적 특성을 가진 사람인지, 능력은 합당한지, 대인관계의 특성은 어떠한지 등을 측정함으로써 특정 조직에 적합한 인력을 선발하기 위한 목적으로 심리검사를 활용할 수 있다.

(3) 분류의 기능

개인이 가지고 있는 능력이나 적성, 성격 등의 특성은 차이가 있다. 심리검사는 사용하는 목적이나 필요에 따라 이러한 개인의 특성을 유목화함으로써 그에 따라 집단을 분류할 수 있다. 예를 들면, 기업체에서 원하는 능력을 가진 일단의 사원들을 선발한 뒤, 다시 이들을 개인의 적성에 따라 유목별로 분류하는 기능이다.

(4) 배치의 기능

분류의 기능과 중복될 수 있으나 위에서 말한 것과 같이 심리검사의 결과에 의해 개인의 적성이나 흥미, 능력 등에 따라 분류된 사람들을 적재적소에 배치하는 기능이다.

(5) 진단의 기능

심리검사의 진단 기능은 매우 중요하다. 이 기능은 검사대상자들의 행동적 특성을 어떤 유형으로 분류하거나 명명하는 데 그치지 않고 그 이상의 기능을 한다. 즉, 병원이나 교육기관, 또는 다양한 유형의 임상상황에서 임상심리전문가나 상담전문가가 심리검사의 결과에 의해서 얻어진 결과와 다양한 정보를 기초로 의뢰된 환자나 개인의 행동 문제나 성격, 지능, 정서장애 문제의 증상과 그 원인을 종합적으로 판단할 수 있다. 이를 통해 문제 행동의 원인을 확인하고 치료의 계획을 수립하는 데 기여한다.

(6) 평가의 기능

심리검사는 어떤 교육프로그램이나 심리치료 등의 결과를 객관적으로 측정하여 그 효과를 확인하는 평가의 기능을 가지고 있다. 이러한 평가를 통하여 특정의 치료나 교정프로그램을 보완하거나 그 존폐를 결정하기 위한 기능을 하기도 한다.

(7) 검증의 기능

심리검사의 검증기능은 위에서 살펴본 평가의 기능과 유사하다. 주로 사회과학에서 연구 가설을 세우고 그 가설을 입증하기 위한 방법으로 심리검사를 활용하는 것이다. 예를 들면, 심리학이나 교육학에서 새로운 특정 프로그램을 개발하여 그 프로그램을 연구 대상자에게 실시한 후 대상자의 행동이나 성격, 정서, 능력 등에 긍정적 변화를 가져왔는지 아닌지의 가설을 검증하는 데 심리검사를 활용한다.

이상에서 크론박(Cronbach, 1984)과 그레고리(Gregory, 1992)가 제시한 심리검사의 기능을 간략히 살펴보았다. 이러한 심리검사의 기능들을 특별히 아동에게 적용할 때 가지게 되는 측면을 중심으로 정리하면 다음과 같다.

첫째, 심리검사는 개인이 자기의 자질과 적성을 발견하는 데 도움이 된다. 자기의 흥미, 능력, 소질, 경험 등이 어느 일에 보다 더 적합한지, 그리하여 더 나아가서는 어느 방향으로 진로를 결정하고 어떤 종류의 직업을 선택할 것인지 등은 발달에서 아동기뿐만 아니라 청소년기 그리고 경우에 따라서는 성인기에 이르기까지 매우 중요한 관심의 대상이 된다. 심리검사는 자라나는 아동·청소년들의 지능, 학업성취도, 흥미, 성격 등 여러 가지 특성들에 관한 자료를 수집하여 보다 객관적이고 종합적으로 분석하게 하고, 이를 토대로 개인이 자기의 개성과 적성을 살려 진학계획과 장래의 진로계획을 세우는 데 도움을 주는 기능을 한다.

둘째, 심리검사의 결과는 아동의 연령이나, 성, 주거지역 등에 따라 특정 집단 전체를 객관적으로 이해하는 방법으로 활용될 수 있다. 특히 심리학, 교육학, 사회학 등에서 연구의 목적으로 연령층과 성별 진로계획 등에 따른 심리적 특성과 현상을 파악하기 위한 방법으로 자주 활용된다.

셋째, 심리검사는 예측의 기능을 가지고 있다. 즉, 심리검사의 결과를 가지고 아동이 앞으로 보여줄 것으로 예상되는 행동의 특징들을 잠정적으로 추정할 수 있다. 예를 들면, 한 개인이 보여주는 현재의 적성검사 결과를 가지고 그가 장래에 어떤 직무에서 얼마만큼 성공할 것인지를 예측할 수 있다. 또 다른 예로, 현재 어떤 아동이 획득한 어휘검사 결과를 검토한 후 그 아동의 전체적인 언어발달의 정도와 언어생활의 모습을 추정해 볼 수 있다.

넷째, 심리검사는 진단의 기능을 가지고 있다. 심리검사를 통해서 아동의 한 가지 영역의 특성을 파악할 뿐만 아니라, 여러 가지 검사를 종합하여 현재 아동 개인 특성에 나타난 장점과 단점, 사회적 적응의 정도, 정신의학적인 문제의 심각성 여부를 진단해 낼 수 있다. 이러한 심리검사의 진단 기능은 특히 행동 문제를 보이고 있는 아동을 학교나 임상상황에서 지도하고 상담하는 등 임상적인 차원에서 도움을 제공하기 위한 자료로 유용하다.

2. 심리검사의 발달사

심리검사의 역사적 발전과정은 심리학 자체의 발달사와 맥을 같이 한다고 볼 수 있다. 따라서 보다 상세한 심리검사 발달의 역사는 심리학의 역사를 참조해 보면 이해에 도움이 된다. 고대에서 현대에 이르기까지 인간에 대한 관점은 그 시대의 사상과 인간의 삶, 그리고 인간의 가치를 표상하는 철학, 법적 제도, 종교 등의 발전과 함께 변화해 왔다.

1) 심리검사의 발전과정

심리검사가 어떠한 과정을 거쳐 발달했는가에 대해서 심리검사 발전에 영향을 준 몇 가지 요인들을 중심으로 간략하게 살펴보기로 하겠다.

(1) 실험심리학의 발전과 개인차의 측정 노력

개인차를 인정하고 측정해 보려는 움직임은 인류의 역사와 함께 해 왔다. 그러나 이러한 개인차를 어떻게 과학적으로 증명하느냐 하는 것은 1800년대에 이르러 비로소 가능했고 여기에는 심리학의 공헌이 크다고 하겠다. 그 대표적인 학자로는 분트(Wundt, 1832-1920)를 들 수 있는데, 그의 공헌은 1879년에 독일의 라이프치히Leipzig대학에서 실험심리학 연구실을 최초로 설치, 운영하면서 자극에 대한 개인의 반응속도를 측정하여 개인차가 있음을 증명하고자 한 것이었다.

개인차에 깊은 관심을 가지고 이를 증명해 보이는 데 공헌한 또 하나의 인물은 19세기 영국의 학자 골턴(Galton: 1822-1911)이다. 그는 여러 가지 심리적 특성 중 지적 능력의 차이가 유전에 의한 것이라는 일종의 가설 또는 신념을 가지고 천재의 가계(家系)를 규명하고자 하였다. 그의 개인차 측정의 집념은 1884년에 영국 런던에서 열린 만국박람회에서 인체측정 실험실을 만들어 신체적 특성을 비롯한 시력, 근육강도, 반응속도 등 주로 인체의 감각 능력을 특별히 고안된 도구를 사용하여 대규모로 측정하기에 이른다. 그러나 그의 이러한 노력에도 불구하고 결과적으로 인간의 정신, 내면세계를 심도 있게 측정하는 데까지는 충분히 미치지 못하였다.

(2) 지적 능력 차이에 대한 인본주의적 접근의 시도

인류의 역사와 함께 어느 시대, 어느 사회에서나 지적 능력이 떨어지거나 정신적인 병을 가지고 있는 사람들은 존재해 왔으며 이들은 신체적인 장애를 가지고 있는 사람들과 유사하게 사회적으로나 국가적으로 도태의 대상으로 취급되었다. 특히 백치라고 비하했던, 즉 정신발달지체의 문제를 가지고 있는 아동을 사회적으로 어떻게 보아야 할 것이냐의 근본적인 개념은 인간에 대한 철학과 관련된다. 역사적으로 볼 때 인본주의적인 철학이 대두되기 전까지 정신지체를 가진 발달장애 아동은 성인이 되어도 인간으로서의 구실을 할 수 없는 소위 '신의 저주'를 받은 것으로 치부하여 교육이나 인간적인 대우의 대상이 되지 못하였다.

프랑스의 의사인 에스퀴롤(Esquirol, 1772-1840)과 세갱(Seguin, 1812-1880)의 업적은 인간 이하의 대우를 받으면서 교육의 대상이라고는 생각하지도 못했던 시기에 이들에게 언어교육을 시도하고 감각훈련법과 근육훈련법 등의 교육프로그램을 개발하여 이들에게 교육의 기회를 제공하며 일상생활에서 그 효과를 보이도록 노력했다는 점에서 매우 중요한 의미를 가진다.

지적 능력에 현격한 차이를 보이는 정신발달지체아들에 대한 이들의 인도주의적인 접근은 그 이후 지능의 개인차를 측정하는 검사를 만드는 데 기초가 되어 지능검사를 개발하는 데 중요한 요인으로 작용하였다.

(3) 지능검사의 개발

프랑스가 1881년에 학습지진아를 포함하는 모든 아동에게 의무교육을 받도록 해야 한다는 법률을 통과시킨 것은 지능검사의 개발에 중요한 영향을 미친 사건이다. 동일한 연령임에도 불구하고 언어의 습득이나 지적 과제의 해결, 그리고 읽고 쓰고 셈하는 기본적인 학습 능력에 지체를 보이는 아동에 대한 관심은 정상적인 지능을 가지고 있는 아동과 정신지체아동을 미리 구분하여 이들에게 각각 적합한 교육을 제공해야 한다는 실제적인 필요가 생기게 된 것이다. 즉, 정규교육을 받기 어려운 지적 능력을 가진 아동을 미리 가려내어screening 이들을 정규학급에서 제외시키고 이들의 지적 수준에 맞는 특수교육을 제공하는 대상자로 지정하고자 하였다.

이러한 목적에 부합되는 검사를 개발한 사람은 비네Binet와 시몽Simon이었다. 그들은 1905년, 3세~11세 사이의 아동을 대상으로 하는 최초의 지능검사를 개발하였는데, 이 검사는 학교학습에 필수적인 도구적 능력이라고 할 수 있는 어휘력과 언어 이해력, 언어 유창성 등과 같은 문항들이 다수 포함되어 있었다.

비네-시몽Binet-Simon의 지능척도는 그 후 1916년에 미국에서 터먼Terman에 의해 스탠퍼드-비네Stanford-Binet 검사로 개발되면서 정신연령과 생활연령의 비율을 측정하여 나타내는 지능지수IQ를 도입함으로써 본격적인 지능검사로 개발되어 지적 능력을 객관적으로 측정하는 심리검사가 전 세계적으로 보급, 활용되는 계기를 마련하였다.

(4) 세계대전과 집단검사 개발의 필요성 대두

전쟁은 인간에게 신체적으로나 정신적으로 많은 고통을 가져다주지만 이를 최소화하기 위한 노력의 결과로 과학이 발전하는 경우를 볼 수 있다. 제1차 세계대전이 발발하면서 미국 국방부는 짧은 시간 내에 많은 병사의 다양한 능력을 측정하여 선발하고 적재적소에 배치해야 할 필요성이 절실해졌다. 따라서 스탠퍼드-비네Stanford-Binet 검사와 같은 개인용 검사보다는 동시에 여러 사람에게 실시하고 결과를 알 수 있는 집단검사의 개발을 미국 심리학회에 의뢰하면서 본격적인 집단용 심리검사의 발전이 이루어지게 되었다.

세계대전이 끝난 이후에는 유아에서 성인에 이르기까지 다양한 연령층을 대상으로 하는 집단용 심리검사가 개발, 보급되었으며 지능검사뿐만이 아니라 성격검사, 적성검사, 흥미검사 등에도 집단실시가 가능하고 객관적인 채점이 가능한 심리검사들이 개발되어 활용되고 있다.

2) 한국에서의 심리검사 발전과정

우리나라에서는 심리검사에 대한 개발과 보급이 1960년대에 이르러서 본격적으로 이루어지기 시작하였다. 지능검사의 예를 보면, 1965년 김재은이 4세 7세 유아를 대상으로 유아지능검사를 개발하였고, 유치원과 초등학교 저학년 아동을 대상으로 이상로가 지능진단검사를 개발, 보급하였다. 또한 미국에서 개발된 개인용 지능검사인 웩슬러 지능검사WAIS: Wechsler Adult Intelligence Scale를 1963년 한국판 웩슬러 지능검사로 개발하여(전용신, 서봉연, 이창우) 사용하였으며, 미국에서

1940년에 개발된 하사웨이와 맥킨리(Hathaway & McKinley)의 MMPI(미네소타 다면성 인성검사)가 1965년 한국에서 표준화되었다(정범모, 이정균, 진위교). 이러한 한국판 개인용 지능검사와 MMPI는 그 후 개정을 거듭하면서 재표준화되는 과정을 거쳐 현재에도 활용되고 있다.

이러한 검사들 이외에도 1970년대와 1980년대에 다양한 심리검사들이 표준화 과정을 거쳐 다양한 연령층과 대상 집단에게 활용되고 있다. 예를 들면, 창의성검사, 적성검사, 특수적성검사, 흥미검사, 성격검사, 직업선호도검사, 사회성검사, 사회성숙도검사, 학력검사 등이 개발되어 사용되고 있다. 이들 중 많은 검사들은 미국을 중심으로 하는 외국에서 개발된 검사들을 우리나라의 실정에 맞게 재표준화한 것들이다.

웩슬러 지능검사도 성인용뿐만 아니라 아동용(KEDI-WISC, 한국교육개발원, 1991)과 유아용(K-WIPPSI, 박혜원 등, 1996)이 차례로 한국판이 개발됨으로써 교육이나 임상현장에서 유용하게 사용되고 있다. 1960년대에서부터 2000년 이전까지 유아용 및 초등학교 아동용으로 우리나라에서 개발되어 사용되고 있는 검사들을 지능검사를 중심으로 표로 정리해 보았다. 표에 제시된 검사들 중에는 현재까지 현장에서 활용되고 있는 검사도 있지만 거의 사용되지 않는 검사도 다수 있다. 또한 2000년 이후에도 심리검사들이 꾸준히 개발되어 왔다.

표 1-1에는 주로 객관화된 검사를 중심으로 정리되었으며 아동용 주제통각검사(CAT, TAT)나 로샤(Rorschach) 등의 투사적 기법들은 포함하지 않았다. 실제로 다수의 검사들이 표준화 또는 표준화되지 않은 상태에서 활용되고 있으며 연구용으로 개발되어 한정적으로 사용되고 있는 경우도 많이 있다. 특히 2000년 이후에는 학업성취도검사나 아동용 성격검사 등이 표준화되어 활발하게 활용되고 있음은 매우 고무적인 일이라고 하겠다.

표 1-1 유아 및 초등학교 아동용 심리검사 목록(1965~2000년)

검사명	제작자명	제작연도	대상범위
유아지능사	김재은	1965	4~7세
지능진단검사	이상로	1967	유치원, 초등학교 저학년
인물화검사	김재은	1967	5~12세
일반 지능검사	김호권	1970	4~7세, 초등 2~3학년
고대-비네검사	전용신	1971	4~14세
음악재능검사	황응연, 유덕희	1972	초등 4~6학년
그림좌절검사	김태련	1972	초등 4~6학년
사회성숙도검사	김승주, 김옥기	1974	0~30개월
K-WISC	이창우, 서봉연	1974	5~16세
성격진단검사	이상진, 변창진, 진위교	1974	초등학생용
기초학습 기능검사	박경숙, 윤점룡, 박혜정	1989	유치원~초등 6학년
KEDI-WISC	한국교육개발원	1991	5~16세
K-Luria-Nebraska 아동용 신경심리검사	홍강의, 신민섭	1994	초등학생
K-WIPPSI	박혜원, 곽금주, 박광배	1996	3~7세
K-ABC 카우프만 아동용 개별지능검사	문수백, 변창진	1997	2세 6개월~12세 5개월
적성검사	송인섭, 박정옥	1997	초등 4~6학년
종합창의성검사	전경원	2000	4~6세

3. 심리검사 선택에서 고려해야 할 요인들

임상심리전문가나 상담심리전문가는 학교나 병원 또는 상담전문기관 등의 임상 상황에서 대상자를 이해하고 적절한 도움을 주기 위한 정보를 수집하고 전문적 결론을 내리는 데 필요한 심리검사를 선택하여 실시하는 일련의 과정을 가지게 된다. 이러한 일련의 임상적 판단과정에는 대상자에 대한 자료의 수집과 종합, 임상적으로나 통계적 측면에서 상대적 정확성을 가졌으며 의뢰된 대상자의 문제를 이해하고 해결을 돕는 데 유용한 심리검사의 선택, 그리고 심리결과 보고서에 포함되어야 할 내용을 결정하는 것 등이 포함된다.

이러한 과정을 거쳐 임상전문가는 대상 아동을 평가하게 된다. 따라서 임상심리전문가들은 단지 자료를 얻기 위해 검사를 사용하기보다는, 문제상황에 있는 개인을 평가해서 그 정보를 가지고 개인의 문제를 해결하는 데 도움을 주고자 하는 것이다. 이러한 경우에 심리검사는 자료를 모으기 위한 하나의 방법이 되며, 검사점수는 그 자체가 목적이 아니라 문제해결을 위해 하나의 가설을 세우기 위한 수단이라고 할 수 있다. 즉, 심리평가는 개인의 문제를 해결하고 그 해결방법을 결정하는 데 역점을 두고 있는 것이다.

때에 따라서 임상심리전문가들은 보다 포괄적인 심리측정을 하기 위하여 여러 가지 필요한 일련의 검사들, 즉 '검사 배터리'를 활용하기도 하는데, 이것은 검사대상자에게 일련의 검사(예: 지능검사, 성격검사, 자아개념검사 등)를 실시함으로써 그 개인 각각의 특성과 함께 전체적인 심리상태를 파악하고 이해하는 데 도움이 될 수 있을 것이라는 가정하에 이루어지는 것이다(Groth-Marnat, 1997).

앞에서 언급한 바와 같이 심리검사를 사용하기에 앞서 임상심리전문가는 실시하고자 하는 검사의 이론적 배경, 실제적인 고려사항, 표준집단의 적절성, 신뢰도와 타당도의 정확성 등을 조사해 보고 이해하는 것이 필수적이다. 미국에서 발간되는 심리검사의 경우 이런 주제와 관련된 정보는 정신측정 연보(Mental Measurements Yearbook. Kramer & Conoley, 1992)나 검사평가 논평(Test Critiques. Keyser & Sweetland, 1985), 또는 임상측정: 자료집(Measures for Clinical Practice: A Source Book. Corcoran & Fischer, 1994) 등을 참고할 수 있다.

임상적 판단과정에서 적절한 심리검사를 선택할 때 반드시 고려해야 할 요인들은 검사의 표준화 여부, 검사의 타당성과 신뢰도 요인 등이다. 특히 검사의 타당성은 임상적 평가에서 측정하고자 하는 것을 정확하게 측정해야 하는가의 문제이며 또한 신뢰도는 검사를 신뢰할 수 있는가의 문제이기 때문에 매우 중요한 요인이라고 하겠다. 다음에서는 심리검사를 선택하여 실시하는 데 필요한 몇 가지 요소들을 살펴보기로 하겠다.

1) 심리검사의 이론적 측면

앞에서 언급한 바와 같이, 심리검사를 활용하는 데 있어서 임상전문가의 역할은 의뢰된 대상자의 특정 문제에 대한 심층적 이해를 얻고, 나아가 그 문제를 위해 어떤 결정을 내리는 데 적절한 도움을 주기 위한 것이다. 적절한 심리검사를 선택해서 실시하고 결과를 얻을 뿐만 아니라 심리검사를 선택할 때 검사의 이론적 측면에서 다음의 질문에 대한 명확한 대답을 얻는 것이 중요하다.

- 심리검사자가 측정하고자 하는 검사의 이론적 구성을 제대로 이해하고 있는가?
- 검사문항이 이론적 기술과 일치하는가?

검사 사용자는 그 검사가 아동의 문제를 이해하는 데 적절한지 아닌지를 평가하기 전에 검사의 이론적 배경을 이해해야 한다. 그 검사가 측정하고자 하는 내용과 구성을 면밀하게 검토하고 검사의 내용이 이론적 배경에 따라 적절하게 구성되도록 접근하고 있는지를 조사해야 한다(Haynes 등, 1995). 이런 정보는 대개 검사요강에 포함되어 있다. 어떤 이유로든 검사요강에 있는 정보가 검사의 내용과 구성을 이해하는 데 불충분하다면, 검사 사용자는 필요한 정보를 더 깊이 있게 찾아야 하며, 특히 검사문항을 주의 깊게 검토하는 것이 검사의 목적을 이해하는 데 도움이 된다.

2) 검사실시상의 실제적 측면

다음의 질문에 대한 대답을 구할 수 있어야 한다.

- 피검자가 읽고 응답하는 검사라면, 검사를 수행하는 데 필요한 능력 수준이 피검자의 능력에 적합한가?
- 검사의 길이는 적절한가?

아동에게 심리검사를 실시하기 전에 다음과 같은 사항을 점검한다.

첫째, 심리검사전문가는 검사의 내용이 피검자의 능력 수준에 적합한지를 점검한다. 검사자는 피검자의 교육 수준을 고려하여 검사의 내용이나 지시를 이해하는 데 필요한 읽기 능력이나 언어로 대답할 수 있는 언어적 능력이 충분히 적합한지를 알아야 한다. 피검자는 검사내용을 읽을 수 있고, 이해하고, 검사에 대해 적절하게 반응할 수 있어야 한다. 그러므로 실시하고자 하는 검사가 피검자의 읽고 말하는 능력에 적합해야 한다.

둘째, 검사의 길이가 피검자의 연령이나 주의 집중 능력에 적합한지를 점검한다. 심리검사 중에는 검사실시에 필요한 시간이 너무 길어서 특히 유아기의 어린 아동에게는 오랜 시간 지속하기 어려운 경우가 있다. 또한 검사의 지속 시간이 길어지면서 피검자에게 피로감과 함께 좌절감을 주기도 한다. 따라서 사용하고자 하는 심리검사의 소요시간을 미리 파악하여 피검자의 특성에 맞는 검사를 선택하는 것이 중요하다. 이런 경우 좀 더 짧은 시간 안에 끝내면서 동일한 결과를 얻어낼 수 있는 검사가 있다면 그러한 검사를 실시하는 것이 이와 같은 문제를 줄일 수 있을 것이다.

셋째, 검사의 실시와 해석을 위한 검사자의 훈련 정도를 평가해야 한다. 말할 것도 없이 심리검사를 실시하고 그 결과를 해석할 수 있으려면 심리검사와 관련된 임상심리학 훈련과 교육 및 실무경력이 필요하다.

3) 심리검사의 윤리적 측면

아동은 아직 신체적으로나 정신적으로 미성숙한 단계에 있다. 특히 심리검사를 받기 위해 임상심리전문가를 방문하는 아동들은 자발적으로 오기보다는 교사나 의사 또는 부모에 의해 의뢰됨으로써 무엇을 하러 오는지, 왜 오는지조차 모른 체 전문가를 만나는 경우가 대부분이다. 이에 따라 아동을 대상으로 심리검사를 실시하는 전문가에게 있어서 윤리적인 문제는 매우 중요하게 고려해야 할 부분이라고 하겠다.

임상전문가는 아동을 보다 심층적으로 이해하기 위해서 심리검사의 실시뿐만 아니라 아동의 행동을 면밀히 관찰하며 여러 가지 정보를 얻기 위해 아동 자신, 부모 또는 아동과 관련된 사람들을 면접하기도 한다. 이 과정에서 전문가의 높은 수준의 윤리적 기준이 요구되는데, 이는 아동의 특수성과 아동을 둘러싸고 있는 여러 구성원과의 상호작용에 의한 복잡성 때문이다. 따라서 성인 대상자를 위한 윤리적 지침을 아동과 그의 가족에게 그대로 적용하기에는 어려움이 있다. 아동의 문제를 결정하는 과정에서 아동의 상황과 능력을 이해하기 위해서는 특별한 고려가 있어야 한다(Russ & Ollendick, 1999). 아동과 아동의 가족을 대상으로 하는 면접 및 심리검사 과정에서 심리검사전문가는 일반적으로 아동을 옹호하는 입장에 서있어야 하는데, 다음에서 보다 구체적으로 살펴보기로 하겠다.

(1) 전문적인 관계의 형성과 관련된 윤리적 문제

아동을 평가할 때는 무엇보다도 아동과 전문가 간의 관계형성이 중요하다. 이 아동-전문가 간의 인간관계는 전문적인 관계이어야 함은 물론이며 이러한 전문적 관계를 바탕으로 평가가 이루어져야 한다. 전문적인 관계란 심리검사를 활용한 평가가 무엇이며, 평가의 목적과 조건은 어떠한지 등을 검사가 실시되기 전에 서로 논의하고 그것에 대해 의견의 일치를 보아야 함을 의미한다. 평가에 참여하는 개인에게 제공하는 정보는 주로 평가의 종류와 길이, 평가 절차, 약속 시간, 비밀보장의 원칙과 한계, 비용 등 평가와 관련된 일반적인 내용들이다. 그러나 아동은 아직 어려서 인지 능력이 부족하므로 평가과정을 충분히 이해하기가 어려운 경우가 대부분이기 때문에 일반적으로 임상전문가가 검사에 관련된 정보를 부모나 가족, 친지 또는 의뢰인과 같은 보호자에게 제공하면 아동의 보호자가 동의를 하게 되는 형식을 취하게 된다.

가족에게 동의서를 얻을 때 필요한 요소는 다음과 같다(Russ & Ollendick, 1999).

첫째, 평가에 참여하게 되는 보호자(부모, 가족 등)가 그 평가의 실시 여부에 대해 결정할 수 있는 능력이 있어야 한다.

둘째, 평가에 참여하는 것이 보호자의 자발적인 결정이어야 한다.

셋째, 평가참여자가 그 평가과정에 대해 알고 있어야 한다.

넷째, 위의 3가지 조건이 충분히 맞고 의견이 합치되면 그에 대한 동의서를 문서화하는 것이 바람직하다.

전문가와 피검자 간의 전문적인 관계를 형성하는 것은 다음과 같은 점에서 중요하다.

첫째, 임상전문가와 피검자 및 보호자 간의 전문적 관계는 평가결과뿐 아니라 전반적인 검사과정에 영향을 미친다. 따라서 전문가는 피검자인 아동과 적절한 수준의 좋은 인간관계(Rapport)를 형성해야 한다. 이러한 인간관계의 질은 검사결과에 영향을 줄 수 있는데, 예를 들면 초등학교 아동의 경우 지능검사를 실시할 때 언어적인 격려나 칭찬을 해주는 등 친근한 대화를 나누어서 좋은 인간관계를 유지하게 되는 경우 지능검사에서 더 좋은 점수를 받을 수 있는 반면에, 검사자가 아동에게 약간 부정적인 반응을 보이게 되면(예를 들면 "이것보다 더 잘할 수 있을 텐데……", "이 정도밖에 못하나……" 등의 언급), 중립적인 반응이나 칭찬을 해주는 경우보다 더 낮은 성취를 보일 수 있다고 보고되고 있다(Fuchs & Fuchs, 1986). 또한 검사자가 검사를 받고 있는 아동에 대해 잘 알고 있는 경우 그렇지 않는 경우보다 좀 더 높은 IQ 점수를 받았다고도 한다. 이와 같이 검사자와 아동 간의 관계의 질과 검사자의 기대 수준이 아동의 성취 수준에 영향을 미친다는 것을 검사자는 잘 이해해야 하며, 이것이 검사과정과 결과에 편견으로 작용하지 않도록 주의해야 한다.

둘째, 전문가와 피검자 간의 전문적 관계는 검사를 받는 아동의 정서적 상태에 영향을 줄 수 있다. 특히 검사에 대한 아동의 동기 수준이나 검사실시자에 대한 아동의 불안 수준은 검사결과에 영향을 줄 수 있는 주요한 요인으로 작용하기 때문에, 아동의 정서상태가 매우 불안정하거나 상황적인 요인이 바람직하지 않을 때에는 검사를 중단하는 것이 바람직하다. 예를 들면, 극도로 불안한 상황에서 지능검사를 실시하면, 그 결과 얻어진 지능지수의 수치는 신뢰도가 떨어질 가능성이 있다.

셋째, 검사자가 검사를 받고 있는 아동에 대해 어떻게 느끼는가도 검사결과에 영향을 줄 수 있다. 검사의 결과를 거의 기계적으로 객관적 채점화할 수 있도록 되어 있지 않고 주관적 판단이 작용할 수도 있는 투사적 검사의 경우, 검사자가 피검사 아동에 대해 친근함을 느끼며 개인적으로 좋아하는 정도에 따라 검사반응에 대한 채점이 약간 달라질 수 있다. 즉, 검사자가 아동을 좋아할수록 애매한 반응을 긍정적인 방향으로 채점을 하는 경향이 있음이 밝혀졌다(Donahue & Sattler, 1971). 그러므로 검사자는 검사를 실시, 채점해서 아동을 평가하는 과정에 있어서 자신의 태도를 끊임없이 확인하는 자세가 필요하다.

(2) 비밀보장과 관련된 윤리적 문제

심리검사 과정에서 겪게 되는 어려움 중의 하나는 검사전문가가 피검자의 비밀을 어디까지 지켜야 하는가이다. 특히 피검자가 자신에 대한 정보를 알리고 싶지 않을 경우 사생활 침해에 대한 문제를 가지게 될 가능성이 커진다. 이러한 사생활 침해의 문제는 다른 검사에서도 중요하지만 성격검사의 경우 더욱 신중하게 다루어야 할 중요한 전문가의 과제로 떠오르고 있다. 왜냐하면, 성격검사에서는 아주 개인적인 측면인 개인의 정서적인 동기나 태도와 관련된 주제들을 다루게 되는데, 검사에서 자신에 대해 나타내고 싶지 않은 부분을 드러낼 수 있기 때문이다. 또한 지능지수(IQ)도 개인에 따라서는 상당히 민감한 개인적인 부분이라고 할 수 있다.

이런 경우 전문가는 해당 정보에 대해 비밀을 지킴으로써 피검자가 솔직하게 반응할 수 있도록 격려해야 한다. 성인의 경우 검사자가 개인적인 정보를 비밀로 지킬 것이라고 기대하지만, 아동은 부모가 자신의 사생활의 세밀한 부분까지 모두 알고 있다고 생각하기 쉬우므로 비밀보장에 대해 더 많은 확신을 갖게 할 필요가 있다. 피검자의 비밀보장에 관련해서 다음의 점들을 유념한다.

첫째, 실제로 임상상황에서 피검자의 개인적인 정보를 임상적 판단에 필요로 하는 경우 전문가가 이를 얻는 데 크게 어려움은 없다고 보아야 할 것이다. 피검자에 대한 정보의 수집은 피검자를 돕기 위한 것이며, 그 목적을 분명하게 설명함으로써 상호이해와 합의가 가능하기 때문이다. 검사과정에서 얻어진 정보는 아동을 위한 목적으로만 활용될 것이며 그 정보는 아동과 법적 권한을 가진 부모에게만 알리게 됨을 설명해야 한다.

둘째, 비밀보장에 대한 논의는 심리검사전문가가 아동을 처음 만났을 때 아동 및 부모와 함께 나누어야 한다. 학교, 병원, 정신치료기관 및 기타의 기관이나 타인에게 부모의 허락 없이는 어떤 정보도 줄 수 없다는 것을 명시한 비밀보장에 대한 상호이해의 진술서에 부모가 서명하는 것이 바람직하다.

셋째, 심리검사전문가는 아동과 가족에게 필요한 경우 아동평가를 위한 자문을 얻기 위한 목적으로 동료전문가나 전문기관에 필요한 정보만을 알리면서 전문적 논의를 할 수 있다는 것을 이해하도록 사전에 설명할 필요가 있다. 이 경우 특정 아동이나 가족의 실체를 확인할 수 있는 정보를 제공해서는 안 되며 가명을 쓰는 형태로 보호되어야 한다.

넷째, 검사과정이나 면담과정에 대한 녹음이나 녹화를 하려면 사전에 반드시 아동당사자나 보호자의 허락을 받아야 함도 확실하게 알려주어야 한다.

다섯째, 비밀보장의 한계를 설명하는 것 또한 도움이 될 수 있는데, 윤리적 지침에 따라 자신이나 타인이 위험할 때, 또는 아동학대의 경우 법에 따라 비밀보장이 깨질 수 있다는 것이 그 경우이다.

결론적으로 말하면, 비밀보장에 대한 문제를 적절하게 다루는 것은 심리검사전문가의 의무이며 책임이다. 검사를 실시하는 이유에 대해 아동에게 자세하게 설명해 주어야 하며, 그 검사가 특정 목적에 타당한지를 심리검사전문가는 지속적으로 평가해야 한다. 아동과 가족에게서 동의를 구할 때에는 사용하고자 하는 검사의 이론적 설명뿐 아니라 검사에서 얻게 되는 정보와 그 정보의 활용에 대해서도 이해할 수 있는 용어를 사용하여 간단하면서 분명하게 설명해야 한다.

(3) 심리검사 도구 사용과 관련된 윤리적 문제

심리검사를 올바르게 실시하고 해석하기 위해서 검사전문가는 철저한 훈련을 받아야 한다. 이 훈련과정에는 적절한 대학원 교과과정과 일정한 기간 동안의 실무경험을 통해 수련전문가, 즉 슈퍼바이저의 지도를 받는 것이 포함되어 있다. 이를 통해 임상전문가는 검사에 대한 지식, 검사의 제한점 등에 대해 알게 되며, 검사를 유능하게 활용하는 데 필요한 책임감을 가져야 함을 인식하게 된다. 특히 개별적으로 실시하는 개인용 지능검사와 투사적 기법을 사용하는 성격검사를 활용하기 위해서는 강도 높은 훈련이 필요하다. 다음의 점들을 특히 유념한다.

첫째, 대학원과정에서 심리검사와 관련된 교과목을 이수하면서 그 과정이수의 요구에 따라 연습용으로 심리검사를 실시하는 경우는 분명한 한계가 있게 된다. 특히 특정 검사를 전문적으로 실시해서 해석하도록 아직 훈련을 받지 않았기 때문에 심리검사 결과의 타당성이 의심스러울 수 있다. 따라서 이런 경우 검사대상자에게 이 검사가 훈련을 위한 목적으로만 쓰일 것임을 설명하는 것이 검사자의 윤리적 행동이라고 하겠다.

둘째, 검사사용을 위한 일반적인 훈련내용으로는 여러 가지 세부적인 기술이 포함될 수 있다. 검사의 장·단점을 평가할 수 있는 능력, 적절한 검사의 선택, 검사의 신뢰도와 타당도에 관련된 문제에 대한 지식 등이 그것이다. 검사자는 검사요강에 있는 자료에 대해 익숙해야 하며, 그 검사가 측정하고자 하는 변인과 임상에서의 검사의 위치 등 검사와 연관된 연구에 대해서도 잘 알아야 한다.

셋째, 심리검사를 사용하기 위해 적절한 훈련을 받아야 하는 것도 검사전문가의 책임이지만, 심리검사를 실시하고 해석할 수 있는 자질을 아직 갖추지 않은 개인이 심리검사 도구를 사용하지 않도록 주의하고 유념하는 것 또한 임상전문가의 역할이며 윤리라고 하겠다. 모든 심리검사가 똑같은 전문적 지식을 요구하는 것이 아니므로 각 검사가 요구하는 훈련 수준에 따라 검사를 활용하도록 할 필요가 있다.

(4) 심리검사 결과의 해석과 관련된 윤리적 문제

다음의 점들을 유념한다.

첫째, 심리검사 결과를 해석하는 것은 결코 간단한 일이 아니며 또한 기계적으로 이루어지는 과정도 아니다. 정확한 해석이란 단순하게 해당 심리검사의 규준과 점수에 의존하는 것만을 의미하는 것이 아니라 검사와 연관된 가능한 모든 측면을 고려해서 개인의 독특성을 이해하도록 돕는 것이다.

둘째, 검사규준 및 검사도구와 관련된 것이다. 개발되어 사용하고 있는 심리검사 도구와 규준이 이미 수년이 지난 오래된 것이라면, 검사실시자는 이러한 측면을 고려해서 최근의 동향과 연구방향을 민감하게 인식하고 파악해야 한다. 임상전문가는 최근 10년 이내에 개발되어 사용하고 있는 각종 검사들에 대한 최신 이론을 습득하고 있는 것이 중요하다(Groth-Marnat, 1997). 따라서 특정 검사와 관련된 최신 이론과 개정된 심리검사의 내용, 검사의 타당도나 신뢰도, 표준화 등 기술적 특성에 대해 항상 민감하게 지식을 축적함으로써 심리검사를 선택하고 활용하는 데 소홀함이 없어야 한다. 이러한 준비가 되어 있지 않을 때 전문가로서의 윤리적 문제에 부딪치게 됨을 유념한다.

(5) 검사결과의 전달과 관련된 윤리적 문제

심리검사를 실시한 후 검사결과와 관련된 정보를 아동이나 아동의 보호자 또는 의뢰인에게 제공해야 하는 것은 심리검사전문가가 당연히 해야 할 업무 중의 하나일 것이다. 검사결과가 효과적으로 전달되지 않는다면 평가목적을 달성할 수 없게 된다. 검사결과를 전달할 때 유념해야 할 사항은 다음과 같다.

첫째, 심리검사를 의뢰한 이유와 이에 합당한 검사의 선택, 검사의 목적, 검사의 본질 등을 검사대상자나 보호자가 정확하게 이해할 수 있도록 한다. 또한 검사의 한계점, 검사에 대한 일반적인 오해 등을 설명해 줄 필요가 있다.

둘째, 아동의 부모, 가족 등의 보호자 또는 교사들이 검사결과에 따라 아동에 대한 태도나 행동에 영향을 받을 수 있으므로 검사의 결과는 가능한 한 자세하고 정확하게 설명해 주도록 한다. 검사결과에 대한 설명은 분명해야 하며,

지나치게 전문적인 용어를 피하고 듣는 사람이 이해할 수 있는 수준을 고려하여 설명하도록 한다. 예를 들어, 아동의 지능검사 결과를 부모에게 알려줄 때는 검사결과에 나타난 지능지수(IQ)의 숫자보다는 아동 능력의 강점과 약점, 백분율, 아동이 동일 연령집단에서 차지하는 상대적 위치 등이 함께 설명될 때 이해를 도울 수 있다.

셋째, 검사결과를 효과적으로 설명하기 위한 또 다른 사항은 듣는 사람의 개인적 특성을 고려하는 것이다. 교육 수준, 심리검사에 대한 일반적인 지식 수준, 검사결과에 대해 예상되는 정서적 반응 등을 고려하여 검사결과를 전달해야 한다.

검사결과를 적절하게 설명하는 것은 단순한 정보제공뿐 아니라 문제 행동의 증상을 감소시켜 주기도 하고 아동의 자아존중감을 향상시켜 주기도 한다(Finn & Tonsager, 1992). 따라서, 때로는 심리검사를 실시한 후 검사결과를 효과적으로 설명해 주는 것만으로도 아동의 문제를 해결하는 데 상당한 진전을 가져오기도 한다. 즉, 검사결과를 설명해 주는 것이 실질적인 상담이나 개입과정의 일부가 되기도 하는 것이다.

(6) 컴퓨터 프로그램화된 심리검사와 관련된 윤리적 문제

과거 30년 간 컴퓨터 프로그램화된 심리검사가 양적으로 많이 증가하였다. 미국에서는 400개가 넘는 심리검사와 관련된 소프트웨어가 이용 가능한 것으로 알려져 있다. 정신건강에 대한 컴퓨터 프로그램은 컴퓨터 프로그램을 통한 평가뿐 아니라 컴퓨터 면접, 컴퓨터 진단, 컴퓨터 지시, 치료계획, 임상조언 그리고 모의 정신과 면접 등이 있다(Ager, 1991).

컴퓨터 프로그램 평가는 여러 가지 장점을 갖고 있다. 컴퓨터는 임상전문가의 소중한 시간을 절약해 주고 검사-재검사 신뢰도를 높여 주며, 있을 수 있는 검사자의 편견을 줄여 주고, 검사의 효율성을 높임으로써 검사대상자의 비용을 절감해 준다. 앞으로는 자료수집이나 자료해석에 있어서 더 복잡한 결정을 하는 데도 컴퓨터가 도움이 될 것으로 예상된다. 그럼에도 불구하고 컴퓨터 프로그램 평가에 대한 많은 논란이 일고 있다. 가장 큰 문제는 바로 검증되지 않은 타당도이다. 이는 지필검사가 타당하다면 컴퓨터 검사도 똑같이 타당할 것이라는 것을 가정하고 있다. 컴퓨터 프로그램 자체는 잘 기술되어 있을지라도(French & Beaumont, 1987), 컴퓨터로 검사를 받는 피검자가 진실보다는 거짓으로 검사를 받을 가능성이 있다는 것이다(Lockshin & Harrison, 1991).

심리검사에 대한 전문적 자질을 갖추지 않고 단순히 컴퓨터의 심리검사 프로그램을 운영함으로써 야기되는 윤리적 문제는 매우 심각한 결과를 초래할 수 있다. 따라서 컴퓨터를 통한 심리검사를 실시하고 해석하기 위해서는 심리검사에 대한 전문적 자질을 갖추는 것이 윤리적 책무이다.

CHAPTER 2.
심리검사 선택의 기술적 준거

1 표준화와 관련된 기술적 준거

2 검사의 신뢰도와 관련된 기술적 준거

3 검사의 타당도와 관련된 기술적 준거

심리검사 선택의 기술적 준거

심리검사전문가는 임상상황에서 임상목적에 적합한 심리검사를 선택하게 된다. 이 때 기준이 되는 기술적 준거로서 검사 표준화 과정의 적절성과 이에 따르는 타당도 및 신뢰도 등을 면밀히 검토해야 할 것이다. 이 장에서는 심리검사를 활용하기 위하여 특정 검사를 선택할 때 기준이 되는 기술적인 준거들을 살펴보고자 한다.

1. 표준화와 관련된 기술적 준거

다음의 질문에 대한 명백한 대답을 얻을 수 있어야 한다.

- 검사를 실시할 대상이 표준화된 검사표집과 유사한가?
- 표준화를 위한 표집의 크기가 적절한가?
- 검사 내에 하위집단 규준이 개발되어 있는가?
- 표준화된 검사실시를 위해 검사를 위한 지시가 적절한가?

검사실시에 있어 살펴보아야 할 중요한 주제는 규준의 적절성이다. 각 심리검사는 표준화된 표본에서 얻은 점수분포를 나타내는 규준을 갖는다. 개인의 검사점수는 검사를 받은 개인과 검사 제작과정에서 사용된 표준집단 간의 유사성이 있어야만 검사결과를 비교하는 데 비로소 의미를 갖게 된다. 즉, 검사를 받은 집단이나 개인과 표준화된 표본 간에 유사성이 있으면 적절한 비교가 이루어질 수 있다는 것이다. 예를 들면, 특정 검사가 5~15세의 아동을 대상으로 표준화한 것이라면 그 연령대의 아동에게만 검사가 유용하게 활용될 수 있다. 만약 검사를 적용한 개인이 표준화된 집단과 다르다면(예를 들면 5세 이하 또는 16세 이상) 검사는 그 개인의 심리평가에 유용한 자료를 얻기 어렵게 된다. 따라서 심리검사 전문가는 검사요강에서 다른 집단을 위한 규준도 개발했는지를 알아볼 필요가 있다. 이런 것은 특히 개인용 지능검사인 웩슬러 아동용 지능검사WISC나 투사적 기법을 활용하는 로샤Rorschach 검사와 같이 제한된 규준을 가진 검사의 경우 더욱 중요하다.

유용한 정보를 얻을 수 있는 심리검사를 선택할 때 전문가는 특정 검사에서 제시하는 규준의 적합성에 관해서 다음의 3가지 항목들을 검토하도록 한다.

1) 표준화 집단의 대표성

검사의 표준집단이 검사전문가가 사용하고자 하는 검사의 표집을 대표하는지에 대한 것이다. 심리검사를 선택할 때, 심리검사의 요강에 표준화 집단의 대표성을 나타내는 충분한 정보가 포함되어 있는지 확인해야 한다. 만일 이 정보가 불충분하거나 불완전하면, 그 검사를 사용하는 데 있어서 신뢰도를 현저하게 떨어뜨릴 가능성이 높아지게 된다. 최근에는 검사를 개발할 때 전문가들이 활용하는 이상적인 방법은 무선표층 표집stratified random sampling이다. 그러나 이 방법은 비용과 시간이 지나치게 많이 소모되는 문제점이 있기 때문에 검사를 표준화할 때 충분하게 다루지 못할 가능성이 있다.

2) 충분한 규모의 표준화 집단 크기

검사에서 사용한 표준화 집단의 크기가 충분한가에 관한 것이다. 검사의 표준화를 위한 과정에서 사용된 규준집단이 너무 적으면 검사의 실시 후 얻은 검사의 결과가 안정적이지 못하고 검사를 적용하는 집단의 성, 연령, 주거지역, 교육 수준 등 검사대상자의 특성에 따라 변동이 지나치게 크게 나타날 수 있으므로 안정된 측정을 기대하기가 어렵다는 문제점이 있다.

따라서 보다 정확한 검사의 결과를 얻기 위해서는 적절한 크기의 표준화 집단을 대상으로 검사가 개발된 것이어야 한다.

3) 전국 규모의 규준 및 하위집단 표집

좋은 검사는 광범위한 전국적인 규준뿐 아니라 특정한 하위집단의 규준도 가지고 있어야 한다. 하위집단 규준에 관한 정보는 유사한 하위집단 표집을 대상으로 검사를 하게 될 때 검사전문가가 측정대상자의 검사결과를 이해하고 해석하는 데 큰 도움을 줄 수 있다(Kehoe & Tenopyr, 1994).

하위집단의 표집을 통하여 나타난 검사의 규준은 성별, 지역별, 연령별, 교육수준별, 사회·경제적 지위별, 도시 대(對) 농촌 환경 등을 기초로 이루어질 수 있는데, 이러한 하위집단(예: 남자 집단) 중 특정 하위집단이 정상 표준집단과 매우 다른 검사점수를 보일 때 더욱 주의를 필요로 한다. 따라서 전문가가 검사점수를 더 적절하고 의미 있게 해석하고 활용할 수 있으려면 각 하위집단 규준에 대한 정보를 가지는 것이 중요하다.

4) 검사 실시절차의 구조화

심리검사를 실시하는 절차는 검사자의 임의대로 이루어지는 것이 아니다. 실시할 때의 언어적 지시 방법, 실시에 필요한 시간, 검사의 시작과 종료의 방법 등 언제, 누가 검사를 실시하든 특정 검사가 요구하는 특정한 방법의 실시절차가 있게 마련이다. 즉, 검사의 실시절차에도 표준화 작업이 적용되어야 한다는 것이다. 따라서 잘 구성된 좋은 심리검사의 요건 중의 하나는 검사를 실시할 때 구조화된 양식으로 지시할 수 있음으로써, 다른 검사자가 검사를 실시하더라도 표준화된 실시절차를 유지할 수 있어야 한다는 것이다.

여기서 검사실시의 표준화란 검사에 대한 지시뿐 아니라 검사를 실시하기에 적절한 환경, 조용한 분위기, 방해받지 않는 환경, 검사자와 피검자 간의 잘 형성된 라포르rapport가 포함됨을 유념해야 한다.

2. 검사의 신뢰도와 관련된 기술적 준거

검사를 선택할 때 심리검사전문가는 다음의 질문에 대한 명확한 대답을 얻어야 한다.

- 검사에서 보여주는 신뢰도가 충실하게 높은가(일반적으로 임상적 사용을 위해서는 .90 정도, 연구 목적을 위해서는 .70 정도)?
- 검사에서 측정하고자 하는 특성의 안정성, 신뢰도의 측정방법, 검사의 양식 등이 신뢰도와 어떻게 연관되어 있는가?

신뢰도는 한 검사가 측정하고자 하는 내용을 어느 정도 일관성 있게 측정하고 있는지를 말해주는 검사의 정확성을 의미한다. 즉, 신뢰도는 검사가 재려고 하는 측정대상에 대해 측정과정에 작용하는 오차만을 문제로 삼는 검사의 정확성을 말한다(김영환 등, 2005). 따라서 검사의 신뢰도는 검사의 안정성의 정도, 일관성의 정도, 예측의 정도 그리고 정확성을 의미한다. 한 검사에서 개인이 얻은 점수는 다른 시간에 그 개인이 같은 검사를 재실시했을 때 같은 점수를 얻을 수 있는 정도에 중요성을 두고 있다. 이에 따라 가능한 오차범위와 측정오차 등이 신뢰도 개념의 기초가 된다.

심리검사의 오차 정도에는 2가지 중요한 문제가 있다.

첫째는 인간의 수행을 측정함에 따르는 필연적인 자연스러운 변화의 문제이다. 일반적으로 검사결과의 변화성은 성격측정보다는 능력측정에서 덜 나타난다. 능력변인(지능, 적성 등)은 성숙과 발달에 따라 점진적인 변화를 보이는 반면, 성격변인은 기분이나 상황 등에 의해 다르게 될 가능성이 높다. 예를 들면, 불안 같은 성격 특성의 경우 검사를 받을 때 피검자의 기분이나 상황에 의해 결과가 다르게 나오기 쉬운데, 따라서 검사전문가는 불안 같은 성격변인 측정검사의 신뢰도보다는 능력변인 측정인 지능검사에 더 높은 신뢰도를 기대할 수 있게 된다. 검사전문가는 그 검사가 무엇을 측정하고 있는지 알고 있어야 하는 것은 물론, 특히 측정하는 특성이 검사실시 시의 피검자의 내적·외적 상황에 의해 어느 정도 검사결과에 변화를 가져올 것인지, 그 변화의 정도를 아는 것이 중요하다.

신뢰도에 관한 두 번째 문제는 심리검사 측정방법 자체의 부정확성에 있다. 자연과학의 경우 연구자는 화학성분이나 여러 유기체의 상대적인 무게, 빛의 강도 등을 직접 측정할 수 있다. 이에 비해 심리학의 구성은 측정하고자 하는 특성을 간접적으로 측정하게 되는 경우가 많다. 예를 들면, 인간의 지능은 직접적으로 볼 수 없다. 개인의 지적 능력을 알기 위해서는 지능으로 정의된 행동을 측정함으로써 추론해야 한다. 이러한 추론에 대한 변화성 때문에 내재된 심리적 구성을 정의하고 관찰하는 데 정확성의 부족에 의한 일정한 오차의 정도를 갖게 된다. 측정의 변화성은 검사오차에 의한 것이 아니라 피검자가 검사실시상의 수행에서 변동을 보이기 때문에 생겨나기도 한다. 인간 성취에 있어 자연스러운 변화성은 통제하기가 불가능하지만, 적절한 검사의 구성을 통해 검사 자체의 부정확성을 감소시키는 시도는 가능하다.

앞에서 밝힌, 개인이 검사를 수행할 때에 내적·외적 요인에 의해 발생되는 검사결과의 변화 문제와 검사의 측정방법의 부정확성 문제는 심리측정을 어렵게 만드는 요인으로 작용한다. 그러나 심리검사에서 어느 정도의 오차는 불가피하다는 사실도 인정하지 않을 수 없다. 따라서 검사를 구성할 때 유념해야 하는 것은 가능한 한 합리적으로 받아들일 수 있는 한계 내에서만 검사의 오차가 발생하도록 오차의 범위를 최소화해야 한다는 것이다.

일반적으로 검사의 신뢰도를 결정하는 방법은 검사의 표준화 과정에서 기술적 수치가 제시하는 상관관계의 상대적인 정도를 따른다. 이상적으로는 심리검사전문가는 검사의 신뢰도 계수인 상관계수가 .90이나 그 이상이라면 만족스럽게 검사를 선택할 수 있을 것이다. 신뢰계수가 .70 이상이라면 그 검사는 일반적으로 개인의 행동 이해와 예측의 목적으로 사용하기보다는 연구를 목적으로 하는 경우에 한정해서 적용되어야 한다.

신뢰도를 얻는 방법에는 기본적으로 4가지가 있는데, ① 재검사에서 얻은 결과의 일치성의 정도: 검사-재검사, ② 주어진 시점에서 검사의 상대적 정확성:

대안형, ③ 검사문항의 내적 일치도: 반분검사split half, ④ 두 검사자 간의 일치도interscorer이다. 이것을 다시 요약하면, 신뢰도는 시간 대 시간(검사-재검사), 양식 대 양식(대안양식), 문항 대 문항(반분검사), 검사자 대 검사자(검사자 간 신뢰도)를 통해서 나타낼 수 있다. 다음에서 보다 자세히 살펴보기로 하겠다.

1) 검사-재검사 신뢰도

검사-재검사 신뢰도test-retest reliability는 검사를 한 번 실시하고 난 후 같은 검사를 다시 한번 반복함으로써 검사의 신뢰도를 결정하는 방법이다. 신뢰도 계수는 같은 사람을 대상으로 동일한 검사를 두 번 실시한 후 두 검사점수 간의 상관을 계산함으로써 얻게 된다. 두 점수 간의 상관 정도는 한 상황에서 다른 상황으로 일반화할 수 있는 검사점수의 정도를 나타낸다. 즉, 상관이 높으면 그 결과는 피검자의 내적 조건이나 검사환경이라는 외적 조건에 의한 변동이 적음을 의미한다. 그러므로 검사에서 보이는 검사점수의 개인적인 차이는 무작위 변동에 의한 우연한 변화가 아니라 측정하고 있는 특성의 실제적 변화에 대한 결과라고 할 수 있다.

검사-재검사 신뢰도의 적절성을 평가하는 데는 여러 가지 요인이 있다.

첫째, 검사실시 시간의 간격이 신뢰도에 영향을 줄 수 있다. 처음 검사를 실시하고 6개월 이상이 지난 후에 재검사를 했을 경우, 그 사이 개인이 삶의 변화나 충격적인 사건 등을 경험했다면 두 검사점수 간의 차이를 측정오차만으로 해석하기는 어렵다. 이런 경우 실제보다 더 신뢰도를 떨어뜨리게 되므로 상관계수를 통한 신뢰도 측정에는 무리가 따르게 된다. 그러므로 검사요강에서 피검자가 경험한 의미 있는 삶의 변화, 즉 상담 또는 치료 경험, 생활환경의 변화, 가족 구성원의 변화 등뿐 아니라 검사간격에 대해서도 자세하게 설명해야 한다. 예를 들면, 유아 지능검사의 경우 첫 검사와 두 번째 검사의 간격이 수개월 이내일 경우 두 검사 결과 간에 상당히 높은 상관관계를 보인다. 그러나 아동 후기나 성인의 지능검사 결과는 여러 가지 삶의 경험에 따라 일반적으로 낮은 상관을 보인다. 이는 아동 후기 이후에 삶의 변화에 대해 민감하게 반응하고, 생활환경의 변화에 따라 개인이 영향을 더 많이 받음을 보여준다고 할 수 있다. 따라서 신뢰도가 높은 검사의 조건으로는 일정한 시간이 경과하더라도 검사의 결과가 변화하지 않을 것이라는 가설을 충족시킬 수 있어야 한다.

둘째, 검사-재검사 신뢰도에 있어서 또 다른 어려운 점은 연습과 기억효과이다. 이것은 특히 속도와 기억이 중요한 요인인 검사의 경우 문제가 된다. 일반적으로 검사-재검사 신뢰도는 측정하는 변인이 비교적 안정적인 경우에만 선호하는 방법이며, 변인이 매우 변화성이 있는 경우(예를 들면 불안 등) 상황에 따라 검사결과가 달라질 수 있으므로 신뢰도 계수가 낮아질 수 있다는 문제점이 있다. 이러한 문제를 감소시키기 위하여 전문가들은 두 검사실시 간의 시간적 간격을 3~12주 정도로 할 것을 권장하고 있다. 그러나 아동의 경우, 특성상 발달의 빠른 속도를 감안한다면 12주라는 시간적 간격이 자연적인 아동의 성숙도에 영향을 줄 수 있다는 점에서 신뢰도의 과대 추정이나 과소 추정의 문제를 고려해야 한다. 따라서 신뢰도가 높은 검사의 조건으로는 두 검사 간의 학습효과 전이가 최소일 것이라는 가설을 충족시킬 수 있어야 한다.

셋째, 검사문항의 난이도 문제도 검사-재검사 신뢰도에서 고려되어야 한다. 검사문항의 난이도가 아주 낮거나 또는 아주 높을 경우 두 검사 간의 반응 일치도가 높게 나올 가능성이 크며 이에 따라 검사의 신뢰도 계수가 과대 추정될 수 있음을 유념해야 한다. 따라서 검사문항의 난이도가 검사의 신뢰도에 영향을 주지 않을 수 있도록 또는 적어도 최소화할 수 있어야 한다는 가설을 충족시켜야 한다. 일반적으로 검사-재검사 신뢰도 계수는 최소한 .80 이상이어야 하므로 검사-재검사 방법에 의해 신뢰도를 측정한 심리검사를 선택할 때 신뢰도 계수가 .80 이상인 것을 고려의 대상으로 할 것을 권장한다.

2) 대안형 신뢰도

대안형 신뢰도alternate form reliability는 검사-재검사 신뢰도에서 야기되는 많은 문제를 피할 수 있는 장점이 있다. 이 방법은 동일인에게 동일한 검사가 아닌 비슷한 유형의 동형검사, 즉 대안검사를 실시하는 방법이다. 대안형 검사(일반적으로 A형과 B형으로 지칭)는 동일 검사를 두 번 실시할 때 갖게 되는 연습과 기억효과로부터 자유로울 수 있다. 대안형 신뢰도 측정의 기저에 있는 논리는 동일인에게 검사의 병렬형태parallel-form를 사용해서 하나의 특성을 여러 번 측정한다면 각 측정은 유사한 결과를 산출한다는 것이다. 이 경우 두 점수 간의 유사 정도가 그 검사의 신뢰도 계수를 나타낸다. 검사-재검사 방법에서처럼 검사실시 간의 간격이 중요한 삶의 경험과 함께 요강에 기록되어야 한다. 첫 번째 검사 바로 뒤에 두 번째 검사를 실시한다면 그 검사 신뢰도는 두 유형 간의 상관을 측정한 것이지, 시간에 따른 신뢰도는 아니다. 2달이나 그 이상의 간격으로 실시한 검사 간의 상관은 유형 간의 관계와 시간의 경과에 따른 안정성의 정도를 함께 측정하는 것이다.

대안형 신뢰도 측정 방법은 여러 가지 부수적인 문제를 없애주는데, 이전 검사에 대한 기억과 연습효과 등이 그것이다. 그러나 한 검사와 다른 검사가 똑같지는 않지만, 특정 문항의 양식에서 그 문제해결에 적용하는 방법을 학습할 가능성이 있다. 이는 어떤 문제에 대한 해결전략을 가지고 그 원리를 이용해 다음 검사에서 문제를 해결하는 데 활용할 수 있음을 의미한다. 예를 들면, 기억의 도움으로 아동용 웩슬러 지능검사에서 기호 쓰기의 대안형 검사에서 성취가 높아질 수 있는 경우이다.

대안형 신뢰도 측정의 가장 어려운 점은 두 유형이 실제로 동등한 수준인가를 결정하는 것이다. 예를 들면, 한 검사가 대안형 검사보다 더 어렵다면 검사점수의 차이는 신뢰성이 떨어지는 측정 때문에 오는 차이가 아니라 두 검사의 실제 차이를 나타내는 것이다. 검사 제작자는 검사 자체의 신뢰도를 측정하고자 시도하는 것이지 검사 간의 차이를 알려고 하는 것이 아닌데, 이런 경우에는 검사의 신뢰도 계수를 낮추게 된다. 대안형 신뢰도 계수는 검사문항의 수, 검사내용의 유형, 검사양식, 실시형식 등 서로 동일한 세부내용을 유지하도록 독립적으로 구성된 검사이어야 한다.

한 검사(A형)를 실시한 후와 다음 검사(B형)를 실시한 구간의 시간적 간격이 길 때 또 다른 어려움이 생기게 된다. 그 간격이 너무 긴 경우 피검자는 단기 변동요인, 즉 기분, 스트레스 수준, 수면의 질 등에 의해 다른 성취를 보일 수 있다. 이것은 검사결과에 영향을 미치게 된다. 이러한 문제에도 불구하고 대안형의 신뢰도는 검사-재검사 방법의 부수효과를 감소시키는 장점을 가지고 있다. 또한 심리치료 프로그램의 효과나 환자의 변화를 평가하기 위해 다른 유형을 다른 시기에 실시함으로써 대안형 검사는 유용하게 활용될 수 있다. 일반적으로 대안형 신뢰도 측정에서 상관계수가 .90 이하이면 두 검사의 점수를 같은 점수로 가정할 수 없다.

3) 반분신뢰도

반분신뢰도split half reliability는 1개의 검사를 실시하고 그 검사의 문항을 동형이 되도록 2개의 검사로 나눈 후 두 부분의 점수가 어느 정도 일치하는가를 추정하는 방법이다. 이 방법은 앞에서 기술한 검사-재검사 방법이나 대안형 방법에 의한 신뢰도 측정에 비해 많은 변동을 가질 수 있는 특성에 대한 신뢰도를 결정하는 데 보다 안정적인 방법으로 알려져 있다. 왜냐하면 1개의 검사를 한 번만 실시하기 때문에 검사-재검사 방법에서처럼 시간에 따른 개입 효과가 없으며, 또 대안형처럼 동일 유형의 검사를 하나 더 제작하지 않아도 되기 때문에 경제적이라는 장점이 있다.

반분신뢰도를 결정하기 위해 검사는 기우 반분법이나 전후 반분법 등을 이용해 검사의 문항을 절반으로 나눈다. 기우 반분법odd-even method은 검사문항의 번호에 따라 홀수 또는 짝수로 검사를 양분하는 방법으로 이 방법은 주로 검사문항이 비교적 많고 난이도에 따라 문항이 배열되어 있는 경우 적합한 방식으로 알려져 있다. 대체로 가장 많이 활용되며 대부분의 검사에 적절하게 사용될 수 있다.

전후 반분법(first-second half method)은 한 검사의 문항을 배열된 순서에 따라 처음의 반과 나중의 반으로 반분한 후 두 점수 간의 상관계수를 추정하여 신뢰도를 구하는 방법이다. 이와 같이 한 검사를 전반부와 후반부로 나누는 것은 대부분의 경우 효과적인 측면이 없지 않으나, 문항의 수가 많거나 후반부로 갈수록 문항의 난이도가 높아진다면 처음의 반에 비해 뒤의 반을 수행할 때 연습효과, 피로, 지루함 등의 축적으로 때로는 부적당할 수도 있다는 문제점을 가진다.

반분방법으로 신뢰도를 얻는 것에도 한계는 있다. 한 검사를 반으로 나누면 각각의 반은 더 적은 문항을 포함하게 된다. 많은 문항을 포함한 긴 검사에 한 번 응답하는 것과 반으로 나누어서 좀 더 짧아진 문항에 나누어 응답하는 것과는 결과에 차이가 있을 수 있다. 개인이 두 검사의 평균 부분에 안정되게 반응할 수 없으므로 두 검사 간에는 많은 변화성을 갖게 된다. 일반적인 원리에 따라 검사가 길수록 문항수가 많기 때문에 신뢰도가 높게 되고 문항수가 적을수록 신뢰도가 낮아지게 되므로, 문항수가 적은 검사에서 반분방법으로 신뢰도를 구하는 것은 적절하지 않다.

따라서 반분방법은 같은 검사를 달리 실시하는 데 따르는 시간에 의한 안정성보다는 검사문항의 내적 일치도를 측정한다.

4) 문항 내적 합치도

문항 내적 합치도internal consistancy를 통하여 검사의 신뢰도를 측정하는 방법은 한 검사 내에 있는 각 문항을 독립된 별개의 검사로 간주하고 문항 간의 일관성이나 합치성을 신뢰도로 규정하는데, 이때 한 검사에 포함된 문항에 대한 반응의 일관성은 문항의 동질성 여부에 따라 결정되기 때문에 흔히 문항 내적 합치도를 동질성 계수coefficient of homogeneity라고 한다(김영환 등, 2005).

문항 내적 합치도를 측정할 때 중요한 것은 검사가 단일 특성을 측정해야 한다는 것이다. 검사의 문항이 단일 특성이나 요인으로 구성되어 있지 않고 다양한 요인으로 구성되어 있거나 문항의 난이도가 일정하지 않다면, 내적 합치도에 의한 신뢰도 계수는 과소평가되어 무의미하게 된다. 문항 내적 합치도에 의한 신뢰도 측정은 역시 .90 이상이 되는 것이 이상적인 신뢰계수라고 할 수 있으나 Cronbach α계수인 경우 최저 .70 이상이 될 것을 기대해야 한다.

5) 채점자 간 신뢰도

검사문항에 대한 채점규칙이나 기준이 마련되어 있는 검사라고 해도 동일한 반응에 대한 채점자의 주관적 판단에 따라 채점이 이루어진다. 이 경우에는 채점자의 주관적 판단에 의해 채점의 범위가 다소 차이가 날 수 있다는 점을 유념해야 한다. 따라서 이러한 채점자의 판단의 다양성을 최소화하기 위해서 검사자 간의 신뢰 정도를 평가하는 것이 중요하다. 채점자 간 신뢰도interscorer reliability는 채점자들의 채점을 어느 정도 믿을 수 있고 일관성이 있는가를 상관계수로 나타낸 것이다. 즉, 채점자 간 신뢰도를 결정하는 기본적인 방법은 한 개인에게서 일련의 반응을 구한 후 2명 또는 그 이상의 채점자가 이 반응을 채점하는 것이다. 같은 검사에 대한 동일인의 반응에 대해 2명 또는 그 이상의 채점자가 채점하기 때문에 차이를 보일 수 있는데 이 점수들 간의 일치도가 어느 정도인지를 산출한 상관관계 계수로 신뢰도 계수를 결정하게 된다. 한 검사에서 어느 정도는 주관성을 요구하는 채점 유형이라고 해도 채점자 간 신뢰도에 대한 정보를 반드시 제시해야 한다.

채점자 간 신뢰도를 구하는 것은 특히 투사적 검사나 개인용 검사에서 피검자의 응답에 대한 채점기준을 비교적 깐깐하게 적용하여 하향 채점하는 채점자와 비교적 후하게 적용하여 상향 채점하는 채점자 간의 채점결과가 결과적으로는 다른 점수결과를 만들어 낼 수 있을 경우 더욱 중요해진다.

예를 들면, BGTBender-Gestalt Test의 채점결과, 피검자가 뇌손상으로 판단될 수 있는지 아니면 정상으로 판단되어야 하는지, 또는 로샤 검사에서 자극에 대한 반응이 음영반응인지 아니면 재질반응인지와 같은 세부적인 채점을 할 때, 채점자는 기본적으로 채점기준에 근거하여 검사점수를 산출하지만 경우에 따라서 다소 채점하기 애매한 응답일 경우에는 채점자의 일반적인 판단이 적용될 가능성이 있다.

이상에서 설명한 여러 가지 신뢰도 측정방법을 결정할 때 몇 가지 고려해야 할 점들을 정리하면 다음과 같다.

① 여러 가지 신뢰도 측정방법 중에서 가장 바람직한 신뢰도의 형태는 측정하고자 하는 변인의 성격과 사용하고자 하는 검사의 목적에 달려 있다고 할 수 있다. 측정하고자 하는 특질이나 능력이 매우 안정적인 것이라면 검사-재검사 방법이 유용하지만, 반분법은 매우 주관적인 변동을 보이는 특성에 더 적절하다. 어떤 예측을 하기 위해 검사를 사용할 경우 검사-재검사 방법을 선호할 수 있는데, 이는 한 검사를 실시한 후 다음 검사결과에서 검사에 대한 의존성의 정도를 제공하기 때문이다. 그러나 검사자가 단일 검사를 한 번만 측정해서 내적 일치도나 정확성을 알고 싶다면 반분법이나 대안형이 바람직할 것이다.

② 신뢰도의 범위를 평가하는 또 다른 고려사항은 검사의 양식이다. 검사가 길수록 짧은 검사보다 더 높은 신뢰도를 갖게 된다. 반응양식 또한 신뢰도에 영향을 준다. 예를 들면, ○×true-false 양식은 사지선다형보다 신뢰도가 낮을 가능성이 크다. 왜냐하면 ○× 문항은 답이 맞을 가능성이 50%이기 때문이다. 5개의 선택 문항을 갖는 유형의 질문은 답이 맞을 가능성이 20%뿐이다.

③ 여러 개의 하위검사를 갖고 있는 검사는 각 하위검사뿐 아니라 전체적인 검사의 신뢰도를 보고해야 한다. 일반적으로 전체 검사점수는 하위검사보다 상당히 더 높은 신뢰도를 갖게 된다. 검사점수를 해석할 때, 검사자는 하위검사가 전체검사보다 더 낮은 신뢰도를 갖고 있음을 고려해야 한다. 예를 들면, 아동용 웩슬러 지능검사의 전체 IQ 점수를 특정 하위검사 점수보다 더 확신을 가지고 해석할 수 있다.

④ 대부분의 검사요강은 검사점수에서 예상되는 오차의 양, 즉 측정의 표준오차SEM: Standard Error of Measurement에 대한 통계적 지표를 포함하고 있다. 이 측정의 표준오차 뒤에 숨어 있는 논리는 검사점수가 사실과 오차 2가지 모두를 포함한다는 것이다. 따라서 어떤 검사에도 오차가 있을 수 있으며 측정의 표준오차는 오차가 어느 정도인지 그 범위를 알려준다. 그 범위는 검사 신뢰도에 따라 다르며, 신뢰도가 높을수록 오차의 범위가 좁아진다. 측정의 표준오차는 표준편차 점수를 말한다. 예를 들면, 그림 2-1에서 보여주는 지능검사에서 표준오차가 5인 경우 개인의 점수가 실제 측정한 점수에서 ±5 IQ 점수에 있을 가능성이 68%라는 뜻이다. 이는 표준오차 5가 중앙에서부터 -1에서 +1 표준편차 내에 위치하기 때문이다. 이와 마찬가지로 개인의 점수가 측정된 실제 점수에서 ±10점 내에 있을 가능성은 95%이다. 이론적 측면에서 보면 측정의 표준오차는 특정 검사에서 개인의 점수가 정상분포의 어디쯤 위치하는가를 알려주는 통계적 지표이다. 그러므로 이것은 개인이 획득한 점수와 이론적인 실제 점수와 검사 신뢰도 간의 관계에 대한 진술이다.

⑤ 신뢰도를 어느 정도까지 받아들일 것인지 범위를 결정하는 것은 어려운 일이며, 이는 측정하고자 하는 변인에 달려 있다. 일반적으로 불안정한 특성이 안정된 특성보다 더 낮은 신뢰도를 보인다. 따라서 검사를 평가할 때 검사자는 안정적 특성이나 능력에 대한 신뢰도가 변하기 쉬운 상태, 즉 불안정 특성에 대한 신뢰도보다 더 높을 것을 기대해야 한다. 예를 들면, 개인의 단어에 대한 지식은 매우 안정적 특성이므로 높은 신뢰도를 보이게 된다. 그러나 개인의 불안 수준은 변화 가능성이 매우 높다. 그러므로 검사자는 불안에 대한 검사 신뢰도가 어휘와 같은 능력을 측정하는 것만큼 높을 것이라고 기대해서는 안 된다.

⑥ 대안형은 검사의 실제적 신뢰도를 측정하는 데 가장 낮은 측정 수치를 보이며, 반분법은 가장 높은 측정치를 제공한다. 신뢰도의 적절한 정도를 결정하는 다른 방법은 다른 유사한 검사에서 도출된 신뢰도와 비교하는

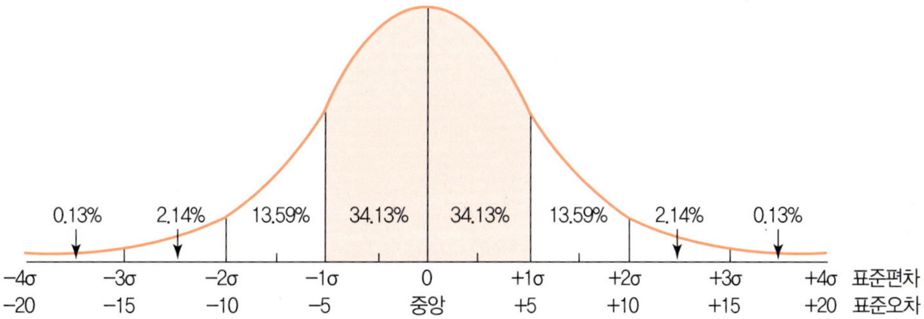

그림 2-1 정상분포 그래프

> 것이다. 검사자는 이러한 비교를 통해서 신뢰도의 수준을 예상하는 감각을 발달시킬 수 있으며, 이것을 기초로 검사 신뢰도의 적절한 정도를 결정할 수 있다. 불안을 예로 들면, 검사자는 신뢰도를 어느 수준까지 받아들여야 할지 결정하기 어려울 수 있다. 이런 경우 일반적인 추정변인이 같거나 유사한 변인을 측정하는 다른 검사의 신뢰도와 비교함으로써 그 검사에서 받아들일 수 있는 신뢰도를 결정할 수 있다.

신뢰도를 결정할 때 명심해야 할 가장 중요한 점은 검사의 신뢰도가 낮은 경우 검사자료에 근거해서 그 특성을 해석하거나 예측할 때 지나치게 확신을 가지고 확대 해석하거나 또는 축소 해석해서는 안 된다는 것이다. 그러나 임상전문가들은 검사를 실시할 때 개인의 상태를 해당 검사가 타당하게 측정한다는 믿음이 있으면 통계적으로 낮은 신뢰도에도 별로 개의치 않고 사용하고자 한다는 점도 함께 유의해야 한다.

3. 검사의 타당도와 관련된 기술적 준거

다음의 질문에 대한 대답을 얻도록 한다.

- 검사를 타당하게 하기 위해 어떤 기준과 절차가 사용되는가?
- 그 검사를 사용하고자 하는 상황(맥락)과 목적에 맞게 정확한 측정을 하고 있는가?

검사의 구성에 있어서 가장 중요한 문제는 바로 타당도이다. 신뢰도가 정확성과 일치도에 중점을 둔다면 타당도는 검사가 무엇을 정확하게 측정하는가를 평가한다. 임상적 평가에서 타당한 검사는 측정하고자 의도하는 것을 정확하게 측정해야 하며 임상전문가에게 유용한 정보를 제공해야 한다. 어느 심리검사라도 추상적, 절대적 의미에서 타당하다고 할 수는 없지만, 실제적이고 현실적으로는 사용되는 검사가 특정 상황이나 목적, 그리고 특정 집단 또는 개인에게 타당한 것이어야 한다(Messick, 1995).

타당도란 "검사가 측정하고자 하는 것을 제대로 측정하고 있는가"의 정도를 의미하는 것으로 "검사에서 임상전문가가 필요한 정보를 얻을 수 있는가"에 관한 대답이라고 할 수 있다. 이를 위해 제작된 한 검사와 독립된 외적 준거와의 상관계수를 산출한 것이 곧 타당도 계수이다(김영환 등, 2005).

검사는 타당도 없이 신뢰도가 높을 수는 있지만 그 반대로 신뢰도 없이 타당하다는 것은 가능하지 않다. 타당도에 대한 필수 전제조건은, 검사는 반드시 적절한 수준의 신뢰도를 가져야 한다는 것이다. 따라서 타당한 검사는 측정하고자 하는 변인을 정확하게 측정해야 한다. 예를 들면, 개인의 음악적 선호도에 대한 질문을 하는 검사를 창의성 검사라고 잘못 얘기할 수 있다. 이 검사가 만일 같은 사람에게 다른 목적으로 다른 시기에 실시된다면 신뢰성이 있을 수 있지만, 타당한 다른 창의성 측정과는 상관이 없다는 점에서는 타당성이 떨어진다.

검사의 타당성을 설정하는 것은 극히 어려운 일인데 이는 지능, 불안, 성격

등과 같은 심리적 변인이 보통 추상적인 개념이기 때문이다. 이러한 개념은 가시적이지 않으며, 이들의 존재는 간접적인 방법으로 추론되는 것이다. 검사를 구성함에 있어 검사를 만드는 사람은 2개의 필수적인 단계를 따라야 한다.

첫째, 검사구성은 반드시 이론적으로 평가되고 기술되어야 한다.

둘째, 특정한 검사문항들이 그것을 측정하도록 개발되어야 한다(Haynes 등, 1995).

검사제작자가 이 단계를 세밀하고 주의 깊게 따랐음에도 불구하고 그 검사가 정말로 무엇을 측정하고자 하는지를 결정하는 것이 때로는 어려울 수 있다. 예를 들면, 지능검사는 학업성취에 좋은 예언 지표이지만 많은 임상전문가들은 지능검사가 이론적으로 기술한 지능의 개념을 잘 측정하는지에 대해 의문을 가진다. 어떤 검사는 음악 적성을 측정한다고 했는데 문항내용은 실제로 언어 능력과 더 높은 상관을 보일 수 있다. 즉, 이 검사는 음악 적성보다는 언어 능력을 더 측정하는 것이다.

타당도를 설정하는 3가지 방법으로 내용타당도, 준거타당도 그리고 구인타당도를 들 수 있다.

1) 내용타당도

어느 심리검사든지 초기 구성단계에서 검사를 개발하는 사람들은 무엇보다도 먼저 내용타당도content validity에 관심을 두게 된다. 이것은 측정하고자 하는 내용의 구성에 대한 평가의 대표성과 적절성을 의미한다. 초기 문항선택에서 검사구성자는 측정하고자 하는 변인의 기술이나 지식 분야를 주의 깊게 고려하여 문항을 구성해야 하는데, 이때의 문항들은 그 변인의 개념화에 근거해서 만들어지게 된다. 검사개발전문가는 어느 시점에서 문항의 내용이 과대 대표되는지, 과소 대표되는지 또는 특정 분야를 배제하는지를 결정해서 적절하게 문항을 구축해야 한다.

좋은 검사는 측정하고자 하는 주제만을 다루는 것이 아니라 부수적인 변인도 포함해야 한다. 예를 들면, 지능에서 실제적인 지식이 하나의 준거가 될 수 있지만 그 지식의 적용과 자료를 분석할 수 있는 능력 또한 중요하다. 그러므로 내용타당도가 높은 검사는 해당 분야의 주요 부분을 모두 다루어야 한다.

내용타당도와 다소 관련이 있는 개념으로 안면타당도face validity가 있다. 내용타당도는 전문가에 의해 판단이 이루어지지만 안면타당도는 검사사용자가 판단을 하게 된다. 안면타당도의 중심 주제는 모든 검사에 있어서 검사자와 피검자 간의 라포르rapport 형성이다. 기본적인 산수 능력을 검사받는 예비 기계공들은 경제용어보다는 기계와 관련된 용어 문제를 풀게 될 것이다. 이때 검사를 받는 사람이나 그 검사를 실시하도록 결정하는 정책 결정자에게 그 검사가 측정하고자 하는 변인을 측정하는 것같이 보인다면 그 검사는 안면타당도가 있다고 할 수 있다.

2) 준거타당도

타당도를 결정하는 두 번째 방법은 준거타당도criterion validity인데, 이것은 경험empirical타당도 또는 예언predictive타당도라고도 한다. 준거타당도는 외부의 어떤 수행을 측정한 것과 검사점수를 비교함으로써 결정한다. 외부의 측정은 지금 측정하고자 하는 검사의 변인과 이론적으로 관련이 있어야 한다. 예를 들면, 지능검사는 학교성적이나 적성검사 점수 등과 상관이 있다. 두 측정 간의 관계는 일반적으로 상관계수로 표시한다.

준거타당도는 흔히 동시concurrent타당도 또는 예언타당도로 나뉜다. 동시타당도는 검사와 동시에 이루어지는 측정을 말한다. 예를 들면, 지능검사는 동시에 학업성취 수준의 평가로도 실시될 수 있다. 예언타당도는 처음 검사를 실시한 1년 후에 지능검사 점수와 학업성취 측정과의 상관으로 평가할 수 있다. 동시타당도는 간단하고 경제적이며 시간 소비가 적기 때문에 예언타당도의 내용으로 종종 사용된다. 그러나 동시타당도와 예언타당도 중 하나를 결정하는 것은 그 검사의 목적에 따라 선호가 달라질 수 있다. 예언타당도는 인력의 선발이나 분류를 목적으로 검사를 사용할 때 가장 적절하다. 이것은 직장의 사원 모집, 군대 병력 배치, 정서장애를 가질 가능성이 있는 개인의 선별, 특정 치료방법으로 가장 유리할 수 있는 정신병 환자 집단의 범주를 정하는 것 등의 경우에 해당될 수도 있다. 이 상황은 모두 측정도구가 미래의 결과에 대해 어느 정도 예언할 것을 필요로 한다. 반대로 동시타당도는 미래 어느 때에 무슨 일이 일어날까에 대한 예언보다는 환자의 현재 상태에 대한 평가가 필요할 때 선호할 수 있다. 이것의 구분은 다음과 같은 질문을 통해 요약할 수 있다.

- A는 부적응인가?(동시타당도)
- A는 앞으로 부적응이 될 가능성이 있는가?(예언타당도)

준거타당도는 측정하는 변인의 유형이 무엇이냐에 따라 부분적으로 영향을 받을 수 있는데, 일반적으로 지능검사나 적성검사가 성격검사보다 더 높은 타당도 계수를 가진다. 왜냐하면 지능보다 성격이 더 많은 수의 변인에 의해 영향을 받기 때문이다. 측정하고자 하는 특질에 영향을 주는 변인의 수가 증가하면 변인들 간의 관계를 설명하는 것이 어려워지는데, 설명할 수 없는 변인이 많아지게 되면 측정하고자 하는 특성은 예측할 수 없는 방향에서 영향을 받게 된다. 이것이 검사점수의 폭넓은 변동을 가져오게 하며 결국 타당도 계수를 낮추게 된다. 따라서 성격검사를 평가할 때 검사자는 지능검사나 적성검사만큼 높은 타당도 계수를 기대해서는 안 될 것이다.

타당도에 대한 유용한 지침은 측정하고자 하는 검사와 유사한 다른 검사의 타당도를 비교하는 것이다. 예를 들면, 검사자가 성격유형검사인 MBTIMyers Briggs Type Indicator에서 외향성 척도에 대해 예상되는 타당도의 범위를 측정하기를 원한다면 다른 성격검사인 CPICalifornia Personality Inventory와 EPQEysenck Personality Questionnaire에 있는 유사한 척도의 타당도를 비교해 볼 수 있다. 즉, 타당도의 수준은 검사구성의 질과 연구되는 변인 모두에 의해 영향을 받는다.

또 다른 중요한 점은 측정하고자 하는 특질이나 예측하고자 하는 행동에 대해 어느 정도까지 설명할 수 있는가이다. 예를 들면, 지능검사와 학업성취 간의 전형적인 상관은 .50 정도이다(Neisser 등, 1996). 어느 누구도 학교성적을 전적으로 지능의 결과라고 말할 수 없기 때문에 지능이 결정하는 학교성적의 정도를 측정할 필요가 있다. 이것은 상관계수를 제곱하고 이것을 백분율로 환산해서 계산할 수 있다. 즉, 상관계수 .50을 제곱해서 백분율로 환산하면 25%가 된다. 이는 학업성취에 있어서 25%를 지능검사에서 측정되는 IQ로 설명할 수 있음을 의미한다. 나머지 75%는 학습동기, 교수 질, 과거의 교육경험 등과 같은 요인으로 설명할 수 있다. 검사자가 당면하는 문제는 25%의 변량이 그 검사가 의도하는 목적에 충분히 유용한가를 결정하는 것이다. 이것은 궁극적으로 검사자의 개인적 판단에 달려 있다고 하겠다.

3) 구인타당도

구인타당도construct validity 방법은 내용타당도와 준거타당도 방법에서 부딪치는 어려움과 부적절함을 보완하기 위해 개발되었다. 내용타당도의 초기 유형은 너무 주관적인 판단에 의존했으며 준거타당도는 측정하고자 하는 구성의 영역이나 구조에 많은 제한을 받았다. 게다가 준거타당도는 적절한 외부의 준거를 결정하는 데 서로 의견이 일치하지 않는 어려움을 갖게 되었다.

구인타당도의 기본적 접근은 검사가 이론적 구성이나 특질을 어느 정도까지 측정하는가를 평가하는 것이다.

이 평가는 세 단계를 거친다. 처음에 검사구성자는 측정하고자 하는 특질을 주의 깊게 분석해야 한다. 그 다음 그 특질이 다른 변인과 관계되는 방법을 고려해야 한다. 마지막으로 이런 가설적인 관계가 실제로 존재하는지를 검증할 필요가 있다(Foster & Cone, 1995). 예를 들면, 지배성을 측정하는 검사는 개인의 지도자 역할과 높은 상관을 가지며, 복종성의 측정과는 낮거나 부적 상관을 가져야 한다. 이와 마찬가지로 불안을 측정하는 검사는 불안을 야기하는 상황에서 측정한 개인의 점수와 높은 정적 상관을 보여야 한다.

구인타당도를 결정하는 단일한 최상의 방법은 없다. 오히려 다양한 여러 가지 가능성이 존재한다. 즉, 어떤 능력은 나이가 들어감에 따라 그 능력이 증가될 것으로 예상된다면 검사점수와 연령 간에 상관관계가 만들어질 수 있다. 지능이나 운동조정 능력과 같은 변인에는 이것이 적절할 수 있으나 대부분의 성격 측정에는 적용하기가 어려울 것이다. 지능이나 운동조정 능력의 측정조차도 성숙이 이루어진 이후에는 이 방법이 적절하지 않을 수 있다.

구인타당도를 결정하는 두 번째 방법은 실험이나 치료개입 효과를 측정하는 것이다. 사전 검사를 실시한 후 치료적 개입이 검사점수에 영향을 주었는지 보기 위해 일정 기간 동안의 개입 후에 사후 검사를 실시할 수 있다. 예를 들면, 피검자가 일정한 산수 교육 과정을 마친 후, 산수 능력 검사에서 점수가 증가할 것이라고 예측할 수 있다. 또한 비슷한 변인을 측정하는 다른 검사를 실시하여 두 점수 간의 상관관계를 볼 수도 있을 것이다.

구인타당도와 관련이 있는 세 번째 방법으로, 요인분석을 빼놓을 수 없다. 왜냐하면 이는 여러 가지 심리적 특질의 상대적인 강점을 알아내고 평가하는 데 사용할 수 있기 때문이다. 요인분석은 검사가 측정하는 주요인이나 일련의 다른 검사가 측정하는 요인들을 알아내기 위한 검사를 고안해 내는 데도 사용할 수 있다. 검사의 요인타당도factorial validity는 그 검사가 가지고 있는 요인에 상대적으로 가중치를 둔다. 예를 들면, 만일 아동용 웩슬러 지능검사 중 차례 맞추기 유형의 검사에서 지각조직력에 .72의 가중치를 둔다면 그 요인타당도는 .72이다. 차례 맞추기의 요인이 지각조직력이기 때문이다.

구인타당도에서 사용하는 네 번째 방법은 그 검사의 전체 점수와 특정 하위검사와의 상관에서 보여주는 내적 일치도를 측정하는 것이다. 만일 지능검사에서 한 하위검사가 전체 IQ와 적절하게 상관을 보이지 않는다면 그 하위검사를 제외하거나 상관을 높일 수 있는 방법으로 변화시켜야 할 것이다.

구인타당도를 얻기 위한 마지막 방법은 이론적으로 그것과 유사한 변인이 집중되어 있거나 높은 상관을 보이는 검사에 대해 연구하는 것이다. 검사는 수렴타당도(convergent validity)뿐 아니라 변별타당도(discriminate validity)도 가지고 있어야 한다. 이는 측정하고자 하는 변인이 서로 다른 변인과는 낮거나 부적인 상관을 보이는 것이다. 즉, 독해력 점수는 문학반에서의 수행과는 높은 정적 상관을 보이지만, 수학반에서의 수행과는 낮은 상관을 보이게 된다.

다양한 방법을 위에서 살펴보았듯이 구인타당도를 결정하는 빠르고 효과적인 단일한 방법은 없다. 검사에 대한 자료가 많으면 많을수록 그 검사를 사용하는 데 자신감이 커지게 된다. 여러 가지 방법의 구인타당도는 검사의 구성에 대해 가장 강력하고 가장 세밀한 접근을 가능하게 한다. 호갠과 니콜슨(Hogan & Nicholson, 1988)은 모든 유형의 타당도를 구인타당도의 하위범주로 고려해야 한다고 주장하였다. 이는 측정하고자 하는 특질이나 능력에 대한 이론적 지식과 함께 이와 관련된 다른 변인에 대한 지식과 이에 대한 가설의 검증, 그리고 다른 변인과 검사에서 측정하고자 하는 변인과의 관계에 관한 진술 등의 광범위한 요인들을 구인타당도가 포함하고 있기 때문이다. 그러므로 구인타당도에 대한 작업은 항상 검사의 타당성을 증명하고 연구해야 하는 과제를 가지고 있는 끝이 없는 과정이라고도 할 수 있다.

CHAPTER 3.
임상평가와 심리검사의 활용

임상평가와 심리검사의 활용

임상전문가는 아동을 보다 잘 이해하고 이러한 이해에 대한 기록과 설명을 보다 정확하게 하기 위해서 가능한 모든 자료를 활용함으로써 효과적인 임상적 판단을 하려고 한다. 이 장에서는 피검자를 돕기 위한 과정에서 심리검사가 어떻게 활용되는가를 보다 구체적으로 살펴보기로 하겠다.
임상적 평가와 판단을 위한 자원으로는 면접, 심리검사 자료, 사례 연구, 병력(病歷), 개인일기, 언어적·비언어적 행동의 관찰 등이 포함된다. 임상적 판단의 과정에는 자료수집, 자료의 종합, 임상적·통계적 기술의 상대적 정확성, 심리보고서에 포함되어야 할 내용을 결정해야 하는 판단 등이 포함된다. 이러한 과정을 거쳐 임상전문가는 아동을 평가하게 된다.

1. 임상적 평가의 필수요인

보다 정확한 임상적 평가를 하기 위해 임상전문가는 다음의 몇 가지 사항들을 고려해야 한다.

1) 정확한 정보의 수집

임상전문가는 일반적으로 면접을 통하여 임상적 판단을 하는 데 도움이 되는 자료를 수집하게 되는데, 어떤 자원을 통해 자료를 수집하든 간에 가장 필수적인 요소는 임상전문가와 피검자 간의 적절한 수준의 라포르를 형성하는 것이다. 피검자와 임상전문가 간의 공감적인 친밀한 관계, 즉 라포르는 아동이 검사에서

적절한 수행을 할 가능성을 높인다. 라포르가 충분히 형성되지 못하면, 그 개인에게서 얻은 자료가 부정확할 가능성이 높아진다.

면접은 전형적으로 피검자의 응답에 의해 진행되며 임상전문가는 이 응답에 따라 반응을 보이게 된다. 피검자의 반응은 검사를 받는 당시의 상황적인 조건들, 예를 들면 피곤함이나 힘든 하루를 보냈다거나, 수면 부족과 같은 일시적 조건들, 또는 피검자의 의도적이거나 무의식적인 거짓말 등과 같은 요인에 의해 달라질 수 있다. 그러한 피검자의 반응들은 임상전문가에 의해 유의미한 임상적 판단 자료로 해석하게 되기도 한다.

이러한 해석들은 임상전문가의 학문적 배경이나 전문적 훈련을 받은 성격이론의 특성, 연구자료, 임상전문가의 개인적·전문적 경험 등에 의해 복합적으로 영향을 받는다. 보다 구체적으로 설명하면, 임상전문가는 일반적으로 피검자의 반응과 자신의 관찰 및 의뢰된 문제행동의 특성에 대한 이론적 이해를 기초로 피검자의 문제에 대해 가설을 세우고, 이 가설을 좀 더 조사하고, 면접 질문과 검사자료를 통해서 검증한다. 이러한 과정을 거쳐 임상전문가는 자기가 일단 세웠던 가설을 긍정하거나, 변경/수정하거나, 아예 폐기하기도 한다. 이때 임상전문가의 질문유형이나 피검자에 대한 첫인상, 라포르의 수준, 전문가의 이론적 입장 등은 임상전문가가 임상적 판단을 하는 데 잠재적으로 영향을 줄 수 있다.

임상전문가는 대개 비구조화되거나 반구조화된 면접을 통해서 피검자에 대한 초기 자료를 많이 수집한다. 자료를 수집하고 해석하는 데 있어서 비구조적인 접근은 그 방법에 있어 융통성이 있으며 개인의 독특성에 초점을 두고 자료를 풍부하게 얻을 수 있다. 그러나 이 접근의 단점은 다른 사람과 마찬가지로 임상가도 여러 가지 개인적·문화적 편견에 의해 영향을 받을 수 있다는 요인이다. 예를 들면, 임상가는 피검자의 첫 인상에 근거해서 틀린 가설을 발달시킬 수 있다. 이 경우 그 가설을 부정하는 객관적 자료보다는 잘못된 가설을 확인해 주는 잘못된 근거자료들을 찾고자 노력하게 될 가능성이 있다. 그래서 임상전문가는 자신이 선호하는 성격이론, 후광효과halo effects, 자기만족의 예언, 기대, 문화적 고정관념 등에 의해 지나치게 영향을 받게 되기도 한다. 이러한 잠재적인 오류는 그 개인의 문제를 이해하는 데 임상적 판단을 얼마만큼 신뢰해야 하는가에 많은 의문을 제기한다.

아동의 문제를 이해하기 위해 정보를 수집하는 데 자주 활용되는 방법 중 하나는 부모 면접이다. 아동의 경우, 아동 자신이 문제에 대한 진술이나 과거의 경험 등을 논리적으로 판단해서 얘기할 수 있는 인지 능력이 부족하므로, 대신 양육자나 부모의 면접을 통해서 정보를 수집하게 된다. 이때 특히 임상전문가가 고려해야 하는 측면은 부모가 자신의 잘못으로 자녀가 문제를 갖게 되었다는 죄책감을 갖거나 자녀의 문제는 부모 자신과 아무런 관련이 없음을 입증하기 위해 매우 방어적인 태도를 가질 수도 있다는 것이다.

어느 경우이든 아동의 문제에 대한 부모의 지각과 태도가 위와 같다면 정확한 자료를 얻기는 어려울 것이다. 임상전문가는 이러한 점을 참고로 다른 방법을 통해 보다 정확한 정보수집을 해야 할 것이다.

2) 임상적 판단 오류의 최소화

자료를 수집하고 조직한 후에 임상전문가는 심리검사대상자에 대해 최종적인 임상적 판단을 내려야 한다. 이 판단의 정확성에 대한 결정은 매우 중요하다. 임상적 판단의 정확성을 증가시키기 위해 임상전문가는 어떻게 해서 판단의 오류가 생기는지, 이러한 오류를 어떻게 수정해야 하는지에 대해 깊이 생각해야 하며 필요하다면 임상적 판단의 오류를 최소화하기 위한 보다 심층적인 영역별 단기 특수훈련도 고려해야 할 것이다.

일반적으로 임상판단에서 오류가 생기는 중요한 원인을 살펴보면 다음과 같다.

첫째, 자료수집 과정에서 초기에 얻은 정보를 후반부에 얻은 정보보다 더 중요하게 생각하는 경향이 있다. 임상전문가는 피검자에 대한 임상적 판단을 할 때 관련된 가능한 자료를 수집한 후 이를 기초로 임상적 판단을 내려야 하는 것이 원칙이다. 그러나 임상전문가들 중에는 아직 충분한 자료가 수집되어 있지 않은 초기에 미리 나름대로의 임상적 판단을 내려놓고 역으로 그것을 지지할 수 있는 정보를 찾음으로써 그 판단을 확인하고자 하는 경우가 있다. 이러한 확인에 대한 편견은 가설검증 상황에서 가설을 긍정적으로 확인하는 정보뿐 아니라 부정하는 정보도 함께 찾아야 하는데, 그러한 노력을 적절하게 하지 않음으로 해서 발생할 가능성이 더 크다(Haverkamp, 1993). 여기서 더 큰 문제는 임상전문가가 피검자의 문제행동을 해석할 때 자기의 해석이 옳다는 것을 피검자에게 설득하려는 경우 발생할 수 있다.

둘째, 상황에 대한 개인 지각의 정확성에는 개인차가 있다는 점이다. 개인 지각의 정확성은 개인의 연령이나 성에 따르는 차이라기보다는 개인의 지능이나 관심의 방향, 장-독립적인 사고양식, 안정된 정서, 민주주의적 사고유형 등과 관계가 있다고 한다(Taft, 1955; Vernon, 1964). 임상적 판단의 정확성에는 전문가의 임상 경험의 양과 관계가 있는 것으로 보고되기도 한다(Grab, 1994). 따라서 임상경험이 풍부하지 않을 경우 임상적 판단의 오류를 최소화할 수 있도록 유념해야 할 것이다.

셋째, 임상전문가의 교육과 훈련내용이 일반인들보다 인간에 대한 이해도를 더 높이는지, 또한 이를 기초로 임상적 판단을 더 잘할 수 있는지에 대한 문제를 제기하는 경우가 있다. 임상심리와 관련된 교육과 훈련을 충분히 받았을 경우 임상 판단의 정확성이 증가되는지의 문제는 매우 중요하다. 예를 들면, 심리학자가 법정에서 전문가로 증언을 하게 될 경우, 임상전문가의 임상적 진단, 피고인의 정신상태 평가, 폭력의 장·단기 예측, 심리검사 해석, 법정지식, 능력 평가, 신경심리검사 결과, 심리치료 자료, 생리적 자료 등에 관한 해석과 판단이 필요한데, 충분한 임상경험과 교육 및 훈련을 받은 임상전문가는 대부분의 과제에서 신뢰성 있고 타당한 판단을 할 수 있으며 그 판단은 일반인보다 더 타당한 것으로 나타나 있다(Grab, 1992). 따라서 철저한 임상심리 관련 교육의 내용과 훈련은 전문가의 오류를 감소하고 판단의 정확성을 증진시키는 데 중요한 역할을 한다고 할 수 있다.

그라브(Grab, 1994)와 웨딩 및 파우스트(Wedding & Faust, 1989)는 보다 정확한 임상적 판단을 위해 다음과 같은 권고를 하고 있다.

① 보다 정확한 임상적 판단을 위해서는 중요한 정보를 빠뜨리지 않기 위해 종합적이고 구조적인 또는 최소한 반구조적인 면접 방법을 사용하는 것이 바람직하다. 이것은 특히 자살이나 자해 또는 폭력 등의 위협 상황에서 임상전문가 자신이나 의뢰인의 안전을 위해 긴급한 임상적 결정을 내릴 필요가 있을 경우 더욱 중요하다.

② 임상적 판단에 대해 전문가 자신의 가설을 지지하는 자료뿐 아니라 가설을 지지하지 않는 증거도 주의 깊게 고려하여 임상적 판단에 참고한다. 이것은 임상전문가가 미처 깨닫지 못한 표면적 자료 이면에 숨어 있는 내용과 그 확인에 대해 전문가가 가질 수 있는 편견의 가능성을 최소화하는 데 도움이 된다.

③ 진단을 할 때는 미국정신의학회에서 발행한 정신장애의 진단 및 편람 제5판DSM-V에 있는 세부적인 준거를 주의 깊게 참고해야 한다. 특히 성별에 근거해서 편견을 가지고 유추하는 실수를 하지 않도록 한다.

④ 임상면접이나 검사과정에서 일어나는 상황적 일화나 행동관찰은 기억에 의존해서 추후에 기록하고자 하기보다는 가능한 한 그때 그 상황에서 주의 깊게 기록을 하도록 한다.

⑤ 행동의 발생빈도나 특징을 예측하고자 할 때에는 목표행동에 관한 기본비율base rates이 될 만한 자료를 가능한 한 많이 활용하도록 한다. 이렇게 얻어진 자료들은 주어진 표집 또는 상황 내에서 얼마나 빈번하게 목표행동이 발생하는지에 대한 대략적인 추정치를 제공함으로써 유용한 임상적 예측을 할 수 있도록 돕는다.

⑥ 임상적 판단의 정확성과 유용성을 높이기 위해 이와 관련된 근거자료를 제시한다. 예를 들면, 심리보고서는 평가기록을 함께 제시하도록 한다.

⑦ 평가의 대상이 되는 개인(예: 성차, 연령차 등)이나 집단(예: 인종적 특성, 사회문화적 특징, 거주 지역 등)에 관한 특성이나 특징적인 하위문화 등에 대해 이미 보고된 이론적·경험적 자료를 가능한 한 충분히 참고하도록 한다. 이러한 것은 종합적인 정보를 수집하는 전략을 세우는 데 도움이 되고, 판단

의 정확성에 대한 평가를 하는 데 도움이 되며, 대상 행동의 적절한 기본 발생률에 대한 정보를 제공해 준다.

⑧ 전문가는 임상적 판단에 관한 자료에 익숙해짐으로써 유사 임상상황에 대한 판단의 과거와 현재의 동향을 알아야 하며, 새로운 자료도 계속해서 추가함으로써 충분한 자료의 활용을 도모하도록 한다.

위의 지침에 따라 임상적 판단이 이루어지면 피검자나 상담의뢰자에 관한 서비스의 질이 향상되며, 앞으로의 심리치료 계획이나 교육적 개입의 계획을 세우고, 적절한 프로그램을 결정하는 데 더욱 정확한 정보를 제공할 수 있게 될 것이다.

3) 수집된 정보와 자료의 종합

정확하고 효과적인 심리보고서psychological report는 임상전문가의 분명한 생각과 구체적인 해석을 포함해야 한다. 보고서는 모든 가능한 정보를 잘 종합하고 여기에 기초를 둔 자료의 해석 및 임상적 판단과 함께 앞으로의 치료나 계획에 대한 구체적인 권장 또는 제언이 포함되어야 한다. 이를 위해 임상전문가는 심리보고서를 보다 정확하고 효율적으로 작성하기 위한 훈련을 받을 필요가 있다.

2. 임상적 평가의 절차

심리평가는 개인의 세부적인 내면적 문제를 알아내고 그 문제의 원인을 탐색하며 해결방법에 관한 결정을 하는 데 지침을 주기 위해 매우 유용하다. 심리검사를 선택하고 활용하여 심리평가를 해나가는 데 필요한 절차를 보다 구체적으로 살펴보면 다음과 같다.

1) 의뢰된 문제의 분석

임상전문가들은 심리평가를 할 때 사용하고자 하는 각 심리검사의 장단점과 특성을 잘 알고 있어야 하며 평가에 필요한 적절한 검사들을 활용함으로써 피검자와 의뢰인에게 유용한 정보를 제공해야 한다. 이를 위해서 전문가가 우선적으로 해야 하는 일은 의뢰받은 문제의 성격을 명료하게 분석하는 것이다. 사실상 심리평가의 실제적인 한계는 주어진 문제를 부적절하게 분석하는 데 원인이 있다고 해도 과언이 아니다. 특히 심리평가를 받기 위해 의뢰할 때에 표현한 초기 문제가 적절하게 진술되었다고 가정하기도 어려운 경우가 많이 있다. 보다 정확한 심리평가를 하기 위해 임상전문가들은 피검자나 의뢰인이 진술하지 않은 숨어 있는 문제, 말로 표현하지 않은 기대, 복잡한 인간관계 등을 밝혀내야 할 필요가 있을 뿐 아니라 심리검사의 세부적인 한계에 대해서도 설명해 주어야 한다.

임상전문가는 일반적이고 포괄적인 평가를 하기보다는 문제에 대한 세부적인 질문에 대답할 수 있어야 한다. 이를 위해 심리평가 과정의 각 단계에서 의뢰된 문제와 관계된 자원을 접촉하는 것이 유용할 수 있다. 예를 들면, 교실에서 학생을 관찰하는 것이 교육평가에서는 중요하다. 이러한 관찰에서 끌어낸 정보는 의뢰된 문제를 더욱 명료하게 하고 문제의 잘못된 진술부분에 대한 수정을 가능하게 한다.

2) 의뢰된 문제의 내용과 관련된 전문적 정보의 획득

실제로 심리검사를 실시하기 전에 검사전문가는 심리평가를 하고자 하는 피검자의 문제를 이해하고 평가하는 데 적절한 검사들을 선택하고, 이러한 검사들이 개인의 독특한 상황을 검증하는 데 적용될 수 있는지 등에 대해 주의 깊게 숙고해야 한다. 이러한 준비에는 검사요강과 부가적인 외부의 자원 모두가 필요하다. 임상전문가는 여러 가지 문제유형, 예를 들면 학습장애, 자폐증, 정서장애, 기질적 장애 등의 조작적 정의에 대해 익숙하게 알고 있어야 하며, 평가 절차 동안에 나타날 수 있는 가능한 모든 표현이나 문제점에 민감하게 반응할 수 있어야 한다. 심리검사전문가가 단순히 검사실시 방법이나 채점에 능숙하다고 해서 효과적인 심리평가를 할 수 있다고 단정하기는 어렵다. 즉, 지능지수IQ 점수를 산출해 내는 능력을 갖추었다고 해서 심리검사전문가가 문화에 따른 지능에 대한 이해나 평가도구의 한계에 대해 민감하다고 할 수는 없는 것이다. 임상전문가는 측정하고자 하는 변인에 대해 깊이 있게 알아야 하며 그들의 평가는 극히 제한될 수 있음을 인식하는 것이 더욱 중요하다.

평가하고자 하는 변인과 검사의 적절성 또한 고려되어야 한다. 이것은 검사에 대한 실제적인 고려, 표준화 집단, 신뢰도, 타당도 등에 대한 평가를 말한다. 검사자는 의뢰된 문제와 관련된 적절한 검사를 선택해서 그 특정 검사가 개인 또는 집단에 적절하게 사용될 수 있는지를 결정해야 한다. 이 경우 피검자의 연령, 문화, 교육 배경, 검사에 대한 동기, 저항의 수준, 사회적 수준, 인간관계 등에 관한 지식이 필요하다. 또한 검사전문가는 교육적, 심리적 개입 과정을 돕는 데 있어서 그 검사의 효율성이나 유용성을 평가할 필요가 있다.

3) 의뢰된 문제와 관련된 세부 자료의 수합

의뢰된 문제를 명료하게 하고 그 문제와 관련된 전문적 정보를 얻은 후에 심리검사자는 실제적인 정보 수집을 하게 된다. 이를 위해 임상전문가는 광범위한 자원을 활용할 수 있는데, 가장 많은 것이 검사점수, 개인사, 행동관찰 그리고 면접자료 등이다. 임상전문가는 또한 평가대상자가 다녔던 학교의 생활기록부, 혹시나 있을 수 있는 이전의 개인 심리에 관한 관찰 기록, 병원 기록, 경찰보고, 부모나 교사의 보고 등에서 유용한 정보를 얻을 수 있다. 어찌 보면 심리검사 그 자체는 단지 자료를 얻기 위한 하나의 도구이거나 자원의 역할을 할 뿐인 경우가 많다.

사례사는 심리평가대상자, 즉 피검자의 현재 문제를 이해하는 데 필요한 맥락을 제공하고 이러한 이해를 통해 검사점수를 의미 있게 만들기 때문에 역시 중요하다. 대부분의 경우 심리평가대상자의 개인사는 문제의 원인을 예측하고 상태의 심각성을 평가하는 데 검사점수보다 더 중요할 수 있다. 예를 들면, 아동의 지능검사에서 IQ 점수 자체보다는 이전의 아동 초기의 경험, 병력, 어머니와의 관계, 뇌수술 경험 등에 관한 세부 사항, 아동이 병원에 입원해 있던 기간과 같은 기록 등이 더욱 중요하게 아동 문제 해결유형을 평가하는 데 도움이 된다.

실제로 심리검사 점수 자체가 의뢰된 문제에 대해 충분히 해답을 줄 수 없다는 것은 자명한 사실이다. 세부적인 문제의 해결과 결정을 위해서 임상전문가는 정보 수집을 통한 다양한 자원을 활용해야 하며 이러한 자원들을 이용해서 얻게 된 평가의 결과를 임상전문가가 직접적으로 평가과정에서 하게 된 관찰결과와 일치하는지를 평가할 필요가 있기도 하다.

4) 평가자료의 해석

심리평가의 결과 보고서는 심리평가대상자의 현재 기능 수준, 문제행동의 원인 분석, 앞으로의 예후, 치료계획 등을 기술하기 위한 것이다. 문제행동의 원인을 기술할 때는 단순히 '문제의 원인이 무엇이다'라는 등의 단순기술을 함으로써 불필요한 오해를 불러오지 않도록 한다. 특히 소위 병명(病名)을 붙이거나 또는 분류하기(예: 정신지체아, 자폐아 등) 등의 형식은 피하도록 한다. 문제행동은 한 가지 원인에 의해서 촉발되기보다는 여러 가지 요인들이 상호작용하기 때문에 이 요인들은 기본적으로 문제를 촉진하거나 강화하는 원인으로 작용할 수 있다. 따라서 각 요인들이 가지는 영향력에 초점을 두는 것이 필요하다.

이러한 임상적 판단의 기술을 발달시키기 위해 임상전문가들은 객관적이고 경험적으로 증명된 심리검사 자료를 가지고 문제의 원인을 추론하는 훈련과 경험을 쌓아나가는 것이 중요하다. 말로니와 워드(Maloney & Ward, 1976)는 자료를 평가하는 데 다음의 7단계의 접근을 제시하였다(그림 3-1).

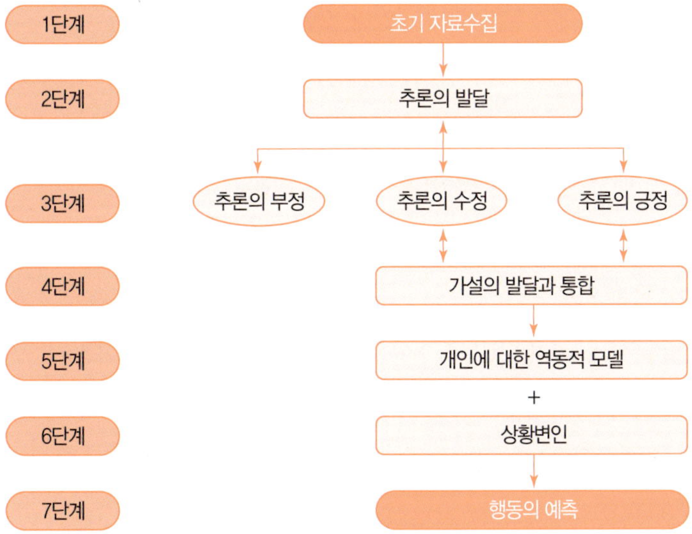

그림 3-1　평가자료의 해석을 위한 개념적 모델

1단계: 자료의 수집

첫 단계는 평가대상자에 관한 자료를 모으는 것이다. 이것은 의뢰된 문제를 가지고 평가대상자의 과거 기록을 검토하는 것으로 시작한다. 이 시점에서 임상전문가는 이미 임시 가설을 발달시키며 더 세부적인 조사를 위해 질문을 명료화시킨다. 다음 단계는 실제로 피검자 또는 피검자의 부모나 양육자를 만나며 여기에서 임상전문가가 면접을 주도하고 여러 가지 심리검사를 실시한다. 면접 동안 피검자의 행동을 실제 자료와 함께 기록한다. 이 자료들을 통해 임상전문가는 자신의 추론을 형성하기 시작한다.

2단계: 문제의 원인에 대한 추론 또는 가설의 설정

심리검사대상자에 대해 다양하고 폭넓은 추론을 발달시키는 단계이다. 이 추론은 문제에 대한 요약과 설명의 기능을 한다. 예를 들어, 피검자가 우울한 상태에 있다고 임상전문가가 추론한다면 피검자의 느린 수행속도와 산만함과 굴곡 없는 감정, 움츠러든 행동 등에 대해서 설명할 수 있다. 그리고 임상전문가는 이 우울 상태가 매우 뿌리 깊은 특질인지 또는 최근의 상황적인 어려움에 대한 반작용인지를 평가하고 싶을 것이다. 이것은 검사점수, 면접자료 또는 이용 가능한 부수적인 자원을 통해서 결정할 수 있다. 2단계에서의 강조점은 근본적으로 임의적인 여러 가지 추론을 발달시키는 데 있다. 이것은 앞으로 추론을 확인하고 수정하고 또는 후에 가설을 부정하는 데 사용할 부수적인 정보를 얻기 위한 과제를 수행하는 데 도움을 줄 것이다.

3단계: 가설의 긍정 또는 부정

2단계에서 발달시킨 추론 또는 가설은 3단계에서는 받아들이든지 부정하든지 해야 한다. 가설의 타당성을 조사하면서 임상전문가는 때로는 가설의 의미나 강조점을 변경하거나 완전히 새로운 것으로 변경시키기도 한다. 가설의 타당성은 그 추론을 지지하는 자료의 일치도와 장점을 찾아냄으로써 점진적으로 강화된다. 예를 들어, 환자가 불안하다는 가설은 웩슬러 지능검사의 하위검사 수행, 벤더-게슈탈트 검사BGT 점수, 행동관찰 등으로 지지/긍정될 수 있다. 가설을 지지하는 증거가 많으냐 적으냐는 임상전문가가 이 추론을 확신을 가지고 강조할 것이냐 아니냐에 직접적으로 영향을 준다.

4단계: 가설의 정교화

이전의 세 단계에서 추론을 발달시킨 결과 4단계에서 임상전문가는 세부적인 피검자의 경향이나 유형을 기술하기 위해 각 추론을 정교화시킨다. 즉, 피검자가 우울한 상태라는 추론은 피검자가 끊임없이 자신의 행동을 비판하거나 판단하는 자기진술에 기인할 수 있다. 이것은 또한 우울한 상태에 들어가는 정도와 빈도에 관한 자기진술에 기인할 수도 있다. 4단계의 주 과제는 피검자에 관한 진술을 정교화하는 것이다.

5·6·7단계: 문제 원인의 종합 및 세부적 예측

5단계에서는 개인의 성격특질에 관해 더욱 폭넓게 정교화시킨다. 이것은 피검자의 특징을 통합하고 상관 짓는 것을 말한다. 여기에서 인지기능, 정서와 감정 수준, 대인관계, 개인 내 관계의 기능 수준 등 일반적인 요인에 대해 기술하고 논의하게 된다. 4단계와 5단계에서의 임상전문가의 활동이 유사해 보이기는 하지만, 5단계는 4단계보다 피검자에 대해 좀 더 종합적이고 통합적인 기술을 제공한다고 보아야 할 것이다.

6단계는 개인에 대한 종합적인 기술을 상황적 맥락에 연결시켜 주는 단계이다.

7단계는 피검자의 행동에 대해 세부적인 예측을 해주는 단계이다. 이 단계는 문제의 원인과 피검자의 행동을 예측하는 데 가장 중요한 임상적 활동이 포함되므로 임상전문가는 개인과 상황 변인 간의 상호작용을 고려하여 종합적이고 세부적인 판단과 예측을 해야 할 것이다.

이상에서 살펴본 추론과 가설의 타당성을 확립하는 일은 임상전문가가 수행해야 할 어려운 과업 중의 하나라고 하겠다. 왜냐하면, 다른 의학적 진단과 달리 심리적인 추론은 신체적으로 설명하기는 어렵기 때문이다. 이런 어려움에도 불구하고 심리적인 추론의 설명과 기술description은 말할 것도 없이 신뢰성을 갖추고 있어야 하며, 예측에 대한 적절한 타당도를 가지고 있어야 한다. 기술에 대한 신뢰도는 그 기술이나 분류를 다른 시기에 동일한 임상전문가가 했을 경우(내적 진단 일치도)뿐 아니라 다른 임상전문가에 의한 기술(진단 간 일치도) 또한 똑같이 반복될 수 있는 정도를 말한다.

5) 임상평가를 위한 심리검사의 선택

심리검사를 선택하는 데 가장 중요한 것은 의뢰된 문제에 그 검사가 어느 정도 적합하며 유용한가를 결정하는 것이다. 또 다른 중요한 요인은 검사의 사용에 대한 검사자의 훈련과 경험의 정도 그리고 검사구성이나 내용, 해석방법과 관련된 이론에 대한 개인적인 선호도 등이다. 예를 들면, 임상전문가가 로샤 검사에 대해 훈련을 받았고 이 검사의 유효성에 대한 개인적인 신념이나 선호도가 있다면 성격장애를 평가하기 위해 이 검사를 사용할 가능성이 크다.

이상에서 제시한 임상 평가의 절차를 거침으로써 평가대상자를 보다 더 잘 이해하고 도울 수 있을 것이다.

CHAPTER 4.
아동 평가면접의 방법

아동 평가면접의 방법

이 장에서는 문제행동을 보이는 아동을 돕기 위하여 각종 자료를 수집하며, 이를 기초로 임상적 심리평가를 하는 데 중요한 방법인 면접을 통한 평가에 대한 보다 구체적인 방법에 관하여 살펴보기로 하겠다.

1. 평가를 위한 면접의 목적과 형식

아동을 대상으로 하는 심리평가 과정에서 가장 중요한 자료 수집 방법으로는 아동의 행동관찰과 평가를 위한 면접일 것이다. 면접에서 얻은 자료가 없는 심리검사는 사실상 의미가 없다고 말해도 과언이 아닐 것이다.

1) 평가면접의 목적

평가면접은 아동의 개인적 특징, 최근 삶의 상황에 대한 개인적 반응 등에 관한 중요한 정보를 제공해 주며, 면접하는 동안에 아동의 행동을 관찰할 수 있는 기회를 제공해 준다. 특히 면접은 기본적으로 치료자와 아동 간의 좋은 관계(라포르)를 형성하는 수단이며, 검사결과의 의미에 대한 타당도를 알아볼 수 있는 유용한 기회이기도 하다. 평가면접은 변화를 원하는 목표행동이나 증상을 정확하게 찾아내서 아동을 위해 적절한 계획을 세우기 위한 목적을 가지고 진행하는 임상전문가의 유용한 활동이라고 하겠다.

임상전문가는 때로 면접을 단순한 대화 정도로 생각하여 가볍게 여기는 경우도 있는데, 사실 면접과 대화는 여러 가지 면에서 다르다고 보아야 한다. 왜냐하면, 평가면접의 일반적 목표는 다른 방법으로는 쉽게 얻을 수 없는 정보를 모으고, 정보를 얻는 데 필요한 관계를 확립하며, 문제행동에 대해 면접자와 피면접자 모두의 이해를 증진시키고자 하는 것이기 때문에 일상적인 대화를 나누는 일반 대화와는 구분되어야 한다. 이에 따라 평가면접을 준비하기 위해서는 분명한 절차와 세부적인 주제를 가지고 구조화되어야 한다. 일반적으로 임상심리전문가인 면접자는 이러한 면접의 세부적인 목적을 달성하기 위해 아동(또는 부모)과의 상호작용을 이끌어나가고 주도할 뿐 아니라 면접에 관계된 분야에 대해 지식을 가지고 있어야 한다.

2) 구조화에 따른 면접의 형식

면접에서 기본적으로 고려해야 할 사항은 면접 형식에 대한 것이다. 면접의 형식은 엄격하게 구조화된 면접과 반구조화된 면접 그리고 전혀 구조화되지 않은 면접으로 나눌 수 있으나 이러한 구조화의 정도는 상황에 따라 상호보완적일 수 있다. 즉, 어떤 면접은 전문가가 검사를 받으러 온 잠재적 문제를 가지고 있는 아동이 자유롭게 한 분야에서 다른 분야로 이야기의 주제를 옮겨 다니도록 허용하는 반면, 또 다른 면접은 매우 지시적이며 목표 지향적으로 때로는 구조화된 평정척도와 체크리스트를 사용하기도 하는 등 구조화의 정도에 따라 전문가와 아동과의 관계의 성격이 달라질 수 있다.

일반적으로 구조화되지 않은 형식의 면접은 그 진행방법이나 과정에 보다 융통성이 있기 때문에 전문가-아동 간의 좋은 관계 형성에 도움이 된다. 또한 아동이 면접 상황에서 전문가인 타인과, 그리고 면접실이라는 새로운 환경에 어떻게 반응하는가를 평가할 수 있는 좋은 기회가 되기도 한다. 이러한 면접 과정은 전문가가 아동의 여러 가지 성장사나 개인적인 관심사에 대한 독특한 세부사항을 탐색할 수 있게 하는 장점을 가지기도 한다. 그러나 이렇게 구조화되지 않은 면접은 신뢰도와 타당도 면에서 비판을 받는 문제점을 가지고 있다. 이러한 문제점을 최소화하기 위해 엄격히 구조화되거나 반구조화된 면접이 적절한 심리평가 방법으로 개발되었으며, 이 방법은 완전하게 훈련된 전문가가 아니더라도 실시할 수 있다는 장점이 있어서 널리 사용되고 있다.

구조화의 정도에 관계없이 전문가는 면접을 통해 아동의 장점, 적응 수준, 문제의 본질과 성장사, 병력, 문제의 진단 그리고 아동과 관계있는 인간관계와 가족사 등을 평가하는 등의 특정한 목적을 달성하고자 노력해야 한다.

2. 평가면접의 기본

좋은 면접이란 어떤 것인가에 대해 정의하는 것은 어려운 일인데, 이는 임상전문가와 평가대상자와의 관계에 대해 서로 다른 이론적 주장이 있기 때문이다. 면접의 질에 대한 평가는 면접자가 평가대상자의 감정을 이해하는 정도와 단지 일부만 표현한 평가대상자의 정서적 신호를 알아낼 수 있는 면접자의 민감성과 능력 정도에 달려 있다. 이는 특히 임상면접이 평가대상자의 개인적 어려움에 초점을 맞추기 때문에 더욱 그러하다.

1) 평가면접의 기본원리

(1) 언어적 및 비언어적 단서에 민감하게 대처한다

특히 아동의 경우 몇 마디의 단어나 어휘 자체로는 아동의 감정상태를 정확하게 표현하고 이해하는 데 불충분하므로 전문가는 표현된 언어 이면에 숨겨 있는 미처 표현되지 않은 의미를 파악하고 이해하고자 노력해야 한다. 또한 얼굴표정이나 몸짓, 눈맞춤 등 비언어적 표현도 놓치지 않고 정서적 신호로 그 의미를 이해하도록 한다. 아동의 경우 비언어적 측면이 의사소통에 있어서 더 강력한 정보전달 방법이라고 가정할 수도 있다. 예를 들어, 눈맞춤을 통해 면접에 임하는 아동의 마음을 어느 정도 긍정적으로 가정할 수 있기도 하고, 굳어 있는 딱딱한 자세는 아동의 방어를 암시하며, 손동작은 불안이나 편안함에 대한 아동의 의식적인 의도를 보여주기도 한다.

(2) 아동의 개인적 특성과 문제의 성격에 따라 면접 형식을 선택한다

임상전문가는 면접을 할 때 구조화되지 않은 면접을 할 것인지, 아니면 반구조화된 면접을 할 것인지를 결정해야 한다. 이러한 면접 방법의 선택은 전문가가 교육, 훈련받아 온 평가에 대한 이론적 배경과 선호, 아동의 문제행동에 대한 실제적 고려사항 등에 따라 결정할 수 있다.

인간중심이론에 영향을 받은 전문가는 비지시적인 방법을 선호할 것이며, 지나치게 구조화된 질문을 피하려는 경향이 있을 것이다. 즉, 인간중심이론에 기초한 이론적 배경을 가진 전문가는 '아동 개인이 자신의 행동을 변화시키고 조직할 수 있는 내면의 능력이 있다.'는 믿음을 기초로 면접을 진행할 것이다. 인간중심 면접의 목적은 개인(아동)이 스스로 긍정적인 자기변화를 도모할 수 있는 인간관계를 제공하는 것이라 할 수 있다.

이와 대조적으로 행동주의적 이론의 배경을 가지고 있는 전문가의 면접에서는 '행동변화는 특정한 외형적인 결과로 일어난다.'는 가정을 기본으로 면접을 진행하고자 할 것이다. 따라서 행동주의적 이론에 기초한 면접은 외형적 조건을 바꾸기 위해 설계되므로 비교적 구조적인 형태를 갖는다.

서로 다른 면접 전략이 어떤 아동에게는 아주 효과적일 수 있으나 다른 아동에게는 비교적 효과가 적을 수도 있다. 따라서 면접대상자의 특성과 문제의 유형에 따라 전문가는 적절한 평가면접 방법을 구성하여 활용하는 것이 필요하다.

(3) 면접의 결과는 진단적 목적보다는 아동의 종합적인 이해를 위한 자료로 활용한다

진단을 위한 면접과 정보를 얻기 위한 면접 간에는 차이가 있다. 진단을 위한 면접의 목적은 일반적으로 미국정신의학협회(American Psychiatric Association, 2013)에서 정신장애를 분류한 기준인 DSM-V에 근거해 세부적인 진단을 하는 것이다(Rogers, 1995). 진단적 면접은 다음의 단계를 주로 따른다.

① 먼저 면접에서 진단적 실마리를 찾아낸다.

② 그 다음 이 실마리와 진단적 준거와의 관계를 고려한다.

③ 그리고 아동의 정신병, 또는 정신적 문제와 관련된 생애사를 알아본다.

④ 이 정보에 근거해서 증상의 예후와 일치한 진단을 내린다(Othmer & Othmer, 1994).

그러나 임상전문가들 중에는 형식적 진단의 필요성과 그 가치에 대한 의구심을 가지고 있는 경우가 많기 때문에 형식적인 DSM-IV 진단을 즐기지는 않는 편이다. 그보다는 임상대상자의 대처양식, 사회적 지지, 가족 간의 역동, 문제의 본질과 성격 등에 더 관심을 갖는 편이기 때문에 임상전문가들의 면접 형식은 덜 구조적이고 더 융통성이 있는 편이라고 하겠다. 어떠한 유형의 면접 방법을 택하든 면접 양식은 옳고 그름이 없으며 어떤 맥락에서는 더 적절하고 더 효과적이지만, 다른 상황에서는 덜 적절하고 덜 효과적일 수 있음을 유념해야 한다.

(4) 면접의 내용을 사전에 정리해 본다

임상전문가들은 임상 평가를 위한 면접을 할 때 평가대상자에게 물어보고 싶은 질문의 유형을 순서대로 적어 보는 반구조화된 면접 양식을 선호한다. 그러한 목록을 만들기 위해 전문가는 표 4-1과 같은 내용을 평가면접을 할 때 점검해 보는 것이 바람직하다. 각각의 분야는 세부적인 질문으로 바꿀 수 있다. 예를 들면, 처음 몇 분야는 다음의 질문으로 바꿀 수 있다.

① 당신이 가지고 있는 중요한 관심은 무엇입니까?

② 이런 관심사 중에서 가장 중요한 것이 무엇인지 얘기해 줄 수 있습니까?

③ 이런 어려움이 처음 시작된 것은 언제였습니까?

④ 얼마나 자주 이런 일이 생깁니까?

⑤ 일어나는 빈도에 어떤 변화가 있었던 적이 있습니까?

⑥ 그 행동이 일어난 후에 무슨 일이 있습니까?

평가대상자의 개인적 특징(연령, 교육 수준, 가족관계 등)과 문제의 유형(아동기의 행동문제, 법적 문제, 정신적 문제의 증상들)이 다양하기 때문에 질문도 대상에 따라 다양할 필요가 있다. 어떤 질문도 지나치게 엄격하게 해서는 안 되며 어느 정도의 융통성을 가지고 진행해서, 면접이 진행되는 동안에 가능한 한 다양한 분야에 대한 정보들을 탐색할 수 있어야 한다.

(5) 필요하다면 면접 내용의 기록은 사전에 양해를 받고 한다

면접을 진행하는 동안 면접 내용을 기록하는 것에 대한 의견은 전문가에 따라 다르다. 어떤 임상가는 면접 내용을 기록하는 것이 환자의 불안을 증가시킬 수 있고 익명성에 대해 의문을 제기하며 자연스럽지 못한 분위기를 만들 수 있다고 주장한다. 이와 반대로 많은 면접자들이 면접을 하는 동안 기록하는 것이 아동(또는 부모)과의 관계형성을 잘하느냐 하는 것과는 관계가 없으며 오히려 기록을 함으로써 더 많은 세부사항을 알아낼 수 있고, 면접이 끝난 후에 기록하는 것보다 기억이 왜곡되는 것을 막을 수 있다고 강조한다.

이러한 다양한 의견을 종합해 볼 때 면접 내용을 기록하는 것에 대해서는 중간 정도의 입장을 권할 수 있다. 즉, 기본적으로 중요한 정보와 내용은 그때 즉시 기록하되, 면접대상자가 기록되는 것에 신경을 쓰는 듯한 모습을 보이면 그와 관련된 내용은 표시를 해 두었다가 면접이 끝나는 즉시 추가로 기록하는 것이 바람직하다. 만일 면접 내용이 녹음이나 녹화된다면, 이러한 절차에 대한 이유를 충분히 설명해 주어야 하며, 비밀보장을 확인시켜 주고 동의를 받아야 한다. 일반적으로 처음에는 녹음이나 녹화에 대해 의식하게 됨으로써 어색해하지만 면접자와 면접대상자는 곧 그 일을 잊어버리고 자연스럽게 면접에 몰입하게 된다.

2) 평가면접의 내용과 방법

아동이나 부모, 아동의 보호자 등과의 면접을 효과적으로 진행시키고 이를 통해 전문가가 피면접자와의 좋은 관계와 함께 유용한 자료를 최대한 수집할 수 있기 위해서는 전문적인 평가면접의 기술이 필요하다. 이러한 기술로는 명료한 질문, 사전 양해를 얻고 녹음(녹화)한 대화의 재생, 면접 내용의 면밀한 검토, 면접대상자에 대한 심층적 이해, 적극적 경청, 반영, 피드백, 면접 내용의 요약, 구체적 예 제시 등을 들 수 있다. 이 밖에도 면접과 관련된 전문가의 자세와 태도 및 편안하고 안락한 면접실의 물리적 환경 배치 등을 고려할 수 있다. 면접에 있어서 가장 중요한 기술은 무엇보다도 이러한 사항들을 얼마만큼 면접에 적절하게 활용하느냐의 과제일 것이다.

면접 초기단계에서 임상전문가는 다음의 주제들을 구조화함으로써 평가면접의 효율성을 높이도록 한다.

① 면접 상황의 물리적 특징을 고려해서 환자에게 편안함을 주도록 면접실은 친근하고 깔끔하게 정돈된 모습으로 구성한다. 조명의 조도는 지나치게 밝거나 어둡지 않은 일반 거실 정도로 적절하게 준비한다. 좌석 배치는 면접자와 면접대상자가 너무 가깝거나 너무 멀지 않게 하며, 눈높이가 비슷하게 맞추도록 한다.

② 면접자를 자연스럽게 소개하면서 면접대상자가 어떻게 부를 수 있는지 알려 준다(박사님, 선생님 등). 또한, 면접대상자에게도 면접자가 어떻게 부르기를 원하는지 물어보아 편안하고 친근한 호칭을 사용할 수 있도록 한다.

③ 면접의 목적을 설명하고 면접에 대한 면접대상자의 이해를 확인하며, 전문가가 설명한 면접의 목적과 면접대상자가 이해하는 측면에 차이가 있으면 이를 분명하게 한다.

④ 면접에서 얻은 정보를 어떻게 사용할 것인가를 면접대상자에게 설명한다.

⑤ 정보에 대한 비밀보장 원칙과 비밀보장의 한계 그리고 비밀보장에 관한 특정 주제 등을 설명한다. 예를 들면, 정보를 어떻게 얻으며, 그 정보의 사용에 대한 법적 문제 등을 들 수 있다. 또한 면접대상자가 알리고 싶지

않은 정보는 얘기하지 않을 권리가 있음도 설명한다. 만일 면접대상자에 대한 정보를 다른 사람에게 알려야 될 경우는 사전에 그 정보를 알려도 된다는 허락을 반드시 면접대상자에게 받을 것임을 설명한다.

⑥ 평가면접에서 면접대상자가 해야 할 역할과 활동, 평가에서 사용할 도구, 전체 평가시간의 길이 등을 설명한다.

⑦ 필요한 경우, 검사나 평가와 관련된 비용에 대한 정보, 시간당 비용, 전체 예상액수와 지불 방법 등을 분명하게 설명한다.

이상의 설명들은 사무직원이 하는 것보다 임상전문가가 직접 하는 것이 바람직하다. 예비 단계에서 이러한 문제를 다루는 것은 서로 오해의 소지나 이후에 일어날 수 있는 어려움을 감소시키는 데 도움이 된다.

다음에서는 보다 구체적으로 몇 가지 중요한 면접 방법과 기법을 제시하고자 한다. 이러한 면접의 기법들은 효과적인 면접의 전략을 계획하는 데 도움이 될 것이다.

(1) 지시적 · 비지시적 면접의 선택적 적용

임상전문가가 구조적이고 지시적인 정도에 따르는 면접의 방법을 선택할 때에는 이론적이고 실제적인 면을 모두 고려해야 한다. 시간이 제한된 경우 면접자는 바로 본론으로 들어갈 필요가 있다. 모호하고 비구조적인 방법은 매우 불안한 사람을 더욱 불안하게 만들 수 있으며 이때에는 지시적 방법이 더 효과적일 것이다. 수동적이고 위축된 면접대상자는 초기에는 좀 더 직접적인 질문과 대답 형식이 좋을 수 있다. 덜 구조화된 방법은 면접대상자의 자기 탐색을 가능하게 하고, 임상전문가가 면접대상자의 조직 능력을 관찰할 수 있으며, 라포르 형성과 융통성, 면접대상자의 고유한 개인적 특성에 대해 더 효과적일 수 있다.

일반적으로 행동주의적 면접은 구조적이고 지시적인 방법으로 이루어지며, 실제행동에 대한 종합적인 기술과 그와 관련된 인지, 태도, 신념 등을 알 수 있게 해준다.

이에 반해 덜 구조화된 정신역동적 접근은 숨어 있는 동기와 역동을 조사하고 그 개인이 인식하지 못하는 정보를 평가하게 하는 특징을 가진다.

(2) 평가면접에서 수합할 내용의 점검

평가면접에서 기본적인 과제는 문제행동의 성격과 장애의 정도, 이와 관련된 정서적 특성 등 문제행동을 정의하고 그 원인을 알아보는 것이다.

다음의 표 4-1은 면접자가 면접대상자에게 면접 과정에서 질문을 통해 알아보거나 또는 면접지에 글로 써서 내도록 하는 방법을 통해 점검할 수 있는 항목들이다. 면접 과정 중에 전문가가 관찰이나 필기 기록을 통해서 아동이나 부모의 상황에 따른 반응의 특성을 알 수 있다.

이러한 항목들은 앞에서 예를 든 몇 가지 질문들, 예를 들면 "어떻게 여기(상담실)에 오게 되었습니까?" 또는 "무엇에 관해 이야기하고 싶으십니까?", "알고 싶은 분야가 무엇(어떤 것)인지 말씀해 주시겠습니까?", "특별히 관심이 있는 것은 어떤 부분입니까?"와 같은 질문을 통해서 아동의 문제행동과 원인의 탐색을 시작할 수 있다.

행동/정서문제를 가지고 있는 아동의 경우, 출생에서부터 현재에 이르기까지의 성장과정이나 발달에서의 특이한 문제점, 가족사나 가족관계 등에 대한 정보를 얻기 위하여 표 4-1에 나타나 있는 내용을 참고하면서 점검하는 것은 도움이 된다.

즉, 면접자는 아동의 문제 행동과 관련된 대부분의 분야를 충분히 다루었는지 확인하기 위해 가족관계 등에 대한 체크리스트를 점검할 필요가 있다. 만일 어떤 부분이 충분히 이야기되지 않았으면 다음과 같이 직접적으로 질문할 수 있다. "아버지(또는 어머니)의 직업은 무엇입니까 / 무엇이었습니까?"또는 "언제 부모님이 이혼하셨습니까?"그리고 개인사에서 유아기, 아동기 등의 순서에 대해서도 필요한 질문을 함으로써 아동의 현재 상황이나 표출된 문제점을 보다 잘 이해하고 아동을 돕기 위한 평가를 기초로 치료방법이나 개입방법을 제언할 수 있다.

표 4-1 평가면접과 사례사를 위한 체크리스트

분야		점검 내용	
문제행동		• 문제의 기술 • 초기 발생 시기 • 빈도의 변화 • 선행요인 / 결과	• 문제 정도와 기간 • 이전의 치료 • 해결을 위한 시도 • 치료 경험
가족 배경		• 사회 · 경제적 수준 • 부모의 직업 • 정서 / 병력 • 기혼 / 별거 / 이혼 • 가족 형태	• 문화적 배경 • 부모의 현재 건강 • 가족 관계 • 도시 / 농촌 양육
개인사	유아기	• 발달지표 • 가족 분위기 • 부모와의 접촉 양	• 초기 병력사 • 배변 훈련
	아동 초 · 중기	• 학교 적응 • 학업성취 • 취미 / 활동 / 흥미	• 또래관계 • 부모와의 관계 • 중요한 삶의 변화
	청소년기	• 아동 초 · 중기의 모든 분야 • 문제의 시작(법적, 약물, 성적)	• 이성교제 • 사춘기 반응
	기 타	• 자아개념(좋음 / 싫음) • 가장 행복한 / 가장 슬픈 기억 • 가장 초기 기억 • 두려움	• 신체에 대한 걱정(두통, 복통 등) • 행복과 슬픔을 느끼는 사건들 • 반복되는 / 자주 꾸는 꿈

아동상담의 경우 대개 초기 평가면접은 부모와 함께 시작하기 쉬운데, 이런 경우 면접자는 아동에게 직접적으로 활용하기 어려운 상담의 여러 가지 기법들, 예를 들면 명료화나 직면 또는 해석 등의 방법을 통해 더 많은 정보를 얻는 기회가 될 수도 있음을 유념한다.

(3) 언어 및 비언어적 행동에 대한 민감한 관찰과 인식

임상전문가는 평가면접을 할 때 면접대상자의 언어적 표현뿐만 아니라 언어로 표현되지 않은 비언어적 행동에 대해 민감하게 관찰하고 인식하고 있어야 한다. 전문가는 면접대상자의 언어적, 비언어적 행동뿐 아니라 자기 자신의 비언어적 행동에 대해서도 인식을 하고 있는 것이 중요하다. 전문가는 자신의 관심을 언어로서뿐만이 아니라 면접대상자와의 눈맞춤이나 얼굴표정, 몸짓 등의 비언어적 표현으로 나타낼 수 있다. 이러한 자신의 반응이 면접에 영향을 주며 면접대상자에게 잠재적인 작용을 할 수 있음을 알고 있어야 한다.

또한 면접대상자의 비언어적 행동 중 특별한 사건이나 상황, 또는 인물과 관련된 진술을 할 때 보여주는 얼굴표정이나 어투의 변화, 근육의 이완이나 경직, 눈길을 피하는 행동 등에도 관심을 가지고 민감하게 관찰해야 한다. 예를 들면, 면접자가 아동에게 "아버지에 대해 어떻게 생각하는가?"라고 물었을 때, 아동이 "우리 아버지는 참 좋은 분이에요."라고 언어적으로는 반응을 하였으나, 그 어투가 매우 빈정거리는 말투이며 얼굴표정이 일그러져서 면접자의 눈길을 피했다면, 이러한 언어적 반응과 비언어적 표현의 불일치에 대해 면접자는 주의를 기울여 중요한 정보로 삼아야 한다. 즉, 외부적으로 표출되는 표면감정뿐 아니라 심리적 내부에 흐르는 배후감정의 이해에도 깊은 관심을 가져야 한다.

(4) 비판적이거나 비난 투의 언급을 하지 않는다

면접에서 '왜'라는 질문은 면접대상자의 방어적 행동을 증가시킬 수 있으므로 피하는 것이 원칙이다. '왜'라는 질문은 보통 비판적으로 들리기 때문에 면접대상자가 자신의 행동에 대해 방어적으로 설명하고자 하는 경향이 있다. 더욱이 면접대상자는 이런 상황에서는 주지화(主知化)되기 쉬워서 자신의 감정에서 멀어지게 된다. 즉, 면접대상자가 정서적으로 몰입되기보다는 인지적으로 면접에 응하게 된다. 이런 질문에 대한 대안방법은 "그것에 대한 당신의 생각은 무엇입니까?"또는 "그런 일이 어떻게 일어났습니까?"등이다. 이런 질문은 당위성보다는 그 일에 대해 기술하도록 해서 면접대상자가 자신의 감정에 더 근거하여 이야기하도록 해준다.

(5) 면접의 구조화

어떤 면접이라도 시간에 의해 제약을 받는다. 면접자는 그 면접이 끝나기 5~10분 전쯤 면접대상자에게 알려주어야 한다. 이것은 면접대상자나 면접자가 유관한 정보를 끌어내는 데 도움을 준다. 핵심을 피하며 실제로 하고 싶은 이야기를 못 하고 망설이던 면접대상자가 시간이 얼마 남지 않았음을 알고는 결심을 하여 문제의 핵심이나 자신이 말하고 싶은 내용을 꺼내게 되는 것이다. 또한 면접대상자가 질문을 하거나 면접 내용에 대해 평가할 시간도 주어야 한다. 면접의 끝이나 평가에서 면접자는 면접의 주제를 요약하고 가능하다면 권유사항을 면접대상자에게 얘기해 주어야 한다.

3. 정신상태의 검사와 평가면접

정신상태검사mental status examination는 원래 신체의학검사physical medical examination의 모델을 본떠서 만든 것이다. 신체의학검사가 신체의 주요한 기관에 대해 검사하기 위한 것이라면, 정신상태검사는 정신과적 기능의 주 체계를 조사하는 것이다. 이것은 1902년에 아돌프 마이어Adolf Meyer가 미국 정신의학계에 소개한 이래, 대부분의 정신과 현장에서 환자를 평가하는 주요 방법이 되어 왔다.

정신상태검사에서 얻은 자료는 심리검사 결과와 함께 평가대상자를 이해하는 자료로 쓰이게 된다. 정신의학계에서는 정신상태검사(최근엔 구조화된 임상면접)의 중요성을 강조하고 있는 반면에, 심리학계와 다른 정신건강 관련분야에서는 심리검사와 사례사, 평가면접에 더 역점을 두고 있다. 왜냐하면, 대부분의 임상심리전문가들은 정신의학에서의 정신상태검사보다 다양한 심리검사들이 더 정확하고 심층적 차원에서 제작되었으며, 따라서 보다 객관적이고 타당한 방법으로 대상자의 심리상태를 파악하고 다루어지고 있기 때문이다.

심리검사뿐만 아니라 체계적인 행동관찰을 통해 면접대상자의 외모, 정서, 기분 등이 기록되며, 호소하고 있는 문제행동의 진행과정과 근본적인 원인 및 특성 등을 검토해 봄으로써 혹시나 있을 수 있는 망상, 지각 장애 등의 문제까지도 파악해 내기도 한다. 이러한 면접자료와 심리검사 결과를 통해 면접대상자의 지식 정도, 주의집중, 통찰력, 기억력, 추상적 사고, 사회적 판단 수준 등을 평가할 수도 있다.

한편, 정신의학적 접근을 통한 정신상태검사를 통해서도 위와 같은 내용들을 비교적 간단하고 체계적인 방법으로 알아볼 수 있기 때문에 정신문제나 문제행동이 갑자기 발병한 응급상황의 경우나 심리검사를 사용하기에 시간이 충분하지 않을 때에는 유용하게 사용할 수 있을 것이다.

그림 4-1에 나와 있는 양식은 이러한 정신상태검사를 위한 양식으로서 크레이리와 존슨(Crary & Johnson, 1981)이 범주화하여 제시한 것이다. 면접자가 정신상태검사 도중이나 그 후에 체크리스트에 있는 양식의 각 분야에 응답할 수 있다. 그림 4-1에서 보여준 항목들을 중심으로 평가면접을 할 때 민감하게 관찰하여 기록해야 할 점들을 살펴보면 다음과 같다.

1) 일반적인 외모와 행동적 특징

이 부분은 아동(평가대상자)의 의상, 자세, 몸짓, 말투, 개인적 건강, 독특한 신체특징, 특히 신체장애 여부, 틱 장애, 얼굴 찡그림 등을 기록하는데 이를 위해서는 면접자의 세밀한 관찰 능력이 요구된다. 면접자는 또한 평가대상자의 행동이 그가 속한 사회적 문화적 기대와 일치하는가에 관심을 둘 필요가 있다. 또한 면담하는 과정에서 보여주는 평가대상자(아동)의 얼굴표정, 눈맞춤, 활동 수준, 면접자의 요구에 대한 협조의 정도, 신체적 매력, 경청의 정도 등도 평가해야 할 중요한 부분이 된다. 평가대상자가 평가자에게 우호적인지, 적대적인지, 매력적인지, 무관심한지, 면접 중에 이상한 행동이나 중요한 사건이 있었는지, 말이 빠르거나 느린지, 목소리가 큰지 부드러운지 등의 내용도 포함하여 기록하도록 한다.

2) 특징적인 감정의 표출

면접하는 동안 평가대상자가 보이는 주된 감정상태는 중요한 평가의 단서가 될 수 있다. 특히, 면접을 하면서 긍정적인 감정 또는 좋은 기분을 유지하는지, 아니

이름		관찰자 이름		
			있다	없다
외 모		1. 말쑥하지 않은 · 지저분한 · 헝클어진 모습		
		2. 이상한 의상		
		3. 특이한 신체적 특징		
외모에 대한 의견:				
행 동	자 세	4. 구부정한		
		5. 긴장된		
	얼굴표정	6. 불안 · 걱정		
		7. 우울 · 슬픔		
		8. 분노 · 적대감		
		9. 무표정 · 지루함		
		10. 특이함		
	몸동작	11. 빠른 속도		
		12. 느린 동작		
		13. 이상하고 특이한 동작		
		14. 안절부절		
	말	15. 바른 말		
		16. 느린 말		
		17. 큰 목소리		
		18. 부드러운 목소리		
		19. 침묵		
		20. 특이한 말 · 똑똑치 않은 이음말 · 더듬거리		
행 동	면접자-아동 관계	21. 지배적 · 통제적		
		22. 복종적 · 의존적		
		23. 적대적 · 도전적		
		24. 회의적 · 회피적		
		25. 비협조적 · 비순종적		
행동에 대한 의견:				
감정(정서와 기분)		26. 사고 내용의 부적절함		
		27. 커다란 정성 불안정 주요 기분:		
		28. 무감각한 · 지루한 · 무뚝뚝한		
		29. 기분 좋음		
		30. 분노 · 적대감		
		31. 불안 · 두려움 · 걱정		
		32. 우울 · 슬픔		

(계속)

감정에 대한 의견:				
	지 각	33. 환각		
		34. 환청		
		35. 환영		
		36. 다른 종류의 환상		
지각에 대한 의견:				
	지적 기능	37. 의식수준의 결함		
		38. 주의 집중 시간의 결함		
		39. 추상적 사고의 결함		
		40. 계산능력의 결함		
		41. 지능의 결함		
	현실감각 능력	42. 사람에 대해 왜곡된 현실감각		
		43. 장소에 대해 왜곡된 현실감각		
		44. 시간에 대해 왜곡된 현실감각		
	기 억	45. 최근 기억의 결함		
		46. 장기 기억의 결함		
	통찰력	47. 심리적 문제의 부인		
		48. 문제에 대해 다른 사람이나 상황을 탓함		
	판단력	49. 일반적 결정능력의 결함		
		50. 충동통제의 결함		
	사고내용	51. 강박증		
		52. 공포증		
		53. 무인격증		
		54. 자살의도		
		55. 살인의도		
		56. 망상		
	사고의 흐름	57. 연합장애		
사고에 대한 의견:				

진단: ______________________________

그림 4-1 정신상태조사 양식

출처: Crary & Johnson(1981)

면 부정적인 감정 또는 나쁜 기분이 주류를 이루는지를 파악하는 것은 중요하다. 이러한 감정의 특징들은 일반적으로 평가대상자인 아동의 얼굴표정, 몸동작 등을 통해 알 수 있다. 평가대상자가 보여주는 이러한 감정들을 관찰할 때에는 감정의 깊이와 강도, 감정의 지속시간, 감정표현 방법의 적절성 등도 가능한 한 함께 기록하는 것이 감정이해에 도움이 된다. 평가대상자인 아동은 면담자를 대하면서 냉정하거나 거리감을 두는 태도와 언어적 또는 비언어적 정서표출을 할 수 있으며, 반대로 따뜻하고 친밀한 태도와 정서를 표출할 수 있다.

일반적으로 아동은 낯선 사람인 면담자를 만나면서 불안감이나 두려움을 보일 수도 있는데 불안이나 두려움의 정도가 어느 정도인지, 면접자에게 적대적이지 않은지, 우울함이 얼굴표정이나 자세 등에서 분명하게 나타나고 있지는 않은지 등을 파악하여 관찰, 기록하는 것이 중요하다.

3) 지각양식 및 특징

지각은 개인들이 주위 환경에서의 다양한 자극들을 인식하고 해석하며 이를 토대로 세상을 이해하고 반응하는 양식을 결정하는 데 중요한 시작이 되며 기초가 된다. 각 개인은 자기 나름대로 여러 가지 방법으로 자신이나 자신이 사는 세상에 대해 지각한다. 평가면접을 할 때 면접대상자가 물리적·심리적 환경을 어떻게 지각하는지를 파악하는 것은 매우 중요하다. 특히 환각이나 환청을 보이지는 않는지를 알아내는 것은 매우 중요하다. 환청은 정신분열증의 가장 대표적인 특징이며, 생생한 환영은 대뇌에 이상이 있는 사람에게 더 일반적인 특징이다. 환자의 지각상태, 지각적 왜곡의 정도, 지각적 특징 등을 관찰하여 기록한다.

4) 인지 및 사고 능력의 특징

다음의 사항들을 관찰하여 기록한다.

(1) 지적 기능

지적 기능에 대한 평가는 면접평가대상자의 교육 수준, 사회·경제적 지위, 특정 문화에 대한 친밀감과 일치도 등을 살펴보는 맥락 내에서 이루어져야 한다. 만일 낮은 수준의 지적 기능과 함께 일반적으로 빈약한 학교성취도 또는 직업에서의 낮은 성취 수준을 보인다면, 인지 능력의 결함이나 장애에 대한 진단을 받을 수 있다. 그러나 지능검사에서는 낮은 지적 기능을 보이지만 학업성취는 비교적 중간 또는 그 이상의 수준을 보이고 있다면 지능검사의 결과를 의심해 볼 필요가 있다.

지적 기능은 일반적으로 읽기, 쓰기, 일반적 지식의 정도, 수학 능력, 속담의 의미를 해석할 수 있는 정도 등을 말한다. 지적 기능을 평가함으로써 임상전문가는 면접평가대상자의 사고와 표현이 분명한지, 아니면 정돈되어 있지 않은 상태인지의 정도를 알 수 있게 된다. 지적 기능을 평가하기 위하여 벤더-게슈탈트 Bender-Gestalt와 같은 간단한 검사를 함께 사용할 수도 있다.

(2) 현실감각orientation 능력

면접평가대상자의 현실감각 능력은 흔히 정위(正位) 능력이라고도 하는데, 이 능력은 자기가 누구인지(사람), 어디에 있는지(장소), 그리고 현재와 과거 중 사건이 언제 일어났는지 또는 일어나고 있는지(시간)를 인식하는 능력으로, 면접평가대상자의 현실감각 능력은 그 정도가 다양할 수 있다. 임상에서 보면 가장 빈번하게 왜곡되는 현실감각은 시간에 대한 것이며, 장소와 사람에 대해서는 덜 왜곡되는/덜한 것으로 보고되고 있다.

장소나 특히 사람에 대해 왜곡된 현실감각이 나타나는 경우는 상태가 비교적 심각하다고 할 수 있다. 왜곡된 현실감각은 기질적 조건과 가장 관련이 크다. 한 개인이 사람, 시간, 장소의 3가지 부분에 대한 '현실감각(oriented×3)'이 잘 정돈되어 있으면 대체로 정신상태가 현실에 기초를 두고 활동하며 현실감각의 왜곡이 심하지 않은 것으로 판단되는 경우가 많이 있다.

평가대상자의 현실감각 능력과 관련이 있는 것은 중추감각기관으로 알려져 있는데, 특히 감각기관 중 청각, 후각, 시각이 감각자극에 대한 정보를 수용하여 이를 중추에서 통합 처리과정을 거쳐 반응을 보일 때 얼마나 분명하고 정확하게 받아들이고 반응하는가와 관련이 있다고 할 것이다. 만약 평가대상자가 주위 환경에 대해 분명하고 명확하게 자극을 받아들이거나 이에 대해 반응하는 데 방해가 되는 요인들이 있다면 왜곡된 지각과 현실감각을 보일 가능성이 커진다. 예를 들면, 평가대상자가 근거 없이 이상한 냄새를 맡거나, 이상한 소리를 듣거나, 또는 아무 이유 없이 자신의 피부가 따끔거리는 느낌들을 경험하는 등의 왜곡된 감각적 해석을 할 수 있는 것이다.

중추감각기관은 또한 평가대상자의 의식 수준, 과다각성과 흥분, 졸림과 혼란 등을 나타내게 하기도 하는데, 이러한 중추감각 장애는 종종 기질적 원인 때문에 나타나지만 정신적 문제나 심한 정서장애와 함께 나타나기도 한다. 따라서 전문가가 정신상태를 평가할 때 평가대상자의 현실감각을 평가하는 것은 매우 중요한 정보를 제공할 수 있게 된다.

(3) 기억 능력 및 주의 집중력의 평가 기록

사건이나 사물에 대한 경험을 기억하고 재생해 내는 일은 어느 정도의 주의 집중력을 필요로 한다. 특히 장기 기억은 평가대상자가 가졌던 일반적인 경험, 예를 들면 다녔던 유치원이나 학교를 기억해 낸다든가, 다른 도시로 이사한 기억과 같은 직접적인 경험과 관련된 정보를 재생해 내도록 요구함으로써 평가할 수 있다. 평가대상자에 따라서는 아동용 웩슬러 지능검사WISC를 실시했을 경우, 검사에서 묻는 하위검사 중 '상식'에 포함되어 있는 문항에 대한 응답의 내용을 이용하여 평가대상자의 기억 능력을 평가에 활용할 수도 있다.

또한 평가대상자에게 자신의 삶에서 중요한 사건을 기억하도록 해서 그 회상의 정확성과 그 사건에 대한 기록을 비교해서 장기 기억 능력을 측정할 수도 있다. 이 방법은 자신의 중요한 사건에 대한 평가대상자의 기억내용뿐 아니라 그 내용을 기억하는 데 대한 평가대상자의 태도를 알아내고, 더 나아가 삶의 사건과 관련한 선택적 회상의 의미 있는 왜곡을 알아내는 데도 유용하게 사용된다.

기억 능력 중 주의 집중력과 관련된 단기 기억은 평가대상자에게 간단한 지시를 평가자가 준 후 이것을 바로 회상하도록 하거나, 몇 개로 이루어진 숫자를 불러준 후 이를 따라서 외우거나 불러준 숫자를 거꾸로 외워 보도록 하거나, 또는 문장이나 단락을 말해 주거나 읽은 후 재생해 보게 함으로써 평가할 수 있다. 또한 앞에서 말한 아동용 웩슬러 지능검사WISC 하위검사의 '숫자 외우기'를 이용하여 평가할 수도 있다. 정서가 불안한 사람은 숫자 외우기, 특히 거꾸로 외우기에서 어려움을 갖는데 이러한 특징들을 기록하여 평가에 활용하도록 한다.

(4) 통찰력과 판단력

아동은 자신의 행동이 다른 사람에게 주는 의미나 미치는 영향이 무엇인지를 해석하기가 어려운 경우가 많다. 특히 자기중심적인 사고를 하는 단계에 있는 유아기의 아동은 타인에게 미치는 자기의 행동적 영향에 대해 이해가 어려울 뿐만 아니라 관심도 없는 것이 일반적인 경향이다. 물론 연령이 증가하면서 인지발달도 진행되고 이에 따라 타인의 생각이나 감정에 대한 이해와 배려 등 대인 관계에 대한 통찰력도 점차 증가하게 된다.

적절한 통찰력과 판단력은 자신의 행동과 다른 사람의 행동에 대해 가설을 세우고 검증하는 데 필요하다. 예를 들면, 평가대상자가 전문가에게 왜 자신이 평가를 받으러 왔는지, 자기가 어떤 어려움을 가지고 있는지, 과거의 일과 지금의 문제가 어떤 관련이 있는지, 자기가 가지고 있는 문제를 어떻게 설명해야 하는지, 문제의 원인이 무엇이라고 생각하는지 등을 설명할 수 있으려면 기본적으로 이에 대한 평가대상자의 통찰력과 판단력이 어느 정도 필요하다고 하겠다. 이러한 차원에서 전문가는 평가대상자의 통찰력과 판단력에 대한 검사 및 관찰을 거쳐 중요한 사항들을 기록해 나가야 한다.

5) 사고체계에 대한 검사와 기록

언어는 언어적 표현을 하는 사람의 사고를 반영하는 것이다. 평가를 위한 면접을 진행할 때 평가대상자에 따라 어떤 아동의 언어는 잘 정돈되어 있고 자발적이며 체계적일 수 있으나, 또 어떤 아동의 경우는 언어의 표현과 이해에서 특이한 특징을 보일 수도 있다. 예를 들면, 말하는 내용에서 주제가 순서 없이 혼돈되어 자주 바뀌거나, 말의 속도가 지나치게 빠르거나 느릴 수 있고, 이야기 도중에 갑자기 침묵을 보일 수도 있으며, 목소리가 지나치게 크거나 부드러울 수 있다.

전문가는 평가대상자의 언어적 표현을 통해 솔직하게 자기의 이야기를 하고 있는지, 아니면 이야기의 핵심을 회피하고 있는지를 파악해야 하며, 또한 말하는 태도나 억양 등을 통해 대상자의 언어적 특성이 개방적인지 방어적인지를 살피고, 언어의 내용이 자기 주장적인지 아니면 소극적이거나 추종적인지 등을 관찰해야 한다.

이러한 언어적 표현의 특성들은 평가대상자의 사고내용과 사고과정을 반영하는 것이다. 전문가가 관심을 가지고 면밀히 관찰하면서 평가해야 할 부분 중의 하나는 평가대상자의 이야기 내용에서 망상적 사고를 보이는 내용은 없는지를 검토해야 한다. 이러한 망상적 사고는 심한 정신병적인 증상이거나 또는 기질적 장애가 있음을 나타내는 특성 중의 하나가 되기 때문이다. 사고내용뿐 아니라 사고과정에서 말의 내용이 즉흥적이어서 별다른 이유 없이 주제가 빨리, 자주 바뀌는 것과 같은 특성도 평가대상자의 사고의 흐름을 보여주는 중요한 단서가 되므로 역시 상세히 기록하여 평가 자료로 활용하도록 한다.

4. 평가면접 자료의 해석

평가면접에서 수집된 자료를 해석하고 통합한 후 심리보고서를 작성하기 위해서는 반드시 임상적 판단을 내려야 한다. 구조화된 면접 방법을 사용했다 하더라도 어떤 정보를 포함하고 배제할 것인지를 결정해야 한다. 그러므로 임상적 판단에 연관된 잠재적인 원인을 모두 고려해야 한다. 특히 입양이나 전학 등 평가대상자인 아동의 가정생활이나 학교생활에서 어떤 중요한 변화를 야기할 수 있는 중대한 결정을 내려야 할 경우나, 평가 후의 치료방법에 대한 방향이 보고서에 기술된 결론과 권고내용에 근거할 수 있으므로 심리보고서의 작성은 매우 신중하면서도 자료에 근거한 정확성과 임상적 전문성이 요구된다.

평가면접의 자료를 해석하는 데에는 몇 가지 일반적인 원리가 있다.

첫째, 평가를 위한 면접은 임상전문가가 평가대상자에 관한 임의적인 가설을 세우기 위해 사용하는 기본적인 도구이다. 그러므로 이 가설이 면접 이외의 다른 정보에 의해서도 지지받는지를 확인해 봄으로써 평가면접에서 수합된 자료를 평가해야 한다.

둘째, 평가면접에서 수집된 자료의 결과가 의뢰된 문제와 적절한 관련이 있다면 최종 보고서에서 이 면접 자료를 더욱 강조할 수 있다.

셋째, 비록 면접 과정에서 매우 강력하게 지지된 자료라고 할지라도 이 자료가 의뢰된 목적에 직접적인 관련이 없다면 그 자료를 최종 보고서에 포함시켜서는 안 된다.

넷째, 평가면접의 자료는 서로 다른 주제에 따라 조직되고 해석될 수 있다. 예를 들면, 평가대상자가 그동안 살아온 삶의 과정인 생육사에서 아버지나 교사 등 권위적인 인물과 빈번하게 문제를 가져온 것으로 보인다면, 이 문제와 관련된 세부 사항이 나타나게 될 것이다. 대상 아동의 생육사를 주의 깊게 검토함으로써 이러한 관계에서 아동이 어떻게 대응하는지, 그리고 그 문제를 어떻게 해결하고자 하는지에 대해 알아낼 수 있다. 자주 우울해지는 사람들은 자신의 행동 때문에 자신과 다른 사람과의 사이에 거리를 느끼게 되는데, 왜 사람들과의 관계가 어려운지에 대해 인식하지 못하고 혼란을 느낄 수 있다. 이러한 주제는 대개 면접 중에 나타나게 되는데, 이러한 면면들이 피면접자에게는 아직 분명하지 않을 수 있다. 면접자는 효과적인 면접 과정을 통해 피면접자(아동상담의 경우 대부분 아동의 부모)가 자신에게서 이해할 수 없었던 행동의 원인을 깨닫는 데 도움을 줄 수 있어야 한다.

면접 중에 나타나는 다양한 문제에 대해 면접자가 대응할 수 있는 어떤 특정 전략은 없다. 여기에는 임상적 판단이 가장 중요한 요인이다. 판단의 정확성은 면접자의 이론적 성향, 문제에 관한 지식, 과거 경험, 면접의 목적 등에 달려 있다고 해도 과언이 아닐 것이다.

CHAPTER 5.
아동 행동평가의 방법

아동 행동평가의 방법

잘 알려진 사실처럼 개인의 심리적, 정신적인 문제를 이해하고 이를 전문적으로 돕기 위한 시도는 19세기 이후에 간헐적으로 이어져 왔으나 20세기에 들어오면서 보다 체계화되기 시작했음을 볼 수 있다. 정신적 문제를 가지고 있는 사람에게 전문적 도움을 주기 위해서 먼저 문제가 무엇인지, 원인이 무엇인지를 파악하기 위한 평가가 선행되는데, 행동을 평가하는 방법은 투사적 검사를 포함하는 각종 심리검사들을 통한 평가, 신경심리학적 평가, 객관적 검사와 관찰을 활용하는 평가 등 다양한 평가방법이 활용되고 있다. 다양한 행동평가 방법 중 여기에서는 아동의 행동평가를 중심으로 살펴보기로 하겠다.

1. 행동평가의 기초

아동의 행동평가를 위해 여러 가지 다양한 평가절차가 사용되는데 면접, 문제행동 목록 작성, 평정척도, 직접적 관찰, 심리·신체적 자료 그리고 지적·성취도 검사 등이 여기에 포함된다. 앞에서 밝힌 바와 같이 행동평가의 목적은 첫째, 문제행동과 연관된 특정 환경과 상황 그리고 이에 따르는 결과를 기술하기 위함이며, 둘째, 행동평가에 근거해서 치료계획을 세우고, 셋째, 평가 자료를 활용해서 치료의 효율성을 평가하거나 필요하다면 치료계획을 수정하고자 하는 것이다. 행동평가에서는 임상전문가가 관찰할 수 있는 현상에 초점을 두며 아동의 현재 반응 능력과 효과적으로 작용하는 환경의 자극 그리고 행동을 유지시키는 긍정적·부정적 강화 요인에 대해 강조한다.

행동평가를 할 때 몇 가지 유의해야 할 사항은 다음과 같다(Ciminero & Drabman, 1977).

① 여러 가지 장면에서의 행동을 측정해야 하며, 특히 행동은 상황에 따라 변화할 수 있기 때문에 정상적으로 그 행동이 발생할 수 있는 상황에서 측정한다.
② 이상적으로는 한 아동에게서 다양한 반응을 측정해야 한다. 즉, 언어, 지각, 운동기술 그리고 심리·신체적 반응 등을 포함해야 한다.
③ 수집된 평가자료는 치료적 개입의 결정에 직접적으로 연관된 것이어야 한다.

행동평가를 위해 행동의 빈도, 강도, 지속성과 행동이 일어나는 장소 등을 평가하는 것은 중요하며, 문제행동을 촉진시키는 사건과 그 행동으로 인해 야기되는 사건 또한 평가해야 한다.

다음의 예는 행동평가를 할 때 고려해야 할 질문들이다(Gardner, 1974).

① 어떤 행동이 어려움을 야기하는가?
② 어떤 장면에서 그 행동이 발생하는가?(장소, 시간, 조건)
③ 그 행동의 특징은 무엇인가?(빈도, 비율, 지속시간, 양)
④ 그 행동에 따른 어떤 결과가 그 행동을 지속시키는가?
⑤ 강화요인이 긍정적인가 부정적인가?
⑥ 강화결과를 제거할 수 있는가?
⑦ 아동이 상황에 적절한 다른 대안행동을 가지고 있는가?
⑧ 환경에서 바람직한 행동을 통해 긍정적 결과를 얻을 수 있는 충분한 기회를 제공하는가?
⑨ 과다한 또는 부족한 행동을 대신하도록 어떤 행동을 가르칠 것인가?

위의 유의사항과 고려해야 할 질문 등을 적절하게 활용하여 아동의 행동을 평가하는 것이 아동의 문제에 대한 원인을 알아서 치료계획을 수립하는 데 유용한 정보가 될 수 있다.

2. 관찰을 통한 행동평가

아동이 자신이 처한 환경에서 필요로 하는 사회적인 요구에 얼마나 효율적으로 대응하고 있는지를 알아보기 위해 아동의 행동을 관찰하고 이를 토대로 아동의 내면세계를 평가하는 일은 중요하다. 아동의 행동양식과 적응 수준을 평가하는 일은 현재의 기능 수준과 심리적 상태를 이해하는 데 매우 의미 있는 일이므로 심리검사를 실시할 때 반드시 아동에 대한 행동평가가 함께 이루어져야 한다. 심리검사를 실시하여 얻은 자료에서 전문가가 양적인 자료를 얻는다면, 검사 상황에서 보여주는 아동행동에 대한 평가는 아동에 대한 질적인 자료를 제공한다. 즉, 검사를 실시하는 과정에서 보여주는 여러 가지 아동의 행동적 특징, 태도, 적응 수준 등을 관찰, 평가하여 검사상에서 나타난 자료와 함께 아동을 이해하는 데 유용한 자료로 활용해야 한다.

행동평가는 행동장애에 대한 사고방식과 이러한 장애가 어떻게 변화될 수 있는가에 대한 정보를 제공하기 때문에 정확하고 객관적인 방법으로 자료를 수집하고 평가하는 것은 무엇보다 중요하며 이를 위해서는 일련의 특정한 기법을 필요로 한다. 일반적으로 아동 행동평가에 사용되는 방법은 행동장애 또는 문제를 야기한 원인에 초점을 맞추기보다는 행동문제가 일어난 사건과 그 결과에 초점을 맞추어 행동을 이해하고자 하는 경향이 있다.

특히 행동주의적인 입장에서 평가를 진행하는 전문가들은 행동의 상황적 결정요인을 강조하는 방법을 자주 활용하는데, 즉 문제가 되는 행동과 관련이 있는 선행요인이 무엇인지를 파악하고 그에 따른 결과가 또한 무엇인지를 충분히 이해하는 것에 관심을 둔다. 이러한 방법은 행동을 개인의 어떤 특정한 특질의 결과로 보는 경향이 있는 소위 전통주의적인 평가의 견해와는 차이가 있다고 하겠다. 즉, 행동주의적 평가에서는 행동의 맥락적 또는 상황적 특징을 이해하고자 하며, 이러한 행동의 변화 방법 그 자체에 관심을 갖는다. 이것은 평가와 치료적 개입에 대한 의미 간에 밀접한 연관이 있다. 따라서 행동주의적 평가는 좀 더 직접적이고 기능적이라고 할 수 있다.

그레셤(Gresham, 1984)과 맥나이트 등(Mcknight 등, 1984)은 사실상 행동주의적 견해에 입각한 평가 방법의 장점을 다음과 같이 주장한 바 있다.

① 행동주의적 평가는 개인이 그의 환경과 상호작용하는 방법에서 분명하게 관찰 가능한 면에 관심을 갖는다. 전형적인 행동주의적 평가는 세부적인 행동의 측정(외현적 또는 내현적), 선행요인(내적 그리고 외적), 행동을 유발하는 조건과 결과 등을 중요시한다. 즉, 행동주의 면접에서는 일반적으로 선행조건antecedent, 행동behavior 그리고 결과consequence, 즉 ABC 간의 관계를 기술하고 이해하는 데 초점을 둔다.

② 목표행동의 빈도, 강도, 지속기간에 대한 체계적인 관찰을 통해서 기초선과 처치 전 행동에 대해 측정을 함으로써 특정 행동의 지나침이나 부족함을 보다 구체적으로 평가하고 기술한다. 평가목적은 객관적이고 신뢰할 수 있는 방법으로 측정하고 검증할 수 있어야 하며, 아동이 이에 동의해야 한다(Gresham, 1984). 행동주의적 평가가 발달하게 된 원인은 전통적 평가방법의 제한점 때문이었다. 전통적 평가는 지나치게 추상적이며, 관찰할 수 없는 현상으로 아동의 실생활과 너무 동떨어진 것에 초점을 두므로 임상심리학자들의 개입방법이 충분하지 않으며 언어적인 방법을 통한 심리치료를 지나치게 강조함으로써 개입효과에 한계가 있다고 지적하고 있다. 또한 전통적인 평가방법은 비현실적인 차원에서 행동변화를 요구하거나 치료적 개입과 직접적인 상관이 없는 자료수집에 몰두한다는 비판을 받기도 한다.

③ 행동주의적 접근은 여러 가지 행동장애가 다양한 양식으로 표현되고 있

음을 강조한다. 이러한 것은 외현적 행동, 인지, 생리적 상태의 변화, 언어 표현 유형 등을 말한다. 이러한 각각의 유형을 평가하기 위해서는 서로 다른 평가전략을 사용해야 한다. 하나의 유형에 깔려 있는 추론을 다른 것에 일반화할 수는 없다. 예를 들면, 어떤 사람의 경우 우울증이 그 개인의 인지과정에 주로 기인한 것이며 빈약한 사회적 기술은 우울증에 최소한만 작용할 수 있다. 그러나 다른 사람의 경우 우울증이 인지와 최소한의 관계가 있고 주로 부적절한 사회적 기술 때문일 수 있다. 부적절한 사회적 기술을 가진 사람은 사회적 기술훈련이 가장 효과적일 수 있으며, 비합리적 사고를 바꾸는 접근으로는 최소한의 도움만을 받을 수 있다(Mcknight 등, 1984).

④ 행동주의적 평가의 가장 커다란 장점은 임상가가 치료의 적절성에 대해 지속적으로 관심을 가질 수 있다는 것이다. 문제행동의 측정으로 이 행동을 어떻게 변화시킬지에 대한 계획을 세울 수 있다. 문제행동의 기초선을 측정하고 선행요인과 그 행동의 결과를 평가한다. 이러한 기초적인 기능분석functional analysis이 치료 동안이나 후에 실제로 어떤 변화가 일어났는가를 평가할 수 있도록 한다. 행동주의적 평가는 특히 실제로 변화가 일어났는지를 분명하게 설명하고자 하는 사람들에게 유용할 수 있다.

⑤ 행동주의적 평가는 극히 다양한 상황에서 사용할 수 있는 폭넓은 기법을 제공한다. 이러한 전략은 자기보고, 자연관찰, 생리적 측정, 구조화된 관찰, 자기감독 등을 말한다. 이렇게 기법이 다양한 것은 개인에 대한 완전한 이해를 위해서는 여러 가지 평가유형이 필요하다고 생각되기 때문이다. 여러 가지 평가유형은 개인과 상황 간의 상호작용, 생리적 변화, 인지, 인간관계, 외현적 행동, 감정, 심상, 개인의 사회체계 등 서로 관련 있는 측면들을 포함하게 된다. 이러한 접근은 전통적 평가절차보다 더 폭넓은 맥락에서 개인을 이해하게 한다.

⑥ 행동주의적 평가는 아동에게 현재 나타나는 문제가 주로 환경적 요인에 의한 것일 때 특히 적절하다. 대부분의 경우 환경적 상호작용에 근거하

여 아동의 공포증, 쉽게 화를 냄, 울화, 부적절한 학교행동 등과 같은 행동문제를 설명할 수 있다. 환경적 요인이 문제행동의 작은 부분만을 설명할 경우 행동주의적 평가는 다소 적절하지 않을 수 있다. 만성 정신분열증, 두통, 뇌 손상 등의 경우 환경적 요인보다 기질적 요인이 더 중요할 수 있다. 이러한 문제에 행동주의적 평가와 개입이 효과적일 수도 있지만, 이 경우 환경이 다소 덜 중요하기 때문에 평가와 개입과정에서 많은 어려움을 가질 수 있게 된다.

⑦ 행동주의적 평가의 제한점은 대체로 시간, 전문가, 장비 등의 측면에서 광범위한 자원을 필요로 한다는 점이다. 이는 특히 정신생리적 방법과 관찰방법에서 더욱 그러하다. 웨이드, 베이커 그리고 하트만(Wade, Baker, & Hartman, 1979) 등은 257명의 행동주의 전문가를 대상으로 조사했는데, 그중 43.8%가 행동주의적 평가가 현장에서 비실용적이라고 응답했다. 그 결과 행동주의적 평가는 면접과 질문지의 사용에만 제한되기도 한다.

3. 심리검사를 통한 행동평가

심리검사도구를 활용하여 아동의 행동을 평가하는 것은 보다 객관적이며 비교적 경제적인 방법이 되기도 한다.

다음에서는 아동의 행동평가를 위한 면접이나 관찰을 할 때 활용될 수 있는 몇 가지 방법과 이와 관련된 검사들을 살펴보고자 한다.

1) 아동 문제행동의 평가

문제행동을 보이는 아동의 행동평가를 위하여 활용될 수 있는 몇 가지 심리검사를 살펴보면 다음과 같다.

(1) 아동 · 부모용 불안장애 면접검사

행동평가의 방법은 다양할 수 있으나 특히 아동의 심리적 불안을 진단하기 위한 심리검사로는 '아동·부모용 불안장애 면접검사(Anxiety Disorders Interview Schedule for DSM-IV. Silverman & Albano, 1996)'를 사용할 수 있다. 이 검사는 6~7세의 아동 및 청소년에게 나타나는 불안장애, 정서장애, 외형적 장애 등을 정확하게 변별 진단함과 동시에 학습장애, 발달장애, 약물중독, 정신증적 증상, 섭식장애, 신체화형 장애 등의 문제를 알아내는 데에도 유용한 도구이다. 이 경우 아동과 부모를 각각 면접해서 그 2가지를 합해서 진단이 이루어지는데 아동·부모용 불안장애 면접검사는 주장애(主障碍)와 병발(併發)적 장애의 진단을 가능하게 한다.

(2) 자기보고식 불안측정검사

아동이 친구관계나 성인, 교사 등과의 대인관계와 같은 사회적 상황에서 느끼는 불안의 정도를 파악하기 위한 방법으로 검사를 활용할 수 있다. 특히 사회적 불안의 측정방법은 아동 자신의 자기보고 형식으로 이루어지는 것이 보통인데, 유아나 초등학교 초급 학년의 어린 아동에게는 사용하기 어려우나 글을 읽을 수 있는 8세 이상의 아동에게 주로 활용될 수 있는 검사로는 다음의 2가지가 있다.

① 사회적 공포 및 불안척도 아동용

(SPAI-C: Social Phobia and Anxiety Inventory for Children. Beidel 등, 1995)

이 척도는 26개의 문항으로 구성되어 있으며 8~14세의 아동 및 청소년을 대상으로 사용되는 검사이다. 다양한 사회적 장면에서의 불안을 측정하며 리커트의 3점 척도로 보고하게 되어 있는데, 해당 아동이 이 척도에서 18점 이상을 받을 경우 더 세부적인 진단평가를 함으로써 상담 및 심리치료적인 도움을 받을 수 있도록 권장할 수 있다.

② 개정판 사회적 불안척도 아동용

(SASC-R: Social Anxiety Scale for Children-Revised. LaGreca, 1998)

이 척도는 22개 문항으로 이루어져 있으며 8 14세의 아동과 청소년을 대상으로 하는 자기보고식 검사이다. 특히 아동·청소년의 사회적인 불안장애를 확인하기 위한 도구로서 3가지 요인을 평가하는데, 부정적 평가에 대한 두려움, 새로운 상황에 대한 사회적 회피와 고통 그리고 일반적인 사회적 회피와 고통에 대해 측정한다.

이러한 측정도구들은 사회공포증을 가진 아동 및 청소년의 행동적 문제를 평가하고 임상적 변화를 확인하기 위한 목적으로 활용되는데, 이러한 검사의 결과들은 아동·청소년의 행동관찰 가능 지표를 얻는 데 유용하다. 객관화된 문항을 지필이 아닌 구두 보고의 형식으로 반응을 얻을 수도 있는데, 예를 들면 평가과정에서 검사자가 청소년에게 또래관계에서 일어날 수 있는 가능성이 있는 어떤 특정 상황을 제시해 주고, 그 상황에서 느끼는 아동·청소년의 주관적인 고통의 단위를 0~100점 척도로 응답하도록 하는 것을 들 수 있다. 검사가 종료되기 전에 지금까지 제시되었던 상황 중 기억나는 6개를 떠올리도록 요청하면서 검사대상 아동·청소년의 심장박동과 그 밖의 생리적 측정도 함께 이루어지도록 할 수도 있다. 이러한 방법을 통해 특정 불안 반응영역 내에서의 변화에 대한 지표를 얻을 수 있다.

(3) 자기감독self-monitoring식 측정법

이 방법은 아동과 청소년에게 자기감독을 위한 일기를 계속 쓰도록 함으로써 일상생활에서 만나는 사회적 상황을 추적하고 그 상황에 대한 반응을 불안의 3가지 요소(인지, 신체, 행동)에 따라 확인하는 측정 방법이다. 일기 형식은 개방적이고 구조화되어 있으며 아동의 발달 수준에 따라 이루어질 수 있는데, 이 일기는 치료효과에 대해 직접적이고 즉각적인 피드백을 제공해 주며 문제 상황을 확인해서 치료과정에서 다룰 수 있게 하는 데 유용하다.

2) 아동 적응행동의 평가

적응행동에 대한 평가는 일반적으로 그 아동을 잘 알고 있는 부모나 교사 또는 돌보아 주는 사람을 면접함으로써 이루어지게 된다. 정보제공자는 아동의 기능에 대해 판단을 해야 한다. 그러나 이 판단이 편견을 가지고 있거나 주관적인 견해로 왜곡될 수 있다. 그러므로 유용한 정보를 얻기 위해서는 정보제공자에 대한 신뢰 정도를 평가해야 한다. 그들의 신뢰에 어떤 의심이라도 있다면 아동의 기능 수준을 평가하는 데 정보제공자의 정보를 포함해서는 안 된다. 또한 면접 동안 아동에 대한 정보제공자의 태도, 적응행동의 여러 분야에 대한 태도 그리고 이런 평가에 협조하는 사회적 유능함의 정도 또한 주의 깊게 관찰해야 한다.

(1) 아동 적응행동 측정의 고려사항

일반적으로 말할 때 적응행동은 연령에 따라 그 지표가 되는 행동의 특성이 다르게 된다. 즉, 적응행동은 유아기에는 기본적인 성숙의 정도를 나타내고, 학령기에는 학업성취와 관계가 깊으며, 성인이 되어서는 사회적·경제적 독립의 수준을 반영하는 것이라 할 수 있다. 적응행동은 매우 넓은 범위를 포함하는데 지각 능력, 운동 기술, 신체적 적절성, 언어 능력, 학업성취 등이 모두 여기에 포함된다. 이러한 적응행동을 측정할 수 있는 척도를 활용하여 아동에 대한 정보를 얻고, 지적 능력의 우수함이나 정신지체의 지체 정도를 구분하며, 아동의 발달에 따르는 적응행동의 특성에 따라 적절한 교육 프로그램이나 치료 또는 상담에 대한 결정을 하는 데 유용하게 활용할 수 있다.

그러나 아동의 적응행동을 측정하기란 그리 단순한 일이 아니다. 적응행동과 관련된 어느 한 가지 도구만을 사용해서 그 결과를 가지고 아동의 적응 능력을 평가하는 준거로 삼아 결론을 내리기보다는, 아동의 문화적·사회경제적 위치, 동기 수준, 부모의 기대 등을 함께 고려하여 평가하는 것이 권장된다. 적응행동을 측정하는 것이 아동의 사회적 적응 수준을 평가하는 한 가지 방법이 될 수 있으나, 이것을 통해 모든 사회적 적응 부분을 측정하기는 쉬운 일이 아니다. 왜냐하면 적응행동은 개인적, 사회적, 인지적 그리고 상황변인에 따른 매우 복합적인 경험의 산물이기 때문이다.

또한, 아동을 위한 적응행동평정 척도나 다른 행동평정 척도들이 완벽하게 객관적이기는 어렵다는 것은 잘 알려진 사실이다. 왜냐하면 아동이 보여주는 동일 행동에 대해서도 부모나 교사가 서로 다른 시각으로 볼 수 있으며, 동일 행동이 어떤 상황에서는 적응적일 수 있지만, 다른 상황에서는 부적응적일 수 있기 때문이다. 발달지체나 발달장애를 보이는 아동은 정상발달 아동에 비해 환경에 적응하기가 더 어려우며 사회적 요구에 맞출 수 있는 능력이 더 적다.

아동의 적응행동에 대한 평가에서는 다음의 2가지 주 기능에 강조점을 두고 있다.

첫째, 적응행동 평가는 아동이 기능할 수 있고 스스로를 독립적으로 유지할 수 있는 정도를 평가한다.

둘째, 적응행동 평가는 문화적으로 부과된 개인적인 요구와 사회적 책임에 대해 만족스럽게 대응하는 정도를 평가한다.

따라서 아동의 적응행동은 독립에 대한 요구와 환경에서 부과하는 사회적 요구에 부응할 수 있는 개인의 능력을 반영하는 것이라고 말할 수 있다. 이러한 기준은 중요하기는 하지만 다소 애매할 수가 있는데, 왜냐하면 한 개인에게 요구하는 기능의 수준과 그 개인이 처한 환경의 종류를 정확하게 파악하기가 어렵기 때문이다.

아동을 위해 잘 만들어진 적응행동 척도는 다양한 부분에 적용할 수 있다. 예를 들면, ① 개인의 행동적(또는 정서적) 강점과 부족한 점을 확인할 수 있게 하며, ② 치료의 진행 정도를 계획하거나 훈련 프로그램을 평가하기 위해 시간의 경과에 따른 개인의 변화를 비교할 수 있는 객관적 근거를 제공하며, ③ 다른 상황(집, 학교, 시설 등)에서 같은 아동에 대한 평가를 비교할 수 있으며, ④ 여러 평가자의 평가를 비교할 수 있고, ⑤ 새로운 훈련 프로그램과 연구의 발전에 자극을 줄 수 있다.

(2) AAMD 적응행동 척도American Association on Mental Deficiency Adaptive Behavior Scale

AAMD 적응행동 척도는 시설에 있는 정신지체, 정서부적응, 그리고 발달장애를 가진 개인을 대상으로 하는 행동평정 척도이다(Nihira 등, 1974). 이 도구는 3~69세의 연령을 대상으로 하며, 두 종류의 능력, 즉 행동적 분야와 정서적 분야를 평가한다. 이 척도는 개인적 그리고 사회적 자원을 평가하는 데 유용한 정보를 제공한다(그림 5-1).

미국 정신지체협회에 의한 적응행동 척도의 제 I 부에서는 10개의 행동적 특성에 대해 다루며 일상생활에서 개인의 독립성을 유지하는 데 중요한 기술과 습관을 측정하고 있다. 제 II 부에서는 14개의 적응행동 특성을 측정하는데, 성격장애와 행동장애에 연관된 부적응 행동에 초점을 두고 있다. 제 I 부는 발달적 기준에 따라 구성되어 있으며, 제 II 부는 부적응 행동에 중점을 두고 있다.

AAMD 적응행동 척도를 실시하는 데는 대략 15~30분 정도가 소요되며, 검사실시에 대한 최소한의 훈련을 거쳐 이 검사를 실시할 수 있는데, 개인에 대한 정보를 얻기 위해서 다음 3가지 중 하나를 선택할 수 있다.

첫째, 아동평가의 경우, 정보제공자가 그 아동에 대해 매우 친숙해야 하며, 적절한 평가를 하기 위해 평가자는 전문적인 훈련을 충분히 받아야 한다.

둘째, 부모를 통해 정보를 얻는 것인데 가장 유용한 면접 방법은 면접자가 부모에게서 얻은 정보를 근거로 척도를 작성하는 것이다.

셋째, 제3자 평가에서는 유용한 정보를 얻는 데 1명 이상의 정보제공자를 필요로 하며, 정신지체 복지시설 종사자, 교사, 간호사 등이 포함될 수 있다.

AAMD 적응행동 척도는 임상적으로 매우 유용한 정보를 제공하며 아동의 일상생활에서의 수행 정도와 복잡한 사회적 인간관계에서 보이는 행동의 적절성에 대해 잘 알려줄 수는 있으나, 이 도구는 시설에 있는 정신지체 아동만을 표준집단으로 하였으므로 그 사용에 제한이 있을 수 있다(Sattler, 1982).

Part Ⅰ(10개의 행동 특성)

Ⅰ. 독립적 기능
- a. 먹기
- b. 화장실 사용
- c. 청결
- d. 외모
- e. 옷 상태 관리
- f. 옷 입고 벗기
- g. 여행
- h. 일반적 독립 기능

Ⅱ. 신체발달
- a. 감각발달
- b. 운동발달

Ⅲ. 경제적 활동
- a. 돈 관리와 예산 세우기
- b. 물건 사는 기술

Ⅳ. 언어발달
- a. 표현
- b. 이해
- c. 사회적 언어발달

Ⅴ. 숫자와 시간

Ⅵ. 가정 내 활동
- a. 청소
- b. 부엌일
- c. 다른 가사일

Ⅶ. 직업활동

Ⅷ. 자기 지시
- a. 솔선
- b. 참을성
- c. 여가시간

Ⅸ. 책임감

Ⅹ. 사회성

Part Ⅱ(성격·행동장애와 관련된 14개 특성)

Ⅰ. 폭력적·파괴적 행동
Ⅱ. 반사회적 행동
Ⅲ. 반항적 행동
Ⅳ. 신뢰할 수 없는 행동
Ⅴ. 위축
Ⅵ. 정형화된 행동과 특이한 습관
Ⅶ. 부적절한 인간관계 태도
Ⅷ. 받아들이기 어려운 목소리의 습관
Ⅸ. 받아들이기 어렵거나 기이한 습관
Ⅹ. 자기학대적 행동
Ⅺ. 과다행동의 경향
Ⅻ. 성적으로 기괴한 행동
XIII. 심리적 장애
XIV. 약물 사용

그림 5-1 AAMD 적응행동 척도

출처: Nihira, Foster, Shellheas, Leland(1974)

3) 체크리스트를 통한 아동행동의 평가

아동의 문제행동에 대해 확인하는 방법으로는 행동 체크리스트가 유용하다. 구조화된 양식의 행동 체크리스트를 통해서 아동의 행동을 평가할 수 있는데, 아동행동의 변화와 개선 여부 등을 측정할 수도 있다. 어떤 체크리스트는 부모, 교사 또는 부모와 교사가 동시에 평가하도록 구성되어 있다. 부모와 교사는 아동의 서로 다른 부분을 볼 수 있기 때문에 종합적인 임상적 시각을 갖기 위해서는 그 2가지 자료가 모두 필요하다. 예를 들면, 8세 여아의 경우, 어머니는 아동이 너무 말이 많고 온종일 어머니를 따라다니며 재잘대서 귀찮다고 얘기하는데, 교사의 아동에 대한 행동평가는 언어장애가 의심스럽다는 것이다. 새 학년이 되어 석 달이 다 되도록 이름을 불러도 대답조차 하지 않으며 친구나 교사에게 단 한 마디도 말을 건넨 적이 없다는 것이다. 만일 이 경우 부모나 교사 둘 중 어느 한쪽의 보고가 없다면 임상전문가는 그 아동에 대한 종합적인 견해를 얻는 데 상당한 어려움을 겪을 것이며 그 자료는 충분한 자료가 되기 어렵다.

이와 같은 아동의 행동을 측정하는 데는 여러 가지 유용한 도구들이 있다. 이런 도구들은 연령집단, 질문지를 사용하는 상황(학교, 가족 등), 문제행동의 분류유형(광범위한 증상, 세부적 증상) 등에 따라 다양하다. 행동 체크리스트를 통해서 다음과 같은 정보를 얻을 수 있다.

① 부모가 각각 자신의 아이문제를 어떻게 보는지 알 수 있다.
② 부모의 견해와 교사의 견해를 비교할 수 있다.
③ 치료나 처치의 결과로 나타나는 행동변화를 알 수 있다.
④ 임상과 연관된 행동을 기술할 수 있다.
⑤ 사용해야 할 도구를 선별하는 데 유용하다.

이러한 행동 체크리스트에서 얻은 정보를 표준화된 검사에서 얻은 자료에 보충해서 사용할 수 있다. 아동의 행동을 관찰·평가하는 목적은 양적인 검사자료만으로 아동을 모두 이해하는 것이 불가능하므로 자연스런 상황에서 보여주는 아동의 태도, 적응 능력, 상호작용 기술, 좌절에 반응하는 수준 등을 관찰함으로써 보다 질적으로 풍부한 정보를 수집하고자 함이다. 이를 통해 아동문제의 원인을 진단하고 자료를 해석함에 있어 더욱 강력한 근거를 갖게 될 수 있으므로 심리검사 실시 도중에 보여주는 아동의 행동을 평가하는 것은 매우 의미 있는 일이라 할 수 있다.

부모나 교사들이 아동의 행동을 관찰해서 기록하기 위해서는 일정한 지침을 가지고 방법을 교육받아야 한다. 어떤 종류의 행동을 관찰해야 하는지, 그 행동이 얼마나 자주 일어나는지, 어떤 간격으로 아동을 관찰해야 하는지, 어떤 상황에서 아동을 관찰해야 하는지 등 이러한 사항들은 평가하는 사람이 누구든 간에 반드시 고려해야 할 내용들이다. 이러한 행동평가의 신뢰도와 타당도는 평가하는 과제에 따라 영향을 받을 수 있다. 예를 들면, 문항이 특정 행동을 관찰해야 하는 경우 "그 아동이 지난달에 최소한 3회 이상 다른 아동과 싸움을 했는가?"이거나 어떤 판단을 해야 할 경우 "그 아동이 우울하다"와 같은 문항에서 어떤 교사들은 아동의 행동에 대해 부정확한 판단을 할 수 있다. 그들은 실제 아동의 행동을 충분히 고려하지 않을 수도 있고, 아동의 외모, 경제적 수준, 배경 등이 평가에 영향을 줄 수도 있다. 이런 경우 교사의 관찰을 평가과정에 포함시키려면 그 전에 교사의 관찰기술에 대해 점검해야 한다. 다음에서 보다 구체적으로 행동평가를 위한 체크리스트를 제시하기로 하겠다.

(1) 교실적응 평가척도

교실적응 평가척도(그림 5-2)는 아동의 문제행동을 평가하기 위한 것으로 특히 학습문제, 충동적 행동, 수줍고 불안한 정도의 3가지 요인을 측정하고자 하는 것이다.

리츨러Riechler와 쇼플러Schopler에 의해 고안된 이 체크리스트(Sattler, 1982)는 문제없음(0점)에서 매우 심각한 문제(5점)에 이르기까지 5점 평정척으로 그 심각성의 정도를 측정할 수 있도록 하였으며 아동의 교실에서의 행동 20문항과 기

아동 이름 : ____________ 평가자 이름 : ____________ 날짜 : ____________

Ⅰ. 다음의 모든 문항에 답해 주세요.

1: 문제 없음 2: 매우 약한 문제 3: 중간 정도의 문제
4: 심각한 문제 5: 매우 심각한 문제

아동의 교실 행동

1. ____ 교실에서 파괴적 행동을 보임
2. ____ 안절부절, 과다행동,
3. ____ 순서와 관계없이 얘기하고, 다른 아동들이 작업하는 동안 방해
4. ____ 광대처럼 다른 사람의 관심을 끊임없이 추구
5. ____ 또래에게 지나치게 공격적
6. ____ 반항적, 고집불통
7. ____ 충동적, 느긋하지 못함
8. ____ 위축
9. ____ 수줍음, 소심함
10. ____ 친구를 사귀지 못함
11. ____ 규칙을 지나치게 고집함
12. ____ 다른 세계로의 도피, 공상
13. ____ 감정표현 어려움
14. ____ 불안
15. ____ 걱정, 두려움, 긴장
16. ____ 우울
17. ____ 잘 울음, 토라짐, 뾰로통함
18. ____ 다른 사람을 믿지 않음
19. ____ '신경과민'의 여러 가지 표시가 나타남
    세부적으로: ______________________________
20. ____ 특정 두려움
    세부적으로: ______________________________

기타 행동

21. ____ 자기 확신의 부족
22. ____ 비난에 지나치게 민감
23. ____ 실망에 대해 부적절하게 반응
24. ____ 다른 사람에게 지나치게 의존
25. ____ 아픈 척함
26. ____ 기타
    세부적으로: ______________________________
27. ____ 차림새나 위생상태가 불결함아동의 교실 행동

(계속)

아동의 학업성취

28. ____ 능력 이하의 성취(잠재능력만큼에 도달하지 못함)
29. ____ 성취동기가 빈약
30. ____ 나쁜 학습습관
31. ____ 지시에 따르는 것이 어려움
32. ____ 주의 집중 부족, 짧은 주의 집중 시간
33. ____ 운동조정 능력의 문제
34. ____ 기타

세부적으로: ________________

35. ____ 읽기
36. ____ 수학
37. ____ 셈하기
38. ____ 쓰기
39. ____ 색깔
40. ____ 개념
41. ____ 언어기술 문제

세부적으로: ________________

Ⅱ. 아동과 경험을 통해서 당신이 보고한 문제와 관계가 있다고 생각되는 문항에 체크(✓)하세요.

42. ____ 부모의 별거 또는 이혼
43. ____ 가족 구성원의 질병 또는 죽음
44. ____ 가정에서의 교육적 자극이 부족
45. ____ 경제적 어려움
46. ____ 성공에 대해 가족의 압력이 부족
47. ____ 가족의 어려움

Ⅲ. 아동과의 경험을 통해서, 이 아동이 각 문항의 어느 위치에 속하는지 체크(✓)하세요.

48. 아동을 잘 안다 ... 아동을 전혀 알지 못한다

1 2 3 4 5 6 7

49. 아동을 좋아하기 쉽다 ... 아동을 좋아하기 어렵다

1 2 3 4 5 6 7

50. 아동은 심각한 학교적응 문제를 가지고 있다 ... 아동은 학교적응 문제를 전혀 가지고 있지 않다

1 2 3 4 5 6 7

그림 5-2 교실적응 평가척도

출처: Sattler(1982)

타 행동목록 7개 문항, 그리고 학업성취에 관한 10개 문항으로 구성되어 있다. 그 밖에 교사나 관련 교육 전문가들이 아동과의 접촉이나 면담을 통해서 얻게 된 문제의 성격이나 특징을 보고하도록 체크하는 문항이 수록되어 있다. 이러한 아동의 교실적응 평가척도는 아동의 중요한 적응 평가지표인 학교생활을 평가하는 데 유용한 자료로 활용될 수 있을 것이다.

(2) 유아행동 체크리스트(유치원 및 어린이집용)

유치원 또는 어린이집에서의 유아행동 체크리스트(그림 5-3) 또한 문제행동을 측정하지만, 유아를 대상으로 한다. 이 체크리스트는 적대감-공격성, 불안감-두려움, 과다행동-주의산만의 3가지 요인을 측정하고 있다.

리츨러Riechler와 쇼플러Schopler에 의해 고안된 이 유아용 행동 체크리스트(Sattler, 1982)는 총 30문항으로 구성되어 있으며 유치원이나 어린이집의 교실에서 보이는 유아들의 문제행동들을 관찰하여 체크하도록 하였다. 이 체크리스트는 유아의 정서상태나 이를 표현하는 방법의 적절성 그리고 주의산만의 정도를 '전혀 아님'에서 '매우 그러함'에 이르기까지 3개의 평정척을 사용하여 그 정도를 평가하도록 하는 방법을 채용함으로써 비교적 손쉽게 교실에서의 유아의 특이행동을 알 수 있도록 하였다는 특징이 있다.

(3) 정신병리적 증상을 보이는 아동의 행동평가 체크리스트

리츨러Riechler와 쇼플러Schopler에 의해 고안된 이 행동평가 척도(Sattler, 1982)는 정신신경증 증상을 보이는 아동을 위한 행동평가 척도(표 5-1)이다. 이 행동평가 척도는 정신병리적 증상을 보여주는 아동을 놀이상황에서 관찰하여 행동을 평가하도록 고안된 것이다.

정신신경증적 증상을 보이는 아동의 놀이는 정상아동의 놀이와 다르다. 일반적으로, 정신신경증 증상을 보이는 아동의 놀이는 내용이 산만하고 놀이의 주제가 통일성이 부족하거나 통합되어 있지 못하며, 부적절하고 비건설적이며, 장난감을 고유 기능에 맞게 사용하는 방법이 매우 빈약하다. 놀이의 종류도 매우

아동 이름:　　　　　　　　　　　　성　별:
부모 이름:　　　　　　　　　　　　생년월일:　년　월　일
평 가 자:　　　　　　　　　　　　연　령:　세
평 가 일:　년　월　일

	전혀 아님	때때로 그러함	매우 그러함
1. 가만히 있지 못하고 계속 움직이거나 뛴다.	____	____	____
2. 안절부절못하고 어색하다.	____	____	____
3. 자기 것이나 남의 물건을 부순다.	____	____	____
4. 다른 아이들과 싸운다.	____	____	____
5. 다른 아이들이 좋아하지 않는다.	____	____	____
6. 걱정이 많다.	____	____	____
7. 스스로 일을 하는 경향이 있다.	____	____	____
8. 성미가 급해서 쉽게 화를 낸다.	____	____	____
9. 슬프고, 속상하고, 눈물이 많다.	____	____	____
10. 얼굴이나 몸에 경련, 틱 등이 있다.	____	____	____
11. 손톱니다 손가락을 물어뜯는다.	____	____	____
12. 순종적이지 않다.	____	____	____
13. 주의 집중이 어렵고 집중 시간이 짧다.	____	____	____
14. 새로운 물건이나 새로운 상황을 두려워한다.	____	____	____
15. 지나치게 까다롭다.	____	____	____
16. 거짓말을 한다.	____	____	____
17. 올해에 옷에 오줌을 싸거나 변을 보았다.	____	____	____
18. 말을 더듬는다.	____	____	____
19. 언어장애가 있다.	____	____	____
20. 다른 아이들을 괴롭힌다.	____	____	____
21. 부주의하다.	____	____	____
22. 친구들과 장난감을 나누어 갖지 않는다.	____	____	____
23. 쉽게 운다.	____	____	____
24. 다른 아이들 탓을 한다.	____	____	____
25. 쉽게 포기한다.	____	____	____
26. 다른 사람을 배려하지 않는다.	____	____	____
27. 특이한 성적 행동을 한다.	____	____	____
28. 다른 아이들을 차거나 물거나 때린다.	____	____	____
29. 허공을 응시한다.	____	____	____
30. 이 아동이 행동문제를 가지고 있다고 생각합니까?	____	____	____
합계	____	____	____

그림 5-3　유아행동 체크리스트

출처: Sattler(1982), Behar & Stringfield의 척도

표 5-1 정신병리적 증상을 보이는 아동의 행동평가 체크리스트

변 인	평 점			
문 항	1 연령에 적합한 경우	2 경도 일탈	3 중도 일탈	4 심각한 일탈
1. 사람과의 관계	검사자에게 적절한 반응, 눈맞춤, 의사소통	부분적 회피	빈약한 관계, 검사자가 시도	심한 회피
2. 언어 · 운동 모방	언어와 운동과제에서 어른을 쉽게 모방	부분적으로 지연된 모방	거의 모방하지 않음	언어적 · 행동적 모방이 없음
3. 정서	적절한 즐거움, 불쾌감, 흥미 등의 표현	부적절한 정서의 표시: 금지, 책임감 부족, 어리석음	과도한 / 최소한의 즐거움이나 불쾌함, 흥미를 보임	즐거움이나 불쾌함에 대한 표시가 없음
4. 신체적 민감성	몸과 움직임의 적절한 사용	습관적 움직임, 조정의 결핍	스스로 공격성 유발	조정 결핍, 공격성이 과도함
5. 사물과의 관계	사물에 대한 적절한 활용과 관심	사물에 대한 약간의 집착	사물에 대한 특이한 집착 / 사물에 대한 관심 결여	사물에 대한 과도한 집착 / 사물에 대한 관심의 심한 부재
6. 환경변화에 대한 적응	활동의 변화에 적절한 반응	활동의 변화에 약간의 저항, 같은 반응 유형을 고집	활동의 변화에 적극적 저항: 안절부절, 좌절, 회피	활동의 변화에 심각한 회피, 부정적 반응, 심한 저항
7. 시각적 반응	시각적 자극에 적절한 관심	시각적 자극에 집중이 약간 어려움, 시각적 자극에 반응하지 않음	시각적 자극에 상당히 무관심, 눈맞춤을 회피	사물이나 사람의 시각적 자극에 심한 회피
8. 청각적 반응	청각적 자극에 적절한 반응	소리나 말에 반응이 약간 어려움	청각 자극에 상당히 무반응 / 과도한 반응	청각 자극에 대한 과도한 회피 / 심각한 과잉 반응
9. 감각기관의 반응	통증에 대해 적절한 반응, 정상적 감각 활동	감각탐색에 다소 집착, 통증이나 촉감에 적절한 반응이 결핍	감각탐색에 상당히 집착, 통증이나 촉감에 상당히 무반응	감각탐색에 과도한 집착, 통증에 대한 반응의 과도한 결핍
10. 불안반응	과도한 울음, 소리지름, 낄낄거림, 위축 등이 없음	특정 상황에 대해 다소 불안	여러 가지 상황에 상당히 불안함	일반적으로 불안해함
11. 언어적 의사소통	적절한 대화	언어지체, 남의 말 흉내내기, 약간 이상한 말투	다소 어색한 언어, 남의 말 흉내내기가 많음	매우 이상한 말투, 지적 단어의 확실한 결핍
12. 비언어적 의사소통	적절한 의사소통(몸짓, 얼굴표정)	의사소통이 약간 지체	부적절하고 의미없는 의사소통	심각하게 이상하고 어색한 의사소통
13. 활동수준	평균 정도의 활동수준	약간 과다행동	상당한 과다행동	심각한 과다행동
14. 지적 기능	지체에 대한 증거 없음	잠재적 지체	명백한 지체	광범위한 지체

출처: Sattler(1982), Riechler & Schopler 척도

제한되어 있어서 장난감을 만지는 데 시간이 많이 걸리고 장난감을 조작하는 데 반복적인 행동을 더 많이 보인다(Hingtgen & Bryson, 1972). 임상전문가는 아동의 이러한 놀이의 특성을 관찰하는 데 민감해야 한다.

정신신경증의 증상을 보이는 아동에 대한 행동평가 척도는 14개 분야의 행동을 평가하도록 구성되어 있는데, 아동의 대인관계, 정서적 특징, 신체, 감각적 반응의 특징, 의사소통의 특징, 불안 등을 '연령에 적합한 경우' 1점, 그리고 연령에 적합한 정도의 심각성이 '경도 일탈', '중도 일탈', '심각한 일탈'에 따라 각각 2점, 3점, 4점을 평정하도록 되어 있다.

이 척도는 진단적 평가 후에 완성하여 그 결과를 심리검사 보고서에 포함시킬 수 있다는 점과 또한 여러 가지 상황에서 아동을 평가할 수 있다는 점에서 심각한 행동문제를 보이는 아동을 검사하고 진단하는 데 유용하게 사용할 수 있다.

CHAPTER 6.
아동용 지능검사 I
: 웩슬러 지능검사

아동용 지능검사 I :웩슬러 지능검사

아동을 대상으로 심리검사를 실시하고자 할 때 가장 먼저 고려하는 검사 중의 하나는 아동의 지적 능력을 보다 정확하게 파악하기 위한 검사를 사용하는 것이다. 이 장에서는 먼저 지능에 대한 이해를 돕기 위하여 지능에 대한 이론적 배경들을 간략히 살펴보고 한국에서 개발된 개인용 지능검사들을 중심으로 각 지능검사의 구성 및 검사내용, 검사결과에 대한 해석방법 등을 소개하고자 한다.

1. 지능의 정의

지능intelligence에 대한 정확한 정의를 내리려는 시도는 어려운 일이며 이에 대한 논쟁이 계속되어 왔음은 잘 알려진 사실이다. 지능은 추상적인 개념으로 구체적·객관적·물리적인 실체의 근거를 갖고 있지 않기 때문이다. 지능은 관찰 가능한 행동과 반응에서 추론한 일련의 과정에 이름을 붙인 것이다. 즉, 문제해결 기술을 관찰하고 이 결과를 객관적으로 측정하는 것은 가능하지만, 이러한 기술을 산출해 내는 지능을 직접적으로 관찰하고 측정할 수는 없다. 그러므로 지능이란 그것의 효과로 알 수 있고 그 존재를 추론할 수 있는 다소 물리학에서의 '힘'과 같은 용어이다.

지능에 대해 정의를 내리려는 여러 학자의 시도 중 초기에 비네와 시몽(Binet & Simon, 1916)은 다음과 같이 지능에 대한 개념을 정리하였다.

> "지능은… 판단력, 다시 말해 뛰어난 이해력, 실제적 이해력, 독창력, 자신을 환경에 적응시킬 수 있는 능력, 잘 판단하고, 잘 이해하고, 잘 추론하는 것, 이러한 것이 지능의 필수적인 활동이다(pp.42-43)".

비네와 시몽 이후 지능의 정의 중 가장 많이 사용되는 것은 1958년 웩슬러의 정의이다. 웩슬러는 지능을 "목적을 가지고 행동하고 합리적으로 사고하며 효과적으로 환경을 다룰 수 있는 개인의 능력을 포함하는 포괄적인 개념"으로 설명했다. 또한 "광범위하게 정의를 내리면 일반적인 지능은 지적 능력과 동등할 수는 없으나 전체적으로 성격personality의 표현으로 간주되어야 한다."고 강조했다. 웩슬러는 지능을 사회적·실제적·추상적인 개념으로 생각했다. 지능을 직접적으로 측정할 수 없으며 인내, 충동, 흥미, 성취욕구 등과 같은 비지능적인 측면과 독립적으로 생각할 수 없다고 믿었다. 많은 학자의 지능에 대한 정의를 살펴보면 대부분 다음 5가지 부분을 포함해서 설명하고 있다.

① 추상적인 사고
② 경험을 통한 학습
③ 통찰을 통한 문제해결
④ 새로운 상황에 대한 적응
⑤ 바람직한 목표 성취를 위해 집중하고 유지하는 개인의 능력

지능에 대해 분명하게 개념화하려는 실제적인 이유는 임상가들이 자신이 평가하는 것의 복잡성을 충분히 평가할 수 있도록 하기 위한 것이다. 이러한 평가는 피검자의 지능이 측정된 부분과 그렇지 않은 부분을 좀 더 적절하게 가늠할 수 있도록 한다. 또한 지능검사를 통한 장단점을 가리려는 데도 도움이 되기도 한다. 즉, 언어능력을 강조하는 '지능'검사는 비언어적 문제해결이나 새로운 상황에 적응하는 능력 등을 평가하지는 못한다는 것이 제한점이 된다.

지능에 대한 심리측정적인 접근은 지능이 개인차가 있는 특질이라는 것을 가정으로 한다. 비네Binet, 에빙하우스Ebinghaus, 베르니케Wernicke와 같은 초기 심리측정학자들은 지능의 이론적인 이해에 관심을 갖고 있었지만 그들이 실제로 구성한 검사는 분류와 예측과 같은 실제적 측면에 더 초점을 두었다. 즉, 문제해결에 중점을 둔 실제적 측면과 이론에 관한 개념적 접근 간에 초기에는 어느 정도의 불일치가 있었다. 다음에서 지능의 본질에 관한 이론적 개념의 발달과정에 초점을 맞춰 간단하게 설명하고자 한다.

1) 비네의 지능에 대한 이론

1904년에 비네Binet는 정상적인 학습능력을 가진 학생과 특별교육 프로그램을 필요로 하는 학습부진아를 구별하기 위한 도구를 개발하기 위해 프랑스 정부에 지원자금을 요청했다. 그의 기본적인 과제는 지적 능력이 높고 낮음에 따른 올바른 분류를 하는 것으로 그가 측정하고자 하는 지능의 이론적인 이해를 깊이 있게 발전시킬 필요는 없었다. 그의 초기 검사(1905, 1908)에서는 각 개인은 '생활연령CA: chronological age'과 '정신연령MA: mental age' 2가지를 모두 가지고 있다는 기본 가정을 근거로 한다. 생활연령이란 실제 생활에서 보여주는 평균 지적 능력을 의미한다. 아동의 정신연령을 계산한 후에, 그 아동의 생활연령과의 비교를 통해서 동일 연령 집단에서 그 개인의 상대적인 위치를 알아보게 된다.

비네는 이미 프랑스의 중견 변호사였으며, 극작가, 심리학자, 최면술사로 활동했고 지능검사를 제작함으로써 세계 최초의 심리측정학자가 되었다. 그는 지능검사의 지시에서 유리한 것을 찾아내는 아동의 능력을 검증하는 등 많은 문제점을 찾아냄으로써 초기 검사를 개발하기 시작하였다. 그 다음 아동을 무작위로 선별해서 검사를 실시해 봄으로써 '좋은'문항과 '적당하지 않은'문항을 결정했다. 좋은 문항은 아동의 나이가 증가함에 따라 바른 답을 응답하는 문항의 수가 같이 증가하는 것이다. 즉, 표집 내에서 아동들의 생활연령이 높아질수록 문항에 대한 답을 더욱 바르게 할 수 있으므로 점수가 점점 더 높아지게 된다. 적당하지 않은 문항은 정답의 수와 생활연령 간의 관계를 보여주지 못하는 것이다. 적당하지 않은 문항은 연령에 관계없이 모든 아동들이 틀리게 답을 하거나 또는 아동의 연령이 높아질수록 더 옳은 답을 하는 경우가 적어지는 것이다. 좋은 문항은 모아서 조직하고 적당하지 않은 문항은 버림으로써 비네는 연령에 따른 난이도의 순서로 문항을 개발하는 방법으로 아동의 정신연령을 결정할 수 있었다. 예를 들면 7, 8세의 아동은 비교적 적은 수의 아동만이 '연결'이라는 단어에 대한 뜻을 맞출 수 있었다. 10세의 경우 10%, 13세는 60%가 그것을 맞출 수 있었다. 그러므로 '연결'이란 말을 정의할 수 있는 아동의 능력은 정신연령이 평균 13세와 상응한다고 할 수 있다. 그 다음 그 아동의 정신연령을 그의 생활연령과 비교해서 그 개인이 같은 연령 또래에 비해 앞섰는지, 같은지, 뒤쳐졌는지를 결정하는 것이다.

1905년 처음으로 사용된 비네 검사는 여러 번의 개정을 거쳤다. 그중 가장 중요한 것은 1916년 미국의 심리학자 터먼Terman에 의해 미국판 스탠퍼드-비네 검사Stanford-Binet test를 개발한 것이다. 스탠퍼드-비네 검사는 이후 여러번의 개정을 거쳐 최근 5판이 나왔다(Roid, 2003). 그 과정에서 가장 중요한 변화는 터먼의 지능지수, 즉 IQIntelligence Quotient에 대한 재개념화였다. 비네의 초기 IQ(MA와 CA의 차이)에 대한 문제는 여러 연령집단에서 IQ의 의미가 다르다는 것이었다. 3세 아동이 1년 뒤지는 것은 14세 아동이 1년 뒤지는 것과는 매우 다른 의미를 갖는다. 생의 초기에 지능에 있어서 가장 절대적인 변화가 발생하기 때문이다. 그래서 3세 아동의 1년 지체는 14세 아동의 1년 지체보다 훨씬 더 심각하다.

이러한 문제는 1916년 터먼의 IQ계산(MA/CA×100)에서 어느 정도 해결되었다. 이 공식을 이용해서 IQ를 계산해 보면 1년 지체된 3세 아동의 IQ는 66, 1년 지체된 14세 아동의 IQ는 비교적 높은 93이 된다. 그러므로 터먼의 개정판은 각 연령집단에서 CA보다는 MA의 심각성을 더 적절하게 반영했다고 평가된다. 그러나 정신연령은 대략 16세경에 최고에 달하는 것으로 가정되었다. 이는 성인 IQ를 평가할 때 어려움이 생기는데 성인의 생활연령이 정신연령보다 더 높기 때문이다. 더욱이 노화나 뇌손상 등으로 정신연령이 감소하는 것을 정확하게 측정할 수도 없다는 문제가 대두된다. 이런 이유로 1960년과 1986년의 스탠퍼드-비네 개정판에서 웩슬러의 편차 IQ 개념을 도입하여 사용하였는데, 이것은 단순히 한 연령집단에서 다른 또래들의 수행수준과 비교할 수 있는 능력검사에서의 표준점수 개념이다. 여기에서 얻은 결과를 통해 각 연령의 사람들 간에 좀 더 의미 있는 비교를 할 수 있게 되었다. 스탠퍼드-비네 5판의 경우, 만 2세에서 85세 이상까지 폭넓은 연령대에 사용할 수 있으며 10개의 소검사를 기초로 전체 IQ, 언어성 IQ, 비언어성 IQ를 측정한다.

2) 서스톤과 스피어만의 지능에 대한 이론

비네가 지능에 대한 이론을 특별하게 발달시키지 않은 것에 비해 스피어만(Spearman, 1927)은 지능검사가 측정하고자 하는 것이 무엇인지에 관심을 가졌다. 그는 일반적인 요인general factor, 즉 'g'요인이 모든 유형의 지적 활동에 공통 요인이며, 세부요인specific factor 's'요인은 특정 문제에 고유한 것임을 주장했다. 스피어만은 서로 다른 지능검사끼리 매우 상관이 높으며 한 분야에서 효율적으로 일을 처리하는 사람은 일반적으로 다른 분야에서도 역시 효율적임이 관찰되었다고 강조했다. 이것은 g요인이 개인의 능력을 통합하고 향상시키는 데 기여한다는 점을 역설한 것이다. 지능의 개념에 관한 스피어만의 공헌은 종종 '2요인 이론'으로 언급되기는 하지만 그는 단일 일반요인 g의 중요성을 강조했으며 단일 지능검사에서 g요인의 중요성을 평가하고자 노력했다고 볼 수 있다.

서스톤(Thurstone, 1938)은 단일한 g요인의 존재를 믿지 않았다는 점에서 스피어만의 이론에서 급진적 선회를 하여 이론을 발달시켰다. 그는 오히려 지능은 세부적이며 별개의 능력으로 이루어졌다고 믿었다. 이 이론은 다양한 과제의 요인분석factor analysis을 통해서 발달되었는데 서스톤은 이러한 과제를 수행하는 데 서로 다른 기술이 요구됨을 개념화하고 구분하고자 노력했다. 그는 요인분석 연구를 통해 지능은 다음의 7가지 요소로 구성되며 그것을 '기본 정신능력primary mental abilities'이라고 언급했다.

① 언어 능력verbal ability
② 언어 유창성verbal fluency
③ 수능력numerical ability
④ 공간 능력spatial ability
⑤ 지각 능력perceptual ability
⑥ 추리 능력inductive reasoning
⑦ 기억력memory

단일 g요인 없이 세부요인이 존재할 수 있음을 암시하는 생생한 예들은 우리 주변에서 찾아볼 수 있는데 소위 특수 재능을 지닌 정신지체자idiot savant들은 오직 한 부분에서 극단적인 능력의 발달을 보여주지만 다른 부분에서는 극히 낮은 수준의 기능을 하고 있음이 간간히 발견된다. 이런 사람들 중에는 날짜 계산에 대한 특별한 기억력이 있어서 몇 년 전, 어떤 날, 발생한 일을 그 날로부터 정확하게 그리고 즉각적으로 계산할 수 있거나, 긴 음악을 단 한 번 듣고 난 후 음률을 따라 할 수 있는 사람도 있을 수 있다. 그러한 특정 능력의 변별은 서스톤의 g요인 없이도 s요인이 존재할 수 있다는 주장을 지지해 준다. 그러나 서스톤의 7가지 요인은 서로 상당히 높게 상관되어 있음이 발견됨으로써 7가지 요인이 서로 독립적인 것이 아니라 g요인이 7가지 기본능력 내에 공통으로 있음을 의미한다는 주장이 설득력을 가지기도 한다.

3) 가드너의 지능에 대한 이론

가드너(Gardner, 1983, 1993)가 최근에 발표한 특수 지적 요인에 대한 개념은 지능을 훨씬 더 폭넓게 이해하도록 하는 데 공헌하고 있다. 그는 비교적 독립적인 지적 능력 7가지를 그의 이론에서 제시했다.

① 언어적 능력
② 음악적 능력
③ 논리-수학적 능력
④ 공간적 능력
⑤ 신체적-운동감각적 능력
⑥ 대인관계 능력
⑦ 개인 내적 능력

그는 IQ검사로 평가하는 전통적 유형의 능력(언어·수학·공간 능력 등)뿐만 아니라 산수 능력, 자신과 타인에 대한 지식, 음악적 재능을 포함시킴으로써 지능의 개념을 확장하였다. 그의 이론에 의하면 학교에서의 성취나 IQ검사에서는 별로 높은 점수를 받지 못하는 뛰어난 운동선수나 음악가가 지적으로 높은 능력을 가진 사람으로 간주될 수 있다는 것이다. 가드너(1993)는 개인의 다중적 지능을 평가하기 위해 15개의 측정을 포함하는 '도식schema'을 발달시켰다. 이러한 측정은 전통적인 지필검사가 아니라 교실 상황의 맥락에서 사고기술의 자연적인 평가에 근거한 것이다.

지난 수십 년 동안 지능을 개념화하는 데 중요한 주제는 스피어만의 단일 g요인이 지능을 잘 대표하는지, 서스톤의 다중요인 이론이 지능을 잘 설명하는지에 대한 것이었다. 버논(Vernon, 1950)은 지능이란 통합적인 단일요인인 동시에 수많은 크고 작은 특정 능력 또한 포함하는 것이라고 결론지었다. 그의 모델은 기본적으로 위계를 가지고 있으며 g요인이 모든 요인을 통합하는 것으로 가장 우위에 있다. 그 다음 수준은 언어적-교육적 능력과 공간적-기계적 능력으로 구성되어 있다. 가장 하위 수준은 좀 더 세부적인 능력으로 언어 유창성, 수리력, 창의력 등이다(그림 6-1).

이러한 버논의 모델은 웩슬러 지능검사의 능력에 대한 배열에서도 찾아볼 수 있으며, 블라하와 월브라운(Blaha & Wallbrown, 1984)은 일반적인 g요인이 언어 이해력, 지각 조직력, 주의 집중력 등과 같은 세부적인 하위능력 등 대부분의 능력을 통합한다고 주장함으로써 g요인이 지능에서 차지하는 비중을 강조하고 있다.

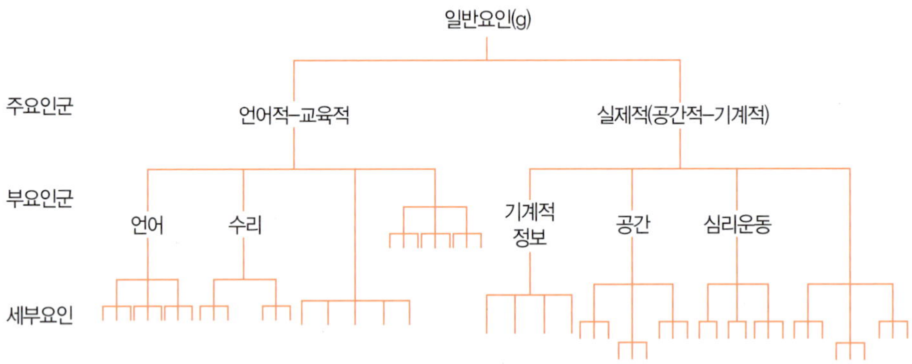

그림 6-1 지능의 위계 모델

출처: Vernon(1960)의 모델

4) 혼과 카텔, 헵의 지능에 대한 이론

지능검사를 발달시키는 데 기여한 또 다른 이론은 생물학적 접근이다. 혼Horn과 카텔Cattell 그리고 헵Hebb은 지능의 어떤 부분이 두뇌기능과 직접적으로 연결되어 있다고 강조한 바 있다. 혼과 카텔(1963)은 지능을 유동적 지능과 결정적 지능으로 구분하여 설명하였으며, 헵(1972)은 지능을 지능 A와 지능 B로 나누어 설명하였다. 지능 A는 두뇌기능과 직접적으로 관련되어 있는 것으로 생물학적으로 타고난 것이며 신경계와 연관된 문제해결 능력으로, 이 능력은 심리검사로 측정할 수 없다고 주장했다. 혼과 카텔의 유동적 지능은 이와 비슷한 것으로 새로운 문제를 해결하는 능력이나 관계에 대한 지각능력 등을 말하며, 이 능력은 두뇌의 효율성 정도와 선천적으로 타고난 능력과 관련이 있으며 두뇌손상의 결과에 영향을 받는다고 주장하였다. 특히 이 능력은 학교교육, 문화적 요인과는 관련이 없는 독립적인 비언어적 능력이며 도형이나 그림분석 등과 같은 검사로 측정할 수 있다고 하였다. 예를 들면, 웩슬러가 개발한 아동용 지능검사WISC에서 비언어성 검사는 유동적 지능을 측정하는 검사인데, 이런 유동적 지능은 14세까지 증가하며 20세가 되면 점진적으로 쇠퇴한다는 것이다.

혼과 카텔, 헵은 보다 더 환경에 의해 결정되는 내용지향적인 지능의 측면을 설명했는데 헵은 이것을 '지능 B'로 명명했으며, 이 능력은 경험에 근거하는 것으로 개인의 축적된 지식 정도를 나타낸다고 하였다. 이 능력은 대부분의 지능검사가 측정하는 것이다. 혼과 카텔은 이 능력을 결정적 지능으로 불렀으며, 이 능력은 비교적 지속되는 것으로 두뇌손상에 의한 영향을 덜 받는다고 주장하였다. 이 능력은 타고난 유동적 지능과 문화나 교육과 같은 환경적 요인과의 상호작용에 의해 발달되는데 카텔은 이 능력이 40세까지 발달하며 그 이후 서서히 쇠퇴한다고 주장하였다. 결정적 지능을 측정하는 대표적인 검사는 웩슬러가 개발한 성인용 지능검사WAIS에서 언어성 하위검사로 어휘와 상식을 들 수 있는데 이는 습득된 기술 및 축적된 지식과 관계가 있다. 혼과 카텔은 유동적 지능과 결정적 지능 둘 다 지능검사로 측정할 수 있다고 주장한 반면, 헵은 심리검사로는 지능 A를 적절하게 측정할 수 없다고 주장하였다.

이상에서 지능에 관한 몇 학자들의 정의를 기초로 지능의 개념들을 간략하게 살펴보았다. 지능에 관한 개념과 이론들은 지능검사를 구성하는 내용과 방법에 영향을 주고 이에 기초하여 심리검사들이 개발된다. 지능에 대한 이론은 앞으로도 학자들의 신념에 따라 조금씩 변화될 가능성이 있다고 하겠다. 최근에는 가드너의 지능에 대한 정의를 기초로 하여 아동의 다양한 측면의 지적 능력을 측정하고자 하는 움직임을 볼 수 있으며, 웩슬러 지능검사는 임상적으로 현장에서 그 유용함이 어느 정도 확보된 검사로 우리나라에서 한국판으로 개발되어 비교적 널리 사용되고 있다.

2. 아동용 지능검사: 웩슬러 지능검사

다음에서는 유아 및 아동을 대상으로 광범위하게 활용되고 있는 개인용 지능검사 중 웩슬러 지능검사를 살펴보기로 하겠다.

앞에서 소개한 바와 같이 웩슬러는 지능을 "개인이 자기의 주변세계를 이해하고 적응할 수 있는 전반적인 능력"이라고 정의하면서 지능은 개별적이고 독특한 특질이 아니고 다차원적이고 중다적인 총체적 구성이라고 개념화하였다. 이러한 지능의 개념과 정의에 따라 웩슬러는 지능검사에서 지능을 구성하는 다양한 영역을 측정함으로써 지능에 대한 다차원적이며 총체적인 평가를 할 수 있다고 주장하였다.

웩슬러David Wechsler는 1939년에 처음 미국의 벨레뷰Bellevue병원의 정신과에서 환자들을 대상으로 임상적 시험을 거쳐 성인용 지능검사WAIS: Wechsler Adult Intelligence Scale를 제작하였다. 그 이후 계속해서 아동용 지능검사WISC를 1949년에, 그리고 1967년에는 유아용 지능검사WPPSI를 개발하였다. 웩슬러는 몇 번의 개정작업을 거쳐 1989년에는 WPPSI-R이라는 최신 개정판을 내놓았으며, 1991년 개정된 WISC-Ⅲ, 2003년 WISC-Ⅳ, 2012년 WPPSI-Ⅳ, 2014년 WISC-Ⅴ를 내놓았다. 웩슬러 성인용 지능검사는 1997년 WAIS-Ⅲ, 2008년 WAIS-Ⅳ으로 개정 되었다.

1) 한국 웩슬러 아동 지능검사(K-WISC)의 개발과정

한국에서는 1974년 K-WISC(이창우·서봉연, 1974)가 미국판 WISC를 바탕으로 제작되었으며, 이어 1991년에 한국교육개발원에서 WISC-R(1974)을 우리나라의 실정에 맞게 표준화하여 KEDI-WISC를 개발하였다. 이것은 유아용 웩슬러 지능검사가 한국에서 표준화되기 이전에 제작된 것으로 유아에게도 실시가 가능하도록 실시 연령을 WISC-R은 만 6세 6개월에서 16세 6개월까지인 것을 KEDI-WISC에서는 만 5세에서 15세로 낮추게 되어 이 과정에서 많은 문항들이 원본과 차이를 보였다. 1996년, 만 3세에서 7세 연령에 실시할 수 있는 한국판 웩슬러 유아용 지능검사(K-WPPSI)가 제작되었다. 2001년에는 WISC-Ⅲ의 한국판인 K-WISC-Ⅲ(곽금주 등, 2001)가 개발되었는데, K-WISC-Ⅲ는 만 6세 0개월부터 16세 11개월 사이 아동의 지능을 임상적으로 평가할 수 있도록 제작한 개인용 지능검사이다. 그 후 각 연령에 따른 지능검사들이 한국판 개정작업을 거치게 되었다.

K-WISC-Ⅲ는 13개 소검사로 구성되어 있다. 이 중 6개 항목은 언어성 검사로 주로 언어적 이해 능력을 측정하며, 나머지 7개의 항목은 동작성 소검사로 시간·공간 능력을 측정한다. K-WISC의 소검사들은 아동들이 검사 실시 동안 흥미를 계속 유지하도록 언어성 소검사와 동작성 소검사를 교대로 제시하고 있다.

K-WISC-Ⅲ는 언어성 IQ 점수, 동작성 IQ 점수, 전체 IQ 점수와 함께 요인에 근거한 지표 점수factor-based index scores가 계산될 수 있다. 언어이해, 지각조직, 주의집중 그리고 처리속도의 4가지 요인은 IQ 점수와 마찬가지로 평균이 100이고 표준편차가 15이다. 이와 같이 4요인의 지표점수를 통해 아동의 능력에 대한 더 많은 정보를 얻을 수 있는 점은 상당히 가치가 있는 것으로 볼 수 있다.

WISC-R의 요인분석을 진행한 카우프만(Kaufman, 1975)에 의하면 요인분석 결과 3가지 요인, 즉 언어이해력과 지각조직력 그리고 주의집중력 요인을 얻었는데, 이 요인 중 언어이해력은 웩슬러 검사의 언어성 검사와, 지각조직력은 동작성 검사와 매우 일치함으로써 WISC 검사 해석에서 언어성 검사와 동작성 검사가 아동의 언어이해력과 지각조직능력을 잘 측정하고 있다는 것이 충분히 입증되었다고 주장하고 있다(Kaufman, 1990).

K-WISC-Ⅲ의 요인 중, 주의 집중으로 언급되는 세 번째 요인은 카우프만이 WISC-R에서 확인한 세 번째 요인과 다소 다르다. 주의집중 요인은 산수와 숫자로 구성되어 있는데 이 요인에 의한 능력을 보다 잘 측정하기 위해서 기호쓰기와 동형찾기를 포함하는 네 번째 요인, 처리속도 요인이 산출되었다. 웩슬러 아동지능검사의 4가지 요인 중 언어이해력, 지각조직력은 인지 분야인 것에 비해 주의집중력, 처리속도는 행동적 또는 정서적인 부분을 측정하는 것이다. K-WISC-Ⅲ의 각 요인과 그 요인을 측정하는 소검사를 정리하면 표 6-1과 같다.

다음으로 웩슬러 아동 지능검사 4판WISC-Ⅳ은 2003년 개정되었으며, 실시 연령대는 만 6세에서 16세까지로 이전 판과 동일하다. WISC-Ⅳ는 이전 판에 비해 검사체계와 소검사 등이 변화하였으며, 특히 처리속도와 작업기억, 유동추론 능력 등을 측정하기 위한 소검사와 지표들이 새롭게 추가되거나 재개정되었다.

표 6-1 요인분석에 의한 K-WISC-Ⅲ 소검사들

요인	소검사
요인 Ⅰ **언어이해(Verbal Comprehension Index; VCI)**	상식 공통성 어휘 이해
요인 Ⅱ **지각조직(Perceptual Organization Index; POI)**	빠진 곳 찾기 차례 맞추기 토막 짜기 모양 맞추기
요인 Ⅲ **주의집중(Freedom from Distractivility Index; FDI)**	산수 숫자
요인 Ⅳ **처리속도(Psycho-motor Speed Index; PSI)**	기호 쓰기 동형 찾기

웩슬러 아동 지능검사의 최신 개정판은 웩슬러 아동 지능검사 5판WISC-V으로 2008년에 지능, 인지 발달, 인지 신경 등 최근 연구들을 반영하여 개정되었으며, 이전 판에서 많은 부분이 변화하였다(곽금주, 2021). 즉, WISC-V의 검사체계는 이전 판들과 달리 4개의 척도(전체척도, 기본지표척도, 추가지표척도, 보충지표척도)로 나뉜다. 전체척도는 5가지 영역인 언어이해, 시공간, 유동추론, 작업기억, 처리속도로 구성되며 각 영역에 해당하는 7가지 소검사인 공통성, 어휘, 토막짜기, 행렬추리, 무게비교, 숫자, 기호쓰기를 바탕으로 전체 IQ를 산출한다. 기본지표척도의 경우, 5가지 지표인 언어이해지표, 시공간지표, 유동추론지표, 작업기억지표, 처리속도지표로 구성되며 각 지표는 2개의 소검사를 포함한다. 여기서 시공간지표와 유동추론지표는 WISC-IV의 지각추론지표가 둘로 나뉜 것이다. 또한 WISC-V에서는 아동의 인지능력과 수행 능력에 대한 추가적인 정보를 제공하기 위해 추가지표척도를 새롭게 추가하였는데, 이는 양적추론지표, 청각작업기억지표, 비언어지표, 일반능력지표, 인지효율지표로 구성된다(곽금주, 2021).

K-WISC-V의 검사체계는 전체척도, 기본지표척도, 추가지표척도로 구성되는데 그림 6-2에 제시되어 있다. 그림 6-2에서 볼 수 있는 바와 같이 전체척도는 전체 IQFull Scale IQ를 제공하며 기본지표척도는 5개의 기본지표점수, 추가지표척도는 5개의 추가지표점수를 제공한다(곽금주, 2021). 즉, 전체 지능지수는 언어이해(공통성, 어휘), 시공간(토막짜기), 유동추론(행렬추리, 무게비교), 작업기억(숫자) 및 처리속도(기호쓰기)에서 얻은 점수를 기초로 산출하는 것이다.

소검사에 대한 간략한 설명은 표 6-2와 같다. K-WISC-V 소검사를 보다 구체적으로 살펴보면 다음과 같다.[1]

(1) 언어이해지표: 공통성과 어휘

언어이해지표는 공통성과 어휘 소검사로 구성되며, 아동의 언어 지식, 언어이해 능력, 언어적 표현 능력을 측정한다.

1 소검사와 관련된 설명은 곽금주(2021)의 저서 pp.177-183을 참고하여 발췌하였다.

전체척도

언어이해	시공간	유동추론	작업기억	처리속도
공통성	토막짜기	행렬추리	숫자	기호쓰기
어휘	퍼즐	무게비교	그림기억	동형찾기
상식		공통그림찾기	순차연결	선택
이해		산수		

기본지표척도

언어이해	시공간	유동추론	작업기억	처리속도
공통성	토막짜기	행렬추리	숫자	기호쓰기
어휘	퍼즐	무게비교	그림기억	동형찾기

추가지표척도

양적추론	청각작업기억	비언어	일반능력	인지효율
무게비교	숫자	토막짜기	공통성	숫자
산수	순차연결	퍼즐	어휘	그림기억
		행렬추리	토막짜기	기호쓰기
		무게비교	행렬추리	동형찾기
		그림기억	무게비교	
		기호쓰기		

그림 6-2 K-WISC-V의 검사체계

출처: 곽금주, 장승민(2019b).

공통성

공통성Similarities, SI 소검사에서 아동은 일상생활에서 흔히 접할 수 있는 2개의 단어를 듣고, 두 단어의 공통적인 속성을 말해야 한다. 공통성 소검사는 두 단어의 관계를 추론하는 언어적 추론 능력과 두 단어의 공통된 속성을 찾아 하나의 개념으로 범주화하는 상위 개념 형성 능력을 측정한다. 또한 공통성 소검사는 어휘지식, 결정지능, 장기기억, 인지적 유연성, 연상 능력, 추상적 사고 능력, 본질적 요소와 비본질적 요소의 변별 능력, 그리고 언어적 표현 능력과 관련이 있다(Weiss et al., 2015. 곽금주, 2021 재인용).

표 6-2 K-WISC-V 소검사

소검사	설명
토막짜기 Block Design	제한시간 내에 2가지 색으로 이루어진 토막을 사용하여 제시된 모형이나 그림과 똑같은 모양을 만들어야 한다. → 시공간 능력
공통성 Similarities	공통적인 사물이나 개념을 나타내는 2개의 단어를 듣고, 두 단어가 어떻게 유사한지 말해야 한다. → 언어이해 능력
행렬추리 Matrix Reasoning	행렬이나 연속의 일부를 보고, 행렬 또는 연속을 완성하는 보기를 찾아야 한다. → 유동추리 능력
숫자 Digit Span	수열을 듣고 기억하여 숫자를 바로 다라하고, 거꾸로 따라하고, 순서대로 따라해야 한다. → 작업기억 능력
기호쓰기 Coding	제한시간 내에 기호표를 사용하여 간단한 기하학적 모양이나 숫자에 상응하는 기호를 따라 그려야 한다. → 처리속도
어휘 Vocabulary	그림 문항에서는 소책자에 그려진 사물의 이름을 말하고, 말하기 문항에서는 검사자가 읽어 주는 단어의 뜻을 말해야 한다. → 언어이해 능력
무게비교 Figure Weights	제한시간 내에 양쪽 무게가 달라 균형이 맞지 않는 저울 그림을 보고 균형을 유지할 수 있는 보기를 찾아야 한다. → 유동추리 능력
퍼즐 Visual Puzzles	제한시간 내에 완성된 퍼즐을 보고, 퍼즐을 구성할 수 있는 3개의 조각을 찾아야 한다. → 시공간 능력
그림기억 Picture Span	제한시간 내에 1개 이상의 그림이 있는 자극페이지를 본 후, 반응페이지에 있는 보기에서 해당 그림을 (가능한 한 순서대로) 찾아야 한다. → 작업기억 능력
동형찾기 Symbol Search	제한시간 내에 반응 부분을 훑어보고 표적 모양과 동일한 것을 찾아야 한다. → 처리속도
상식 Information	일반적 지식에 관한 광범위한 주제를 다루는 질문에 답해야 한다. → 언어이해 능력
공통그림찾기 Picture Concepts	두 줄 혹은 세 줄로 이루어진 그림들을 보고 각 줄에서 공통된 특성으로 묶을 수 있는 그림들을 하나씩 골라야 한다. → 유동추리 능력
순차연결 Letter-Number Sequencing	연속되는 숫자와 글자를 듣고, 숫자는 오름차순으로, 글자는 가나다순으로 암기해야 한다. → 작업기억 능력
선택 Cancellation	제한시간 내에 무선으로 배열된 그림과 일렬로 배열된 그림을 훑어보고 표적 그림에 표시해야 한다. → 처리속도
이해 Comprehension	일반적인 원칙과 사회적 상황에 대한 이해에 근거하여 질문에 답해야 한다. → 언어이해 능력
산수 Arithmatic	제한시간 내에 그림 문항과 말하기 문항으로 구성된 산수 문제를 암산으로 풀어야 한다. → 유동추론 능력

출처: 곽금주, 장승민(2019b).

어휘

어휘Vocalbulary, VC 소검사에서 아동은 사물이 그려진 그림을 보고 그 사물의 이름을 말하거나 단어를 듣고 그 단어의 의미를 말해야 한다. 그러므로 이 소검사를 수행하기 위해서는 언어적 개념을 갖고, 그 개념을 정확하게 표현하는 능력이 있어야 한다. 어휘 소검사는 결정지능, 어휘지식, 장기기억, 언어 유창성, 학습 능력, 청지각, 추상적 사고 능력 등을 측정한다(Wechsler, 2014b). 또한 어휘 소검사는 일반적인 지적 능력을 가장 잘 나타내는 소검사로 알려져 있다(Weiss et al., 2015).

(2) 시공간지표: 토막짜기와 퍼즐

시공간지표는 토막짜기와 퍼즐 소검사로 구성되며, 시각 정보와 패턴을 분석하고 생성하는 시공간적 처리 능력을 측정한다.

토막짜기

토막짜기Block Design, BD 소검사에서 아동은 제한시간 내에 빨간색과 흰색으로 이루어진 토막을 사용하여 제시된 모형과 똑같은 모양을 만들어야 한다. 토막짜기 소검사는 추상적인 시각 자극을 분석하고 종합하는 능력을 측정한다. 또한 비언어적 추론 능력, 시지각 조직화 능력, 동시처리 능력, 시각-운동 협응 능력, 시각자극의 전경과 배경을 분리하는 능력 등을 측정한다(Wechsler, 2014b).

퍼즐

퍼즐Visual Puzzles, VP 소검사에서 아동은 제한시간 내에 완성된 퍼즐을 보고 퍼즐을 구성할 수 있는 3개의 조각을 선택해야 한다. 퍼즐 소검사는 추상적인 시각 자극을 분석하고 통합하는 능력을 측정한다. 또한 시지각 정보처리 능력, 정신적 회전 능력, 공간적 시각화 능력, 작업기억, 동시처리 능력, 부분-전체 관계에 대한 이해, 비언어적 추론 능력 등과 관련이 있다(Wechsler, 2014b). 특히, 퍼즐 소검사는 시각화 능력을 가장 잘 반영하는 소검사이다(Flanagan & Alfonso, 2017). 시각화 능력이란 시각적 이미지를 정신적으로 생성해내는 능력인데, 토막짜기 소검사와 달리 퍼즐 소검사에서는 자극을 눈으로만 보고 조작해야 하기 때문에 이런 정신적 구성이나 비운동적인 조직화와 관련된 능력이 더 강조된다. 그리고 퍼즐 소검사에서는 시각적 이미지를 일시적으로 작업기억에 저장한 채로 정신적으로 조작해야 하기 때문에 시각작업기억과 주의집중력도 필요하다(곽금주, 2021).

(3) 유동추론지표: 행렬추리와 무게비교

유동추론지표는 행렬추리와 무게비교 소검사로 구성되며, 새로운 문제를 해결할 수 있는 능력인 유동추론 능력을 측정한다.

행렬추리

행렬추리Matrix Reasoning, MR 소검사에서 아동은 행렬이나 연속의 일부를 보고, 전체를 완성하는 보기를 찾아야 한다. 즉, 시각 정보를 사용하여 모든 자극을 연결하는 근본적인 규칙을 파악하고 적용할 수 있어야 한다. 행렬추리 소검사는 시지각 정보처리 능력과 추상적 추론 능력을 측정한다. 또한 유동지능, 작업기억, 동시처리 능력, 부분-전체의 관계에 대한 이해, 그리고 세부사항에 대한 주의력을 측정한다(Wechsler, 2014b).

무게비교

무게비교Figure Weights, FW 소검사에서 아동은 양쪽 무게가 달라 균형이 맞지 않는 저울 그림을 보고 균형을 맞출 수 있는 보기를 골라야 한다. 무게비교 소검사는 비언어적 시각 정보에 대한 양적추론 능력, 수학적 추론 능력, 시각작업기억, 인지적 유연성 등을 측정한다.

(4) 작업기억지표: 숫자와 그림기억

작업기억지표는 숫자와 그림기억 소검사로 구성되며, 정보를 일시적으로 유지, 조작 및 활용하는 능력을 측정한다.

숫자

숫자Digit Span, DS 소검사에서 아동은 일련의 숫자를 듣고 기억하여 따라해야 한다. 숫자 소검사는 단기기억, 작업기억, 기계적인 암기력, 주의집중력, 청각적 변별 능력을 측정한다. 또한 숫자 소검사는 3개의 과제인 숫자 바로 따라하기, 숫자 거꾸로 따라하기, 숫자 순서대로 따라하기로 구성되므로, 한 과제에서 다른 과제로 옮겨 이행하려면 인지적 유연성과 정신적 각성이 필요하다. 숫자 바로 따라하기는 주로 청각적 시연, 단기기억, 작업기억을 측정하며, 숫자 거꾸로 따라하기는 작업기억, 순차처리 능력, 전신적 조작 능력을 측정한다. 5판에서 새롭게 추가된 숫자 순서대로 따라하기는 일련의 숫자를 듣고 작은 숫자부터 순서대로 말하는 것으로, 숫자 거꾸로 따라하기와 비슷한 능력을 측정하지만 더 복잡한 정신적 조작 능력과 주의집중력을 필요로 하며, 숫자에 대한 양적 지식까지 측정한다(곽금주, 2021).

그림기억

그림기억Picture Span, PS 소검사에서 아동은 제한시간 내에 1개 이상의 그림을 기억하고, 해당 그림을 다양한 그림 속에서 가능한 순서대로 찾아내야 한다. 그림기억 소검사는 작업기억, 주의집중력, 시각처리 능력, 순서화 능력, 시각단기기억과 반응 억제 능력을 측정한다(Weiss et al., 2015). 그림기억 소검사는 추상적 자극이 아니라 의미 있는 그림 자극을 사용하기 때문에 시각작업기억뿐만 아니라 언어적 작업기억도 필요로 한다. 또한 그림기억 소검사에서는 동일한 그림 자극이 반복적으로 제시되어 순행 간섭이 일어나므로 작업기억이 많이 요구된다.

(5) 처리속도지표: 기호쓰기와 동형찾기

처리속도지표는 기호쓰기와 동형찾기 소검사로 구성되며, 주의집중을 유지하면서 단순한 과제를 빠르게 수행하는 능력을 측정한다.

기호쓰기

기호쓰기Coding, CD 소검사에서 아동은 제한시간 내에 기호표를 보고 간단한 기하학적 모양이나 수에 상응하는 기호를 그려야 한다. 기호쓰기 소검사는 시각 단기기억, 주의집중력, 시각-운동 협응 능력, 정신운동속도, 시각적 변별 능력, 연합 학습 능력 등을 측정한다. 또한 손을 사용하여 기호를 직접 써야 하기 때문에 아동의 글씨쓰기 능력과 소근육 운동 능력을 측정한다.

동형찾기

동형찾기Symbol Search, SS 소검사에서 아동은 제한시간 내에 반응 부분을 훑어보고 표적 모양과 동일한 것을 찾아야 한다. 동형찾기 소검사는 시각적 변별 능력, 시각-운동 협응 능력, 주의집중력, 의사결정 속도, 통제 및 조절 능력, 시각단기기억 등을 측정한다. 또한 시지각 조직화 능력, 유동지능, 계획 및 학습 능력과 연관이 있다(Wechsler, 2014c). 그리고 동형찾기 소검사에서는 기호를 직접 그리지 않기 때문에 운동속도보다 정보처리속도를 더 많이 반영한다.

2) K-WISC 아동용 지능검사의 결과 해석

WISC 검사에서 아동이 나타내는 성취를 해석하는 것은 다른 심리검사의 해석과 같은 과정을 필요로 한다. 아동의 지능검사 결과를 해석하는 데는 검사를 진행하는 동안 관찰한 이용 가능한 모든 자료와 아동의 환경에서 수집한 자료의 분석, 행동관찰 등의 자료를 종합하여 사용한다. 검사해석에서 13개의 하위검사 결과는 아동의 성취와 능력 간의 관계를 얻어내는 데 커다란 도움을 주고 있다. 이 모든 것에서 얻어진 통찰이 아동의 성취 수준을 해석하는 데 시발점이 될 수 있다.

각 검사척도 체계에 따르는 검사결과의 차이가 통계적으로 평가되었으면 그 결과 특히 의미 있는 차이가 어디에 있는가를 해석해야 한다. 하위검사 간의 비교를 어떻게 분석할 수 있는지에 대해 좀 더 살펴보면 다음과 같다.

(1) K-WISC-V 검사해석에 대한 단계적 접근

K-WISC 검사는 아동의 성취를 통해서 여러 가지 다양한 정보를 얻게 된다. 얻어진 정보를 가지고 적절한 견해를 정리하기 위해서는 검사결과를 해석하는 데 단계적 접근을 따르는 것이 유용하다. 특히 이 접근은 임상이나 심리·교육적 목적에 유용하게 활용할 수 있다.

단계 I: 전체 IQ의 산출

전체 IQ는 전반적인 평가의 기초가 된다. 대부분의 경우 이 척도가 제공하는 지적 능력이 가장 신뢰도가 높고 타당한 측정이 된다. 전체 IQ는 기본적이고 주된 수적 또는 양적 지표가 된다. 이것은 일반적인 표집에서 아동의 상대적 위치에 대한 정보를 제공하며 인지 능력에 대한 아동의 수준을 전반적으로 측정한다. 전체 IQ에 관한 분포를 제시하면 다음의 표 6-3과 같다.

아동이 얻은 지능검사결과는 아동의 인지능력을 같은 연령대의 아동과 비교하여 해석할 수 있다. 위의 표 6-3은 웩슬러(Wechsler, 2014b)가 제시한 지표점수의 질적 분류이다.

표 6-3을 보면 아동의 전체 IQ 지수점수가 130 이상이면 매우 우수, 120~129는 우수, 110~119는 평균 이상, 90~109는 평균, 80~89는 평균 이하,

표 6-3 지표점수의 질적 분류

점수	분류
130 이상	매우 우수
120~129	우수
110~119	평균 상
90~109	평균
80~89	평균 하
70~79	낮음
69 이하	매우 낮음

출처: Wechsler(2014b).

70~79는 낮음, 69 이하는 매우 낮음으로 분류한다. 이를 정상분포곡선을 통한 분포를 보면 그림 6-2와 같다. 즉, 평균이 지표점수 100이며 90~110 사이에 지능지수를 가진 아동은 50%에 속한다고 해석된다. 또한 표준편차 ±1에 속하는 아동의 분포는 각각 16.1%로 IQ 80~90, IQ 110~120, 즉 평균 이하 또는 평균 이상의 지능지수를 보여주는 것으로 해석할 수 있다.

단계 II : 언어성 IQ와 동작성 IQ의 통계적 유의미성 검토

두 번째 단계에서는 기본지표척도에 대해 초점을 두며 기본지표점수들 간의 의미 있는 차이의 정도에 관심을 갖는다. 앞에서 보았듯이 기본지표척도는 언어이해 능력에 대한 정보를 제공하고 또한 시공간지표, 유동추론지표, 작업기억지표, 처리속도지표를 측정하여 아동의 지각조직 능력에 대한 정보를 제공한다.

단계 III : 기본지표척도 소검사 점수 해석

기본지표척도를 구성하는 10개의 소검사 점수를 산출하여 소검사 간에 차이가 있는지, 있다면 얼마나 있는지를 비교 분석한다. 이를 통해 각 지표에 대한 아동의 강점과 약점을 알아볼 수 있다.

단계 IV : 추가지표척도의 해석

이 단계에서는 추가지표척도, 즉 양적추론지표(무게비교, 산수), 청각작업기억지표(숫자, 순차연결), 비언어지표(토막짜기, 퍼즐, 행렬추리, 무게비교, 그림기억, 기호쓰기), 일반능력지표(공통성, 어휘, 토막짜기, 행렬추리, 무게비교), 인지효율지표(숫자, 그림기억, 기호쓰기, 동형찾기)에서 산출된 점수들을 중심으로 전체 IQ 점수와 비교 분석한다.

단계 V : 추가지표척도 소검사의 해석

다섯 번째 단계에서는 추가지표척도 소검사 각각의 평균과 분포되어 있는 여러 가지 하위검사 간의 비교에 초점을 둔다. 이 분석을 통해 아동의 강점과 약점에 대한 가설을 발달시킬 수 있다. 즉, 하위검사의 표준편차를 기초로 예를 들면 표

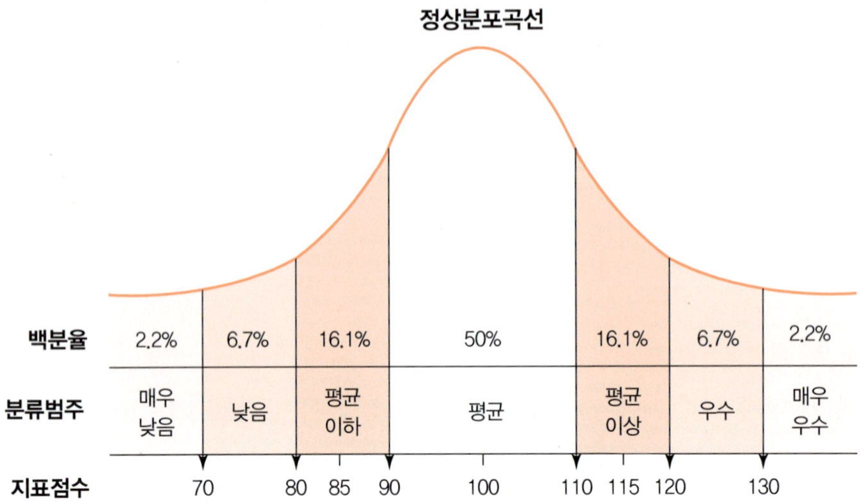

그림 6-3 지표점수의 정규분포

준편차가 3이면 평균보다 3점 이상 높은 하위검사는 그 아동의 강점으로 해석하며, 평균보다 3점 이상 낮은 하위검사는 약점으로 해석한다.

단계 VI: 처리분석 해석하기

여섯 번째 단계는 아동이 하위검사 내에서 보여준 성취유형에 초점을 둔다. 아동이 검사 수행 시 사용하는 문제해결 전략이나 오류의 특성 등 아동의 인지과정에 대한 정보를 제공한다. 검사문항이 난이도순으로 배열되어 있기 때문에 문항에 대한 성공과 실패의 편차를 주의 깊게 평가해야 한다. 예를 들면, 첫 문항을 성공하고 그 다음 네 문항을 실패하고 또 한 문항은 성공하고 다음 네 문항은 실패하여 결국 전체 네 문항을 성공한 아동은 처음 네 문항을 연속적으로 성공하고 나머지 문항을 모두 실패한 아동과는 다른 성취유형을 보여주는 것이다. 두 경우 모두 아동은 원점수에서 똑같이 4점을 받았으나 그 과정은 다르다. 즉, 전자의 아동은 매우 불안정한 유형의 성취를 갖는다고 볼 수 있으며 그 부분을 더 탐색해 보아야 할 것이다. 처리분석은 토막짜기, 숫자, 그림기억, 순차연결, 동형찾기, 기호쓰기, 선택 소검사에 대한 18개의 처리점수로 구성된다.

단계 Ⅶ: 카텔-혼-캐롤(Cattell-Horn-Caroll, CHC) 이론에 기초한 분석 해석하기

카텔과 혼, 캐롤은 스피어만의 일반지능(g) 개념을 확장하여 선천적 능력인 유동지능과 후천적 요인에 의한 결정지능이라는 지능구조모델을 주장하였으며, 혼은 이 외에도 단기기억, 장기저장 및 인출, 시각처리, 처리속도를 추가하였다. 그 후 청각처리, 양적속도 등 9~10가지 능력으로 확장하는 CHC 지능이론을 발표하였는데, WISC-V 검사의 소검사들로 측정이 가능하다. 검사 결과 해석의 일곱 번째 단계는 보다 심층적으로 아동의 지능의 특성과 능력을 알 수 있는 단계라고 하겠다.[2]

(2) 프로파일 해석

아동의 지능검사 결과를 해석할 때 해당 아동의 프로파일에서 제일 먼저 전체 IQ를 해석한다. 각 소검사의 환산점수와 지표점수를 얻은 후 전체 IQ를 도출해 낸다. 예를 들면, 표 6-4에서 전체 IQ의 지표점수가 126이고 백분위 점수가 96이면, 동일 연령대에서 전체 IQ가 126 미만인 경우가 전체 표본의 96%라는 것이다. 따라서 이 아동의 전체 IQ는 상위 4%에 해당한다(곽금주, 2021). 이 결과를 프로파일로 보여주면 그림 6-4와 같다.

이 프로파일에서 보듯이, 이 아동의 전체 IQ는 126으로 백분위는 96%이다.

표 6-4 지표점수, 백분위, 진단분류표 예시

지표	환산점수	지표점수	백분위	진단분류(수준)
언어이해	29	124	95	우수
시공간	26	116	86	평균 상
유동추론	27	120	91	우수
작업기억	20	100	50	평균
처리속도	30	127	96	우수
전체 IQ	95	126	96	우수

2 CHC 이론에 근거한 WISC-V의 해석에 대한 보다 구체적인 설명은 곽금주(2021)의 K-WISC-V 이해와 해석 pp. 234~268을 참조하기 바란다.

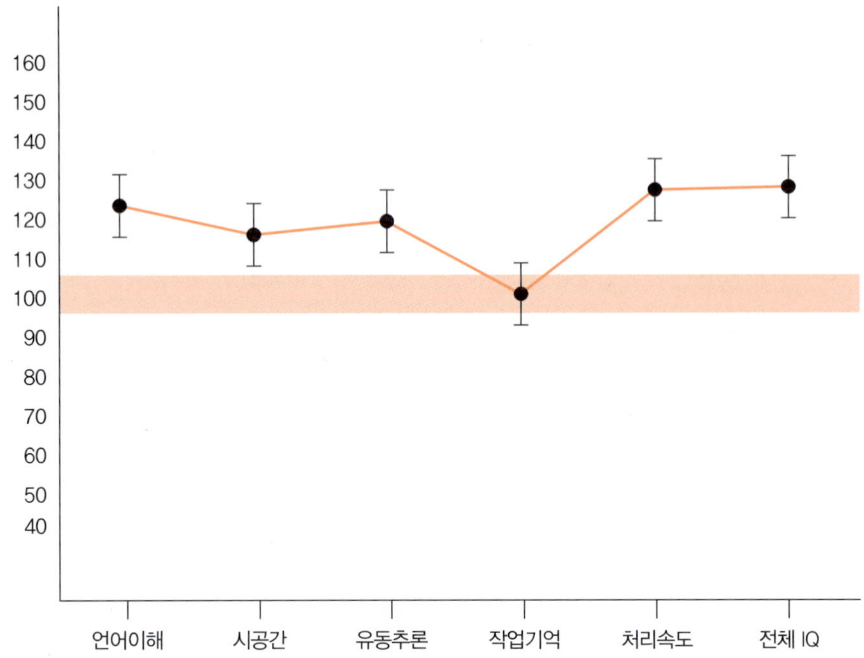

그림 6-4 지표점수 프로파일

출처: 곽금주(2021).

이는 같은 연령대에 있는 96%의 아동보다 더 좋은 점수를 받았다는 것을 의미한다. 지능의 범위는 '우수'에 해당한다. 언어이해 IQ는 124(95%)로 역시 '우수'에 속하며, 유동추론(120)과 처리속도(127)도 '우수'에 속한다. 그러나 작업기억(100)은 가장 낮은 지표점수를 받았는데 처리속도 점수와 작업기억 점수 간의 차이는 27점으로 언어적 문제해결 능력이 작업적 지적능력보다 우수하다고 해석할 수 있다. 또한 5가지 하위점수의 평균은 117.4로서 각각의 소검사에서 얻은 점수와 평균 점수를 비교함으로써 아동의 약점과 강점을 알아볼 수 있다.

(3) 소검사에 따른 기본지표척도의 해석

웩슬러 지능검사에서 보여주는 기본지표척도는 아동 정신 능력의 실제적이고 의미 있는 수행을 나타낸다. 그러므로 기본지표척도 간의 차이는 아동의 학습

양식과 서로 다른 자극을 다루는 능력에 중요한 차이가 있음을 의미하는 것이다.

WISC-Ⅲ의 경우 언어성-비언어성 능력의 커다란 차이는 종종 뇌손상의 가능성과 연결되어 있으며 25점 이상의 차이는 신경학적 손상의 가능성을 고려할 수 있다(Holroyd & Wright, 1965). 그러나 다른 보충자료나 관찰 없이 단순한 언어성-비언어성 차이만으로 신경학적 손상을 추론하는 것은 위험하다. 언어성-비언어성 점수 차이는 개인마다 다른 설명을 요구하며 여러 가지 다양한 가설이 가능하다. 어떤 언어성-비언어성 점수 차이는 언어 능력과 비언어 능력의 차이를 나타내는 것이 아니라 다른 여러 가지 이유 때문이며, 이는 전적으로 의미가 없을 수도 있다. 그러므로 언어성-비언어성 점수의 차이가 나타날 수 있는 다양한 경우가 있을 수 있다.

여러 명의 아동이 똑같이 15점의 언어성-비언어성 점수 차이를 나타낸다 하더라도 각각의 아동은 이 능력의 차이에 대해 다른 이유를 갖고 있을 수 있다. 예를 들면, 아직 밝혀지지 않은 시각 또는 청각 문제를 가진 아동은 유동추론이나 처리속도 또는 언어이해 검사에서 감각의 상실 때문에 매우 낮은 점수를 받게 될 수 있다. 이 경우 의사의 검진을 받고 적절한 교정 장치가 주어진 후 재검사를 받을 때까지 아동의 지적 능력에 대한 판단을 내려서는 안 된다. 기본지표척도에서 얻은 소검사 IQ의 차이를 해석할 때 유의해야 할 점들은 다음과 같다.

① 언어성 대 비언어성 지능

아동에 따라 구체적인 자극, 즉 시각적 자극에 대한 구체적 반응과 언어적 자극에 대해 언어적으로 반응하는 데 서로 다른 반응체계를 가지고 있을 수 있다. 이런 아동은 각 언어성 검사 또는 비언어성 검사에서 커다란 점수 분포 차이를 보일 가능성이 적다. 그러나 만일 아동이 언어성 지능과 비언어성 지능 간에 커다란 차이를 보인다면 이 차이는 대뇌의 반구와 관련이 있을 수 있다. 좌반구는 언어자극 과정과 연관이 되어 있으며, 우반구는 시·공간적 자극을 다루는 데 작용한다. 결국, 비언어성 지능이 언어성 지능보다 큰 경우 우반구가 더 잘 발달된 것을 의미하며, 언어성 지능이 비언어성 지능보다 큰 경우는 좌반구가 더 효율적임을 의미한다.

② 유동적 대 결정적 능력

언어성 점수와 비언어성 점수가 언어적 능력이나 비언어적 능력보다는 유동적 능력과 결정적 능력 간의 차이를 나타낼 수 있다. 카텔과 혼Cattell & Horn의 이론인 유동적 지능과 결정적 지능은 헵(Hebb, 1972)의 지능 A와 지능 B의 구분과 연관이 있다. 앞에서 설명한 바와 같이 유동적 지능은 익숙하지 않은 자극을 받았을 때 그에 대한 적응 능력과 융통성을 포함한 문제해결 능력을 말하며, 결정적 지능은 이전의 훈련, 교육, 문화적 축적에서 이루어진 과제에 대한 지적 기능을 말한다. 어휘와 토막 짜기는 각각 결정적 능력과 유동적 능력 검사의 표본이다.

언어성-비언어성 점수와 유동적-결정적 지능을 연결 짓는 것이 완전하게 맞지는 않으나, 언어성 검사(숫자 검사 제외)가 결정적 사고를 측정하는 데 매우 좋은 도구로 고려되는 반면, 비언어성 검사는 유동적 사고, 광범위한 시각능력 등 여러 가지 능력을 평가하는 데 유용하다. 자녀의 학업성취에 대해 관심이 많은 부모를 가진 아동은 언어성 지능이 비언어성 지능보다 더 높은 점수를 나타낼 가능성이 높다. 이런 아동의 언어성 지능은 결정적이고 세부적으로 훈련받은 분야에서의 높은 지능을 잘 반영하지만 유동적 과제를 수행하는 데는 빈약한 능력을 보일 수 있다. 결정적 능력은 직접적이고 분명한 훈련을 통해서 얻을 수 있지만 유동적 능력은 갑작스런 사건, 개인의 삶의 경험 등에서 간접적으로 발달되는 능력이다. 이러한 관점에서 보면 결정적·유동적 능력의 구분은 좌반구와 우반구의 세분화와 연관이 있다고 볼 수 있다.

③ 장의존 대 장독립

언어성과 동작성 점수의 차이는 언어성과 비언어성 지능의 차이보다는 한 개인의 인지양식 차이를 반영할 수 있다. 개인의 인지양식을 설명하는 데는 장의존과 장독립(Witkin 등, 1974) 인지양식으로 나누어 설명할 수 있다.

장의존-장독립은 인지활동의 과정이나 형태에 관한 설명을 제공해 주는데, 예를 들면 우리가 환경을 어떻게 지각하고 배우며 사람들과 관계하는가와 같은 부분과 지능과의 관계를 이해하는 데 도움을 준다. 이는 매우 광범위한 개인의 지적·개인적·사회적 영역을 다루며, 이런 특성은 시간이 지나도 안정적임을 나타낸다. 장독립적인 개인은 문제해결 상황에서 유연하며 추상적이고 이론적인 주제에 관심이 있고 주지화Intellectualization 같은 방어기제를 사용한다. 반면에 장의존적인 개인은 그들의 환경에서 사회적 측면에 잘 반응하고 일반적인 사회적 통념을 따르며 구조적 자극을 변화시키지 않고 그대로 두며, 사람들을 좋아하고, 사람들과 함께하려 하며 일방적 방어기제인 퇴행을 주로 사용한다. 장독립적 사람들은 비언어성 검사인 공통그림찾기, 토막짜기, 퍼즐과 같은 하위검사에서 높은 성취를 보인다. 즉, 언어성 점수가 비언어성 점수보다 높게 나타나는 것은 인지양식에 있어서 좀 더 장의존적 경향을 가지며, 비언어성 점수가 언어성 점수보다 더 높은 것은 장독립적인 인지양식을 가지고 있음을 시사한다.

④ 시간압력

아동이 시간압력하에서 과제를 수행하는 능력에 따라 언어성 검사와 비언어성 검사 점수가 차이를 나타내게 된다. 아동이 시간압력을 받는 조건에서 과제를 수행하는 능력에 어려움을 갖는 경우는 언어성 점수가 비언어성 점수보다 높게 나타난다. 모든 비언어성 검사는 시간제한이 있으며, 토막짜기 그리고 기호쓰기 등에서는 시간이 빠를수록 추가 점수를 부과한다. 이와 반대로 언어성 검사에서는 오직 산수검사에서만 시계가 필요하다. 그러므로 시간제한 내에서 작업하는 것에 어려움이 있는 아동은 비언어성 검사에서 매우 불리하며 비록 비언어적 지능 자체가 언어적 지능보다 더 우수할지라도 언어성 검사에서 의미 있게 더 높은 점수를 받을 수 있다.

시간제한이 있는 문항에서 낮은 성취를 나타내는 주요인은 빈약한 운동조정 능력보다는 불안, 주의 집중의 어려움, 지나친 사려성, 충동성 등일 가능성이 있다. 미성숙한 아동은 시간제한에 대해 어렵게 느끼거나 시간제한을 인식한다 해도 그 중요성을 이해하지 못하거나 상관하지 않는다. 아동이 미성숙한 행동이나 어리석은 행동, 검사 도중 검사와 무관한 질문 등을 하게 되는 경우, 시간제한이 없는 언어성 과제에서는 이러한 행동의 영향이 적게 나타나지만 시간제한이 있는 비언어성 검사에서는 그 영향이 크다고 할 수 있다.

불안이 많거나 주의집중이 어려운 아동은 검사 실시 도중 때때로 불안하거나 주의 집중에 어려움을 나타내는 행동을 보여준다. 검사 실시자는 이러한 행동을 아동의 프로파일에 기록해야 한다. 숫자와 같이 빠른 속도로 해야 하는 과제에서 점수가 낮은 경우는 검사 실시 도중 불안을 보이거나 주의집중에 어려움을 보이는 행동이 관찰되면 이러한 행동변인과 아동의 낮은 비언어성 IQ 간의 관계에 대한 원인과 결과를 확인하는 데 도움이 된다. 즉 아동의 인지양식이 지능검사에서 영향을 줄 수 있다는 것인데, 사려적인 아동은 애매한 문제에 접근하는 인지양식 때문에 신중하게 반응함으로써 제한된 시간 내에 문제를 제대로 풀 수 없기 때문에 비언어성 검사문항에서 실패할 수 있다. 아동이 나이가 들어감에 따라 생각이 더 많아지고 사려적인 반응을 보이게 되는 것은 시간제한 내에 문항을 완성하는 데 어려움이 없으며 매우 정확하게 문제를 풀어가는 데 도움이 되지만 더 빨리 문제를 맞히면 받을 수 있는 추가 점수를 받는 데는 방해 요인이 될 수 있으므로 비언어성 IQ 점수가 낮을 수 있음에 유의한다.

사려성이 높은 아동과 마찬가지로 충동적인 아동 또한 토막짜기, 기호쓰기 등에서 완전하게 될 때까지 제한시간이 넘었어도 열심히 하는 경우를 볼 수 있다. 이런 경우 이 행동이 정답으로 처리되지는 않지만 이러한 행동관찰은 검사결과 해석에서 매우 중요한 정보이며, 이런 아동에게는 압박을 주지 않는 학습환경이 보다 적절하다고 할 수 있다. 사려적 행동과 충동적 행동은 비언어성 검사에서 관찰된 것과는 정반대의 영향을 언어성 검사에서 보이고 있다. 사려적인 아동은 언어이해력 검사에서는 다양한 반응의 질(예: 공통성)과 여러 가지 생각에 대한 반응(예: 이해), 더욱 정교한 묘사(예: 어휘) 등에서 높은 점수를 받는 경향이 있다. 아동의 사려적 인지양식이나 충동적 경향의 연합이 WISC의 프로파일에서 언어성 점수가 비언어성 점수보다 더 높게 나타나게 함으로써 실제로는 비언어적 능력이 우수한 아동에게서 언어적-비언어적 점수의 차이가 없어 보이게 만들기도 한다.

이런 한계를 검증하기 위해서 전체 WISC를 실시한 후 아동의 비언어적 문제해결 능력을 시간제한이 없는 상태에서 측정하는 것이 하나의 방법이 될 수 있다. 스톱워치를 치우고 검사자가 아동이 실패했던 문항을 다시 제시하거나 좀 더 어려운 문항을 제시해서 아동의 수행을 관찰한다. 한계검증test-the-limits 동안에 얻어진 정답은 계산하지 않으며 전체 IQ 점수에 영향을 미치지 않으므로 검사자는 필요하다면 다음과 같은 지시를 수정하여 줄 수 있다. "자, 이 그림에서 이야기를 바른 순서로 말하는 데 필요한 만큼 시간을 가지고 생각할 수 있어요. 서두를 필요가 없어요."

프로파일을 분석하는 목적은 아동의 인지적 기술이나 능력이 어떤 영역에 더 있는가를 결정하려는 것이다. 여기에서 얻어진 정보는 심리학자와 교육학자에게 아동의 강점과 약점을 평가하게 하고 더 나아가 아동의 요구에 적절한 프로그램을 계획하도록 돕는다. 만일 한 아동의 프로파일 분포가 평이하면서 매우 우수한 수준을 나타낸다면, 이는 아동에게 영재성이 있음을 의미하며 이러한 뛰어난 능력을 개발할 수 있는 교육 프로그램을 통해 더욱 강화될 수 있다. 반대로 프로파일의 분포가 영역에 따른 큰 차이 없이 고르게 매우 낮은 수준의 능력을 보이면 이는 제한된 지적 능력을 나타낸다고 할 수 있다. 이러한 프로파일 유형을 가진 아동에게는 그 아동의 특성에 알맞은 특수교육 프로그램이 필요하다. 굴곡이 심한 프로파일은 특정 분야의 강점과 약점을 나타내며 그 아동의 인지양식과 약점 개선을 위해 어떤 노력이 필요한가에 대해 유용한 정보를 제공해 준다.

프로파일 분석은 아동을 분류하고 범주화하려는 것이 아니라 아동의 능력에 대한 단서를 찾으려는 것임을 유념해야 한다. 프로파일 분석에서 얻어진 자료들은 피검자에 대한 한 가지 영역의 정보이므로 반드시 다른 정보들과 비교해서 확인해 보아야 한다.

3) 아동용 웩슬러 지능검사에 대한 평가

개발되어 사용되고 있는 검사들은 어느 것이나 나름대로의 장점과 단점을 가지고 있다. 아동용 웩슬러 지능검사의 장단점을 살펴보기로 하겠다.

(1) K-WISC 검사의 장점

K-WISC-V는 표준화 작업이 매우 잘 이루어진 검사이며 K-WISC-Ⅲ, Ⅳ와 같은 이전 판에 비해 검사내용, 검사실시와 채점, 검사해석 부분에서 장점을 가지고 있다. 이 검사는 12개의 하위검사를 두 부분으로 나누어서 3개의 IQ를 제공해 주는데, 언어성 IQ, 비언어성 IQ 그리고 전체 IQ이다. 이런 절차는 특히 임상장면에서 유용하며, 대뇌-행동 간의 관계를 평가하는 데 도움이 된다. WISC 검사가 제공하는 장점을 살펴보면 다음과 같다.

① 우수한 표준화 작업을 거쳐 적절한 검사의 신뢰도와 타당도를 가지고 있다.

② 검사의 실시절차가 우수하여 검사를 실시하는 동안 검사자가 아동의 반응을 적극적으로 탐색할 수 있다.

③ K-WISC-Ⅲ, Ⅳ에 비해 전반적인 인지능력을 더 폭넓게 측정한다. 예를 들면, 지각추론지표가 시공간지표와 유동추론지표로 나뉘면서 시각처리 능력과 유동추론 능력을 더 구체적으로 해석할 수 있다. 이에 따라 아동의 과제수행과 인지적 강점, 약점에 대한 보다 깊은 수준의 이해와 해석을 제공한다.

④ 아동의 발달수준에 더 적합하도록 검사문항이나 검사 연습문항, 시범문항 등을 충분히 포함하였으며 검사자도 소검사 실시에 대한 이해를 보다

쉽게 할 수 있도록 보다 분명하고 간결하게 함으로써 검사자의 편의성을 높혔다.

⑤ 채점을 위한 준거가 주의 깊게 준비되었다. 예를 들면, 공통성과 어휘 채점 지침에서 2, 1, 0점을 사용하는 근거가 자세하게 소개되었으며 그 원리에 적용하는 것을 보여주는 많은 예문이 수록되어 있다.

(2) K-WISC 검사의 한계점

K-WISC 검사는 우수한 도구이지만 검사와 검사요강과 관련해서 몇 가지 한계점을 갖고 있다.

① 제한된 최고 · 최저 점수

K-WISC의 한계점은 전체 IQ의 범위(49~151)가 심하게 지체된 아동과 매우 우수한 아동 모두에게 불충분하다는 것이다. K-WISC의 점수는 평균에서 2개나 그 이상의 표준편차 아래에 있는 아동의 기능을 나타내는 IQ를 정확하게 제공해주지 못하며, 16세 11개월의 아동이 가장 높게 받을 수 있는 점수는 151점(95% 신뢰수준 141~156)인데, 이 최고 점수는 매우 우수한 아동에게 사용하기에는 너무 낮은 점수이다.

② 반응을 채점하는 것의 어려움

공통성, 이해, 그리고 어휘와 같은 하위검사에 대한 반응이 K-WISC 검사 요강에 나타나는 반응과 다를 때 채점하기가 모호하고 어렵다. 이러한 어려움이 검사자의 편견과 채점에 있어서 후광효과halo effects를 유도하기도 한다.

③ CHC 이론적 근거 검증의 한계

가장 최근 판인 WISC-V의 경우 특히 카텔-혼-캐롤의 이론CHC을 강조하고 있으나 이들에 의한 유동-결정지능 모델과 캐롤의 이론적 모델에 의한 지능이론을 포괄적으로 측정하지 못하는 한계점이 있다.

④ 비언어성 척도에서의 연습 효과

표준편차 1(15점)에 가까운 비언어성 척도에서의 연습 효과는 K-WISC를 재검사하는 상황에서 아동의 실제 능력과 다른 점수를 도출할 수 있다는 한계점이 있다. 특히 재검사 기간이 9주 미만일 때 더욱 그렇다. 비록 재검사 시기가 9주~1년 이후의 시점일 경우에도 K-WISC를 재검사 도구로 활용할 것인지를 신중히 고려해 보아야 할 것이다.

3. 한국 유아용 웩슬러 지능검사(K-WPPSI)

한국 유아용 웩슬러 지능검사K-WPPSI: Korean-Wechsler Preschool and Primary Scale of Intelligence는 3~7세 유아의 지능을 측정하기 위해 미국판 웩슬러 지능검사인 WPPSI-R을 근거로 개발되었다(박혜원 등, 1996). 이 검사는 아동용 웩슬러 지능검사로는 측정할 수 없는 더 어린 유아인, 3~7세를 대상으로 하여 1967년 개정판(WPPSI-R)이, 그리고 2002년에는 3판(WPPSI-Ⅲ)이 개정·출간되었다. 유아용 웩슬러 지능검사는 기본적으로 동작성과 언어성 소검사로 나누어 구성되어 있다. 나이 어린 유아를 대상으로 사용되는 검사라는 제한점을 가지고 있기 때문에 검사를 시행하는 중에 가능한 한 검사에 대한 유아의 흥미를 유지하면서 검사에서 주어진 과제들을 수행하도록 배려하였다. 예를 들면, 유아에게 동작성과 언어성 소검사들을 교차해서 제시하고 물건의 조작과제를 포함시키며, 연습 시행을 할 수 있도록 한 점 등이 특징이라고 할 수 있다. 이 검사를 통해 만 3세에 이르게 되는 취학 전 유아의 지적 능력 발달상태를 확인해 볼 수 있으며, 특히 지적 능력의 결함이 있거나, 반대로 지적 능력이 뛰어난 우수한 아동을 조기 발견함으로써 앞으로의 특수교육 및 지도에 참고자료로 활용할 수 있다는 장점이 있다.

최신 개정판은 2016년 WPPSI-Ⅳ으로 기존의 유아용 지능검사와 달리 지능, 인지발달, 신경발달, 인지뇌과학에 대한 새로운 연구결과를 반영하여 언어성, 동작성 지능지수의 구분을 삭제하고 대상연령에 따라 소검사와 지표를 다르게 구성하였다(곽금주, 2021).

1) K-WPPSI-Ⅳ의 구성과 내용

K-WPPSI-Ⅳ의 대상연령은 만 2세 6개월~3세 11개월과 만 4세 0개월~7세 7개월의 두 연령군으로 나뉘며 이에 따라 검사의 각 지표와 소검사 구성이 이루어져 있다. 그림 6-5와 6-6은 각 해당 연령에 따르는 검사체계를 보여주고 있다.

K-WPPSI-Ⅳ는 언어성 지능지수와 동작성 지능지수를 삭제하고 기본지표척도(언어이해, 시공간, 유동추론, 작업기억, 처리속도)와 추가지표척도(어휘습득, 비언어지표, 일반능력, 인지효율)를 제공한다. K-WPPSI-Ⅳ를 구성하는 소검사와 이에 대한 간략한 설명은 표 6-5와 같다.

( ) 안은 보충 소검사

그림 6-5 K-WPPSI-Ⅳ의 검사체계(2.6~3.11세용)

출처: 박혜원, 이경옥, 안동현(2016).

( ) 안은 보충 소검사

그림 6-6 K-WPPSI-Ⅳ의 검사체계(4.0~7.7세용)

출처: 박혜원, 이경옥, 안동현(2016).

표 6-5 K-WPPSI-Ⅳ 소검사와 설명

소검사	설명
토막짜기 Block Design	제한시간 내에 제시된 모형 또는 토막그림을 보고, 한 가지나 두 가지 색으로 된 토막을 사용하여 똑같은 모양을 만든다.
상식 Information	그림 문항의 경우, 일반 상식에 관한 질문에 가장 적절한 보기를 선택한다. 언어 문항의 경우, 일반 상식에 관한 광범위한 주제를 다루는 질문에 대답한다.
행렬추리 Matrix Reasoning	완성되지 않은 행렬을 보고 행렬을 완성시키기 위해 적절한 보기를 선택한다.
동형찾기 Bug Search	제한시간 내에 제시된 벌레그림과 같은 벌레그림을 보기 중에서 찾아 표시한다.
그림기억 Picture Memory	일정 시간 동안 1개 이상의 그림이 있는 자극페이지를 보고 난 후, 반응페이지의 보기 중에서 해당 그림을 찾아낸다.
공통성 Similarities	그림 문항의 경우, 제시된 2개의 사물과 같은 범주의 사물을 보기 중에서 선택한다. 언어 문항의 경우, 공통된 사물이나 개념을 나타내는 2개의 단어를 듣고 공통점을 말한다.
공통그림찾기 Picture Concepts	두 줄 또는 세 줄의 그림을 보고, 각 줄에서 공통된 특성을 지닌 그림을 하나씩 선택한다.
선택하기 Cancellation	제한시간 내에 비정렬 또는 정렬된 그림을 훑어보고 목표 그림을 찾아 표시한다.
위치찾기 Zoo Location	일정시간 동안 울타리 안에 있는 1개 이상의 동물카드를 보고 난 후, 각 카드를 보았던 위치에 동물카드를 배치한다.
모양맞추기 Object Assembly	제한시간 내에 사물의 표상을 만들기 위해 조각을 맞춘다.
어휘 Vocabulary	그림 문항의 경우, 검사책자에 있는 그림의 이름을 말한다. 언어 문항의 경우, 검사자가 읽어 준 단어의 정의를 말한다.
동물짝짓기 Animal Coding	제한시간 내에 동물과 모양의 대응표를 보고, 동물그림에 해당하는 모양에 표시한다.
이해 Comprehension	그림 문항의 경우, 일반적인 원칙이나 사회적 상황을 가장 잘 나타내는 보기를 선택한다. 언어 문항의 경우, 일반적인 원칙과 사회적 상황에 대한 이해를 기초로 질문에 답한다.
수용어휘 Receptive Vocabulary	검사자가 읽어 주는 단어를 가장 잘 표현하는 보기를 선택한다.
그림명명 Picture Naming	그림으로 제시된 사물의 이름을 말한다.

출처: 박혜원, 이경옥, 안동현(2016).

2) 검사결과의 해석

앞에서 설명한 바와 같이 K-WPPSI-IV는 연령군에 따라 소검사와 지표가 다르게 구성된다. 연령군에 따른 소검사로 이루어진 유아용 웩슬러 지능검사K-WPPSI를 실시한 후 검사자는 채점을 통해 원점수를 얻게 된다. 이 원점수를 가지고 아동의 연령에 맞는 환산표를 통해 얻은 환산점수로 전체 척도와 기본지표척도, 추가지표척도를 산출하게 되는데 이를 토대로 검사의 결과를 해석하게 된다.

(1) 환산점수 및 지능지수의 산출

아동의 원점수를 K-WPPSI-IV 지침서에 있는 부록에서 연령별 환산점수 산출표를 이용해 환산점수를 얻는다. 이때 아동의 연령을 정확히 계산해야 한다. 만 2세 6개월~3세 11개월 유아의 경우는 7개의 소검사, 즉 수용어휘, 상식, 그림명명, 토막짜기, 모양맞추기, 그림기억, 위치찾기에서 얻은 점수를 바탕으로 전체 지능지수를 산출한다. 또한 만 4세 0개월~7세 7개월 유아의 경우에는 언어이해, 시공간, 유동추론, 작업기억, 처리속도로 이루어진 기본지표척도에서 얻은 점수를 기초로 전체 지능지수를 산출한다.

(2) 지능지수의 해석

위의 절차에 따라 전체 척도, 기본지표척도, 추가지표척도에 대한 결과를 얻게 되면 그 숫자의 의미를 제대로 이해하여 해석해야 한다. 한국판 유아용 웩슬러 지능검사K-WPPSI는 평균이 100이고 표준편차가 15이다. 즉, 검사에서 얻은 IQ 숫자 자체에 의미를 부여하기보다는 같은 연령집단에서 개인이 차지하는 상대적 위치가 의미를 갖는 것이다. 또한 전체 IQ뿐 아니라 기본지표척도 IQ와 추가지표척도 IQ의 의미도 전체 IQ와 같은 방법으로 이해한다.

뿐만 아니라 동작성 IQ와 언어성 IQ에도 주의를 기울여 해석해야 한다. 지능검사에서는 일반적으로 교육적·문화적 혜택을 많이 받은 아동일수록 언어성 IQ가 동작성 IQ보다 높게 나타난다. 즉, 두 지능지수의 차이에 주의를 기울여 해석함으로써 아동에 대해 의미 있는 여러 가지 특성을 이해할 수 있다. 참고로, K-WPPSI-Ⅳ 이전에 개발된 K-WPPSI의 표준화 과정에서 나타난 동작성 IQ와 언어성 IQ의 연령에 따른 의미 있는 차이는 그림 6-7과 같다. 이 자료가 아동의 동작성 IQ와 언어성 IQ의 차이를 해석하는 데 도움이 되며, 이는 매우 주의 깊은 해석과 다른 여러 가지 정보와 함께 고려되어야 할 것이다.

예를 들면, 5세 아동의 언어성 IQ와 동작성 IQ의 차이가 12점 이상이 되면 통계적으로 의미 있는 차이이므로 이 차이에 대해 주의 깊은 해석이 이루어져야 한다. 이러한 경우 매우 조심스럽게 그 차이를 해석해야 하며, 단지 K-WPPSI에서 얻은 지능지수만을 가지고 해석하기보다는 검사 실시 도중 보여준 아동의 행동과 답에 반응하는 태도, 정답·오답의 유형, 면접 자료 등 아동에 대한 다양한 자료를 토대로 해석이 이루어져야 한다.

유의도	연령									평 균
수준	3세	3½세	4세	4½세	5세	5½세	6세	6½세	7세	
5%	9.27	11.45	11.86	10.92	11.76	12.86	12.41	13.21	14.46	12.02

그림 6-7 통계적으로 유의미한 동작성 IQ와 언어성 IQ의 차이

CHAPTER 7.
아동용 지능검사 II : K-ABC

아동용 지능검사 II :K-ABC

이 장에서 소개하고자 하는 아동용 지능검사는 K-ABCKaufman Assessment Battery for Children 검사이다. 이 검사는 지능과 습득도achievement를 측정하기 위해 미국의 카우프만 부부Alan S. Kaufman & Nadeen L. Kaufman가 1983년에 만 2세 6개월에서 12세 6개월까지의 유아 및 아동을 대상으로 개발한 개인용 지능검사로서 취학 전 아동과 초등학교 전 학년 연령에게 실시할 수 있으며, 학교와 임상장면에서 사용할 수 있는 지능검사이다.

K-ABC는 인지심리학과 신경심리학의 지능이론에 근거하여 문항을 개발하였고, 비언어적 과제에 비중을 크게 두어 의사소통에 문제가 있는 특수 아동이나 타 문화권 아동에게도 실시할 수 있도록 제작되었다(곽금주, 2002). 또한 단순한 지능의 내용을 강조하기보다 순차적인 처리과정과 동시적인 처리과정의 특성을 구분함으로써 문제해결에서 보여주는 인지처리과정을 강조하고 있음이 특징이다.

K-ABC는 16개의 하위검사로 구성되어 있는데, 아동의 인지처리 능력을 측정하기 위한 10개의 하위검사들과 사실적 정보와 획득된 학문적 정보자원을 평가하는 6개의 하위검사로 구성되어 있는 습득도achievement scale 검사이다. 보다 구체적으로 살펴보면, 인지처리과정을 측정하는 척도들은 다시 순차처리 능력(손동작, 수회생, 단어배열), 동시처리 능력(마법의 창, 얼굴기억, 그림통합, 삼각형, 시각유추, 위치기억, 사진순서), 그리고 습득도(표현어휘, 인물과 장소, 산수, 수수께끼, 문자해독, 문장이해)를 측정한다. 인지처리 능력의 종합척도인 순차처리와 동시처리 능력의 점수를 합한 복합점수를 산출하여 아동의 능력을 보다 정확하게 측정하고자 하였다. 각 하위척도는 평균 100, 표준편차 15의 표준점수를 산출하도록 되어 있다.

K-ABC 검사는 신뢰도와 타당도가 높은 것으로 검증되었는데(곽금주, 2002), 준거타당도는 다른 지능·성취검사와 비교해 비교적 .60~.70 높다. 이 검사의 장점은 아동의 지능과 성취를 구분하여 측정할 수 있다는 점인데, 예를 들면 검사의 결과를 통해 아동의 지적 능력과 학업성취 간의 불균형이 확실하게 나타나는 경우에 그 원인과 처리방안을 마련하는 데 기초자료가 될 수 있다는 점이다. 이에 따라 아동의 현재 및 미래의 학업성취를 평가하는 방법이 되는 것이다.

K-ABC 검사 중 습득도 하위검사들 간의 불균형과 정신과정 구성요소와 습득도 간의 차이는 학습장애를 진단하는 데 사용될 수 있다. K-ABC 하위검사 중 검사자가 비언어적인 방법으로 팬터마임을 사용해서 검사를 실시하고 피검자가 행동으로 반응할 수 있는 하위검사만을 뽑아서 구성한 비언어성 척도는 청각장애, 언어장애 등 특히 언어발달에 어려움이 있는 아동의 지적 능력을 측정하는 데 사용될 수 있다(Kaufman & Kaufman, 1983). 앞에서 말한 바와 같이 이 검사는 신경생리학적 이론을 기반으로 제작되었기 때문에 좌반구의 손상 또는 우반구의 손상이 순차처리 척도, 또는 동시처리 척도와 관련이 있는 등 신경학적 어려움을 가진 아동의 진단에 유용하게 사용될 수 있다. 또한, 습득도 하위검사들 간의 불균형이나 인지처리과정 구성요소와 습득도 간의 차이는 아동의 학습장애를 진단하는 데 사용될 수 있다(Kamphaus & Reynolds, 1987).

2004년 카우프만 부부는 K-ABC-Ⅱ를 개정 · 출시하였는데 K-ABC-Ⅰ과 달리 적용 대상을 기존의 2~12세에서 3~18세로 확대하였다. 또한 기존 K-ABC의 하위검사를 유지하면서 연령대를 확장하거나 새로운 하위검사를 추가하기도 하였다.

K-ABC에서 측정하는 지능은 문제를 해결하고 정보를 처리하는 개인의 인지양식에 대한 것이다. 이는 각 정보처리 양식에서 기능의 수준을 강조하며 신경심리학과 인지심리학 분야의 이론과 연구 결과에 토대하는 확고한 이론적 기초를 가지고 있다.

1. 한국판 K-ABC의 척도와 하위검사의 내용

한국판 K-ABCKorean Version of the Kaufman Assessment Battery for Children는 미국의 K-ABC를 한국의 만 2세 6개월에서 12세 5개월까지의 정상 및 특수 아동들을 대상으로 표준화하였다(문수백·변창진, 1997). 2014년 한국판 K-ABC-II가 개발·출시되었는데(문수백, 2014) 대상 연령의 확장을 고려하여 하위검사 문항은 더 어려운 문항을 포함하는 등 청소년들에게도 적절한 난이도의 문항을 제시할 수 있도록 하였다.

한국판 K-ABC는 5개의 하위척도로 구성되어 있으며 각 척도에 따른 검사들은 모두 16개의 하위검사로 이루어져 있다. 그러나 실제로 아동에게 실시되는 하위검사의 수는 연령에 따라 달라지며 최대 13개를 실시할 수 있다. 하위검사

표 7-1 연령별 K-ABC 하위검사의 편성

척도	연령					
	2 1/2	3	4	5	6	7~12
순차처리	3. 손동작 5. 수회생	3. 손동작 5. 수회생	3. 손동작 5. 수회생 7. 단어배열	3. 손동작 5. 수회생 7. 단어배열	3. 손동작 5. 수회생 7. 단어배열	3. 손동작 5. 수회생 7. 단어배열
동시처리	1. 마법의 창 2. 얼굴기억 4. 그림통합	1. 마법의 창 2. 얼굴기억 4. 그림통합	1. 마법의 창 2. 얼굴기억 4. 그림통합 6. 삼각형	4. 그림통합 6. 삼각형 8. 시각유추 9. 위치기억	4. 그림통합 6. 삼각형 8. 시각유추 9. 위치기억 10. 사진순서	4. 그림통합 6. 삼각형 8. 시각유추 9. 위치기억 10. 사진순서
습득도	11. 표현어휘 12. 인물과 장소	11. 표현어휘 12. 인물과 장소 13. 산수 14. 수수께끼	11. 표현어휘 12. 인물과 장소 13. 산수 14. 수수께끼	12. 인물과 장소 13. 산수 14. 수수께끼 15. 문자해독	12. 인물과 장소 13. 산수 14. 수수께끼 15. 문자해독	12. 인물과 장소 13. 산수 14. 수수께끼 15. 문자해독 16. 문장이해
전체 하위검사 수	7	9	11	11	12	13
소요시간	35분	40~45분	45~55분	50~60분	60~70분	75~85분

출처: 문수백 등(1997), K-ABC 실시채점 요강

중 어떤 것은 2세 6개월~12세 5개월 아동의 전 연령에 걸쳐 실시되기도 하고, 어떤 하위검사는 일부 연령에만 실시되기도 한다.

연령에 따라 선택되는 검사의 종류와 검사의 수가 달라진다. 주로 아동의 관심, 행동, 취학 전 아동과 취학 후 아동의 인지발달 수준 등을 감안하여 나이가 어린 아동일수록 실시되는 검사의 수를 적게 하고 검사 실시 시간도 짧게는 약 35분에서 길게는 약 85분이 소요되도록 하였다. 각 연령에 따라 실시되는 하위척도와 소검사는 표 7-1에 제시하였다.

표 7-2는 K-ABC-Ⅱ의 척도별 하위검사 구성과 실시연령을 보여주는 것으로, 대체로 3세에서 18세까지 실시할 수 있다. 하위검사는 광범위한 연령대에 적용할 수 있는 핵심 또는 보충 문항으로 구성되어 있으며, 난이도에 따라 특정 연령별로 실시할 수 있다. K-ABC-Ⅱ가 개발되기는 했으나 대상 연령이 확대되고 하위검사가 증가한 것을 제외하면 기본적인 이론적 틀과 해석 면에서 크게 변동이 없으므로 여기서는 기존의 K-ABC를 중심으로 살펴보기로 하겠다.

표 7-2 K-ABC-II 척도별 하위검사 구성 및 실시연령

척도/하위검사	실시대상연령			척도/하위검사	실시대상연령		
	핵심	보충	비언어성		핵심	보충	비언어성
순차처리/Gsm				**계획력/Gf(7~18세)**			
수회생	4~18	3		형태추리	7~18		5~18
단어배열	3~18			이야기완성	7~18		6~18
손동작		4~18	3	**학습력/Glr**			
동시처리/Gv				이름기억	3~18		
블록세기	13~18	5~12	7~18	암호해독	4~18		
관계유추	3~6		3~6	이름기억-지연		5~18	
얼굴기억	3~4	5	3~5	암호해독-지연		5~18	
형태추리	5~6			**지식/Gc(CHC 모델에만 해당)**			
빠른길 찾기	6~18			표현어휘	3~6	7~18	
이야기완성		6		수수께끼	3~18		
삼각형	3~12	13~18	3~18	언어지식	7~18	3~6	
그림통합		3~18					

1) K-ABC의 하위척도

(1) 순차처리 척도

K-ABC 순차처리 척도Sequential Processing Scale의 각 하위검사 문항은 들어오는 정보를 순차적으로 또는 차례로 조작하여 풀어야 하는 문제들이다. 각각의 정보는 앞의 한 정보와 직선적, 시간적으로 연결된다. 단기 기억은 순차처리 척도 하위검사의 한 측면에 불과하며 자극의 내용, 제시방법, 반응의 양식에 관계없이 자극을 순차적으로 다루는 것이 순차처리의 본질이다.

복잡한 과학문제나 산수문제를 보다 단순한 부분으로 나누어서 생각하지 못하는 아동, 도형이나 그림의 다양한 부분이나 특징에 관해 체계적으로 해석하는 것이 곤란한 아동들은 순차처리 능력이 뒤떨어진다고 생각할 수 있다. 순차처리 능력이 낮으면 게임의 법칙을 이해하지 못하거나 부모나 교사의 언어적 설명을 이해하지 못해서 따라 하는 데 어려움을 지니게 되어 사회적인 문제가 나타날 수도 있다.

(2) 동시처리 척도

동시처리 척도Simultaneous Processing Scale의 문제는 공간적·유추적 혹은 구성적 성질을 갖는다. 문제를 적절히 풀기 위해서 들어오는 정보를 동시적으로 통합하고 합성해야 한다.

동시처리는 폭넓은 정보원으로부터 얻어진 정보를 통합하고 무관계한 자극을 개관해서 정리하는 능력이기 때문에 고차원적인 많은 지적 기능과 밀접하게 관련되어 있다.

(3) 인지처리과정 척도

인지처리과정 척도Mental Processing Composite는 순차처리 척도와 동시처리 척도를 통합한 것으로 총제척 지능을 측정하기 위해 만들어진 것이다. K-ABC는 2가지 양식의 인지처리 능력을 측정하기 위해 순차처리 척도와 동시처리 척도를 별개로 구성하였지만, 복잡한 지적 행동은 아마도 순차처리와 동시처리가 통합되어 생기는 것으로 생각하고 있다. 따라서 카우프만Kaufman은 어느 한 처리 양식만을 순수하게 측정하는 검사를 만들기보다는 성격상 주로 순차처리를 측정하지만 동시처리도 측정하는, 또는 주로 동시처리를 측정하지만 순차처리도 측정하는 과제를 개발하였다.

(4) 습득도 척도

새로운 상황에서의 문제해결 능력을 측정하는 인지처리과정 척도와는 달리 습득도 척도Achievement Scale는 학교장면이나 환경에 대한 관심 등을 통해 얻을 수 있는 사실에 관한 지식이나 기술을 측정하기 위해 개발되었다. 인지처리 척도에서 높은 점수를 받은 아동은 이러한 지적 능력을 틀림없이 학교장면이나 일상의 학습장면에도 적용할 것이고, 그 결과 습득도 척도의 하위검사에서도 높은 점수를 받을 것으로 기대할 수 있다. 그러나 지식의 획득은 교육의 기회, 환경적 배경, 동기 부여 등의 환경적 요인에 의해 크게 영향을 받기 때문에 습득된 기술achieved skills을 지적 기능intellectual functioning과 동등하게 생각하는 것은 합리적이지 않다. 따라서 습득도 척도는 인지처리 척도와 완전히 구분되어 있다.

2. K-ABC 하위검사의 내용과 해석적 의미

모든 인지처리과정 하위검사는 각 연령마다 평균 10, 표준편차 3의 척도점수를 산출하도록 되어 있다. 이것은 웩슬러(Wechsler, 1967, 1974, 1981) 지능검사의 하위검사와 동일하다. 이에 반해 습득도 하위검사는 평균 100, 표준편차 15의 표준점수를 산출하도록 되어 있다. 이것은 K-ABC의 종합척도나 웩슬러의 IQ와 똑같은 것이다. 습득도 하위검사의 점수를 평균 100, 표준편차 15인 표준점수로 표현한 이유는 2가지이다.

첫째, 심리교육적 평가에서는 자주 특정한 학업성취 분야의 점수와 전체 영역의 점수를 비교해야 할 경우가 많다. 습득도 하위검사의 점수를 인지처리과정 척도나 종래의 IQ와 똑같은 방식으로 나타냄으로써 적성-습득도의 비교에 도움이 된다.

둘째, K-ABC 습득도 하위검사는 인지처리과정 하위검사보다도 많은 항목으로 구성되어 있다. 폭이 좁은 표준점수체계를 사용하면 다양한 점수를 하나의 점수로 묶어 버리게 되므로 아동의 습득도 점수의 다양성을 불필요하게 제한시키게 되고 그로 인해 하위검사가 갖는 변별력이 약해지는 결과를 낳게 된다.

1) 하위검사 1. 마법의 창

동시처리 척도(연령: 2세 6개월~4세 11개월)

(1) 검사내용

검사자는 마법의 창틀에 붙어 있는 원판을 5초간에 걸쳐 그림의 부분들이 연속적으로 노출될 수 있도록 천천히 돌린다. 아동은 창문의 틈을 통해 본 그림이 무엇인지를 검사자에게 말한다.

마법의 창은 좁은 창문을 통해 부분적으로 연속해서 사물의 그림을 제시한 다음 그 사물이 무엇인지 이름을 말할 수 있는 능력을 측정하는 과제로서 종래의 취학 전 아동을 대상으로 한 지능검사에서는 볼 수 없었던 것으로 완전히 새롭게 독자적으로 개발된 하위검사이다. 마법의 창은 '시간적으로 제시되는 공간적 정보를 복합적으로 통합'하기 때문에 '대뇌반구의 통합력'을 측정한다 (Jarman & Nelson, 1980).

(2) 해석적 의미

아동이 마법의 창 하위검사에서 높은 점수를 얻기 위해서는 집중력과 적절한 주의 지속 시간이 필요하다. 충동성, 피전도성이 높은 경우나 대답에 자신이 없으면 대답하지 않는 경향이 있는 아동의 경우에는 점수가 낮다. 아직 실증적인 근거는 없지만 장의존적인 인지양식을 가지고 있는 아동은 장독립적인 아동에 비해 상대적으로 이 검사에서 점수가 낮게 나타날 것으로 기대할 수 있다.

마법의 창은 시각-음성계에 의한 커뮤니케이션을 통해 인지처리 기능을 측정한다. 이 검사가 독자적으로 측정하는 고유한 능력은 순차적으로 제시된 시각적 자극의 통합 능력이며 K-ABC의 기타 하위검사와 공통적으로 측정하는 능력은 다음과 같다.

① 동시처리
② 시각적 세부 자극에 대한 주의력
③ 본질적 세부 자극과 비본질 세부 자극의 구별
④ 초기의 언어 발달
⑤ 장기 기억
⑥ 부분과 전체 간의 관계 파악(통합)
⑦ 단기 기억(시각)
⑧ 공간 능력
⑨ 언어적 표현
⑩ 유의미 자극에 대한 시지각(인물-사물)

2) 하위검사 2. 얼굴기억

동시처리 척도(연령: 2세 6개월~4세 11개월)

(1) 검사내용

검사자는 한 사람 또는 두 사람의 얼굴이 있는 첫 번째 사진을 아동에게 5초 동안 보여준 다음에 다시 여러 명의 얼굴이 있는 두 번째 사진을 제시한다. 아동은 첫 번째 사진에서 보았던 얼굴을 두 번째 사진에서 찾아내어 검사자에게 지적해 보인다.

얼굴기억 하위검사는 짧은 시간 동안 1명 또는 2명의 얼굴사진을 보여준 다음 다른 집합사진 중에서 다른 포즈로 찍힌 사람들 중에서 먼저 보았던 얼굴(들)을 찾아내게 함으로써 아동의 면밀한 주의력을 측정하는 검사이다.

(2) 해석적 의미

대부분의 재생검사와 마찬가지로 얼굴기억 하위검사에서는 깊은 주의가 필요하며 피전도성이나 불안에 쉽게 영향을 받는다. 특히 많은 얼굴 중에서 먼저 보았던 얼굴을 선택해야 하는 문항에서는 충동적인 행동이 검사점수에 부정적인 영향을 미치기 쉽다. 특히 2명의 얼굴이 처음에 제시되는 문항에서는 집중력이 높아야 정답 반응을 할 수 있는 가능성이 높다. 또한 처음에 제시되는 얼굴자극을 잘 관찰하고 부호화하는 체계적인 전략을 사용하면 검사점수가 높아진다. 이 검사가 K-ABC의 다른 하위검사와 공통적으로 측정하는 능력은 다음과 같다.

① 동시처리
② 시각적 세부 자극에 대한 주의력
③ 본질적 세부 자극과 비본질적 세부 자극의 구별
④ 유동성 지능
⑤ 단기 기억(시각)
⑥ 운동기능의 관여를 특히 필요로 하지 않는 시각적 조직화
⑦ 유의미 자극에 대한 시지각(인물-사물)

3) 하위검사 3. 손동작

순차처리 척도(연령: 2세 6개월~12세 5개월)

(1) 검사내용

검사자가 일련의 손동작을 만들어 보인다. 아동은 검사자가 보여주는 손동작들을 관찰한 다음, 검사자가 보여주는 순서대로 똑같이 반복한다.

손동작은 탁자 위에서 검사자가 제시하는 일련의 손동작을 정확한 순서로 재생하는 능력을 측정한다.

(2) 해석적 의미

손동작 검사의 점수는 아동의 피전도성, 고집 경향, 불안 등에 의해 영향을 받는다. 주의력의 범위가 넓고 주의 지속 시간이 길며 집중력이 높으면 좋은 점수를 받을 수 있다. 집중력을 유지하면서 어떠한 기억술을 이용할 수 있다면 역시 높은 점수를 받을 수 있다(예를 들면, 3개의 손 모양을 언어적으로 부호화한다든가 일련의 손동작을 어떤 형태로 조직화하고 체계화할 수 있는 방법을 찾아내어 사용하는 경우). 시각-운동계의 검사로서 손동작이 측정하고 있는 고유한 능력은 '연속적 운동자극의 운동적 재생'이다. 이 검사가 K-ABC의 다른 하위검사와 공통적으로 측정하는 능력은 다음과 같다.

① 순차처리 ② 유동성 지능
③ 지각적 조직화 ④ 모델의 재생력
⑤ 단기 기억(시각적) ⑥ 공간 능력

4) 하위검사 4. 그림통합

동시처리 척도(연령: 2세 6개월~12세 5개월)

(1) 검사내용

검사자가 부분적으로 그려진 어떤 사물의 그림을 보여주면 아동이 그 사물이 무엇인지를 말한다.

그림통합은 미완성된 사물의 잉크얼룩 그림을 보여주면, 아동이 마음속으로 그림의 빠진 부분을 채운 다음 그 그림의 이름을 말하거나 설명할 수 있는 능력을 측정한다.

(2) 해석적 의미

그림통합 검사의 점수는 지각이나 사고의 융통성과 환경에 대한 관심 등에 의해 영향을 받는다. 사고의 경직성이나 확실하지 못한 것에 반응을 주저하는 성격, 그리고 대개 장의존적인 인지양식을 지니고 있는 아동은 이 검사에서 높은 점수를 받을 수 없다.

그림통합에서는 시각-음성계의 커뮤니케이션을 통하여 지적 능력을 측정한다. 이 검사가 단독으로 측정하는 고유한 능력은 지각적 통합력, 지각적 추론력, 추상적 자극으로부터 구체적인 사물로의 전환 능력 등이다. 이 검사가 K-ABC의 기타 하위검사와 공통적으로 측정하는 능력은 다음과 같다.

① 동시처리
② 시각적 세부 사항에 대한 주의력
③ 초기의 언어 발달
④ 장기 기억
⑤ 부분과 전체 간의 관계 파악(통합) 능력
⑥ 지각적 조직화
⑦ 공간 능력
⑧ 언어적 표현
⑨ 운동적 활동을 특별히 필요로 하지 않는 시각적 조직화 능력

5) 하위검사 5. 수회생

순차처리 척도(연령: 2세 6개월~12세 5개월)

검사자가 아동에게 일련의 숫자들을 불러주면 아동은 검사자가 불러준 숫자들을 똑같은 순서대로 따라 외운다.

(1) 검사내용

수회생은 검사자가 소리를 내어 읽어 준 숫자들을 순서대로 기억하여 따라 부르는 능력을 측정하는 것이다. 이러한 과제는 비네의 최초 지능검사 이래 여러 다른 지능검사, 발달검사, 심리언어능력검사의 일부분으로서 오랫동안 사용되어 왔다. 웩슬러는 검사자가 불러 준 순서대로 복창하게 하는 순창검사와 거꾸로 복창하게 하는 역창검사를 하나의 하위검사 속에 동시에 포함시켜 다루었지만 두 종류의 수회생 과제는 서로 다른 인지적 기능을 측정하는 것으로 증명되었다(Jensen 등, 1975).

(2) 해석적 의미

수회생은 충분한 지속적 주의가 요구되는 검사이다. 주의력이 산만하거나 불안이 높은 아동은 이 검사에서 높은 점수를 받을 수 없다. 이 하위검사가 측정하고 있는 고유의 능력은 청각-음성계의 커뮤니케이션을 통한 기능과 자동적 청각-음성기억이다. 이 검사가 K-ABC의 다른 하위검사와 공통으로 측정하는 능력은 다음과 같다.

① 순차처리
② 유동성 지능
③ 수를 다루는 능통성
④ 모델의 재생 능력
⑤ 단기 기억(청각)

6) 하위검사 6. 삼각형

동시처리 척도, 비언어성 척도(연령: 4세 0개월~12세 5개월)

(1) 검사내용

검사자가 아동에게 삼각형으로 구성된 모형 그림과 삼각형 조각들을 제시하면 아동은 삼각형 조각들을 이용하여 모형과 동일한 모양을 만든다.

삼각형은 여러 개의 동일한 모양의 삼각형 조각(한쪽 면은 파란색이고 반대쪽 면은 노란색)을 조립해서 제시된 그림 속의 모델과 같게 조립할 수 있는 능력을 측정한다.

(2) 해석적 의미

장의존적인 인지양식을 지닌 아동이나 시간적으로 쫓기는 상황에서 작업이 곤란한 아동은 삼각형 검사에서 높은 점수를 받기 어렵다. 반면에 모델의 모양을 여러 개의 부분으로 분할하기 위한 체계적 전략을 사용할 수 있는 아동이나 문제해결을 위해 융통성 있는 접근을 할 수 있는 아동은 높은 점수를 받을 수 있다. 이 과제는 시각-운동계의 커뮤니케이션에 의한 인지처리 능력을 측정하며 고유하게 측정하는 능력은 '비언어적 개념 형성'이다. 이 검사가 다른 K-ABC의 하위검사와 공통으로 측정하는 능력은 다음과 같다.

① 동시처리	② 분석력
③ 유동성 지능	④ 부분과 전체 간의 관계 파악(통합)
⑤ 지각적 조직화	⑥ 추리력
⑦ 모델의 재생산	⑧ 공간 능력
⑨ 시각-운동의 협응	⑩ 추상적 자극에 대한 시지각(도형-기호)

7) 하위검사 7. 단어배열

순차처리 척도(연령: 4세 0개월~12세 5개월)

(1) 검사내용

검사자는 아동에게 흔히 볼 수 있는 사물의 이름으로 구성된 일련의 단어를 불러주고 난 후에 그 사물을 포함하고 있는 여러 사물의 음영 그림이 그려져 있는 그림판을 제시한다. 아동은 검사자가 불러 준 순서대로 그림들을 그림판에서 찾아 지적한다.

검사자가 몇 개의 사물의 이름을 소리 내어 읽어 주면 아동이 실루엣으로 그려진 선택지 중에서 검사자가 읽어 준 이름에 해당되는 그림을 찾아 차례대로 가리키는 능력을 측정한다. 취학아동의 경우에는 통상적인 과제와 함께 방해과제를 사용하여 재생 능력을 측정한다.

(2) 해석적 의미

단어배열 검사의 점수는 아동의 피전도성, 불안, 주의력 등에 의해 영향을 받는다. 5초간의 색깔이름 말하기 방해과제가 도입된 문항에서는 다음과 같은 능력이나 요인에 의해 영향을 받는다.

① 충분한 집중력
② 과제의 요구에 따라 재빨리 융통성 있게 대응하는 능력
③ 과제의 지시내용을 이해하고 지시내용에 따라 수행할 수 있는 능력
④ 시연 없이 자극을 재생하기 위한 전략을 생각하는 능력
⑤ 방해자극이 있어도 생산적으로 작업을 하거나 욕구불만을 참아 낼 수 있는 정신적인 성숙성

단어배열은 청각-운동계를 이용한 검사이며 고유하게 측정하고 있는 능력은 '청각-시각의 통합', '청각-운동기억', '시연 없는 파지력' 등이다. 이 검사가 K-ABC의 다른 하위검사와 공통으로 측정하는 능력은 다음과 같다.

① 순차처리
② 초기 언어 발달
③ 유동성 지능
④ 단기 기억(청각)
⑤ 언어 이해(청각)
⑥ 유의미 자극에 대한 시지각(인물-사물)

8) 하위검사 8. 시각유추

동시처리 척도, 비언어성 척도(연령: 5세 0개월~12세 5개월)

(1) 검사내용

검사자가 아동에게 한 요소가 빠져 있는 시각적 유추문제와 빠진 부분에 적합한 요소를 포함하고 있는 일련의 그림이나 도형을 보여준다. 아동은 일련의 그림이나 도형 중에 주어진 유추문제에 가장 적합한 것을 선택하여 검사자에게 지적해 보인다.

시각유추는 시각유추 문제를 가장 잘 완성하기에 적합한 2×2 크기의 그림이나 도형의 모양을 선택하는 능력을 측정하는 것이다. 유추나 유추적 사고는 심리학 분야, 특히 인지처리나 지능이론과 관련된 영역에서는 대단히 중요한 주제로 다루어지고 있다.

(2) 해석적 의미

시각유추에서는 아동이 많은 유사한 자극 중에서 답을 선택해야 하므로 충동적인 인지양식을 지닌 아동은 높은 점수를 받기 어렵다. 또한 대답에 자신이 없을 때에 반응하지 못하는 아동도 역시 낮은 점수를 받게 된다. 문항에 대한 반응방식이 친숙한 그림의 선택에서 추상적인 도형의 선택으로 바뀔 때 반응양식의 변화에 대처하는 유연성이 요구된다. 또한 각각의 추상적인 문항에서 유추의 특징을 추론하기 위해 체계적인 전략을 자발적으로 만들어 낼 수 있는 아동은 좋은 점수를 받을 수 있다.

시각유추에서는 구체적 문항과 추상적 문항 모두 시각-운동계의 커뮤니케이션을 통하여 지적 기능을 측정하고 있다. 이 검사가 단독으로 측정하는 고유한 능력은 '유추적 사고'이다. 이 하위검사가 K-ABC의 다른 하위검사와 공통으로 측정하는 능력은 다음과 같다.

① 동시처리
② 분석 능력
③ 시각적 세부 사항 간의 구별력
④ 본질적인 사항과 비본질적인 사항 간의 구별
⑤ 유동적 지능
⑥ 지각적 조직화
⑦ 추리 능력
⑧ 공간 능력
⑨ 운동기능의 관여를 특별히 필요로 하지 않는 시각적 체계화
⑩ 추상적 자극에 대한 시지각(도형-기호)

9) 하위검사 9. 위치기억

동시처리 척도, 비언어성 척도(연령: 5세 0개월~12세 5개월)

(1) 검사내용

검사자가 백지판 위에 여러 개의 그림이 그려 있는 사진을 아동에게 5초 동안 보여준다. 그리고 그림이 없어지고 그 자리에 여러 개의 칸이 그려진 백지판을 제시한다. 아동은 앞장의 백지판 위에서 보았던 그림들이 있었던 위치를 두 번째 백지판 위에서 찾아 지적해 보인다. 위치기억은 무선적으로 배치된 그림의 위치를 재생하는 능력을 측정하는 검사이다. 위치기억은 지금까지는 없었던 전혀 새로운 과제이며 순차처리가 아닌 동시처리에 의한 단기적 회생 능력을 측정하기 위해 개발되었다.

(2) 해석적 의미

위치기억에서는 충분한 집중력이 필요하고 피전도성, 불안 경향, 장의존적인 인지양식이 검사점수에 영향을 줄 수 있다. 주의의 범위가 뒤떨어지는 아동은 검

사점수가 나빠지기 쉽고 자극의 체계화에 대처하는 전략을 궁리해 낼 수 있는 아동은 높은 점수를 얻을 수 있다. 예를 들면, 어떤 아동은 무선적으로 배치된 자극들을 어떤 일정한 패턴으로 바꾸어 기억한다. 그리고 3×3의 매트릭스에서 3×4 또는 4×4의 매트릭스로 바꿀 때, 즉시 대처할 수 있는 유연성도 필요하다.

이 과제에서는 자극을 즉시 재생하기 위해 시각-운동계가 사용된다. 이 검사가 단독으로 측정하는 고유한 능력은 '공간위치 측정'능력이다. 이 검사가 K-ABC의 다른 하위검사와 공통으로 측정하는 능력은 다음과 같다.

① 동시처리
② 유동성 지능
③ 지각적 조직화
④ 모델의 재생력
⑤ 단기 기억(시각)
⑥ 공간 능력
⑦ 운동기능의 관여를 특별히 필요로 하지 않는 시각적 조직화

10) 하위검사 10. 사진순서

동시처리 척도(연령: 6세 0개월~12세 5개월)

(1) 검사내용

검사자가 일련의 사건이 일어나고 있는 과정을 찍은 여러 사진들을 제시하면 아동은 사건이 일어나는 순서대로 사진들을 검사자의 손바닥 위에 놓아준다. 어떤 사건을 보여주는 사진들을 아동에게 무선적으로 배열해 주었을 때 그 사진들을 사건이 일어나는 시간적 순서에 따라 조직할 수 있는 능력을 측정한다. 사진순서 하위검사는 피아제(Piaget, 1965)가 서열화 또는 순서짓기 인지 능력을 측

정하기 위해 사용한 실험과제와 웩슬러(Wechsler, 1974)의 차례 맞추기 하위검사를 응용하여 만들었다.

(2) 해석적 의미

사진순서 검사에서 충동적인 인지양식을 지닌 아동들은 불리하며 주위 환경에 대하여 예의 주시하고 집중력이 높은 아동은 좋은 점수를 받을 수 있다. 이 검사에서 높은 점수를 받기 위해서는 방대한 자극을 체계적으로 평가하고 조직하기 위한 전략을 생각해 낼 수 있는 능력이 요구된다.

사진순서는 시각-운동계의 의사소통을 통한 사고력을 측정하고 서열화 능력, 시간적 관계와 시간 개념, 계획력, 결과에 대한 예상력 그리고 인과관계에 대한 상식적 이해 등과 같은 고유의 능력을 측정한다. 이 검사가 K-ABC의 다른 하위검사와 공통적으로 측정하는 기능은 다음과 같다.

① 동시처리
② 분석력
③ 시각적 세부 사항에 대한 주의력
④ 본질적인 세부 사항과 비본질적인 세부 사항의 구별력
⑤ 부분과 전체 간의 관계 파악(통합)
⑥ 지각적 조직화
⑦ 추리력
⑧ 공간 능력
⑨ 운동기능의 관여를 특히 필요로 하지 않는 시각적 조직화

11) 하위검사 11. 표현어휘

습득도 척도(연령: 2세 6개월~4세 11개월)

(1) 검사내용

검사자가 아동에게 어떤 사물의 사진을 보여주면 아동은 그 사진 속의 사물의 이름을 말한다. 표현어휘 검사는 사진에 찍혀 있는 사물의 이름을 올바르게 말하는 능력을 측정하기 위하여 스탠퍼드-비네의 그림어휘Picture Vocabulary 검사를 직접적으로 응용해서 제작되었다. 두 검사의 주된 차이점은 그림 대신에 실제 사물의 사진을 사용하고 있다는 것이다. 스탠퍼드-비네의 그림어휘 검사와 마찬가지로, K-ABC의 표현어휘는 사물의 이름을 말하게 한다. 여기서는 회생 능력과 언어적 표현 능력을 측정한다.

(2) 해석적 의미

K-ABC 습득도 척도의 다른 하위검사들과 마찬가지로, 표현어휘 검사의 점수는 아동의 환경적 영향에 의해 차이가 많이 날 수 있다. 특히 초기 환경의 풍부함, 가정에서의 문화적인 기회, 부모나 형제들을 통해 그림책이나 여러 가지 잡지와 접촉할 기회, 어린이 TV 교육 프로그램의 시청 기회, 주위 환경에 대한 관심과 주의력 등이 이 검사의 점수에 영향을 미친다.

표현어휘는 시각-음성계의 커뮤니케이션을 이용하여 습득도를 측정하는 검사이다. 이 검사가 단독으로 측정하는 고유한 능력은 '언어적 명칭의 재생 능력'이다. 이 검사가 K-ABC의 다른 검사와 공통으로 측정하는 능력은 다음과 같다.

① 습득도
② 구체적 지능
③ 초기 언어 발달
④ 지식의 축적
⑤ 장기 기억
⑥ 언어개념 형성
⑦ 언어 표현
⑧ 유의미 자극에 대한 시지각(인물-물건)
⑨ 단어지식

12) 하위검사 12. 인물과 장소

습득도 척도(연령: 2세 6개월~12세 5개월)

(1) 검사 내용

검사자가 아동에게 어떤 인물이나 장소의 사진을 보여주면 아동은 그 사진 속의 인물이나 장소의 이름을 말한다.

인물과 장소는 이야기 속의 인물, 유명한 인물 또는 잘 알려진 명소나 그림의 이름들로 구성되어 있으며 이러한 인물이나 장소를 말할 수 있는 능력을 측정한다.

(2) 해석적 의미

인물과 장소의 점수는 아동의 초기 환경의 풍부함, 환경에 대한 세심한 관찰력, 가정의 문화적 환경, 흥미, 아동을 위한 부모나 형제들의 책 읽어주기, TV를 통한 만화나 교육 프로그램의 시청, 신문이나 잡지 구독, 학교학습 등에 의해 결정된다.

이 검사는 시각-청각계의 커뮤니케이션을 통해 아동의 습득도를 측정하며 아동의 일반상식을 고유하게 측정한다. K-ABC의 다른 하위검사와 공통적으로 측정하고 있는 기능은 다음과 같다.

① 습득도
② 결정적 지능
③ 획득된 사실적 정보
④ 장기 기억
⑤ 인지처리(주로 동시처리)
⑥ 언어적 표현력
⑦ 유의미 자극에 대한 시각적 지각(인물-사물)

13) 하위검사 13. 산수

습득도 척도(연령: 3세 0개월~12세 5개월)

(1) 검사내용

검사자가 아동에게 동물원의 여러 광경을 그린 그림을 보여주면서 산수문제를 낸다. 아동은 검사자가 제시한 문제에 대해 대답한다.

산수 검사는 숫자를 읽거나, 수를 세거나, 계산하는 능력이나 수학적 개념의 이해를 측정한다. 산수나 수와 관련된 능력의 측정은 지능검사가 학교학습과 관련된 지식이나 능력을 측정하기 위한 목적으로 개발되었기 때문에 대부분의 지능검사에서는 산수나 수와 관련된 능력을 측정하는 내용이 포함되어 있다. 따라서 K-ABC 습득도 척도에도 산수 하위검사를 포함시키게 되었다.

(2) 해석적 의미

즉각적 회생검사의 경우와 마찬가지로, 산수 검사에서는 구두로 산수문제가 제시되고 구두로 대답하도록 되어 있기 때문에 아동의 피전도성, 불안, 주의 집중의 정도와 범위, 집중력, 가정에서의 수에 관한 연습 경험 그리고 학교에서의 학습 등이 검사점수에 영향을 준다. 또한 모양에 관한 지식, 수의 이해 및 세기 등을 다루는 검사 앞부분의 쉬운 문항에서는 TV의 유아용 교육 프로그램을 시청하거나 주위 환경에 관심이 높은 아동들에게 유리하다.

산수 검사의 문항들은 대체로 청각/시각-음성계의 커뮤니케이션을 통해 측정된다. 이 하위검사가 단독으로 측정하는 고유한 능력은 기본적인 수의 개념과 계산 능력이며, K-ABC의 다른 하위검사와 공통으로 측정하는 능력은 다음과 같다.

① 습득도　　② 응용 기능
③ 결정적 지능　　④ 장기 기억

⑤ 인지처리(순차처리와 동시처리) ⑥ 수리 능력

⑦ 추리력 ⑧ 언어적 이해력(청각)

⑨ 추상적 자극에 대한 시지각(도형-기호)

⑩ 유의미 자극에 대한 시지각(인물-물건)

14) 하위검사 14. 수수께끼

습득도 척도(연령: 3세 0개월~12세 5개월)

(1) 검사내용

수수께끼 검사는 구체적 또는 추상적인 언어개념에 대한 몇 가지 속성이 주어질 때 그 속성으로부터 구체적 개념이나 추상적 개념의 이름을 추론해 내는 능력을 측정하는 것이다. 측정되는 내용에 비추어 볼 때, 수수께끼는 웩슬러 검사나 스탠퍼드-비네 검사의 어휘력 하위검사와 아주 가깝다고 볼 수 있다. 전형적인 어휘검사는 아동들로 하여금 한 단어를 정의하도록 요구하지만 수수께끼 검사에서는 속성, 기능, 일반적인 범주 등을 언어로 제공하면 아동은 제공된 여러 특성들을 통합시킨 다음 그것에 잘 맞는 단어를 말하게 한다. 그러므로 수수께끼 검사에서는 아동의 자발적인 대답과 긴 언어적 표현을 관찰함으로써 얻을 수 있는 임상적 유용성은 부족하다고 할 수 있다. 그러나 검사가 게임적인 특성을 가지고 있기 때문에 아동이 검사에 흥미를 가지고 몰두할 수 있으며 채점이 쉽다는 장점을 가지고 있다.

(2) 해석적 의미

수수께끼 검사의 점수는 아동의 초기 환경의 풍부함, 환경에 대한 관심, 가정에서의 문화적인 기회, 독서 기회, 취미 등과 관계가 있다. 충분한 주의와 집중력은 수수께끼 검사의 점수에 긍정적 영향을 미친다. 아동이 이 하위검사를 수행해 내려면 사물을 대할 때 하나의 특징에만 주의를 집중하지 않고, 모든 관계 있는 속성에 주목하는 탈중심화 능력이 필요하다. 피전도성, 고집성, 충동성 등은 점수에 부정적 영향을 미친다.

수수께끼 검사는 청각-음성계의 커뮤니케이션을 통해서 언어개념을 측정하는 것이다. 이 검사가 단독으로 측정하는 고유한 능력은 순차적으로 제시된 청각자극의 통합, 개념적 추론, 논리적 분류가 있다. 이 검사가 K-ABC의 다른 하위검사와 공통으로 측정하는 능력은 다음과 같다.

① 습득도
② 결정적 지능
③ 본질적 세부 사항과 비본질적 세부 사항의 구별
④ 초기 언어 발달
⑤ 지식의 축적
⑥ 장기 기억
⑦ 부분과 전체 간의 관계 파악(통합)
⑧ 추리 능력
⑨ 언어 이해(청각)
⑩ 언어개념 형성
⑪ 언어적 표현
⑫ 단어지식

15) 하위검사 15. 문자해독

습득도 척도(연령: 5세 0개월~12세 5개월)

(1) 검사내용

검사자가 아동에게 문자나 단어를 보여주면 아동은 그것을 소리내어 읽는다. 문자해독 검사는 아동이 문자를 보고 읽을 수 있는 능력을 측정하는 것이다. 읽기 능력의 측정은 모든 습득도 검사도구의 필수적인 구성요소이다.

(2) 해석적 의미

문자해독의 점수는 아동의 초기 환경의 풍부함, 환경에 대한 관심, 가정에서의 문화적인 기회, 독서 기회, 잡지나 신문이 가까이에 있는 것, 취미, 가정에서의 특별한 연습, 학교에서의 학습 등과 관계가 있다. 이 하위검사의 득점은 특히 문자의 읽기와 관련된 TV교육 프로그램이나 환경에 대한 아동의 관심 등에 의해 영향을 받는다.

문자해독은 시각-음성계의 커뮤니케이션에 의해 측정된다. 이 검사가 단독으로 측정하는 고유한 능력은 문자호칭 기능, 단어 재인, 읽기 기능이다. 이 검사가 K-ABC의 다른 하위검사와 공통으로 측정하는 능력은 다음과 같은 것이다.

① 습득도
② 교과학습의 기초기능
③ 결정적 지능
④ 초기 언어 발달
⑤ 장기 기억
⑥ 읽기 능력
⑦ 언어적 표현

16) 하위검사 16. 문장이해

습득도 척도(연령: 7세 0개월~12세 5개월)

(1) 검사내용

검사자가 아동에게 어떤 동작을 지시하는 문장을 제시하면 아동이 그 문장의 지시에 따라 동작을 만들어 보여준다.

문장이해 검사는 문장으로 주어진 지시를 동작으로 표현함으로써 아동이 읽기의 이해를 동작으로 표현하는 능력을 측정하는 것이다. 이 검사에서는 아동으로 하여금 읽은 문장의 의미에 관해서 제스처나 신체적 동작으로 표현하게 함으로써 읽기의 이해력을 직접 측정한다.

(2) 해석적 의미

문자해독 검사와 마찬가지로 문장이해 검사의 점수도 초기 환경의 풍부함, 환경에의 관심, 가정에서의 문화적 기회, 독서 기회, 잡지나 신문을 접할 기회, 취미, 가정에서의 특별한 연습, 학교에서의 학습 등에 의해 영향을 받는다. 또한 아동이 극단적으로 부끄러워하거나, 행동이 억제되는 경향이 있거나, 대답에 자신이 없어서 대답하지 못할 경우 이 검사에서 높은 점수를 받을 수 없다.

문장이해 검사는 시각-운동계의 커뮤니케이션에 의한 검사이다. 이 검사가 단독으로 측정하는 고유한 능력은 독해와 몸짓에 의한 커뮤니케이션이다. 그리고 이 검사가 K-ABC의 다른 하위검사와 공통으로 측정하는 능력은 다음과 같다.

① 습득도	② 교과학습의 기초기능
③ 결정적 지능	④ 장기 기억
⑤ 읽기 능력	⑥ 언어개념 형성

3. K-ABC 결과해석

K-ABC의 결과해석은 일련의 단계를 거친다. 이는 K-ABC 검사결과를 체계적으로 평가하여 해석하기 위한 절차로 모두 5단계로 되어 있다. 이 5단계를 거쳐서 K-ABC의 모든 척도 및 하위검사의 점수와 표준점수를 구함과 동시에 종합척도 간의 통계적으로 유의미한 차이와 유의미하게 높은 점수를 받은 하위검사와 낮은 점수를 받은 하위검사를 판별할 수 있다. 구체적인 5단계의 해석 절차를 알아보면 다음과 같다.

• 1단계: 각 하위검사의 원점수를 규준표에 대입하여 척도점수 또는 표준점수를 파악한다. 그리고 오차범위, 서술적 범주, 백분위, 연령 점수를 찾아 개별검사 결과를 기록용지에 기입한다.
• 2단계: 순차처리 척도와 동시처리 척도의 표준점수를 비교한다.
• 3단계: 인지처리과정 척도와 습득도 척도의 표준점수를 비교한다.
• 4단계: 인지처리과정 하위검사들의 강·약을 판정한다.
• 5단계: 습득도 하위검사들의 강·약을 판정한다.

1단계: 환산점수의 산출과 기술

각 하위검사의 원점수를 가지고 환산점수를 얻는다. 환산점수(척도점수 또는 표준점수)는 K-ABC 채점요강을 통해 얻을 수 있다. 그 환산점수에 대해 오차범위, 서술적인 분류(정상분포 곡선에 근거하여), 백분위 등을 함께 기록한다.

2단계: 순차처리 척도와 동시처리 척도의 비교

K-ABC가 제공하는 가장 중요한 정보는 4개 종합척도(순차처리, 동시처리, 인지처리과정, 습득도)의 표준점수이다. 그러므로 검사결과 기록용지에 표준점수를 기록한 다음 4개 종합척도의 표준점수를 비교해야 한다. 그것은 검사결과를 해석하는 출발점이기도 하다. K-ABC의 중요 기능 중의 하나는 문제해결 혹은 2가지 유형의 인지처리 능력의 차이를 예언하는 것이다. 그렇기 때문에 4개 종합척도 점수를 비교하기 위한 첫 번째 작업은 순차처리 척도와 동시처리 척도에서 아동이 받은 표준점수 간에 통계적으로 유의한 차이가 있는지를 확인하는 과정이다. 이를 위해 두 점수 중 높은 표준점수에서 낮은 표준점수를 빼서 그 차이를 산출한다. 의미를 두는 차이는 연령에 따라 다르지만 대개 두 점수의 차이가 13~20점 이상이면 의미 있는 차이로 해석한다.

순차처리 척도와 동시처리 척도에서 아동이 받은 표준점수 간에 통계적으로 유의한 차이가 있는 것으로 나타나는 경우가 있다. 특히 이러한 차이가 측정과정에서 흔히 일어날 수 있는 우연적 오차, 예컨대 측정으로 생긴 오차로 인해 생긴 차이로 설명하기에는 너무나 큰 점수 차이라고 판단될 경우에, 검사자는 아동이 순차처리와 동시처리 중에 특별히 어느 한 처리양식(표준점수가 높은 쪽)이 우세하다는 것과 그리고 우세한 것으로 나타난 방식에 따라 정보를 효율적으로 처리하는 것으로 검사결과를 해석해야 한다.

두 척도(순차처리 척도와 동시처리 척도)의 표준점수 간에 통계적으로 유의한 차이가 없는 것으로 나타날 경우, 이는 아동이 정보를 처리할 때에 개인적으로 특별히 선호하는 정보처리 양식이 없으며 문제해결 능력이 일관적으로 균형 있게 발달되어 있다는 결론을 내려도 된다.

3단계: 인지처리과정 하위척도와 습득도 척도의 비교

K-ABC에는 인지처리과정과 습득도를 측정할 수 있는 두 척도를 동시에 모두 포함하고 있기 때문에 학업성취 수준과 지적 능력을 직접 비교할 수 있다. 검사자는 인지처리과정의 3개 하위척도인 순차처리, 동시처리 및 인지처리과정의 각 표준점수와 습득도 척도의 표준점수 간에 통계적으로 유의한 차이가 있는지를 판정하기 위해 여러 개의 평균을 2개씩 짝지어 체계적으로 비교해야 한다.

두 척도의 표준점수를 비교한 결과, 인지처리과정 척도의 표준점수가 습득도 척도의 표준점수보다 유의하게 높게 나타날 경우, 아동이 실제로 획득한 지식과 기술에 비해 정보를 처리하고 새로운 문제를 해결하는 능력이 보다 우수한 것으로 해석하게 된다. 이러한 결과는 문화적으로 불리한 환경, 학습 능력 지체, 학습 동기 부족, 장기 기억의 장애 등과 같은 요인이 작용되었을 가능성이 있다. 검사자와 임상전문가는 아동에 관한 배경 정보, 행동관찰, K-ABC의 하위검사 프로파일 그리고 다른 각종 검사를 실시하여 얻은 정보를 종합하여 이러한 점수차가 생긴 원인을 찾아내야 한다.

인지처리과정 척도의 표준점수에 비해 습득도 척도의 표준점수가 유의하게 높게 나온 아동에 대해서도 점수 차이의 원인을 설명하기 위해 종합적이고 임상적인 분석과 해석이 필요하다.

4단계: 인지처리과정 하위검사에 대한 강 · 약 판정

이 단계에서는 아동이 모든 인지처리과정 하위검사에서 획득한 척도점수들의 평균을 구하고 평균 척도점수와 각 하위검사의 척도점수를 비교한다. 그리고 만약 어떤 하위검사의 척도점수가 평균 척도점수보다 유의하게 높으면 그것을 강한 하위검사로 판정하고 평균 척도점수보다 유의하게 낮은 경우에는 약한 하위검사로 판정한다. 다만 이 방법은 어디까지나 한 하위검사에서 받은 점수가 자신의 평균 능력에 비해 상대적으로 강함 또는 약함을 의미하는 것이며 어떤 절대적인 기준이나 규준에 의해서 강·약을 판정하는 것이 아님을 이해해야 한다.

5단계: 습득도 하위검사에 대한 강 · 약 판정

4단계의 인지처리과정 하위검사 중 유의미하게 높은 점수(강점)와 약한 점수(약점)의 하위 검사를 판정하는 방법을 똑같은 목적으로 습득도에 적용한다. 강·약 판정을 위해 통계적으로 의미 있는 수치는 하위검사마다 다르고 연령에 따라 다르므로 아동의 현재 능력 수준에 대한 가설을 설정하기 위한 기준을 제시하고 있다.

표 7-3에서 보는 지능 분류표는 K-ABC의 각 하위검사를 구성하고 있는 문항들의 채점에서 얻은 원점수를 척도점수 또는 표준점수로 환산하여 최종적으로 산출된 지능지수를 해석하는 방법이다. 웩슬러 지능검사와는 달리 130점 이상이 가장 높은 '매우 높음'으로 분류됨에 유의하며, 79점 이하일 경우에는 구체적 임상검사의 실시를 요망하고 있음에 주의할 필요가 있다.

표 7-3 K-ABC의 지능 분류

점수	분류
130점 이상	매우 높음
120~129점	상당히 높음
110~119점	약간 높음
90~109점	보통
80~89점	입학 가능, 학업성취 문제, 특별한 관심 요망
70~79점	다소 낮은 지능에 약간 문제, 구체적인 임상검사 실시 요망
69점 이하	아주 낮은 지능에 약간 문제, 구체적인 임상검사 실시 요망

CHAPTER 8.
아동용 BGT

아동용 BGT

아동용 BGT는 심리검사를 종합적으로 실시할 경우 검사시행 절차에서 제일 먼저 시행하는 것이 일반적이다. 이는 BGT가 피검자와 검사자 간의 라포르 형성에 도움이 되는 검사이기 때문이다. BGT는 도형을 보고 이를 그대로 그리는 검사라는 점에서 피검자에게 심리적 부담도 덜하고 긴장을 해소하는 데도 효과적이다. 검사시험 과정에서 검사자는 피검자의 그림 그리는 방식이나 검사 행동을 잘 관찰하여 기록해 둠으로써 검사해석 시 피검사의 행동의 의미나 특징을 보충적으로 활용할 수 있다. 이 장에서는 아동용 BGT 배경과 실시 및 채점방법을 소개하고자 한다. 채점은 발달적 채점항목들에 대한 채점과 정서지표 채점항목으로 나누어져 있고 이에 따른 검사해석을 첨부하였다.

1. 아동용 BGT 배경

BGT는 1938년에 로우레타 벤더Lauretta Bender 여사가 만든 검사로서 게슈탈트Gestalt 심리학의 창시자인 베르트하이머Wertheimer가 개인의 지각을 형태심리학에 입각하여 설명하기 위해 만든 여러 도형들 가운데서 9개의 도형을 택하여 만든 검사이다. 벤더는 이 도형들을 사용해서 심인성 정신장애 및 기질성 장애를 진단하는 검사로 사용할 수 있는 방법을 「시각-운동 형태검사 및 그 임상적 적용」이라는 논문(1938)에서 발표하였다.

벤더 이후에 BGT의 임상적인 적용에 대한 타당성의 문제가 제기되기도 하였으나 이러한 문제점을 보완하는 채점방식이 파스칼과 수텔(Pascal & Suttell, 1951)에 의해 재체계화되었고 다시 허트(Hutt, 1985)에 의해 정신병리 척도가 개발되기에 이르렀다. 이러한 채점체계를 통해 BGT 연구는 계속되고 있으며 임상장면에서 아동과 성인의 기질성 장애, 성격특징 및 정서장애를 진단하는 데 널리 사용되고 있다.

BGT 검사가 개인의 시지각-운동 기능을 통하여 개인의 정신병리나 성격 특징을 측정하게 된 배경은 다음과 같다. 형태심리학적인 입장에 의하면 주어진 형태자극을 지각하는 방식은 일정한 법칙에 따르며 개개인의 정신상태와 성격 특성들이 반영된다고 보았다. 벤더가 베르트하이머의 형태지각 실험에 사용했던 9개의 도형을 가지고 시각-운동 검사를 연구하게 되었던 것은 대뇌손상을 입은 환자들이 자극 도형을 정확하게 재모사하지 못할 것이며 뿐만 아니라 정서적인 미성숙이나 자아 기능의 약화도 자극 도형의 재모사를 어렵게 만들 것이라는 데서 출발하였다. 이러한 가정을 검증하기 위해 연령, 지능, 성숙 등의 변인에 따라 지적, 정서적인 부적응을 평가한 결과 대뇌손상 환자에게서도 재모사의 어려움이 뚜렷이 드러났다. 동시에 BGT를 통해 정서적인 부적응을 조기에 발견할 수 있으며 성격결함이나 퇴행현상, 정서 등의 문제를 잘 진단하는 것으로 확인되었다.

BGT가 임상장면에서 사용됨에 따라 성인의 자료는 허트의 HABGT 채점방식을 주로 따르고 아동의 자료는 코피츠Koppitz의 방법으로 주로 채점하고 있다. 코피츠는 아동에게 적절하게 적용할 수 있는 채점방식이 없다는 점에 착안하여 5~10세의 모든 아동에게 적용하기 위한 발달적 채점방법과 정서적인 적응을 채점하기 위한 정서지표를 개발하였다. 코피츠가 개발한 발달적 채점 항목은 각 도형마다 채점하도록 만들어졌고 해당 점수를 총점으로 계산하여 아동의 발달적 수준을 알아보도록 되어 있다. 정서적 지표는 10가지로 도형배치의 혼란, 파선, 원 대신 봉선, 크기의 점증, 과대모사, 약한 선, 가중모사, 반복시행, 확산, 압축이며 이 지표들의 해석기준을 제시하였다.

2. 아동용 BGT 실시와 채점

1) BGT 실시방법

백지 2장(가로 21.59cm, 세로 27.94cm)과 지우개가 달린 연필이 놓인 책상 앞에 아동을 앉히고 라포르를 형성한 후 BGT를 보여주면서 다음과 같이 말한다. "여기 그림이 그려진 카드 9장이 있는데 이것을 종이에 그려 봅시다. 자, 여기 첫 번째 그림이 있습니다. 시작합시다. 그대로 그리면 됩니다." 보통 10분 정도 걸리는데 시간제한은 없지만 소요된 시간을 적어둔다. 왜냐하면 너무 빨리 하거나 오래 끄는 것 자체가 진단적 의미가 있기 때문이다. 아동이 그리는 동안 검사에 임하는 행동을 관찰한다. 한 장을 다 그리면 그것을 엎어 두고 다음 장으로 넘어간다.

만일 아동이 그림에 있는 점의 수나 크기 등에 대해 물어 보면 "가능한 한 그림과 똑같이 그려 보세요."라고 답해 준다. 이때 그리다가 지운다거나 다시 그릴 때 꾸짖어서는 안 된다.

2) 발달적 채점항목의 정의와 채점의 실례

(1) 도형 A

① 모양 왜곡

사각형이나 원 중 하나 또는 2개 모두가 지나치게 평평하거나 모양이 이상한 경우, 사각형이나 원 중 하나가 다른 것보다 2배 이상이나 큰 경우, 사각형이 원과 접합점에서 마주치지 않는 경우.

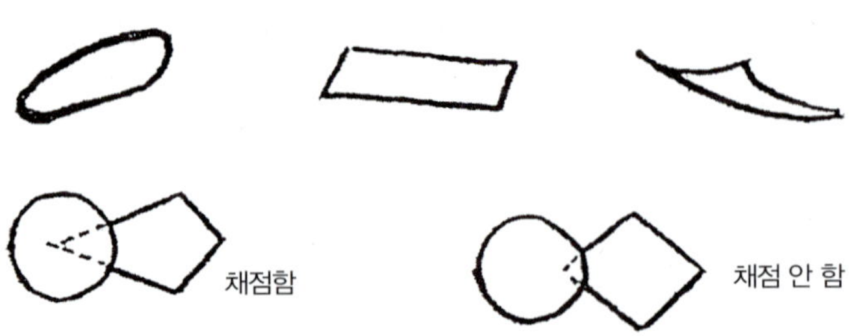

② 회전

도형의 전부나 일부가 45도 이상 회전된 경우.

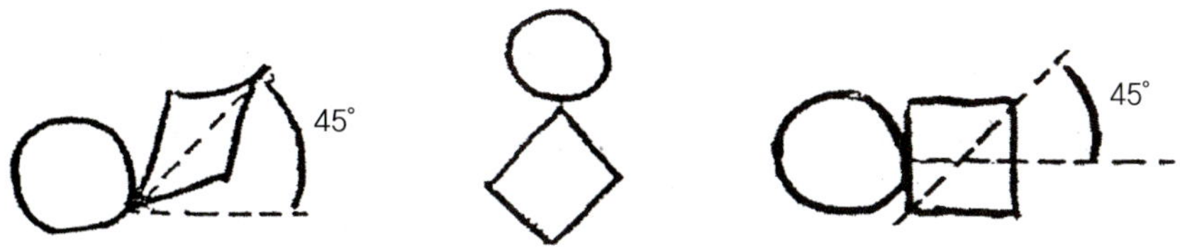

③ 통합

사각형과 원이 접하지 않은 경우, 연접 모서리가 3.17mm 이상 떨어졌거나 도형이 중복된 경우.

(2) 도형 1

④ 모양의 왜곡

점이 5개 이상 원으로 그려진 경우, 점이 확대되거나 원의 일부가 매워진 경우는 채점하지 않음. 의심스럽거나 선으로 그려진 것도 채점하지 않음.

⑤ 회전

도형이 45도 이상 회전된 경우.

⑥ 고집

12개의 점을 15개 이상으로 그리는 경우.

도형 1 채점의 예

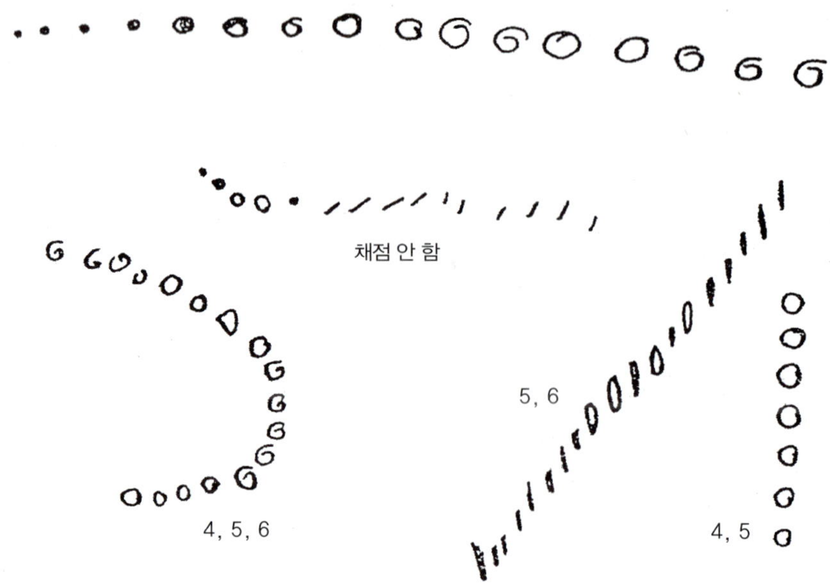

(3) 도형 2

⑦ 회전

도형이 45도 이상 회전된 경우.

⑧ 통합

원의 1열이나 2열이 생략된 경우, 도형 1의 열이 2의 제3열로 사용된 경우, 대다수의 종열 4개 이상의 원, 원의 열이 과다한 경우.

⑨ 고집

14개 이상의 종열.

도형 2 채점의 예

8, 9

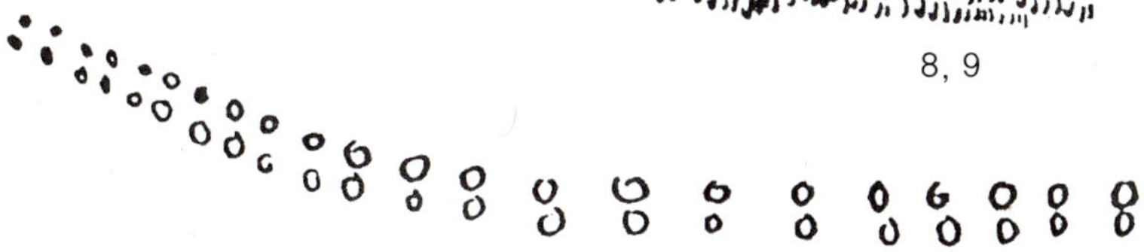

8, 9

7

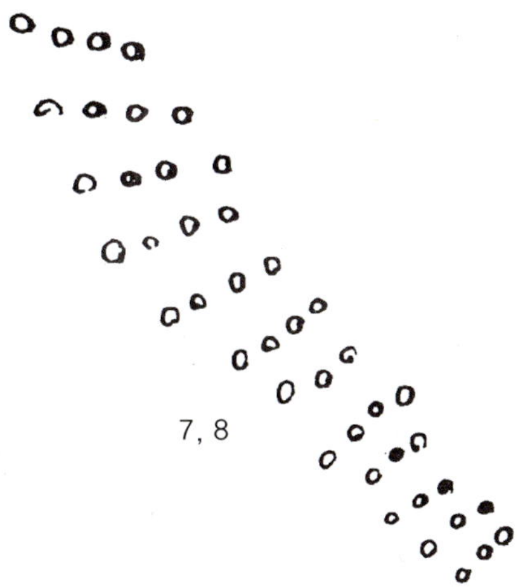

7, 8

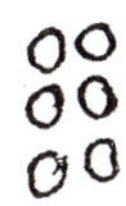

7, 8

7, 8

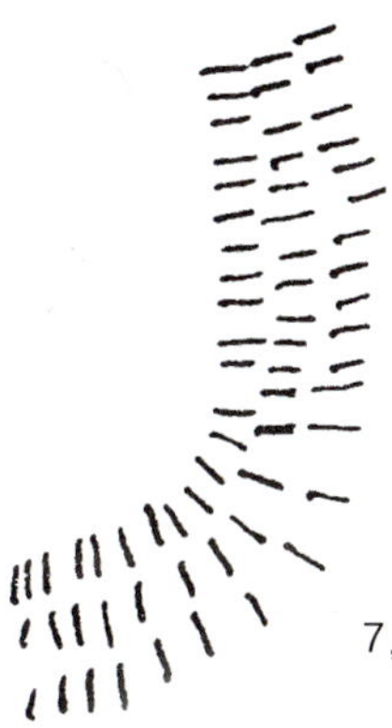

7, 9

채점 안 함

(4) 도형 3

⑩ 모양의 왜곡

점 5개 이상이 원으로 그려진 경우. 확대된 점이나 원의 일부가 메워진 경우는 채점하지 않음. 선이나 의심스러운 것도 채점하지 않음.

⑪ 회전

모양이 정확하더라도 도형의 축이 45도 이상 회전된 경우.

⑫ 통합

- 도형의 모양이 상실되었거나 가로 열의 각 점이 정확하게 증가되지 않은 경우, 깃의 모양을 알아볼 수 없거나 거꾸로 된 경우, 점이 덩어리로 뭉쳐 있거나 단순하게 1열로 된 경우, 각도가 둔화되었거나 점의 수가 부정확한 경우는 채점하지 않음.
- 점의 열 대신에 연속된 선으로 된 경우, 점 대신에 선으로 그린 경우.

도형 3 채점의 예

채점 안 함

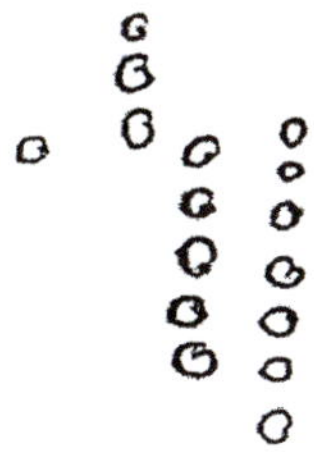

10, 12a

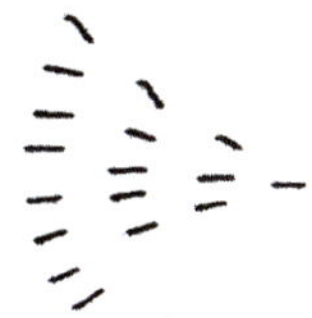

11

10, 11, 12b

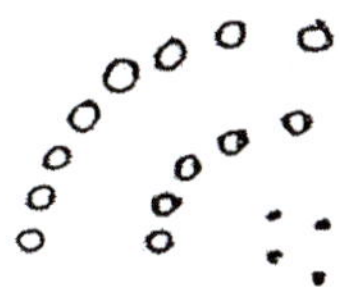

10, 11

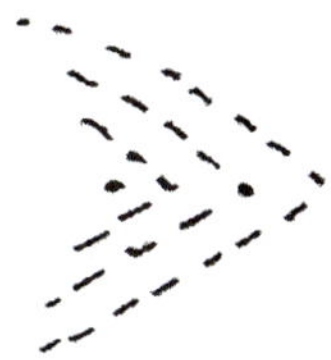

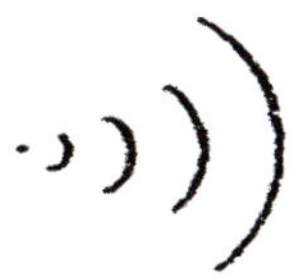

12b

(5) 도형 4

⑬ 회전

도형의 전부나 일부가 45도 이상 회전된 경우, 회전된 도형에서 모양은 정확하게 그렸더라도 도형이 회전된 경우.

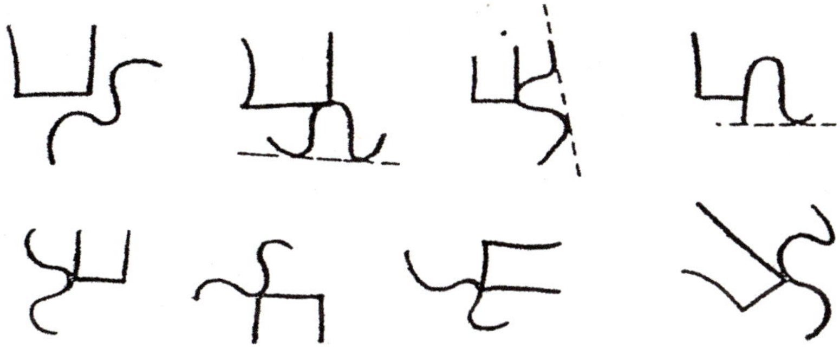

⑭ 통합

곡선과 연결된 모서리가 3.17mm 이상 떨어진 경우, 그림이 중첩된 경우, 곡선이 양쪽 모서리에 닿은 경우.

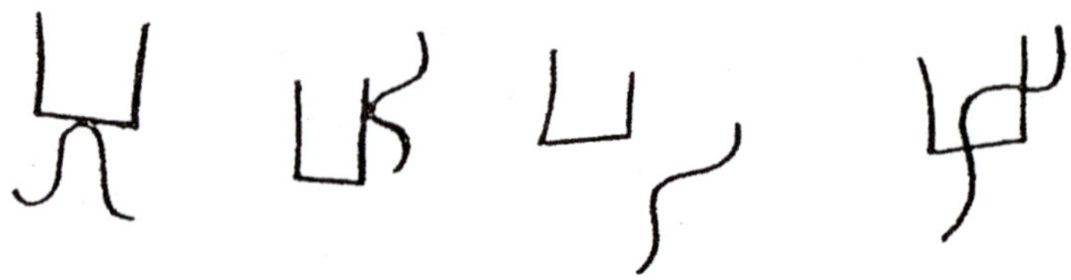

도형 4 채점의 예

(6) 도형 5

⑮ 모양의 왜곡

점 5개 이상이 원으로 그려진 경우, 확대된 점이나 일부가 메워진 원이나 선은 채점되지 않음.

⑯ 회전

전 도형이 45도 이상 회전된 경우, 돌출부의 회전(깃이 왼편으로 향했거나 호의 중심점의 왼편에서 시작된 경우), 호와 깃이 각기 독립적으로 회전된 경우라도 회전은 한 번만 채점함.

⑰ 통합

도형의 일부가 없는 경우, 점의 덩어리, 호의 점 대신에 직선이나 원을 그린 경우, 돌출부가 원을 통과한 경우, 호 대신에 사각형이나 삼각형으로 된 경우는 채점하지 않음. 호의 깃이나 양쪽의 점 대신에 연속된 선으로 그린 경우.

채점함

채점 안 함

도형 5 채점의 예

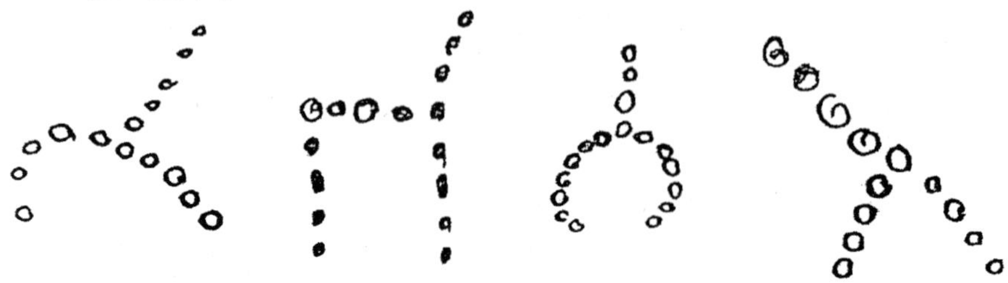

채점 안 함

17b

16, 17b, 17b

16, 17b

17b

16, 17b

15, 17a, 17b

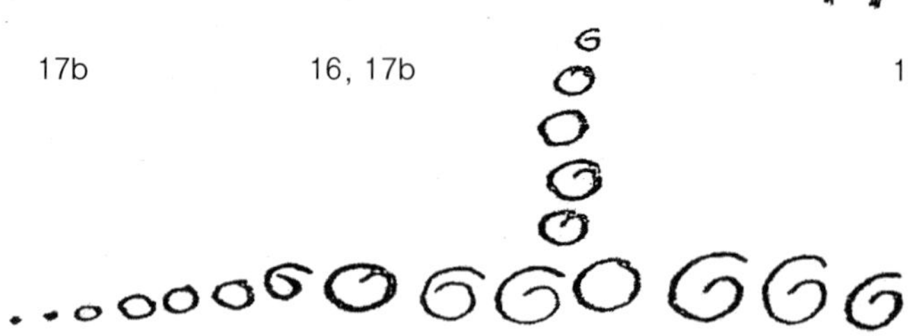

(7) 도형 6

⑱ 모양의 왜곡

- 곡선 대신 3개 이상 각도가 분명히 나타난 경우, 의심스러운 경우는 채점하지 않음. 선 모두나 어느 한쪽에 왜곡이 전혀 없는 경우.
- 직선으로 그린 경우.

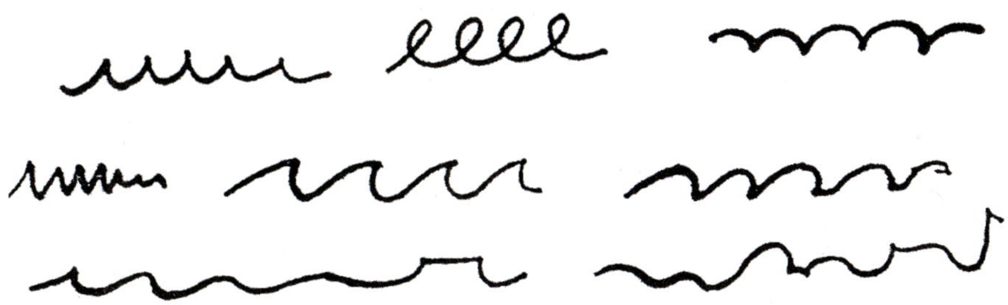

⑲ 통합

선 2개가 교차되지 않거나 하나 또는 2개 모두가 말단 부분에서 교차하는 경우, 두 파선이 서로 얽힌 경우.

⑳ 어느 방향으로든 6개 이상의 완전한 곡선이 그려진 경우

(8) 도형 7

㉑ 모양의 왜곡

육각형 2개의 크기가 부적합한 경우, 한쪽의 크기가 다른 쪽보다 최소한 2배 이상된 경우, 육각형의 모양이 지나치게 잘못 그려진 경우, 한쪽이나 양쪽의 각이 과부족인 경우.

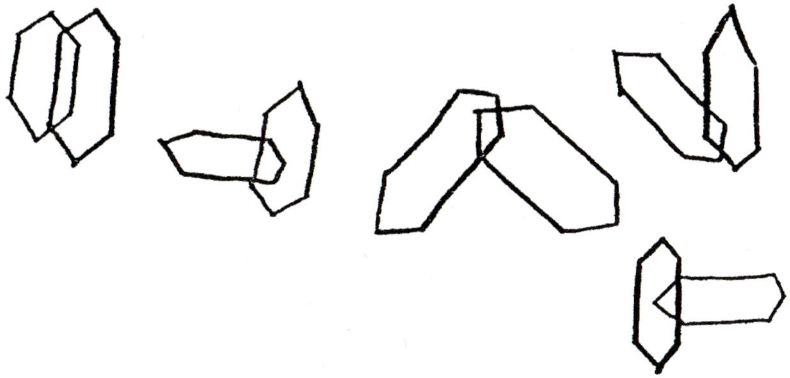

㉒ 회전

모양이 정확하더라도 도형의 전부나 일부가 45도 이상 회전된 경우.

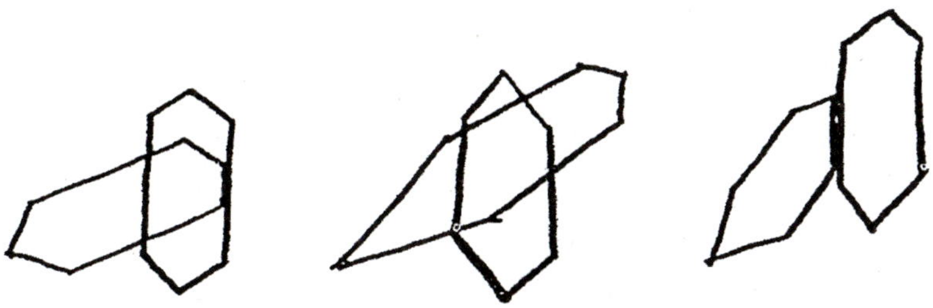

도형 7 채점의 예

21b, 22, 23　　21a, 21b, 22　　21b, 22, 23

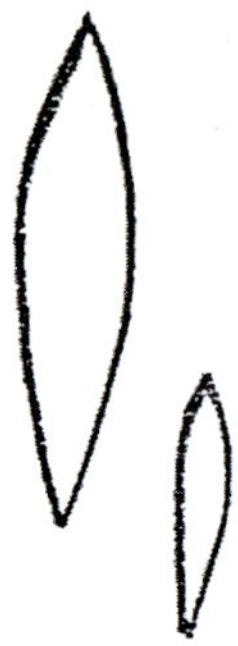

21a, 21b, 22, 23

21b, 22

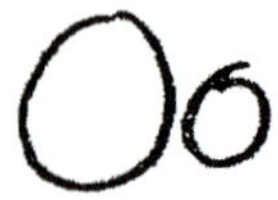

21a, 21b, 22, 23

21a, 21b, 22, 23

21b, 23

21a, 21b, 23

21b, 23

21b, 22, 23

21b, 22

채점 안 함

㉓ 통합

두 육각형이 중첩되지 않았거나 중첩된 경우, 즉 한쪽이 다른 쪽을 완전히 관통한 경우.

(9) 도형 8

㉔ 모양의 왜곡

육각형이나 마름모가 너무 잘못 그려진 경우. 각의 과부족. 마름모의 생략.

㉕ 회전

모양이 정확하더라도 도형이 45도 이상 회전된 경우.

도형 8 채점의 예

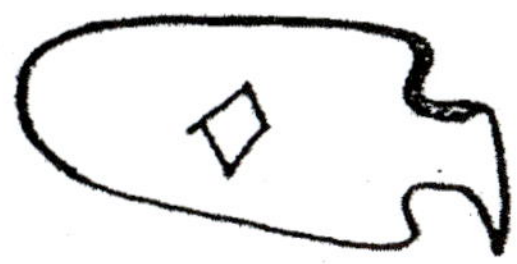

24

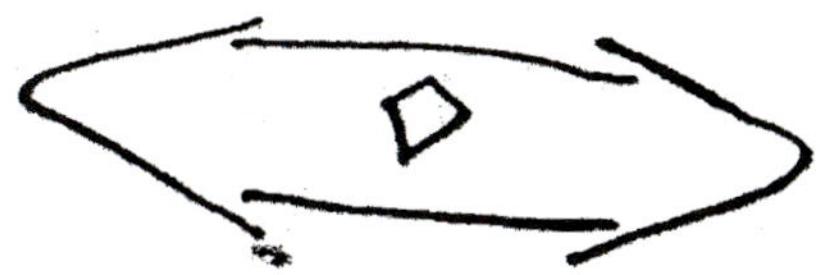

채점 안 함

24, 25

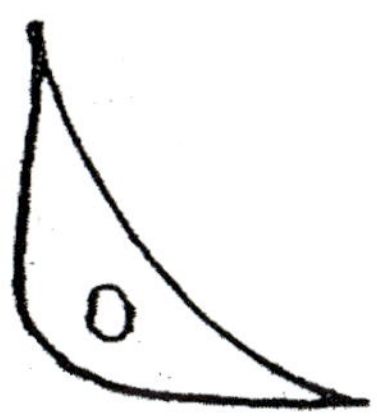

24, 25

24, 25

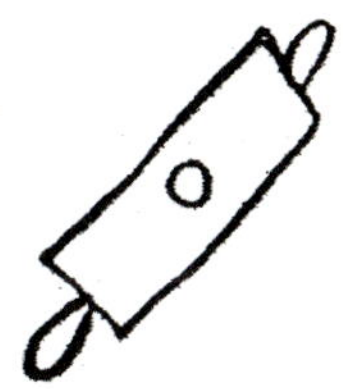

24, 25

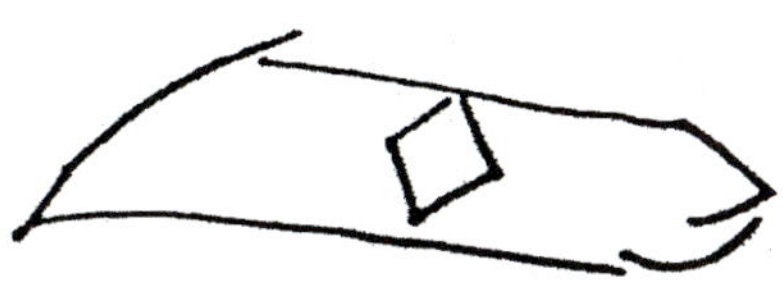

24

24

24

채점 안 함

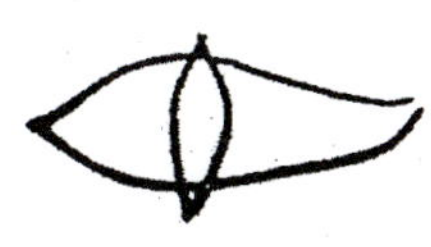

24

3) 채점결과 해석

앞에서 제시한 바대로 아동의 BGT를 채점한 다음 각 점수를 합계하여 규준집단과 비교함으로써 아동의 성숙수준이 어느 정도인지를 평가할 수 있다. 연령에 따른 남녀와 전체의 BGT 평균과 표준편차는 표 8-1과 같다. 표에 따르면 5세에서 9세까지는 평균이 계속 낮아지는데 이것은 시각-운동지각의 성숙을 반영하는 것이며 9세가 되면 대부분의 아동은 큰 실수가 없이 도형을 따라 그릴 수가 있다. 7세까지는 아동의 성숙도를 가려 볼 수 있고, 8세 이상의 경우는 미성숙이나 시각-운동지각 기능에 이상이 있는 아동을 밝히는 데 도움이 된다.

규준자료는 ① 나이가 동일한 다른 아동의 득점, ② 시각-운동지각의 성숙도가 동일한 다른 아동의 득점, ③ 학년이 같은 다른 아동의 득점을 비교해 볼 수 있다.

BGT의 도형을 모사하는 데 걸리는 시간은 아동마다 개인차가 있다. 즉, 매우 쉽게 그리고 빨리 마치는 아동이 있는가 하면 시간을 많이 들여 힘들게 그리는 아동도 있다. 코피츠(1960)는 도형을 모사하는 데 소요되는 시간이 중요한 의미가 있다고 생각하여 도형 9매를 그리는 데 걸리는 평균시간을 측정하였다.

그 결과 6~9세의 아동은 최소한 4분 걸리지만 9분 이상 소요되는 경우는 드물었다. 5~9.5세 아동의 평균시간은 6분 30초였다. 대체로 시간이 오래 걸리는 아동은 완전하고자 하는 성향이 강하거나 시각-운동지각상의 문제를 보상하려는 경향이 있었고, 그림을 완벽하게 모사하였다. 그리고 공부하는 데 시간이 너무 오래 걸려서 학업의 문제를 갖고 있기도 하였다. 반면 빨리 모사하는 아동은 충동적이고 집중력과 노력하려는 자세가 부족하다. 검사성적이 나쁘고 학업성적도 나쁘거나 신경장애가 있는 아동도 그러한 특징이 나타나는 경향이 있다.

표 8-1 규준집단의 연령과 성별에 따른 BGT 채점평균

연 령	남	여	전 체	표준편차	+/- SD
5	14.3	13.0	13.6	3.61	10.0~17.2
5.5	10.0	9.3	9.8	3.72	6.1~13.5
6	8.3	8.6	8.4	4.12	4.3~12.5
6.5	6.2	6.6	6.4	3.76	2.6~10.2
7	5.3	4.2	4.8	3.61	1.2~8.4
7.5	4.9	4.4	4.7	3.34	1.4~8.0
8	3.9	3.6	3.7	3.60	1~7.3
8.5	2.6	2.4	2.5	3.03	0~5.5
9	1.5	1.8	1.7	1.76	0~3.3
9.5	1.6	1.5	1.6	1.69	0~3.3
10	1.5	1.7	1.6	1.67	0~3.6
10.5	1.4	1.5	1.5	2.10	

4) 정서지표의 채점과 해석

(1) 도형배치의 혼란

도형이 제멋대로 흩어져 있는 경우로서 계획하고 자료를 조직하는 능력이 부족함을 나타낸다. 일반적으로 5~6세 정도의 아동에게는 흔하게 나타나는데, 특히 8세 이상의 지능이 높은 아동의 경우는 정신적 혼란과 관련된다.

채점에 해당되지 않는 자료의 예

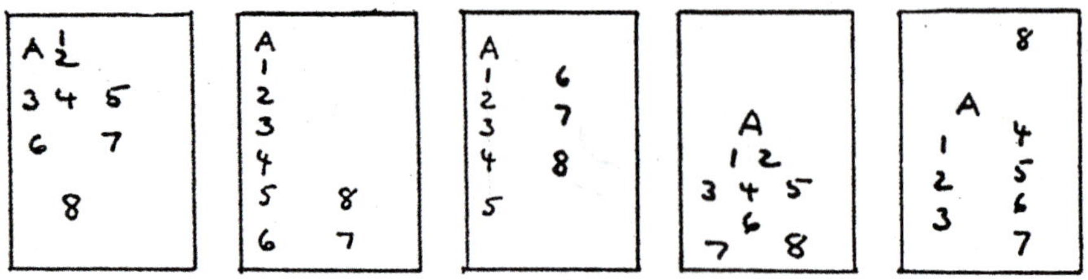

도형배치의 혼합에 해당되는 예

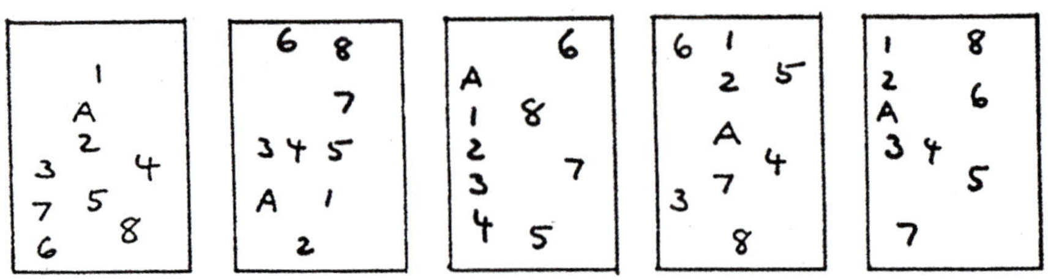

(2) 파선(wavy line)(도형 1과 2)

점이나 원의 선이 2개 이상 갑자기 변하는 경우로서 대체로 안정성의 결여를 반영하며 특히 운동기능의 협응과 인성의 불안정과 관련된다.

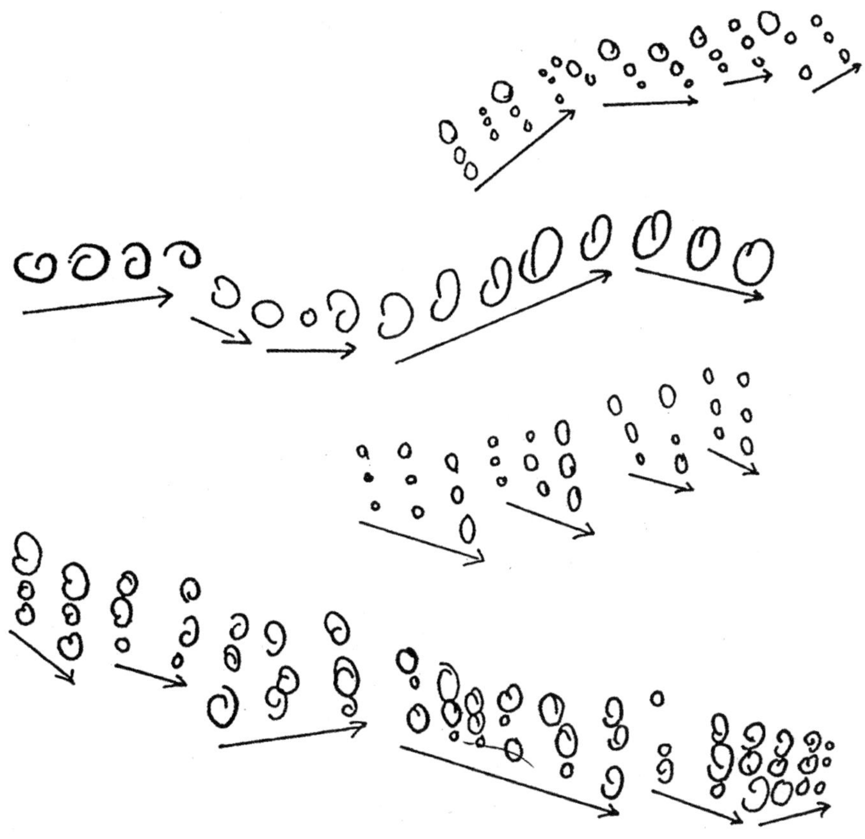

(3) 원 대신 봉선(도형 2)

원 중 적어도 반이 4.23mm 이상의 긴 봉선으로 대치된 경우이다. 충동성, 흥미 부족, 주의력 부족과 관련된다.

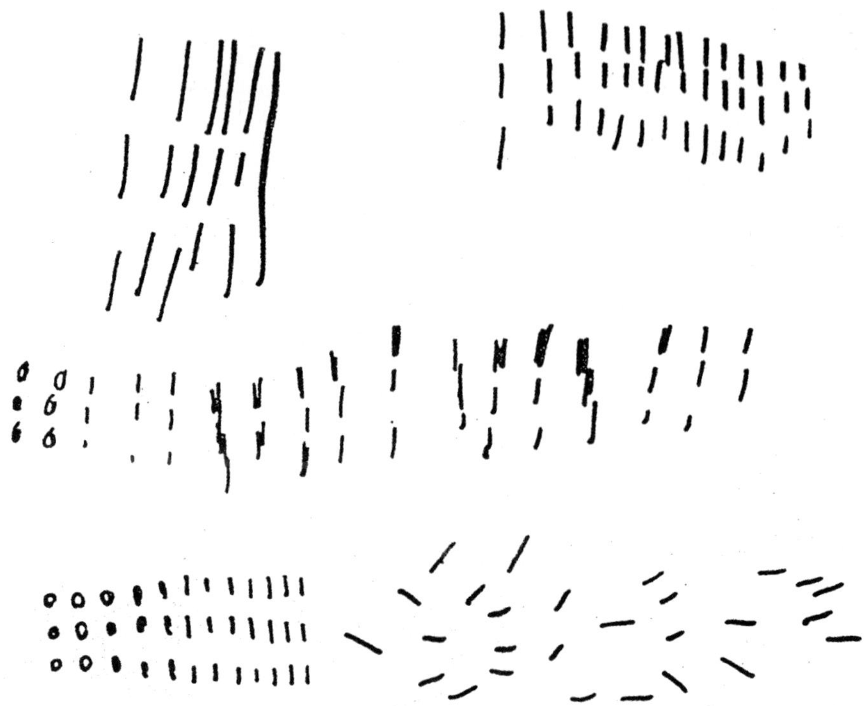

(4) 크기의 점증(도형 1, 2, 3)

마지막에 그린 점과 선의 크기가 처음 것보다 3배 이상 큰 경우로서 욕구좌절을 잘 참지 못하고 폭발성이 강한 것과 관련된다.

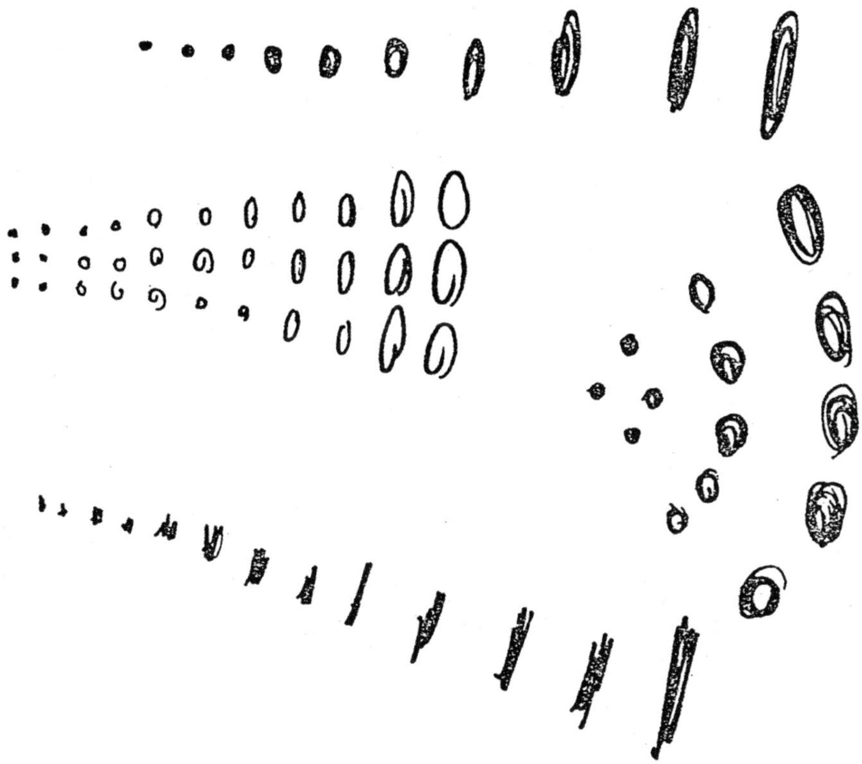

(5) 과대묘사(전체 카드)

도형 중 하나 이상을 자극도형보다 1/3 이상 크게 그린 경우이며, 과장된 행동과 관련된다.

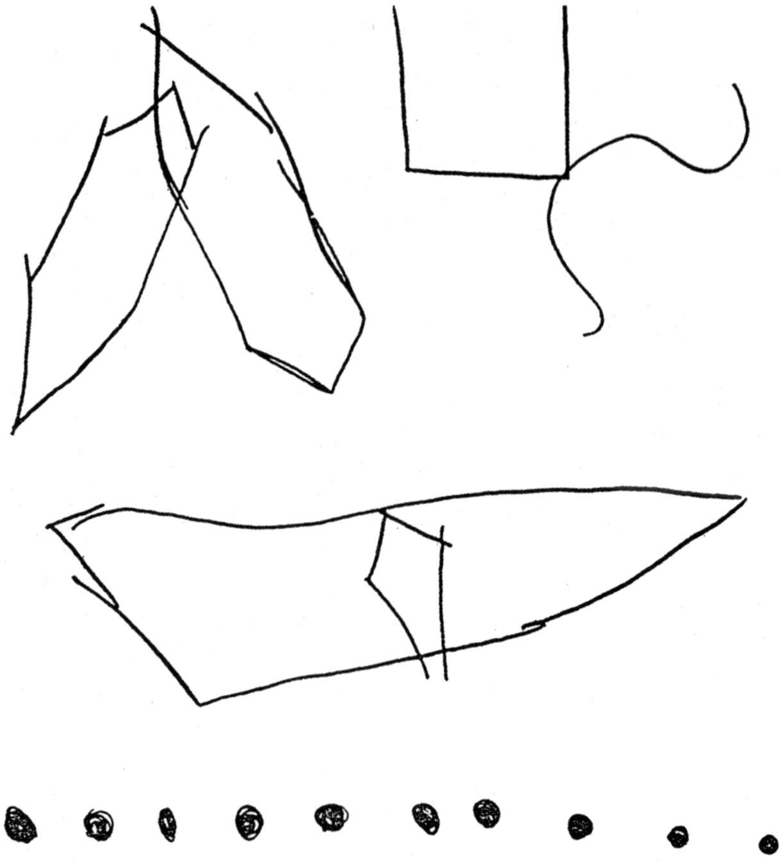

(6) 과소묘사(전체 카드)

자극도형의 크기보다 반 정도로 작게 그린 경우로서 불안, 위축감, 소심증, 퇴행, 비겁함과 관련된다.

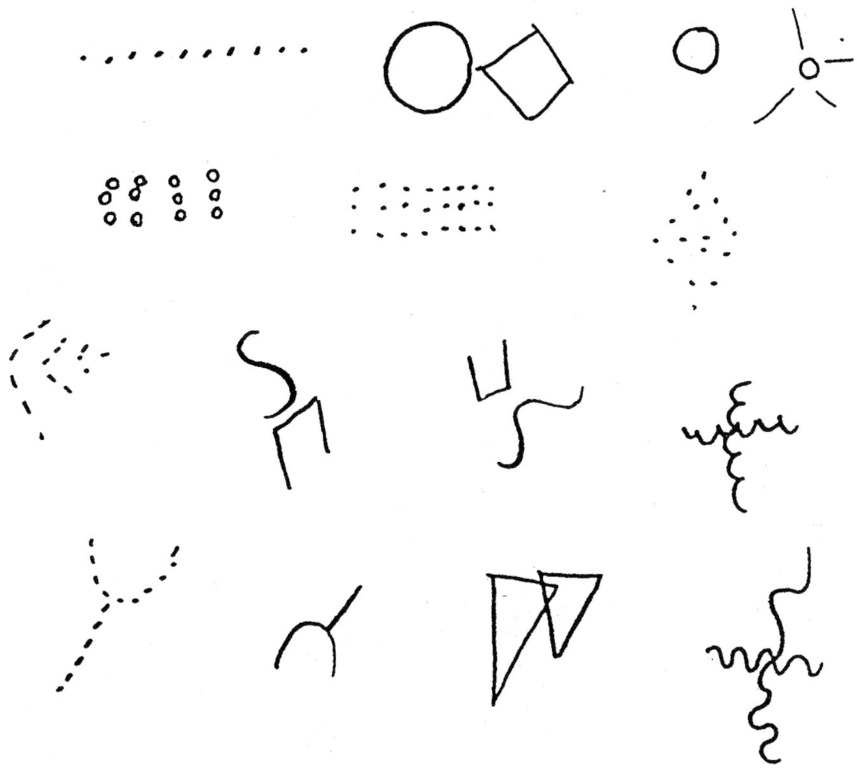

(7) 약한 선(전체 카드)

필치가 너무 약해서 그림이 희미한 경우이며 소심증, 퇴행행동, 수줍음과 관련된다.

(8) 가중묘사(전체 카드)

필치가 너무 진하고 덧칠되어 있는 경우로서 외현적 공격성이나 충동적 행동과 관련된다.

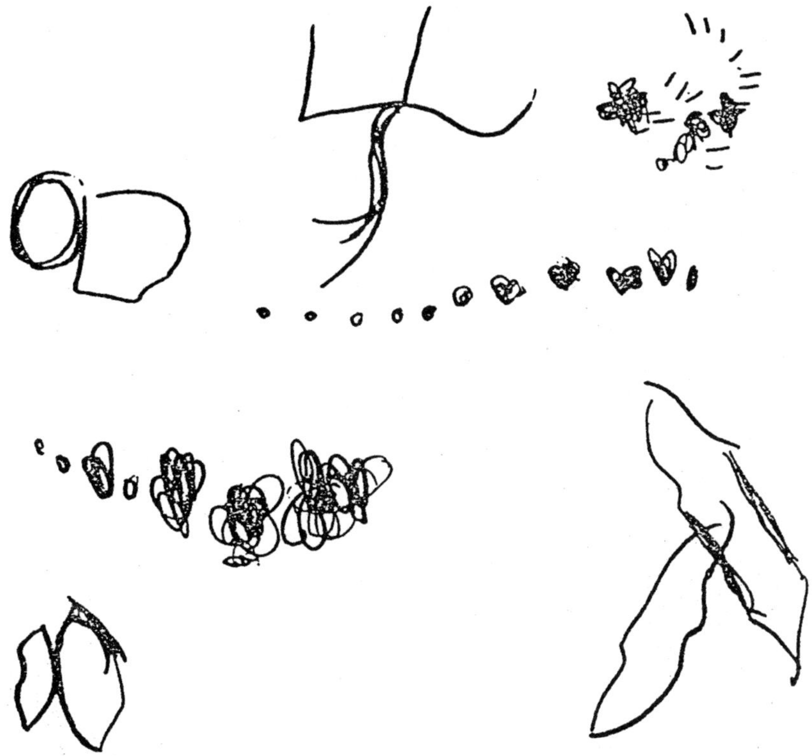

(9) 반복시행(전체 카드)

한 도형을 그리다 말고 다시 새로운 도형을 그리는 경우이며 충동성, 불안, 공포와 관련된다.

(10) 확산(전체 카드)

BGT의 9개 도형 모두를 그리는 데 용지를 2장 이상 사용한 경우이며 과장행동 및 충동성과 관련된다.

(11) 압축(전체 카드)

9개 도형 모두를 용지의 1/2에 다 그리는 지나친 과소묘사로서 퇴행, 수줍음, 억압과 관련된다.

정서적 문제를 지닌 아동의 BGT 연구는 코피츠(1963)가 정상아동과 정서적인 부적응 아동을 대상으로 한 연구 이후 활성화되었다. 이 연구에서는 정서적인 부적응 아동에서 도형배치의 혼란, 파선, 과소모사, 가중모사, 반복시행, 확산 등의 6개 지표가 정상아동과 유의미한 차이를 보였다. 우리나라 연구에서는 김종규와 정종진(1985)이 5~7세 정서장애와 정상 아동을 연구한 결과 파선, 과대모사, 가중모사, 확산의 4개 지표가 정서장애아에서 유의미하게 많이 나타났다. 또한 김희순(1993)의 연구에 의하면 정서장애 아동이 도형배치의 혼란, 파선, 과소모사, 반복시행, 확산에서 정상 아동과 유의미한 차이를 보였다. 석일원(1995)은 7~10세 정상아와 정서부적응 아동의 연구에서는 파선, 크기의 점증, 과대모사, 가중모사, 반복시행에서 집단 간 유의한 차이를 보였다. 이를 토대로 볼 때 정서장애를 지닌 아동은 파선, 과중모사, 반복시행, 가중모사, 확산 등을 빈번하게 보이는 것으로 나타났다. 다음의 표 8-2는 정서지표에 대한 해석들을 종합한 것이다.

표 8-2 정서지표의 채점항목과 해석

항 목	해 석
1. 도형배치의 혼란	계획능력, 조직력 부족과 정신적 혼란(Koppitz, 1963) 행동화(Naches, 1967)
2. 파선(도형 1, 2)	빈약한 운동협응과 정서적 불안정성(Koppitz, 1963)
3. 원 대신 봉선(도형 2)	충동성(Brown, 1965), 주의결여(Koppitz, 1963)
4. 크기의 점증(도형 1, 2, 3)	낮은 욕구좌절, 인내성과 폭발성(Koppitz, 1963) 행동화(Naches, 1967)
5. 과대모사	행동화(Koppitz, 1963, 1975b; Naches, 1967)
6. 과소모사	불안, 위축, 퇴행행동, 소심(Koppitz, 1963, 1975b)
7. 약한 선	소심, 수줍음, 위축(Koppitz, 1963, 1975b)
8. 가중모사	충동성, 공격성, 행동화(Handler & McIntosh, 1971; Koppitz, 1963, 1975b)
9. 반복시행	충동성과 불안(Koppitz, 1963, 1975b) 공격성(Handler & McIntosh, 1971)
10. 확산	충동성과 행동화(Brown, 1965; Naches, 1967)

출처: Gary Groth-Marnat(1984), Handbook of psychological assessment에서 재인용

CHAPTER 9.
로샤(Rorschach) 검사

로샤(Rorschach) 검사

로샤 검사는 MMPI와 웩슬러 지능검사 다음으로 널리 사용되는 심리검사이다. 특히 성격에 관한 진단과 이해를 함에 있어 폭넓고 깊이 있게 활용되는 검사라는 점에서 임상과 상담 현장에 주요한 검사로 인정되고 있다. 로샤 검사를 제작한 로샤Rorschach는 이 검사를 투사적인 기법으로 만든 것은 아니나 검사의 특성상 애매한 자극을 보고 반응하는 투사적 요소를 지니고 있기 때문에 투사적 검사로 분류되고 있다. 즉, 이 검사는 주관적이고 투사적인 것이 특징이다. 검사 해석을 위한 검사 채점방법은 객관화, 체계화되어 있다는 점에서 검사를 배우는 사람의 입장에서는 복잡하고 어렵게 느껴질 수도 있다. 그러나 로샤 검사가 주요한 검사로서 타당성과 신뢰성을 인정받는 이유는 이 검사를 객관적으로 접근할 수 있기 때문이다.

이 검사를 실시하는 검사자는 이러한 장점을 잘 이해하고 로샤 검사의 채점을 토대로 이를 해석하는 훈련을 쌓아야 할 것이다. 로샤 검사는 성격검사로서 이 검사를 통해 인지과정이나 자아상 및 대인관계의 주요한 특징을 알아냄과 동시에 개인의 정신병리를 진단할 수 있게 해준다.

이 장에서는 로샤 검사의 역사와 검사 실시방법에 대한 소개 그리고 채점방법을 구체적으로 살펴보고 이에 따른 해석도 제시하였다.

1. 로샤 검사의 역사

로샤 검사는 1921년 9월 헤르만 로샤Herman Rorschach의 유명한 논문 「심리진단Psychodiagnostik」에서 최초로 소개되었다. 그 이후에 로샤 검사는 많은 심리학자와 정신과 의사들에 의해 사용되어 왔고, 많은 연구들이 로샤 검사의 유효성과 타당성을 지지해 주었다. 임상가의 주요한 역할이 심리진단에 있던 시절인 1940~50년대에는 로샤 검사가 임상심리학과 거의 동의어로 여겨질 정도였다. 1960~70

년대에 임상가의 역할이 확대되고 변화됨에 따라 로샤 검사는 임상에서 가장 일반적으로 사용되는 검사 가운데 하나로 지금까지 이어져 오고 있다.

로샤 검사가 만들어지게 된 배경을 살펴보면, 처음부터 로샤가 투사적 성격검사를 만들 목적으로 로샤 검사를 제작한 것은 아니다. 그것은 우연히 잉크 반점에 대한 정신분열증 환자의 반응이 정상인의 반응과 차이가 있다는 점에서 과연 잉크 반점 검사가 정신분열증의 변별에 유효한지를 검증해 본 데서 출발하였다. 당시 유럽에서 성행하였던 블로토Blotto 게임을 학생들에게 사용하여 학급운영 문제를 해결했던 교사 게링Gehring과 관계를 맺으면서 로샤는 그의 정신분열증 환자와 정상 학생들 간의 반응 차이를 연구하기에 이르렀고, 이때 사용했던 잉크 반점은 40개였다. 초기 연구에서 로샤가 채점했던 주요 항목은 첫째로 어떤 위치를 보고 반응했는지를 부호화했고, 그 다음으로 잉크 반점의 어떤 형태를 보았는지를 부호화했으며, 마지막으로 어떤 내용을 반응했는지를 분류하는 채점기준을 사용했는데, 이러한 로샤 검사 채점이 지금 우리가 사용하고 있는 주된 채점기준의 기초가 되었다.

로샤 이후에 로샤 채점 체계를 발전시켜 온 베크Beck 등 5명의 연구자들은 서로의 입장을 비판하였고 로샤 검사의 타당도와 신뢰도에 문제를 제기하기도 하였다. 엑스너Exner는 이들의 비판을 분석하고 통합하는 작업을 통해 1974년에 로샤 종합체제를 내놓게 되었다. 여기에서 소개하고자 하는 로샤 검사 체계는 엑스너의 종합체계이다.

2. 로샤 검사의 실시방법과 절차

로샤 검사의 자료는 개인의 반응 양식, 정서 상태, 인지적 조작, 동기, 대인 간-환경 간 지각양식, 반응 경향 등의 복잡한 행동의 표본을 규준norm과 비교하는 절차를 거치게 된다. 로샤 검사가 우리 마음의 X선 같은 검사라는 생각을 하는 이들도 있으나 인간의 내면을 투시하는 검사라는 것은 지나친 생각이다. 로샤 검사는 피검사의 현재를 있는 그대로 반영해 주는 검사이며, 프로토콜에서 얻어진 자료를 근거로 피검자의 개인 정보를 포함시켜 위에서 언급한 심리적인 측면 등을 연역적 혹은 귀납적으로 예측을 하는 검사이다. 말하자면 로샤 자료에만 의존하여 개인의 정신병리나 성격, 행동 등을 예측하지 않는다는 것이다. 예컨대, 로샤 검사 시에 피검자들의 정보를 얻기 위하여 질문하게 되는 내용은 부모-자녀 관계, 형제-자매 관계, 교사의 평가, 종교, 성생활 등으로 이러한 정보는 피검자의 과거와 미래를 추리하는 데 사용되고, 피검자를 돕기 위한 치료나 대안을 세우는 데도 적용된다.

1) 로샤 검사와 검사 배터리

로샤 검사를 사용하는 임상가들이 로샤 검사 결과의 해석과 적용을 풍부하게 하기 위하여 피검자의 개인력을 듣고 검사행동을 관찰하는 것 외에 검사 배터리를 사용한다. 검사 배터리는 대부분 2~3개의 검사로 이루어지지만 때로는 5개 이상이 되기도 한다. 검사 배터리를 사용하는 이유는 다음과 같다.

첫째는 어떤 검사든 한 가지만으로 인지, 정서, 행동의 모든 영역에 걸쳐 광범위하게 측정할 수는 없다는 것이다. 어떤 검사는 인지나 신경학적인 손상에 초점을 맞추는가 하면, 성격의 특성과 대인관계의 어려움에 역점을 두는 검사가 있는 등 각기 다른 측면들을 더 잘 측정한다는 점에서 검사 배터리 사용은 한 개인을 폭넓게 검사할 수 있다는 이점이 있다.

둘째로 다양한 검사의 사용은 어느 정도는 서로 중복되므로 한 검사에서 얻어진 정보를 서로 검증할 수 있는 가능성을 제공하게 된다. 따라서 검사 배터리의 사용은 검사결과의 오류를 최소화하고 정확성을 극대화시키는 장점을 가지고 있다.

그러나 검사 배터리를 항상 사용하여야 하는 것은 아니다. 평가과정에서 가장 중요한 결정은 피검자의 어떤 기능과 문제들에 초점을 맞추는가이다. 예컨대, 정신박약이 의심된다면 K-WAIS를 우선적으로 실시해야 할 것이다. 또 정신병

상태로 보이는 환자에게는 로샤 검사, MMPI, K-WAIS를 함께 해볼 필요가 있다. 이 검사들은 피검자의 사고장애와 정서장애 그리고 대인관계 장애를 파악하는 데 상호보완적이기 때문이다.

어떤 임상가들은 표준적인 검사 배터리의 사용을 고집하는 경향이 있으나 현재는 필요한 자료를 얻는 데 치중하고 있으며 경우에 따라 검사를 선별하여 실시하는 것이 보편적인데, 이는 과거에 비해 개인의 성격과 정신병리 등이 잘 알려져 있고 검사의 기능에 대한 연구를 통해 검사의 특징도 어느 정도 명확해졌기 때문이다.

평가자가 결정해야 하는 것 중에는 검사의 순서를 어떻게 배치하느냐가 있다. 검사의 순서는 로샤 검사에서 인간 반응의 빈도를 변화시킬 수 있다. K-WAIS를 로샤 검사 앞에 하느냐 뒤에 하느냐에 따라 WAIS 검사결과에 차이를 가져오기도 한다. 그러므로 로샤 검사를 MMPI나 피검자에게 스트레스를 주는 검사 직후에 실시하는 것은 바람직하지 않다. 어떠한 검사를 실시할 것인지가 결정되고 나면 시간 요인이 매우 중요하다. 일반적으로 정신과적인 문제가 없으면 전체 평가과정은 3시간 내에 끝나게 된다. 최근의 평가과정에서는 한 개인을 합리적으로 이해하기 위해서는 K-WAIS, 로샤 검사, MMPI 3가지 검사 모두를 실시하는 것을 권하고 있다.

2) 검사절차와 실시방법

로샤 검사를 실시하기로 결정했다면 검사절차와 실시방법을 잘 알고 사용하는 것이 중요하다. 자리배치, 검사 지시방법, 반응의 기록과 질문하기 등은 검사자료를 제대로 활용하는 데 필수적인 사항들이다.

(1) 자리의 배치

로샤 검사를 실시함에 있어서 권할 만한 자리의 배치는 피검자가 검사자의 옆으로 앉는side by side 방법이다. 이러한 방법을 권하는 이유는 검사자가 무심코 피검자에게 영향을 줄 수 있는 단서를 줄일 수 있고 질문 시에 피검자가 말하는 검사자극을 훨씬 더 정확히 볼 수 있기 때문이다.

(2) 검사의 소개

로샤 검사를 실시하기 위한 준비는 특별히 필요하지 않다. 로샤 검사는 일반적으로 간단한 면접 뒤에 실시한다. 피검자가 스스로 검사받기를 원했다면 그 이유가 무엇인지를 명확히 해야 할 책임이 검사자에게 있다. 다른 사람에 의해 피검자가 평가를 받도록 의뢰되었다면 의뢰한 사람에게 설명을 들어야 할 것이다. 평가과정에서 모든 절차를 검사자는 피검자에게 설명해야 하고 피검자의 질문에 적절히 답해야 한다. 검사의 초기 단계에서 검사자가 노력해야 하는 과제는 피검자가 검사상황에서 가질 수 있는 불안이나 불신을 완화하는 일이다. 피검자가 검사에 대해서 궁금해하는 점은 적절히 답해 주되 지나치게 상세히 말해 줄 필요는 없다. 피검자가 검사를 받는 이유는 무엇인지 그리고 검사의 결과를 누가 받고 어떻게 사용되는지를 알고자 하면 알려 줄 의무가 검사자에게 있다. 예컨대, "이 검사는 개인의 특성이나 성격을 이해하는 데 도움을 줄 수 있으며, 당신의 …(치료나 상담)에 도와줄 수 있을 것"이라고 말해 주는 것이다.

자리배치가 결정되면 피검자에게 "지금부터 우리는 잉크 반점 검사를 하게 됩니다."라고 말하고 카드 I을 맨 위로 오도록 한다. 카드의 앞면이 보이도록 해서는 안 되며 검사자가 잡기 쉬운 위치에 카드를 놓아둔다. 자리배치는 피검자가 보지 않게 하며, 모든 반응은 말 그대로를 기록해야 하고 기록용지는 여러 장 준비해 두는 것이 좋다.

(3) 지시내용

첫 카드를 피검자의 손에 쥐어주면서 "이것은 무엇처럼 보이나요?"라고 묻는다. 또는 "이 카드를 보고 무엇처럼 보이는지 전부 이야기해 주세요."라고 말한다. 카드 I의 경우, 첫 카드의 피검자 반응이 하나로 그칠 때는 "좀 더 보고 그 외에 보이는 것이 있으면 모두 말해 주세요." 혹은 "좀 더 자세히 보면 다른 것도 찾을 수 있을 거예요."라고 격려하는 보충 설명을 하여 충분히 보게 한다. 그리고 본 것에 대해서는 다 말하는 검사라는 점을 확인시켜 줄 필요가 있다.

(4) 반응 단계

검사자는 언어를 축어록(피검자가 한 말을 그대로 기록)으로 기록해야 한다. 검사가 시작되면 가능한 한 침묵을 지키는 것이 검사자의 원칙이며 피검자에게 카드를 바꿔 주거나 어떤 설명이 필요할 때만 개입할 수 있다. 간단한 '응'이나 '흠'조차도 피검자에게는 잘하고 있다는 신호로 인식되어 피검자가 자유롭게 반응하는 데 방해가 될 수 있으므로 주의해야 한다.

(5) 질문과 격려

검사 초기에 피검자가 여러 가지 질문을 하는 일은 흔한 일이다. 이때 검사자의 반응은 비지시적이어야 한다. 예컨대, 피검자가 "카드를 돌려도 되나요?"라고 말하면 "마음대로 하세요."라고 하면 된다. 또한 얼마나 많은 반응을 해야 하느냐고 질문하면 "잘 보면 하나 이상은 볼 수 있을 거예요."라고 반응한다.

3) 검사의 전체 반응수와 카드당 반응수

로샤 검사의 전체 반응수가 14개 이하인 자료는 타당치 않은 것으로 간주한다. 왜냐하면 매우 간단한 반응은 해석에 있어서 타당도의 문제를 제기할 수 있기 때문이다. 14개 이하의 반응은 신뢰성이 떨어지기 때문에 해석하지 않으나 몇 가지 예외가 있다. 이런 자료들은 혹시 검사자가 카드 I에서 피검자에게 좀 더 보도록 격려하지 않은 것은 아닌지 살펴보아야 한다.

어쨌든 14개 이하의 반응에 대해서는 검사자가 둘 중 한 가지 방법을 선택하여야 한다. 즉, 이 결과를 버리고 피검자를 평가하기 위해 다른 검사자료를 활용하든지, 아니면 로샤 검사가 이 피검자에게 꼭 필요하다면 반응 단계 직후에 재검사하도록 한다.

아동과의 검사에서는 특히 라포르 형성이 성인에 비해 매우 중요하다. 아동의 경우 친밀한 사람이 검사를 할 때와 익숙하지 않은 사람이 검사를 할 때의 차이가 크다. 익숙한 사람과의 검사에서는 반응수가 많아지고 M 반응, 색채 반응, 혼합 반응, W 반응, 동물 반응의 빈도가 증가하는 경향이 있다. 나이가 아주 어린 3~5세 아동과의 검사시행 시나 과잉행동이 심한 아동, 불안이 심한 아동은 표준적인 절차를 사용하기보다는 수정된 절차를 사용하게 된다. 이 경우에는 채점을 정확하게 하는 것은 거의 어렵다고 보며 질문단계를 따로 두지 않고 자유연상 단계에서 그렇게 본 점을 자세히 묻는다. 이렇게 수정된 절차로 검사를 진행할 때는 다음을 유의하여 해석하도록 한다. 수정된 절차를 사용할 경우 D, F가 증가하고, Dd나 음영 반응, Fd 등은 감소한다고 엑스너Exner는 보고하고 있다. 이는 아동이 편안하고 충분하게 검사자극을 검토하지 못하고 반응하게 되므로 유발되는 인지적인 실수나 부정적인 정서표현과 관련되므로 라포르 형성에 특히 유의하여야 한다.

지능수준이 정상이고 신경학적인 문제가 없는 아동이 지나치게 반응수가 적을 경우 검사태도에 문제가 있을 수도 있으므로 해석에 주의를 기울여야 한다. 우리나라 아동의 경우 6~7세 아동의 50% 정도가 14개 미만의 반응을 보이므로 이를 고려한 해석 준거 마련이 필요하다. 피검자의 강박적인 성향 때문에 지나치게 검사자극에 몰입해서 끊임없는 반응을 하면 카드 I에서 6개 반응부터는 카드를 회수한다. 카드 II에서도 5개 이상 반응을 하면 마찬가지 절차를 밟는다. 그러나 5개 이하의 반응을 보이면 더 이상 개입하지 않는다. 마지막으로 검사자가 반응하는 카드의 위치를 돌려보다가 180°회전을 하여 반응하면 ∨, 90°회전의 경우는 〈 〉 등으로 표시한다. 회전을 하되 정위치에서 반응을 한다면 ∧로 표시한다.

4) 질문단계

로샤 검사 실시의 절차는 질문단계에서 더욱 복잡해진다. 10개 카드를 모두 실시한 후 질문을 하게 된다. 로샤 검사에서 질문을 하는 목적은 피검자의 반응을 정확히 채점하기 위한 것이다. 즉, 질문은 새로운 정보를 얻어내기 위한 것이 아니고 반응단계에서 지각한 것을 분명히 하자는 데 있다.

질문을 시작할 때는 검사자가 질문의 목표와 절차를 정확히 설명하여야 한다. "자 이제 모두 끝났어요. 이제 봤던 카드를 하나씩 다시 보여드리려고 해요. 카드마다 당신이 본 대로 나도 그렇게 볼 수 있도록 설명해 주시겠어요? 당신이 말한 것을 다시 읽어 줄 테니 어디에서 그렇게 보았는지, 어떤 점에서 그렇게 보았는지 말해 봐요."라고 요청한다. 다음은 적절한 질문과 부적절한 질문의 예이다.

(1) 적절한 질문

질문단계에서 검사자는 주요한 3가지 요소, 즉 영역(어디에서 그렇게 보았나), 반응결정인(어떤 점을 보고 그렇게 보았나), 영역(무엇을 보았나)에 초점을 둔다. 대부분의 초보 검사자는 두 번째인 반응결정인에서 어려움을 겪는다. 피검자는 보통 '어디에 있나'와 '그것이 무엇인가'에 대해 설명하는 데 그친다. 그러나 '왜 그렇게 보았는지'는 좀 더 설명을 요구해야 비로소 나오게 된다. 상세히 알기를 원한다면 "어떤 점이 …처럼 보인 거예요?", "모양 이외에 …처럼 보인 다른 이유는 없나요?", "…에 대해 좀 더 설명해 보겠어요?" 등의 보충적인 질문과 격려 차원의 개입을 해야 할 때가 적지 않다. 다시 질문할 때는 비지시적인 질문을 해야 하고 반점에 모양 이외에 색채, 음영, 동작 등은 보지 않았는지에 주의를 기울여야 한다.

이해되지 않을 때는 "당신이 어디를 그렇게 보았는지 잘 모르겠네요(영역).", "그렇게 보이게 하는 게 무엇인지 모르겠네요(반응결정인)." 등의 질문을 해야 한다. 피검자가 "그냥 그렇게 보여요."라고 애매하게 대답할 때 피검자가 회피하려는 것을 허용해서는 안 된다. 이때는 "그냥이라고 했는데 어떤 점을 말하는지 설명해 봐요. 아까 본 대로 말하면 돼요."라고 할 수 있다.

반응 단계에서 피검자가 말한 핵심단어, 예컨대 "무서운 짐승이 서 있어요."에서 무서운 이유를 설명하지 않고 지나칠 때 '어떤 점에서 무섭게 느꼈는지'를 질문해야 한다. 때로는 형태 이외에 음영에서 무서움을 지각하는 피검자도 있기 때문이다.

(2) 부적절한 질문

질문 시에 절대로 해서는 안 될 질문이 있는데 예컨대 직접적인 유도질문이나 채점하는 데 직접적으로 관계는 없으나 검사자가 궁금한 사항을 질문하는 것이다.

- 직접적인 질문: "그 사람이 뭔가를 하고 있나요?"
- 유도적인 질문: "어느 쪽이 위인가요?"
- 반응을 상세히 묘사하도록 유도하는 질문: "그 동물은 왜 싸웠을까요?"

질문 시 검사자와 피검자가 주고받은 말은 대화체로 기록하도록 하며 위치를 표시하는 용지location sheet는 영역 확인 시에 정확히 기록해 두도록 한다. 검사자는 모든 반응결정인을 염두에 두고 질문해야 하나 강박적인 생각을 할 필요는 없다. 간결함이 기본이며 질문은 비지시적이어야 한다.

마지막으로 주의할 사항 중의 하나는 반응과 카드에 대한 평은 다르다는 점이다. 즉, 피검자가 반점을 보고 반응한 것인지, 그냥 카드에 대한 평을 한 것에 불과한지를 잘 구분해야 하는 경우가 있다. 예컨대, 카드 Ⅷ에서 피검자가 "아, 파랑과 분홍이네."라고 할 때 이것이 반응에 해당된다면 색채명명Cn이지만 반점에 대한 평이라면 더 이상 질문할 필요가 없다. 이런 경우 검사자는 피검자에게 말한 것을 읽어주며 "이것이 카드에 대한 대답인가요?"라고 물어 본다. 대부분의 피검자는 카드의 색채에 대해 말한 것인지 대답인지를 명확하게 이야기해 준다.

3. 로샤 검사의 채점

1) 영역 채점

어떤 영역을 보았는지를 부호화한 것이다. 반점의 전체를 보고 반응을 했다면 W로 부호화하고 부분 반응인 경우는 둘로 나뉘는데 피검자들이 자주 사용하는 부분의 경우는 D로, 자주 사용되지 않는 부분 반응인 경우는 Dd로 채점한다. 만일 피검자가 공간을 함께 보고 반응을 했다면 S를 첨가하여 WS, DS, Dds로 채점한다.

피검자가 질문단계에서 자신이 본 것에 대해 영역을 구체적으로 설명하지 않은 로샤 영역을 채점할 때, 피검자가 잉크 반점의 어떤 영역을 사용하여 반응하였다면 검사자는 "손가락으로 짚어 보세요." 혹은 "제가 볼 수 있도록 그곳을 짚어 보세요."와 같이 요청하여 영역 사용을 확실히 하도록 한다.

영역 채점은 다음의 4가지 반응에서 이루어진다.

(1) W 반응

이 채점은 피검자가 잉크 반점의 전체를 사용하였을 때에만 사용한다. 때때로 피검자가 전체 잉크 반점을 사용한 것 같지만 그렇지 않은 경우도 적지 않다. 예컨대 카드 I, V에서 박쥐나 나비의 응답 가운데 대략 97%의 피검자는 전체를 보고 반응하지만 소수의 피검자 중에는 좀 더 정확한 반응을 위하여 아주 작은 세부를 제외시키기도 한다. 이 경우에는 아주 작은 세부라 할지라도 W로 채점하지 않는다.

(2) D 반응

D의 채점은 로샤 검사에서부터 시작되었다. 엑스너의 종합체계에서는 베크Beck의 D 채점을 위한 연구에 기초하여 전체 피검자의 5%가 부분으로 반응을 보이면 D로 채점하는 방식을 쫓고 있다. 또 같은 카드 내에서 빈번하게 반응하는 D

는 D1, 그 다음으로 빈번하게 사용되는 것은 D2 등으로 표시하였다.

현재의 종합체계에서는 10개의 카드에 79개의 D가 포함되어 있다. 대부분의 D 반응은 전체 잉크 반점의 큰 부분을 말하지만 항상 그런 것은 아니다. 드물지만 작은 부분이 D로 채점되기도 한다.

(3) Dd 반응

Dd는 가끔 사용되는 부분 반응을 채점할 때 쓰인다. 즉, 피검자의 5% 미만이 사용하는 부분에 해당된다. Dd의 대부분은 작은 세부에 해당되는 경우가 많기는 하지만 항상 그런 것만은 아니다. Dd는 피검자가 잉크 반점의 세부에 주의하여 우선 작은 영역이라도 좀 더 신중하게 살펴보고 정확히 하기 위한 노력을 기울일 때 종종 나타난다. 결국은 W와 D가 아닌 모든 반응은 Dd로 채점된다.

(4) S 반응

카드의 흰 공간을 포함시켜 반응했을 때 S를 부여한다. 피검자의 S 반응은 흰 공간만을 보고 반응한 경우와 다른 반점과 함께 반응한 경우로 나뉜다. 전자나 후자 모두 S 반응을 단독 채점하지 않는다. 다른 영역을 어떻게 사용하였는지에 따라 WS, DS 또는 Dds로 채점한다.

2) 발달질 채점

반응 영역을 채점한 다음 이에 대한 '질'을 채점함으로써 해석적인 가치를 높일 수 있다. 피검자의 전체 반응 모두가 똑같은 방식으로 선택되거나 조직되는 것은 아니다. 예컨대, 어떤 피검자는 영역 사용에서 예리한 상상력을 나타내는가 하면, 어떤 피검자는 단순하고 구체적인 방식으로 잉크 반점을 지각한다. 이러한 차이를 인지과정에서의 차이로 보고 통합적(+), 통합/모호(+/v), 평범한(o), 모호(v) 등으로 구분하여 채점한다.

비조직적인 반응은 어떤 영역을 사용하였는지의 윤곽을 명확히 하지 않는

표 9-1 발달질 채점 기준

기호	정의	기준
+	통합 반응 synthesized response	블롯의 전체 부분이나 분리된 부분들이 처음에는 분리되었다가 하나의 반응으로 다시 통합된다. 2개 이상의 사물들이 분리되어 있지만 서로 의미 있는 관계 속에 있다. 관련된 사물들 중 최소한 하나의 사물은 원래 일정한 형태를 지니고 있거나 일정한 형태를 지니고 있는 상태로 묘사되어야 한다.
o	평범 반응 ordinary response	블롯의 한 영역이 단일한 사물을 가리키는 데 사용된다. 이때 사물은 원래 일정한 형태를 지니고 있거나 형태를 지니고 있는 상태로 묘사되어야 한다.
v/+	통합-모호 반응 synthesized / vague response	블롯의 전체 부분이나 분리된 부분이 처음에는 분리되고 난 다음 하나의 반응으로 다시 통합된다. 2개 이상의 사물들이 분리되어 있으나 의미 있는 관계 속에 있다. 관련된 사물들 가운데 어떤 것도 원래 일정한 형태가 있는 사물이 아니거나 특정한 형태를 지니고 있는 것으로 묘사되고 있지 않다.
v	모호 반응 vague response	블롯의 영역에서 한 사물이 응답되는데 응답된 사물이 특정한 형태를 지니고 있지 않으며, 사물 묘사가 특정한 형태를 드러내고 있지 않다.

경우다. 예를 들어, 구름, 피, 페인트, 먼지, 섬 등과 같은 반응은 검사자극을 대충 보고 블롯의 특성을 명확히 고려하지 않는 것이 특징이다.

3) 반응결정인

로샤 검사 반응을 채점하는 과정에서 가장 중요하고 복잡한 것은 반응결정인에 관한 것이다. 이는 지각을 형성하는 데 영향을 준 잉크 반점의 특성이 무엇인지를 말한다. 반응결정인을 채점하는 목적은 반응을 하도록 만드는 복잡한 지각-인지과정에 관한 정보를 얻는 데 있다. 잉크 반점에는 여러 가지 자극 특징들이 있으며, ① 형태를 포함하는 것, ② 색채를 포함하는 것, ③ 음영을 포함하는 것의 3가지 범주로 나눌 수 있다. 모든 반응들이 이 3가지 범주 중에 명백히 하나로 채점된다면 반응결정의 채점은 단순하고 쉬울 것이나 보통의 경우 그렇지 못하다. 예컨대 '줄기가 긴 노란 장미'는 형태와 색채를 같이 본 것이고 '그늘에 있

표 9-2 위치 반응 발달질 예

카드	반응	부호화
I	여자의 주변에서 춤추는 두 마녀(W)	W+
	산호 조각(D1)	Dv
	언덕(Dd24) 위를 올라가는 두 유령(DdS30)	DdS+
II	코를 비비는 두 마리 개(D6)	D+
	어떤 종류의 지도(W)	Wv
	고드름(Dd25)	Ddo
III	퍼즐 조각들(W)	Wv
	거울을 통해 자기 모습을 보는 사람(D1)	D+
	메기 한 마리(D2)	Do
IV	그루터기에 앉아 있는 남자(W)	W+
	구름을 동반한 폭풍우(W)	Wv/+
	양쪽에 하나씩 있는 한 켤레 구두(D6)	Do
	박쥐(W)	Wo
V	X-ray의 내부(W)	Wv
	미국 지도(W)	Wo
	박쥐(W)	Wo
VI	찢긴 모피(D1)	Dv
	곰가죽 양탄자(D1)	Do
	언덕에 있는 수풀(D3)	Dv/+
VII	목걸이(W)	Dv
	대양에 떠 있는 섬(WS)	WSv/+
	둥지(D6)에서 미끄러진 새(Dd25)	Dd+
	밝게 빛나는 샹들리에(W)	Wo
	해부된 동물의 단면(W)	Wv
VIII	막대기에 걸려 있는 찢긴 천(D5)	Dv/+
	폭발(W)	Wv
	버섯구름 모양의 원자폭발(W)	Wo
IX	말라 버린 혈액(Dd28)	Ddv
	큰 폭발(W)	Wv
X	바위 주위를 함께 헤엄치고 있는 해저동물들(W)	W+
	물고기나 게 등 물속의 여러 동물들(W)	Wo
	중심(D3)에 보석이 있는 부처(DdS29)	DdS+

는 사람'과 같은 반응은 인간운동과 음영 반응의 2가지 이상의 반응결정인을 포함한다. 단순히 날개 모양과 형태에서 '박쥐'를 보았다면 형태만을 반응결정인으로 사용한 경우이다.

로샤 검사는 원래 반응결정인을 채점하기 위하여 형태F, 인간운동M, 색채의 3가지FC, CF, C 등 5개의 범주를 사용하였다. 여기에는 농담은 포함되어 있지 않았으나 그 이후 농담채점을 포함하여 채점체계가 복잡해지기까지에는 로샤 프로토콜 분석 및 가설검증 연구가 뒷받침되었다. 이러한 과정을 거쳐 9개의 반응결정인 범주가 결정되었다. 이 범주에는 형태, 운동, 색채(유채색), 재질(농담), 통경(농담), 확산음영(농담), 형태에 기초한 통경, 쌍반응과 반사 반응 등이 속한다.

(1) 형태 반응(F)

로샤 검사는 이를 형태에 근거한 응답을 채점하기 위하여 사용하였으며 지금까지 이러한 채점기준을 그대로 적용하고 있다. 일반적으로 반응결정인으로 형태를 사용하는 것은 쉽게 알 수 있다. 피검자들은 자주 "…모양이다"라는 식으로 반응하며 형태적인 특징을 강조하기 위해 지각된 대상의 세부 사항을 서술한다. 예컨대, 카드 I의 '박쥐'반응을 상세하게 설명하는 과정에서 피검자들은 "이 바깥 부분은 날개같이 보이고 가운데는 몸통처럼 보인다."라고 덧붙일 것이다. 더 이상 상세하게 설명하지 않는다고 하더라도 반점의 형태 특징들이 사용되었다는 점이 분명하다. 대다수의 반응에는 형태가 포함되고 있으며, 피검자의 전체 중 95%를 차지하는 것으로 나타났다.

(2) 운동 반응(M, FM, m)

로샤 반응에서 운동 반응은 ① 인간운동 반응, ② 동물운동 반응, ③ 무생물운동 반응으로 나뉜다. 로샤나 베크는 운동 반응은 인간운동 반응만을 채점하였고 동물운동 반응과 무생물운동 반응은 따로 채점하지 않았으나 클롭퍼와 헤르츠 그리고 피아트로프스키Klopfer, Hertz & Piatrowski는 채점의 기호가 다소 다르기는 해도 동물 및 무생물 운동 반응을 채점하였다. 이들의 입장은 3가지 운동 반응들의 심리적인 과정이 각기 다른 수준을 나타낸다는 것이다.

① 인간운동 반응(M)

기호 M은 인간운동 반응과 다른 대상(동물)일지라도 인간의 행동을 나타낼 때 사용한다. M 반응은 뛰거나 싸우거나 논쟁하는 것처럼 능동적인 운동일 수도 있고 잔다거나 기대 있거나 쳐다보는 것과 같은 수동적인 운동일 때도 있다. M이 채점될 때 F는 채점되지 않는다. 피검자가 반응 단계에서 운동에 대한 언급이 없다가 반응에 질문할 때 자발적으로 운동을 언급하는 경우도 있는데 이때는 M을 채점한다. 여기에서 유의해야 할 사항은 검사자가 운동 반응을 유도하는 질문을 해서는 안 된다는 점이다. 예컨대, 카드 III에서 "사람이 있어요."의 반응에 대해 질문할 때, "사람이 어떻게 하고 있나요?"라는 질문은 운동 반응을 유도하는 질문이다. 동물이 사람의 행위를 하고 있을 때, 예를 들어 "곰 두 마리가 논쟁을 하고 있어요."의 반응도 M에 해당된다. 그러나 "곰 두 마리가 놀고 있어요."는 FM으로 채점한다.

② 동물운동 반응(FM)

종합체계의 FM 채점은 클롭퍼의 체계를 따랐다. FM은 동물이 어떤 행동을 한다는 반응, 예컨대 "개가 짖고 있어요.", "먹이를 쫓고 있는 표범이에요."를 말한다. 이 외에 공상적인 동물의 운동에도 같은 기호를 사용한다. 그러나 "뱀이 날고 있어요."와 같이 인간의 상상이 동원된 반응은 일반적인 동물의 움직임으로 보지 않고 인간운동으로 취급하여 M으로 채점한다.

대부분의 FM 반응은 동물의 전체를 말하지만 경우에 따라서는 "뛰어 노는 동물의 뒷다리만 보여요."처럼 동물의 부분적 움직임을 보는 피검자도 있다.

③ 무생물운동 반응(m)

m은 무생물이나 무기체, 감각이 없는 대상의 움직임을 채점할 때 사용된다. m 채점은 처음에 피아트로프스키Piatrowski가 제안하였으며 종합체계도 그의 입장

에 따르고 있다. m은 인간도, 동물도 아닌 대상에서 지각된 모든 운동을 채점하며 가장 일반적인 무생물운동 반응은 '불이 났다', '꽃이 피고 있다', '떨어지는 피', '떨어지는 물', '우주선이 날고 있다' 등이다. 이 외에 흔하지 않은 반응으로는 '왈츠를 추고 있는 나무', '떠다니는 잎사귀' 등이 있다.

④ 능동과 수동(a, p)

모든 운동 반응은 그 운동이 능동적인지 수동적인지를 채점하여 능동적인 운동은 a로, 수동적인 운동은 p로 기호화한다. 피검자가 정적인 것으로 보고한 운동 반응은 항상 수동으로 채점한다. 예컨대, '두 마리 개가 싸우고 있는 그림', '두 남자가 뭔가를 들어 올리고 있는 사진' 등은 수동적인 운동으로 p로 채점한다. 그 외 '구부리다', '쳐다보다', '한숨을 쉬다' 등도 수동적인 운동에 해당이 된다.

반면에 '소리지르다', '싸우다', '노려보다', '손을 뻗다' 등의 밖을 향하는 운동은 능동적인 행동으로 채점한다. 한 반응 안에 수동적인 운동과 능동적인 운동이 함께 있다면 a, p를 동시에 함께 채점한다. 예를 들어, '누워 있는 개에게 사람이 뭔가를 던지고 있다.'는 '누워 있다'는 수동적인 운동과 '던지고 있다'는 능동적인 운동이 함께 있는 경우이다.

(3) 색채 반응(유채색)

유채색 결정인의 채점은 로샤의 채점과 동일하다. 로샤는 5개의 카드(카드 II, III, VIII, IX, X)에서 색채 반응이 종종 나오는 것을 관찰하였다. 이 반응은 ① 순수 색채 반응C, ② 일차적으로 색 특징에 근거하지만 형태도 포함하는 반응CF, ③ 일차적으로 형태에 근거하나 색도 포함하는 것FC의 3가지 기본적인 범주로 구별하였다. 이 외에도 색의 이름을 반응으로 말하는 경우를 Cncolor naming으로 채점하고 있다. 베크Beck는 색채 반응 채점을 세분화하여 '색채 투사', '색채 거부', '색채의 상징성' 등을 포함시킨 바 있으나 종합체계에서는 제외하였다.

① 순수 색채 반응(C)

C 반응은 잉크 반점의 색채의 특징에만 근거한 것이다. 이 채점은 3가지 유채색 채점 가운데 가장 적게 나타나며 형태의 사용이 전혀 없어야 한다. 순수 색채 반응의 일반적인 예는 피, 물감, 아이스크림 등이다. 이 반응 중에는 '피가 흘러내리고 있다'와 같이 운동이 포함된 반응들도 더러 있는데 이 경우는 색채만을 보았다기보다는 흘러내리는 형태도 함께 나타내고 있어서 CF로 채점하는 것이 옳다.

② 색채-형태 반응(CF)

CF 반응은 일차적으로 색의 특징에 근거하고 그 다음으로 형태에 대한 언급도 포함된다. 이는 매우 흔한 반응이고 반응 내용은 특별한 형태를 요구하지 않는다. 예를 들어, 카드 IV에서 '오렌지색 불꽃', 카드 X에서 '많은 꽃들' 등과 같은 반응은 형태가 모호하기 때문에 FC 반응과 구분이 된다. CF와 FC를 구분하는 일은 피검자의 모호한 설명 때문에 종종 어려움을 겪기도 한다. 대부분의 호수, 지도, 고깃덩어리 등의 반응은 CF에 해당이 되나 피검자가 형태를 강조한다면 FC로 채점될 수 있다. 이는 질문단계에서 피검자가 대상을 어떻게 설명하느냐에 달려 있기 때문에 검사자는 비지시적인 질문 후에 피검자의 설명을 신중하게 기록하여야 한다.

③ 형태-색채 반응(FC)

FC 반응은 반점의 형태 특징을 일차적으로 사용하고 색은 반응의 정교화를 목적으로 사용하는 경우이다. FC 반응의 흔한 예는 '빨간 나비', '노란 수선화', '무궁화꽃' 등이다. 이와 같이 형태가 분명한 대상일 때 대부분 FC에 해당된다. 그러나 비교적 형태가 분명한 반응이라 할지라도 FC 채점은 피검자의 반응 단계에서 결정되어서는 안 되며 질문단계에서 무엇이 강조되었는지를 확인할 때까지 유보해야 한다. 예컨대, 해부모형이나 혈액 세포 등의 반응은 형태가 애매한 경우지만 피검자가 형태의 특징을 강조하면서 색에 대해 언급한다면 FC로 채점된다.

④ 색채 명명 반응(Cn)

로샤는 색채 명명 반응을 CC로 채점하였고 간질병 환자의 기록에서 이 반응을 발견하였다고 보고한 바 있다. 피오트로프스키(1936)는 기질성 환자의 프로토콜 연구에서 색채 명명 반응 기호를 Cn으로 사용하는 것을 소개하였다. 그는 이 반응을 순수 색채 반응으로 보지 않았으며 단지 색에 대한 인식 반응으로 생각하였다. 색채 명명 반응은 중요한 진단적인 단서가 될 수 있으며, 이는 매우 혼란스러운 사람들 사이에서 종종 나타나는 것으로 확인되었다. Cn을 채점할 때의 주의사항은 색에 대한 언급은 반응으로 보지 않아야 한다는 점이다. 예컨대, "와, 색이 예쁘군요. 빨강, 분홍, 초록 화려해요."라는 말은 반응이 아닌 카드에 대한 언급이라는 것이다.

(4) 무채색 반응

로샤는 무채색 사용에 대한 채점을 하지 않았다. 무채색의 채점은 클롭퍼와 미알레(Klopfer & Miale, 1938)에서 시작되었으며 잉크 반점의 농담 반응과는 해석상의 의미가 다르다고 보았다. 이는 피검자가 검정, 흰색, 회색을 사용할 때 사용하며 C′으로 기호화하고 있다.

① 순수 무채색 반응(C′)

C′반응은 반점의 무채색 특징에만 근거한 것으로, 형태를 반응에 포함하고 있지 않을 때만 채점한다. 여기에 해당되는 반응의 예로는 '흰 눈'이라고 한 뒤에 질문단계에서 '흰색이어서 눈'이라고 설명하는 경우이다. 또 '진흙처럼 보인다'고 한 다음 질문단계에서 '여기 모두가 진흙처럼 검정색이다.'라고 보거나 '석탄이다. 왜냐하면 검은색이기 때문에…' 등의 반응이 여기에 해당된다. 그러나 '석탄 조각'과 같은 반응은 조각 자체가 형태를 포함하고 있기 때문에 C′F로 채점되어야 한다.

② 무채색-형태 반응(C′F)

C′F 반응은 일차적으로 무채색의 특징에 근거하고 이차적으로 형태를 포함시킨 반응결정인을 말한다. 대부분의 이러한 반응은 반점의 무채색 특성은 반드시 포함시키지만 형태의 특징은 모호하다. 예를 들면, 카드 I에서 '하얀 구름과 검은 구름으로 뒤덮인 하늘'이라 하면서 질문단계에서 '구름인데 모두 검은 부분도 있고 흰 부분도 있어서…'라고 반응한 경우이다. 또 카드 Ⅶ에서 '연기가 올라가고 있다.'라고 하고 질문단계에서 '회색에서 연기로 보았고 올라가는 모습이다.'라고 한다면 C′F로 채점된다.

③ 형태-무채색 반응(FC′)

FC′은 형태가 일차적인 반응결정인이고 무채색은 반응을 이차적으로 정교화하거나 명확하게 하기 위한 목적으로 사용할 때 채점한다. 이는 무채색 반응 중에 가장 흔한 것이며 피검자가 특정한 형태 특징을 강조하기 때문에 다른 반응들과는 구별하기 쉽다. 흔한 FC′반응들로는 카드 I에서 '검은 박쥐', 카드 Ⅲ에서 '아프리카 토인'등이 있다. 무채색 반응의 채점은 종종 확산음영Y이나 통경V과 구분이 잘 안 되거나 무채색과 음영 반응이 혼합된 경우도 더러 있어서 이에 대한 검사자의 주의가 요구된다. 예컨대, 피검자가 카드 Ⅳ에서 '먹구름이 낀 것'이라고 할 때, 질문단계에서 구체적인 반응결정인을 확인하여야 한다. 피검자가 "구름이라 본 것은 검은 점에서 그렇게 보았고, 밝은 부분이 구름의 윗부분이에요."라고 했다면 밝다는 점을 무채색에서 느낀 것인지 아니면 농담에서 느낀 것인지에 따라 C′F만 채점할 수도 있고, 혼합 반응으로 보아 C′F와 함께 YF도 채점해야 할지가 결정된다.

(5) 음영 반응

반점의 진하고 흐린(밝고 어두운) 부분을 반응결정인으로 사용한 경우가 로샤 채점에서 가장 논란의 여지가 많은 부분 중의 하나이다. 그러나 이에 대한 연구는 별로 되어 있지 않다. 원래 로샤 카드의 원판은 음영이 들어가 있지 않았으며 인쇄과정에서 실수로 생긴 것이다. 로샤는 짧은 기간 동안 실수로 인해 생긴 음영 반응을 연구한 바 있고 이를 c로 채점하였다. 음영 반응에는 재질T, 통경V, 확산 음영Y이 포함되어 있다.

① 재질 반응(T)

재질은 잉크 반점에서 촉각적인 자극을 느끼는 것이다. 이런 반응을 할 때 피검자는 대상의 재질을 언급한다. 예를 들면, '부드럽다, 딱딱하다, 매끄럽다, 거칠다, 비단 같다, 모피 같다, 차갑다, 끈끈하다, 따뜻하다'와 같은 촉감을 대상과 함께 말한다. 그러나 이 같은 형용사를 사용했다는 이유로 모든 반응을 재질이 포함된 반응으로 보아서는 안 된다. 때로는 자신이 본 형태를 정교화하기 위해 '털이 많은 곰', '거친 모피'라고 말하는 경우도 있기 때문이다.

순수 재질 반응(T) T 반응은 3가지 재질 반응 가운데 가장 드문 반응이다. 이는 반점의 농담 구성요소가 형태를 포함하지 않은 채 '질감'만을 나타낸 것이 특징이다. 반응을 결정하는 과정에서 형태의 특징은 일차적이든 이차적이든 사용하지 않아야 한다. 예컨대, '살', '얼음', '폭신폭신한 양털', '머리털'과 같이 재질만을 느낄 뿐 형태를 전혀 포함시키지 않았을 때가 이에 해당된다.

재질-형태 반응(TF) TF 반응은 반점의 농담에서 재질적인 특성을 일차적으로 보고 형태는 반응을 정교화하거나 분명히 하기 위한 목적에서 사용하는 반응이다. 이 경우에 해당되는 반응의 예로는 '얼음덩어리', '기름걸레', '모피조각' 등이다. 때로는 검사자가 FT로 생각되었던 반응 가운데 재질적 느낌의 우세성이 확인되어 TF로 채점될 때도 있다. 예컨대, "빵가루 묻힌 것 같은, 네 맞네요, 튀긴 새우입니다."의 반응은 새우의 튀긴 모양보다는 빵가루를 묻힌 질감이 더 우선한 것으로 보아 TF로 채점해야 한다. 재질 반응이 많이 나타나는 카드 VI에서 '동물가죽 같다'라고 했을 때, 질문단계에서 피검자가 "글쎄요. 여기에 동물가죽 같은 보송보송한 털이 있고 여기는 다리 같네요."라고 했다면 털 느낌이 강조되고 형태는 이차적으로 사용된 것으로 보아 역시 TF로 채점한다. 그러나 동물의 가죽이라고 해서 항상 질감을 포함하고 있는 것은 아니다. 피검자가 질문단계에서 동물의 가죽이라고 본 이유에 대해서 동물가죽의 모양이어서 그렇게 보았다면 F로 채점해야 할 것이다.

형태-재질 반응(FT) FT는 형태가 일차적인 결정요인이고 반응의 정교화나 명료화를 위해 재질을 이차적인 반응결정인으로 사용할 경우 채점된다. FT로 채점되는 대부분의 반응은 특정한 형태를 가진 대상들이다. 카드 IV의 반응 가운데 '털 코트를 입고 있는 거인'이나 카드 VI의 반응 중 '호랑이 가죽'과 같은 것이 그 예이다.

② 통경 반응(V)

이는 잉크 반점의 음영의 특징에서 깊이나 거리를 지각하는 반응을 말한다. 말하자면 피검자가 3차원적인 지각을 하는 경우이고, 가장 많이 나타나는 반응은 깊이지각이다.

순수 통경 반응(V) 이 반응은 매우 드물다. V를 채점하는 것은 피검자가 형태는 보지 않고 반점에서 음영을 보고 깊이나 입체를 지각하는 경우이다. 예를 든다면 '위쪽으로 솟아 있는 것 같다', '깊다는 느낌이다' 등이다.

통경-형태 반응(VF) VF 반응은 깊이나 입체적인 느낌을 반점의 음영에서 일차적으로 지각하고 이차적으로 형태 반응을 할 때 채점한다. 대부분의 VF 반응은 '산과 고원이 있는 지도 중의 하나', '강이 흐르는 깊은 협곡' 등과 같이 특정한 형태를 지니지 않은 반응들이다. '우리나라 지형'이나 '하늘에서 본 한강' 등과 같이 특정한 지형을 강조하는 반응은 VF보다는 FV에 해당된다.

형태-통경 반응(FV) FV 반응은 피검자가 형태를 일차적으로 지각한 다음, 반응의 정교화를 목적으로 카드의 음영에서 깊이나 거리 등 입체적인 반응을 이차적으로 첨가할 때 채점된다. 대부분의 FV 반응은 비교적 특정한 형태를 지닌 내용들이다. 그러나 특정한 형태를 지녔지만 FV가 아닌 VF로 채점되는 경우도 있다. 예컨대 '바위에 구멍이 뚫린 것'으로 보았을 때, 일단은 형태를 일차적인 것으로 볼 수도 있으나, 피검자가 형태보다는 깊이를 더 강조한다면 VF로 보아야 할 것이다. 그 밖의 FV 반응으로는 길, 다리, 커튼 뒤의 사람(카드 I), 잎사귀 밑에서 나오는 벌레(카드 IV) 등이다.

③ 확산 음영(Y)

반점의 음영 특징에서 통경이나 재질 반응에 비해 모호한 농담을 반응 결정에 사용할 때 Y로 채점한다. 확산음영은 통경이나 재질 반응보다 빈번하게 나타나는 반응이며 피검자가 음영을 언급하고 있으나 통경이나 재질 반응은 아니라고 볼 때 사용된다.

순수 음영 반응(Y) Y는 피검자가 반점의 음영 특징만을 지각하여 반응한 경우에 채점한다. 이 경우에는 형태가 전혀 포함되어 있지 않아야 하는데 안개, 어두움, 연기와 같이 진하고 흐린 느낌에서만 반응할 경우이다. 순수 Y 결정인은 매우 드물게 나타난다.

음영-형태 반응(YF) YF 반응은 반점의 진하고 흐린 명암 특징을 일차적으로 보고, 형태는 반응을 명료화하거나 정교화하기 위한 목적으로 사용하는 경우이다. YF 반응의 예로는 대개 구름, 그늘, 특정한 신체 부위를 지정하지 않은 'X선', '피어오르는 연기' 등과 같이 모호하고 특정한 형태를 갖고 있지 않다. YF를 순수 Y와 구분하는 방법은 둘 다 모호한 반응이라는 점에서는 같을 수 있으나 피검자가 자신이 본 반응을 묘사하고 어떻게 설명하는지에 달렸다. 예컨대, '연기' 반응을 설명할 때 뿌연 색에서 연기처럼 보았다고 하면 Y로 채점되나, 색에서 연기처럼 보았고 모양도 연기가 피어오르는 모양이라 하면 YF이다.

형태-음영 반응(FY) FY는 반응을 결정하는 과정에서 형태 특징을 일차적으로 지각하고 이를 명료화하기 위해 음영을 사용하는 경우이다. 예를 들어, 사람의 '그림자', '더러운 얼굴'등과 같이 특정한 형태를 가진 대상에 음영을 포함시키는 반응이 FY이다. 때로는 '구름'반응처럼 음영이 일차적으로 사용되었을 것으로 생각되는 반응 중에는 특정한 형태의 구름(어린아이의 옆얼굴 모습을 한 구름 등)임을 강조하는 경우도 있는데 이때의 반응은 FY로 채점되어야 한다.

④ 형태-차원 반응(FD)

이 반응은 종합체계에서 연구에 의해 새롭게 추가시킨 채점 범주이다. 베크와 클롭퍼Beck & Klopfer가 이 반응에 대해 주목하기는 하였으나 채점항목으로 포함시키지는 않았다. 이는 형태에 통경 반응을 포함시키기는 하였으나 음영은 보지 않고 형태에서 통경을 본 경우이다. 예컨대, 카드 V에서 '토끼가 바위 뒤에서 얼굴을 내밀고 있다'고 반응을 했다면 카드의 음영에서 거리 지각을 했다는 증거는 없이 다만 모양에서 앞에는 바위, 뒤에는 토끼 얼굴을 본 것이다. 또 카드 IV에서 '거인의 발을 보니 크고, 머리는 작아 거인이 누워 있는 것을 발 쪽에서 본 것'이라 했을 때 이 반응도 반점의 음영을 거리 지각에 사용하지 않았다면 FD로 채점할 수 있다.

(6) 쌍반응(2)과 반사 반응(Fr, rF)

① 쌍반응

쌍반응(2)은 양쪽에 2개의 동일한 대상이 있다고 할 때 채점한다. 로샤 카드는 반점의 대칭성 때문에 (2) 반응을 하는 피검자들이 많다. 한 사람의 자료에서 1/3이 이에 해당된다. 쌍반응의 빈도는 자기중심적인 피검자들에게서 의미 있게 증가하며 자기 자신에게 거의 관심을 두지 않는 피검자의 프로토콜에서는 거의 찾아보기 어렵다. 남자와 여자 한 쌍은 동일한 대상이 아니므로 (2) 반응으로 채점할 수 없다.

② 반사-형태 반응(rF)

rF 반응은 반점의 대칭적인 특징에서 어떤 대상이 반사된 것으로 보면서 반사된 대상의 형태는 비특정적이고 모호하게 지각할 때 채점한다. rF 반응은 매우 드문 편이다. 대부분은 구름, 바위, 그림자, 비 등과 같이 특정한 형태를 갖지 않는 반응이나, 이런 반응이라 할지라도 피검자가 자신이 본 것들을 자세하고 상세히 설명한다면 rF 보다는 Fr로 채점할 수 있다. 가장 많이 나오는 rF 반응은 '풍경이 호수에 반사되었다'는 반응이다.

③ 형태-반사 반응(Fr)

이 반응은 반점의 대칭성에서 특정한 대상이 비치거나 반사된 것으로 보는 경우이다. 흔한 반응으로 '여자가 거울을 들여다보고 있다'와 같이 움직임을 반응에 포함시키기도 한다. '거울에 비친 사람', '물에 비친 동물' 등과 반사되었음을 분명히 하면서 그 대상이 특정한 형태를 지닐 때 이 범주에 해당된다.

4) 혼합 반응, z점수와 형태질

(1) 혼합 반응(·)

혼합 반응blend response은 반응결정인이 하나 이상인 것을 말하며 여러 개 결정인 사이에 (·) 표시를 함으로써 각각의 반응결정인을 구분한다. 예컨대, 인간운동 반응과 색채-형태 반응이 혼합된 경우는 M·CF로 채점한다. 혼합 반응의 빈도는 자료마다 상당히 다르다. 전체 반응의 20% 정도는 혼합 반응들을 보이나 어떤 기록에서는 50%의 혼합 반응을 보이기도 하고 혼합 반응이 전혀 없는 기록도 있다. 혼합 반응을 보이는 경우는 '두 사람이 심하게 싸워 피가 나고 있다.'와 같이 복잡한 반응에서 나타난다.

(2) 인지 조직활동(z)

인지적 조직활동cognitive organization activity Z는 베크Beck가 자극의 조직화와 복잡

성에 대해 점수를 부여한 이후(1933) 지능과의 연관성이 검토되어 왔다. 크로프(Kropp, 1955)는 Z가 W나 M과 높은 상관은 있으나 지능과 직접적인 상관은 없다고 밝혔으며, 엑스너Exner는 선행연구들을 종합하면서 지능이 인지적 조직 활동 Z의 빈도와 특징에 영향을 미친다고 보았다.

인지적 조직활동 Z는 형태를 포함하는 반응 가운데 다음의 조건이 충족되면 채점된다.

① 전체 위치 반응 W의 발달질 수준이 +, v / +, o일 때(Wv는 Z점수가 부과되지 않는다), ② 2개 이상의 근접한 부분이 개별적인 대상으로 지각되면서 서로 의미 있는 관계 속에 있을 때, ③ 서로 근접하지 않은 부분들이 개별적인 대상으로 지각되면서 의미 있는 관계를 이루고 있을 때, ④ 공백 반응이 다른 부분 반응과 의미 있게 통합되고 있을 때다. Z점수는 형태가 사용되는 경우만 채점되므로 C, C′, T, Y, V와 같은 반응은 Z점수가 부여되지 않는다.

구체적으로 각 반응에 채점되는 Z점수는 앞의 조건 가운데 어떤 조건에 해당되는지, 그리고 어떤 카드에서 Z 반응이 나왔는지에 따라 결정된다. 표 9-3에

표 9-3 카드별 Z값

조직활동 유형				
카드	전체 반응 (DQ: +, v / +, o)	인접 부분	비인접 부분	공백 반응
I	1.0	4.0	6.0	3.5
II	4.5	3.0	5.5	4.5
III	5.5	3.0	4.0	4.5
IV	2.0	4.0	3.5	5.0
V	1.0	2.5	5.0	4.0
VI	2.5	2.5	6.0	6.5
VII	2.5	1.0	3.0	4.0
VIII	4.5	3.0	3.0	4.0
IX	5.5	2.5	4.5	5.0
X	5.5	4.0	4.5	6.0

카드 번호와 반응 조건에 따른 Z점수가 제시되어 있다. Z점수를 매기는 실례는 표 9-4에 제시되어 있다.

만약 한 반응이 2개 이상의 Z점수를 동시에 받을 수 있는 경우라면 그 가운데서 가장 높은 Z점수를 준다. 예를 들면, 카드 I 에서 전체 반응 W는 1.0을 받는데 "한 여인이 서 있고 주위에 두 마리 괴물이 서 있다."고 응답한다면 근접한 부분들이 의미 있는 관계를 보이고 있으므로 4.0점을 받을 수 있다. 이 경우 높은 점수를 채택하므로 4.0을 매긴다.

Z점수를 매길 때 반응의 부분들이 의미 있는 관계를 보인다는 점이 중요한

표 9-4 Z점수의 예

카드	연상	질문	Z점수
I	박쥐	(W를 확인함)	1.0
I	할로윈의 가면	입과 눈의 흰 부분이 가면이다.	3.5
I	눈 위로 떨어진 낙엽	잎의 뚫린 구멍을 통해 눈이 보인다.	3.5
I	두 마리의 새이고, 그들은 산에서 멀리 떨어져 있는 새들이다.		6.0
II	서로 차고 있는 어릿광대 두 명	(아래 영역(D3)이 발로 차기를 나타낸다.)	4.5
II	코를 비비는 두 마리의 개		3.0
II	불을 내뿜으며 이륙하는 로켓	(DS5+D4는 로켓, D3는 불꽃)	4.5
II	싸우는 수탉처럼 공격하려고 하는 두 마리의 암탉	(D2)	5.5
III	두 마녀가 도굴에서 트로피를 걸어 놓고 무언가 술을 빚고 있다.	W	5.5
III	두 여인이 바구니를 들고 있다.	(D1)	3.0
III	두 여인이 서로 쳐다보고 있다.	(D9이고 D7은 제외)	4.0
IV	그루터기에 앉은 거인	(D1이 그루터기)	4.0
IV	곰가죽	W	2.0
IV	서로 논쟁하는 두 마녀	(Dd26) V VI VII VIII IX X	3.5
IV	한스와 그레텔처럼 사탕나무를 물어뜯고 있다.	(DdS24 한스와 그레텔, D1사탕나무)	5.0
V	나비	W	1.0

(계속)

카드	연상	질문	Z점수
Ⅴ	악어 머리, 양옆에 하나씩 있다.		Z점수 없음
Ⅵ	산에 높이 있는 토템이다.	(D3토템, 나머지는 산이다.)	2.5
Ⅵ	반사되고 있는 잠수함	(D4가 잠수함)	2.5
Ⅵ	둥지에 있는 두 마리의 어린 새	(Dd28)	2.5
Ⅵ	서로를 부르는 두 마리의 새	(Dd21)	6.0
Ⅵ	전체가 섬 같다.	W	Z점수 없음
Ⅶ	두 여자가 서로 웃고 있다.	(D1)	3.0
Ⅶ	두 여자가 바위 뒤에 서서 이야기를 하고 있다.	(W, D2여자, D4바위)	1.0
Ⅶ	두 명의 캉캉 무희	피: 그들의 머리는 서로 닿아 있고 한쪽 다리는 올리고 있기 때문에 한쪽 다리만 보인다.	3.0
Ⅶ	산맥과 호수	피: 흰 부분(DS27)이 호수이고 나머지는 산이다. 당신이 호수를 내려다보고 있다.	4.0
Ⅷ	쓰레기더미로 올라가고 있는 두 마리의 쥐	W	4.5
Ⅷ	두 마리 동물, 양쪽에 한 마리씩 있다.		Z점수 없음
Ⅷ	나무에 올라가는 곰	(D1곰, D4나무)	3.0
Ⅷ	통나무 위의 우유병	(중앙의 작은 흰 여백이 우유병, D5통나무)	4.0
Ⅸ	누군가 여기에 페인트를 튀겼다.	W	Z점수 없음
Ⅸ	전체가 원자폭발	(W, D6에 구름, 녹색 부분이 연기, 주황색 부분이 불)	5.5
Ⅸ	색소폰을 부는 사람	(D1사람, 나머지는 색소폰)	2.5
Ⅸ	서로 담소하는 두 마녀	(D3)	4.5
Ⅸ	분출하고 있는 가스가 마치 태양의 폭발 같다.	(D8 윗부분이 태양, Dd25 가스분출) 피: 태양과 가스 폭발 사이에 공간이 있다.(DdS32)	5.0
Ⅹ	화가의 추상화, 특정한 모양을 지닌 대칭적인 물체가 앞쪽에 있다.	W	5.5

채점 기준이 되는데 예를 들어보자. 카드 Ⅶ에서 "두 사람이 서로 다른 방향을 가리키고 있다."라고 응답한다면 의미 있는 관계를 보이고 있으므로 Z점수를 부여한다.

(3) 형태질

형태질의 평가를 기록하는 방식은 결정요인 다음에 형태질을 기록하면 된다. 예를 들면, 식으로 한다.

이제부터는 형태질을 결정하기 위해 부록에 있는 형태질 표를 사용하는 방법을 설명해 보기로 하겠다. 이 표에는 카드별, 영역별 반응이 제시되어 있고 각 반응의 형태질이 표기되어 있다. 이 표는 7,500개 반응 기록지(정상 성인의 2,500개 기록지, 정신분열증을 제외한 외래환자의 2,500개 기록지, 정신분열증과 정신증을 제외한 입원환자의 2,500개 기록지)에 제시되었던 162,427개 반응을 기초로 하여 작성되었다(Exner,1987). 이 표에서 보면 형태질은 o, u, - 수준으로 구별되고 있으며, +반응

표 9-5 형태질 평가의 기준

부호	정의	기준
+	우수하고 정교한 superior-overelaborated	매우 정확하게 형태가 사용됨으로써 형태가 적절하면서도 질적으로 상승된 수준에서 반응된다. +반응이 반드시 독창적일 필요는 없으나 부분들이 구별되고 형태가 사용되고 명료화되는 방식이 매우 독특하다.
o	보통 ordinary	흔히 지각되는 사물을 묘사할 때 명백하고 쉽게 이해될 수 있는 방식으로 블롯의 특징이 사용된다. 반응 내용은 평범하며 그 내용을 쉽게 알아볼 수 있다. 블롯의 특징을 사용하는 수준은 평범하므로, 블롯 특징의 사용이 매우 정교하여 반응 내용을 풍부하고 독특하게 해주는 우수한 형태질 수준과는 구별된다.
u	드문 unusual	흔히 반응되지 않는 낮은 빈도의 반응으로서 반응 내용이 블롯의 특징과 크게 부조화되지는 않는다. 이런 종류의 반응은 비교적 빠르고 쉽게 알아볼 수는 있지만 흔히 일어나는 반응은 아니다.
–	왜곡된 minus	반응 과정에서 블롯의 특징이 왜곡되고 인위적이며 비현실적으로 사용된다. 블롯의 특징을 완전히 혹은 거의 무시한 반응이 지각된다. 즉, 반응과 블롯의 특징이 전혀 조화되지 않는다. 때로는 반응된 형태를 지각할 만한 블롯의 특성이 없는 상태에서 독단적으로 형태가 지각된다.

은 o반응 가운데서 +반응 조건을 갖추고 있는 반응이라고 판단되는 경우 채점되므로 따로 +반응을 명시하지는 않았다. 이 표에 제시되지 않은 대부분의 반응은 -반응이거나 u반응으로 채점될 가능성이 높다.

5) 내용 분류와 평범 반응

로샤 반응 채점의 세 번째는 반응 내용을 채점하고 로샤 기록에서 자주 나타나는 평범 반응들을 '평범 반응 목록'에서 대조하여 채점하는 것이다. 이 2가지 채점은 그리 복잡하지 않으나 해석과정에서는 상당히 중요하다.

(1) 내 용

모든 반응은 내용별로 채점된다. 내용채점에 사용되는 기호들은 그 대상을 지칭하도록 되어 있다. 로샤는 6개의 기호만 사용했던 반면에 베크는 35개 범주로 채점했고, 클롭퍼는 23개로 분류했다. 종합체계에서 사용하고 있는 분류목록은 26개이고 이 목록에 대한 준거와 기호는 표 9-6에 제시되어 있다.

피검자의 한 반응에 2개 이상의 내용이 포함될 때는 이 내용들을 모두 포함시켜야 한다. 그러나 다음의 2가지 경우는 예외이다. 자연·식물·풍경 반응이 동시에 나타났다면 자연 반응에 모두 포함시키고 식물이나 풍경 반응을 따로 채점하지 않는다. 예컨대 "이 동물은 물속에서 돌 위를 걷고 있는데 어떤 나무에 가까이 가고 있다."라고 반응했다면 반응 내용은 동물A, 돌Ls, 물Na, 나무Bt 4가지를 포함하고 있지만 채점은 A, Na만 한다. 또 "어떤 동물이 나무 옆에 있는 돌 위를 올라가고 있다."라고 했다면 A, Bt 또는 A, Ls로 채점하면 된다. 2개 이상의 반응을 채점할 때는 쉼표(,)로 구분하며 대부분 처음 언급된 반응이 반응의 중심이 된다.

내용을 채점할 때는 모든 내용을 포함시켜야 하는데 이는 내용 채점을 생략하게 되면 잘못된 자료가 나올 수도 있기 때문이다.

위에서 언급된 26개 반응 이외의 흔하지 않은 반응을 한다면 Id란에 이 내용을 기록한다. 예컨대, 시험관은 매우 특이한 반응이기는 하나 Id로 채점되기보다는 과학자료로 보아 Sc로 채점하는 것이 타당하다. 그러나 압정과 같은 반응은 매우 드물기 때문에 Id란에 기록하는 것이 적당하다.

표 9-6 반응내용 기호와 기준

분 류	기 호	기준(준거)
전체 인간	H	전체 인간 형태를 보았을 때. 나폴레옹과 같은 역사적인 인물로 보았다면 두 번째 채점으로 Ay를 채점해야 함.
전체 인간 (가공적이거나 신화적 인간)	(H)	가상적이거나 신화에 나오는 전체 인간의 형태를 지각. 거인, 마녀(가상적인 인간), 유령, 일곱 난쟁이, 천사 등.
인간의 부분	Hd	불완전한 인간의 형태. 사람의 팔, 다리, 손가락, 머리 없는 사람.
인간의 부분 (가공적이거나 신화적)	(Hd)	가상적이거나 신화에 나오는 인간의 형태. 악마의 머리, 마녀(가상적인 인간)의 팔, 천사의 눈 등.
인간 경험	Hx	인간의 감정이나 감각 경험을 포함할 때. 사랑, 미움, 행복, 냄새, 두려움 등. 특수점수로 AB가 채점되기도 함.
전체 동물	A	전체 동물의 형태를 지각. 나비, 개, 호랑이 등.
전체 동물 (가공적이거나 신화적)	(A)	가상적이거나 신화에 나오는 전체 동물의 형태 지각. 용, 나는(가상적인 동물) 동물.
동물의 부분	Ad	불완전한 동물의 형태. 동물의 머리, 꼬리, 가죽 등.
동물의 부분 (가공적이거나 신화적)	(Ad)	가상적이거나 신화에 나오는 불완전한 동물의 형태를 지각. 곰 (가상적인) 푸의 다리, 토끼 피터의 머리 등.
해 부	An	두개골, 근육, 내부장기 등.
예 술	Art	구상화나 추상화 같은 그림이나 그 밖의 예술 관련 대상을 지각. 보석, 샹들리에, 장식품 등.
인류학	Ay	특정한 문화적 · 역사적인 유물이나 대상을 지각. 토템 기둥, 로마 투구, 나폴레옹 투구, 이조자기 등.
피	Bl	인간이나 동물의 피로 지각.
식 물	Bt	식물로 지각. 꽃, 나무, 수풀, 해조류 등.
의 복	Cg	의복으로 지각. 모자, 신발, 벨트, 재킷, 저고리, 바지 등.
구 름	Cl	구름으로 지각. 안개는 Na로 채점됨.
폭 발	Ex	화산, 폭탄, 불꽃 등이 폭발하고 있다는 반응.
불	Fi	불이나 연기로 지각.
음 식	Fd	음식 종류. 아이스크림, 프라이드 치킨, 구운 새우 등.

(계속)

분류	기호	기준(준거)
지도	Ge	특정한 지역의 지도 혹은 특정하지 않은 지도로 지각. 우리나라 지도, 지도 등.
가구	Hh	실내 가구. 침대, 의자, 램프, 접시 등.
풍경	Ls	풍경 반응. 산, 계곡, 언덕, 동굴, 바위, 사막 등.
자연	Na	식물이나 풍경으로 분류되지 않는 자연환경. 태양, 달, 하늘, 은하수, 얼음, 눈, 안개, 무지개 등.
과학	Sc	과학과 연관되거나 과학의 산물, 과학적 상상물 등이 포함. 현미경, 망원경, 우주선, 광선총, 배, 기차, 자동차 등.
성반응	Sx	성기능과 관련된 성기관, 남근, 자궁, 가슴, 성행위의 경우는 이차 반응으로 Sx를 채점하고 일차반응은 H, Hd, An으로 채점됨.
X선	Xy	뼈, 내부기관의 X선 반응. Xy가 채점되면 An은 채점되지 않음.

(2) 평범 반응(P)

로샤는 평범 반응의 준거를 3개의 프로토콜 중 한 번은 나타나는 반응으로 보았다. 이는 관습적으로 반응하는 사람들의 특성을 반영하는 것이다. 로샤 체계를 만든 사람들은 모두 P 채점을 하였으나 체계자들 간에는 차이가 있었다. 래퍼포트(Rapaport, 1946)는 프로토콜 4~5개당 한 번 나타나는 반응을 P로, 피아트로프스키는 4개의 프로토콜에서 적어도 한 번은 나오는 반응으로, 헤르츠는 6개의 프로토콜에서 최소한 한 번 나오는 응답을 평범 반응으로 간주하는 방식에서 비롯된다.

엑스너Exner의 종합체계에서, 3개의 기록에서 적어도 한 번 나오는 반응으로 정의하는 이유는 평범 반응은 매우 관습적인 응답이기 때문이다. 표 9-7에 나타난 평범 반응은 7,500명(비환자 성인 2,500명, 비정신분열증 외래환자 2,500명, 비정신분열증과 비정신병 입원환자 2,500명)의 빈도를 분석한 결과이다.

이 표집에서 적어도 2,500번 나타난 반응을 종합체계에서 평범 반응으로 보았고, 그 결과 13개 반응이 평범 반응으로 확정되었다. 10장의 카드 가운데 높은 빈도를 나타내는 평범 반응은 잉크 반점의 특성상 윤곽이 뚜렷한 카드나 다

표 9-7 평범반응

카드	영역	준거	정상인	정신분열증
	W	박쥐. 전체 반응이어야 함.	48%	38%
I	W	나비. 전체 반응이어야 함.	40%	36%
I	DI	동물의 전체 형태. 보통 개, 곰, 코끼리로 봄.	34%	35%
III	DI, D9	인간의 모습이나 인형 혹은 만화와 같은 것으로 봄.	89%	70%
IV	DI, D7	거인, 유령, 공상적인 인간이나 인간과 유사한 존재.	53%	41%
V	W	박쥐. 전체를 정위치에서 위쪽을 박쥐의 윗부분으로 보아야 하고 박쥐 전체로 반응해야 함.	46%	43%
V	W	나비. 전체를 정위치에서 위쪽을 나비의 윗부분으로 보아야 하고 나비 전체로 반응해야 함.	36%	38%
VI	W, DI	동물가죽, 융단, 가죽 등. 피검자가 동물가죽이라 분명하게 말했을 때. 동물가죽을 호랑이나 여우, 고양이 가죽이라 할 때도 포함.	87%	35%
VII	DI, D9	D1 반응일 때는 D5는 머리카락이나 깃털로 봄. D2 반응에서는 머리나 얼굴을 D9에 한해서 보아야 함. 만약에 D23을 인간의 부분으로 보았다면 평범반응이 아님.	59%	47%
VIII	DI	전체 동물 모습. 흔히 개, 고양이 다람쥐 등을 언급. 때로 전체 반응으로 문장을 말하면서 D1을 동물로 볼 때도 평범반응으로 채점함.	94%	91%
X	DI	게. D1 영역에 국한되어야 함.	42%	34%
X	DI	거미. D1 영역에 국한되어야 함.	37%	38%

른 유사한 대상을 쉽게 연상시키는 카드에서 발생한다. 평범 반응은 대부분 성차가 없는 편이나 남녀 간 차이를 보이는 카드가 더러 있었다. 카드 I과 카드 V에서 여자는 나비로 보는 반면, 남자는 박쥐라고 반응하는 경향이 많다. 또 카드 X에서 남자는 게로 보는 경향이 있는 반면, 여자는 거미로 보는 사람이 많았다.

6) 특수점수

다른 로샤 채점과 마찬가지로 특수점수는 양적인 점수가 아니며 특이한 반응의 특징을 기호화한 점수이다. 특수점수는 종합체계 이전에는 질적으로 검토할 수 밖에 없었던 여러 반응을 수량화할 수 있기 때문에 객관적인 해석에 많은 도움이 된다.

특수점수는 래퍼포트가 처음으로 주장하였고 25개 특수점수를 만들어 낸 바 있다. 종합체계에서는 14개(세분화한 점수까지 18개) 범주로 나누고 있다. 14개 특수점수는 특이한 언어반응 6개, 보속성과 통합실패 2개, 특수내용 4개, 개인적인 반응 1개, 특수색채 1개로 분류하고 있다.

(1) 특이한 언어 반응

로샤 검사에서 나타나는 언어 반응은 인지활동, 특히 인지적 오류 연구에 아주 중요하다. 일시적이든 지속적이든 모든 인지장애는 언어적으로 표현될 것이며 다음 중 세 종류의 로샤 반응을 통해 나타난다. 즉 ① 일탈적 언어표현, ② 부적절한 반응합성, ③ 부적절한 반응논리 등이다.

6가지 특수점수는 다시 일탈된 반응, 3가지 부적절한 조합 및 1가지 부적절한 논리로 구분할 수 있다.

① 수준 1과 수준 2의 구분

일탈된 언어 반응은 2가지 점수(DV, DR)와 부적절한 조합(INCOM, FABCOM, CONTAM)을 나타내는 3가지 점수 반응의 기괴한 정도에 따라 수준 1과 수준 2로 나뉘게 된다. 이렇게 구분하는 이유는 각각의 수준에 따라 인지장애의 정도가 상당히 다르기 때문이다. 따라서 경한 장애나 중간 정도의 장애를 보이는 반응과 심각한 장애를 구별할 필요가 있다.

수준 1의 반응 수준 1의 반응 대부분은 비논리적이거나 특이하거나 우회적인 사고 등이 경하거나 중간 정도일 때 채점한다. 수준 1의 대부분의 반응은 특수점수의 채점 기준에 해당되는 반응들이지만 간혹 피검자에 따라 대충 부주의하게 표현함으로써 인지적인 장애와 명확히 구분하기 어려운 경우가 생기기도 한다. 수준 1의 반응은 부적절한 단어를 사용하고 자극에 대해 일탈된 판단을 하나 비교적 반응 자체는 기이하지 않다. 오히려 미성숙함이나 교육의 기회가 제한되어 있거나, 심사숙고하지 않고 판단한 결과에 기인할 가능성이 높다.

수준 2의 반응 수준 2의 반응은 비논리적이거나 심하게 우회적일 경우 채점한다. 수준 2의 반응은 판단능력의 결함이 현저하고 매우 일탈되어 있으며 표현방식이 매우 특이하다. 그리고 괴기하고 부적절하여 아무런 주저 없이 채점할 수 있을 정도로 쉽게 알아볼 수 있는 반응이다. 이 경우에 수준 1로 보아야 할 것인지, 좀 더 문제시해서 수준 2로 보는 것이 더 타당한 것인지의 결정은 여러 면에서 질문을 던져 보고 피검자의 연령, 교육 정도, 문화적인 배경을 고려하는 것도 잊어서는 안 된다.

② 일탈적 언어표현

단순한 인지적 오류를 나타내는 2가지의 일탈된 언어 반응이 있다. 이 두 종류의 언어 반응은 피검자의 의사소통을 뚜렷이 방해하여 타인은 잘 이해하기 어려운 표현방식이다.

일탈적 언어표현에는 DV deviant verbalization와 DR deviant responce이 있다. 이 반응은 피검자가 매우 부적절한 단어를 사용하는 반응이기 때문에 쉽게 찾을 수 있다. DV에는 신조어와 관용구가 있다.

신조어 피검자의 언어능력으로 볼 때 정확하게 표현할 수 있음에도 불구하고 부적절한 단어를 사용하거나 새로운 단어를 만들어 사용하는 경우이다.

> 예 It's a pencil, this is the pointy part. DV1
> (이것은 연필인데, 여기가 포인트가 있는 부분이다.)
> The public arch of somebody(누군가의 음부 아치) DV2

과잉표현 은어라든가 언어적 표현 부족이라고는 설명되지 않는 부적절한 방식으로 어휘를 사용하는 경우이다. 예를 들면, '새 두 마리의 쌍', '세 사람의 트리오'와 같은 경우이다.

> 예) The dead corpse of a person(죽은 시체) DV1
> A trio of there people(세 사람의 트리오) DV2

DR에는 피검자가 일탈되거나 왜곡된 어휘를 사용함으로써 반응의 질이 기이하고 특이할 때 채점한다.

부적절한 구 매우 부적절하거나 아무런 관련이 없는 구를 사용하여 반응하는 것을 말한다.

> 예) 이것은 분명 고양이입니다. 나의 아버지는 항상 고양이를 미워했지요. DR1

우회적 반응 피검자가 부적절하게 반응을 우회적으로 정교화하여 표현함으로써 산만하게 반응하는 경우이다.

> 예) 이것은 무엇인지 확실치는 않지만 동물의 코 같다. 말이나 소 같은데 마치 열정이 가득한 연극과 사이코드라마 같다. 나는 두 번 본 적이 있다. 맞아요, 말의 코입니다. DR2

③ 부적절한 반응 결합(inappropriate combination)

부적절한 반응의 결합은 반점에 대한 지각과 생각이 지나치게 압축된 것을 말한다. 여기에는 INCOM과 FABCOM이 있다.

INCOM(incongruous combination) 반점의 부분이나 이미지를 부적절하게 하나의 대상으로 합쳐서 압축하여 반응한 것을 말한다.

> 예) 머리는 닭 머리인 여자 INCOM2
> 눈이 노란 남자 INCOM1

FABCOM(fabulized combination) 잉크 반점을 보고 2가지의 대상들이 있을 수 없는 방식으로 관계를 맺고 있을 때 채점한다. 이 반응은 항상 분명하게 분리되어 있는 2가지 이상의 반점 부분을 포함하고 있다.

예 닭 두 마리가 농구를 하고 있다. FACOM1
여자 둘이서 잠수함을 공격하고 있다. FABCOM2

COMTAM(contamination) 부적절한 반응 결합 중에서도 가장 괴이한 반응이다. 2가지 이상의 인상이 비현실적으로 하나의 반응으로 중첩된 것을 말한다. 이는 필름이 이중으로 노출되어 상이 겹치듯이 심리적으로 반응이 중첩된 것이다.

예 곤충의 얼굴과 황소의 얼굴이 겹쳐져서 '곤충황소'라고 반응함.

④ 부적절한 논리(ALOG)

이 반응은 피검자가 자신의 반응을 정당화하기 위해서 비합리적인 논리를 말할 때 채점한다. 이 경우의 비합리적인 논리는 확실히 타당하지 않고 연상이 지연되거나 사고가 지나치게 단순할 때 채점한다. 자신이 말한 대상들에 대해 어떤 이유로 그렇게 보았는지를 설명하기 위해 자기식의 논리를 피력한다.

예 이 사람은 광부다. 온통 검으니까. 이건 당근이다. 토끼 옆에 있으니까.

ALOG 반응은 검사자가 묻지도 않았는데 자발적으로 위와 같이 언급한 경우에만 채점한다는 점을 유의해야 한다.

(2) 반응의 반복과 실패

같은 반점을 보고 2가지나 그 이상의 동일한 반응이 나타나거나 각기 다른 반점을 보고 이전에 했던 것과 똑같은 반응을 반복할 수도 있다. 또 다른 형태는 반점의 일부에 대한 느낌을 반점의 전체에 과잉 일반화하여 반응할 수도 있다.

이 같은 반응 유형은 인지장애 또는 뚜렷한 심리적인 집착을 드러낸다고 볼 수 있다. 로샤 종합체계에서는 이러한 반응을 채점하기 위해 2가지 특수채점을 사용하고 있다.

① 반응 반복(보속성, perseveration: PSV)

3가지 종류의 반응 반복, 즉 보속성이 있다. 세 종류의 보속성이 그 내용은 다르더라도 채점은 PSV로 한다.

카드 내 반복 카드 내 반응의 반복은 동일 카드에서 내용이 동일한 것으로서 영역, 발달질, 형태질, Z점수가 동일한 반응으로 연속적으로 나타날 때를 말한다. 이 경우 구체적인 유목은 약간 다를 수 있지만 채점되는 내용은 같다. 빈번한 카드 내 반응 반복은 I번 카드와 V번 카드에서 나타난다. 예컨대, I번 카드에서 첫 번째로 '이것은 박쥐이다(전체 형태를 보고서 반응했다면 채점은 Wo Fo A P 1.0)'라는 반응 이외에 '나비로도 보인다(전체 모양을 보고서 반응했다면 채점은 Wo Fo A P 1.0 PSV)'이다. 카드 내 PSV일 때 평범 반응이 반복될 필요는 없다. 그러나 특수점수를 제외한 다른 기호는 동일해야 하고 반응이 연속적이어야 한다.

내용의 반복 카드 내 반응 반복은 동일한 카드에 대해 반응이 연속해서 나타나는 것이지만 내용 반복content perseveration은 동일한 카드에서 나타나는 것이 아니다. 앞 카드에서 말한 대상이 뒤 카드에서도 동일하게 반복될 때 내용 반복으로 채점한다. 두 번째 반응과 첫 번째 반응의 채점이 같지 않을 수 있고 때로는 완전히 다를 수도 있다. 예컨대, 어떤 한 카드에 대해 '두 사람이 싸우고 있다'고 하고 그 다음 카드에 대해 '또 그 사람들인데, 이제는 싸우지 않는다'고 말할 수 있다. 내용 반복을 채점할 때 주의할 점은 피검자가 다른 카드의 새로운 대상을 이전에 보고했던 대상과 동일하게 보고한 것인지를 확인하는 것이다.

기계적인 반복 이 유형의 반응 반복은 지적 또는 신경학적 손상이 있는 피검자들에서 가장 흔히 나타난다. 일반적으로 기계적 반응 반복mechanical perseveration은 짧고 간단한 것이 특징이다. 피검자는 동일한 대상을 기계적으로 반복해서 보고한다. 예컨대, 어떤 피검자들은 카드 Ⅰ에서 박쥐, Ⅱ에서 박쥐, 카드 Ⅲ에 대해서도 계속해서 박쥐라고 보고한다. 기계적으로 반복하는 피검자의 반응 기록은 반응수가 14개 미만이기 때문에 타당하지 못할 수 있다. 이럴 때 검사자는 다시 검사를 실시해서 유용한 정보를 얻을 수 있을지를 신중하게 고려해야 한다.

② 통합 실패(작화성, confabulation: CONFAB)

드물기는 하지만 한 반점 부분에 대해 주의를 기울여 반응한 후 보다 큰 영역 또는 반점 전체로 일반화시키는 경우가 있다. 이러한 반응에서 피검자는 부분을 적절히 선택하고 기술하지만 전체 영역에 대한 전반적인 반응은 부적절할 수 있다. 예컨대, 카드Ⅰ의 D1 영역에 초점을 두고 '이것은 집게발이고, 이것은 가재이다'라고 반응할 수 있다.

질문단계에서 피검자는 반점 전체를 포함시켜서 말하겠지만, 막상 검사자가 반응 특징을 구체적으로 물어보면 집게발이 있기 때문에 가재라고 하면서 자신의 반응을 정당화시키려 할 것이다. 즉, 피검자가 반점 전체를 가재라고 말하지만 반점의 나머지 부분들을 의미 있게 통합시키지 못하고 있다. 피검자가 반점 전체를 사용했다고 주장하더라도 이러한 CONFAB 반응에 대해서는 Z점수를 채점하지 않는다.

검사자는 먼저 피검자가 통합에 실패했는지를 확인하는 것이 매우 중요하다. 매우 저항적인 피검자, 특히 청소년들은 검사자가 질문단계에서 하는 말 때문에 짜증을 내거나 위협감을 느낄 수 있다. "어떻게 해서 그렇게 보게 되었습니까?" 하고 질문하면 "모르겠습니다. 그렇게 보이니까요."하고 말하면서 사용한 대상의 부분이나 영역에 대해 매우 모호하게 반응할 수 있다.

흔히 이러한 피검자들은 인간 전체 또는 동물 전체를 포함하는 반응에서 "여기 발이 있습니다."하고 말하면서 하나의 특성만 지적할 수도 있다. 이것은

CONFAB가 아니고 피검자가 굼뜨거나 저항하고 있다는 것을 의미한다. 흔히 이러한 피검자들에게는 다음과 같은 표준적인 지시를 함으로써 명료화를 유도하거나 환기시킬 필요가 있다. "당신이 그렇게 보았다는 것은 알겠지만, 나도 그렇게 볼 수 있도록 설명해 주십시오. 천천히 보십시오. 서두를 필요는 없습니다. 이제 다시 봅시다."

CONFAB로 채점하는 반응은 더 기계적이고 흔히 피검자는 검사자가 자신의 반응을 이해하지 못한다고 하면서 의아해할 수 있다. '집게발, 가재'와 같은 반응처럼 최초 연상단계에서 CONFAB 반응이라는 것을 알 수도 있다stilted quality. 그러나 어떤 경우에는 피검자가 최초 반응에서 하나의 단어만을 사용했기 때문에 알 수 없고 질문을 해야 비로소 알 수 있는 경우도 있다. 예컨대, 피검자는 "가재"라고 반응하고 질문단계에서 "확실합니다. 집게발이 보이죠?"하고 말할 수 있다. 즉, 질문단계에서 피검자가 반점의 한 부분만을 지적하면서 "여기 집게발이 있고 그러니까 가재입니다."하고 말한다면 CONFAB 반응이라는 것을 더 확실하게 알 수 있다.

때때로 피검자가 "이것은 집게발이고 집게발이 있기 때문에 가재가 틀림없다."와 같이 말하면서 자신의 반응을 방어하려고 비합리적인 ALOG 반응을 나타낼 수도 있다. 이처럼 ALOG가 명확하더라도 ALOG로 채점하지 않는다. 왜냐하면, CONFAB 반응은 매우 심각한 병리적 특성과 지각적-인지적 손상을 시사하기 때문이다.

(3) 특수내용

특수내용들은 특수한 인지적 특징이나 자아의 특징을 투사적으로 나타내는 반응들이다. 이러한 반응들은 단순한 내용 분류에 포함되지 않으므로 별도의 채점기호가 필요하다. 사고나 자기상, 대인관계의 특성과 관련이 있는 4가지 특수점수들은 다음과 같다.

① 공격적인 내용(AG)

AG는 운동 반응M, FM, m에 '싸우는, 파괴적인, 논쟁하는, 매우 화난'등과 같이 뚜렷하게 공격적인 반응 내용을 포함하고 있을 때 채점한다. 반드시 주된 대상이 공격적인 운동을 보일 때만 채점한다. 예컨대, '총을 맞은 개', '폭파된 배'와 같이 공격을 받은 경우는 AG로 채점하지 않는다. 마찬가지로 폭발 자체는 AG로 채점하지 않지만 폭발로 인해 무엇이 파괴되었다면 AG로 채점할 수 있다.

② 협조적인 운동 반응(COP)

COP는 2가지 이상의 대상이 적극적으로 또는 협조적으로 상호 작용하는 운동 반응(M, FM, m)을 했을 때 채점한다. COP는 '무엇을 하고 있는 두 사람'이나 '서로 쳐다보고 있는 두 사람'처럼 적극적이거나 협조적인 운동이 분명하지 않을 때는 채점하지 않는다. 예로는 '두 사람이 무엇을 들어 올리고 있다', '두 마리 곤충이 먹이를 같이 끌고 가고 있다', '세 사람이 함께 춤을 추고 있다', '두 아이가 시소를 타고 있다' 등이다.

③ 손상된 내용(MOR)

MOR은 반응 대상이 다음의 2가지 특징 가운데 한 가지를 보일 때 채점한다. 첫 번째는 '죽은, 파괴된, 폐허가 된, 오염된, 손상된, 상처 입은, 깨진'대상으로 지각할 때로, 예컨대 '깨진 그릇, 죽은 곰, 헤어진 신발, 상처, 불탄 양탄자, 부패한 송장' 등이다. 두 번째는 반응한 대상이 우울한 감정이나 특징들을 나타낼 때로, 예컨대 '침울한 집', '슬픈 여자', '울고 있는 사람들' 등이다.

④ 추상적인 내용(AB)

AB는 2가지 구체적인 반응일 때 채점한다. 첫 번째는 사람의 정서나 감각적 경험을 포함하는 반응 내용을 채점하는 기호인 Hx와 관련되어 있다. 두 번째는 피검자가 구체적으로 추상적이고 상징적인 표현을 할 때이다. 만일에 구체적인 표현이 포함되지 않는 추상 반응은 AB로 채점하지 않는다. AB 반응의 예로는

'자유를 상징하는 조각', '이 그림은 전체가 우울을 상징한다', '악마를 상징하는 마스크다' 등이 있다.

(4) 인간 표상 반응(GHR, PHR)

어떤 방식이든 사람의 모습이나 상호 작용하는 모습을 나타낸 경우 채점된다. 2개의 특수점수가 부여되는데 '좋은'반응GHR과 '나쁜'반응PHR이다.

인간 표상 반응에는 인간 내용 반응인 H, (H), Hd, (Hd), Hx뿐 아니라 다른 방식으로 인간의 특징을 표현한 경우도 포함된다. 예를 들어, '절구를 찧고 있는 토끼'처럼 인간과 유사한 행동을 하고 있기 때문에 M으로 채점되는 반응으로 인간 표상 반응에 해당된다. 또 '장난을 치고 있는 강아지들'은 서로 긍정적인 상호 작용을 하고 있으므로 COP로 채점되고 인간 표상 반응에 해당된다.

인간 표상 반응으로 분류되는 반응들은 다음의 세 종류다.

① 내용에 H, (H), Hd, (Hd), Hx가 채점되는 경우
② 결정인에 M이 채점되는 경우
③ 특수점수 COP나 AG가 채점된 FM 반응

인간 표상 반응에 GHR, PHR을 채점하는 절차는 다음과 같다.

H 반응이면서 아래 모두 해당되는 경우 GHR로 채점

(a) FQ+, FQO, FQU
(b) DR, INCOM, FABCOM, CONTAM, ALOG가 아니고
(c) AG나 MOR로 채점되지 않음

다음 중 하나에 해당하면 PHR로 채점

(a) FQ-, FQnone 또는
(b) 형태질이 +, o, u이지만

ALOG나 CONTAM이 채점되거나 LVL 2의 DV, DR, INCOM, FABCOM이 채점

남은 인간 표상 반응 중 COP가 채점되면서 AG가 채점되지 않은 반응에 GHR로 채점

남은 인간 표상 반응이 다음 중 하나인 경우 PHR로 채점

(a) FABCOM이나 MOR

(b) 내용에 An

카드 Ⅲ, Ⅳ, Ⅶ, Ⅸ에서 P가 채점되는 인간 표상 반응은 GHR로 채점

다음 중 하나에 해당하면 PHR로 채점

(a) AG, INCOM, DR 중 하나가 채점되거나

(b) Hd가 채점될 때[(Hd)는 아님]

나머지 인간 표상 반응은 GHR로 채점

(5) 개인적 반응(PER)

이 기호에 해당되는 반응의 대분은 '나는 이것을 본 적이 있는데……', '내가 전에 본 바로는 이것이 …이다'와 같이 개인의 지식이나 경험을 언급하는 경우에 채점한다. 때로는 다른 방식으로 자신의 경험을 표현하는 경우도 있다. 예컨대, "당신이 생물에 관해 배웠다면 내가 뭘 말하는지 알 것이라고 봅니다."이다.

(6) 색채투사(CP)

대부분의 경우 피검자들은 유채색 카드에서 색깔을 보았을 때, 붉은 것은 빨간색으로, 푸른 것은 녹색으로 정확히 본다. 때때로 피검자가 색채를 잘못 말했다면 언어적으로 실수한 것인지, 색채지각의 문제를 반영한 것인지를 확인해야 한다. 피검자가 색채지각의 문제와는 무관하게 잉크 반점의 색채를 언어적으로 말했다면 DV로 채점할 수 있다. 그러나 언어적 실수가 아니라면 원래의 자극과는

무관하게 색채를 지각하고 있으므로 이는 특수채점을 해야 하는 경우에 해당된다. 무채색 카드의 반점을 보고 "너무 아름다운 자주색 꽃입니다."나 "색깔이 너무 화려한 새로군요."라고 반응했다면 전자는 색에 대해 구체적으로 언급한 반응이고, 후자는 색이 화려하다는 것은 어떤 점을 보고서 말했는지를 확인해야 한다. 분명 무채색에서 유채색의 지각을 하고 아름답다고 했다면 두 반응 모두 CP로 채점할 수 있다.

7) 구조요약

지금까지 해온 각 반응의 정확한 채점은 구조요약structural summary을 하기 위해서이다. 구조요약에서 우선해야 할 일은 각 채점 기호들의 빈도를 적고 때로는 비율 백분율을 기록하는 작업이며, 이는 피검자의 심리적인 특성과 상태에 대한 가정을 설정하는 기초 자료가 된다. 구조요약의 절차는 ① 각 반응의 기호나 점수의 계열 기록, ② 각 변인의 빈도 기록, ③ 여러 가지의 비율, 백분율, 산출한 점수의 기록 방식으로 진행된다.

(1) 점수계열

첫 번째 단계는 각 카드별로 반응 순서를 적으면서 채점된 기호를 기록한다. 이 작업은 빈도를 계산하기 쉽게 하며, 점수계열 자체가 중요한 부가적 해석 자료의 기초로 활용되기도 한다. 점수계열 기록지에는 각 카드의 번호 및 반응 번호, 각 반응마다 채점기호 등을 적는 칸이 지정되어 있다. 뿐만 아니라 영역번호(예를 들면 D3)를 기재하는 항목도 있다. 이처럼 점수계열 기록지에 영역번호를 기록해 두면 피검자의 반응을 해석하고 연구하는 데 매우 유용하다.

(2) 빈도산출

① 영역

3가지의 기본적인 영역기호(W, D, Dd)의 빈도가 각각 계산된다. 공간 반응 역시

3가지 영역 채점과는 상관없이 독자적으로 빈도를 계산한다. 각 반응 영역에 대한 발달질 채점의 빈도도 계산한다.

② 결정인

결정인이 혼합된 경우를 제외하고 각 결정인의 빈도를 따로 기록한다. 혼합 반응은 혼합 반응란에 기록하고 혼합 반응에 포함시킨 결정인은 단일 결정인의 빈도 계산에 포함시키지 않는다.

③ 형태질

형태질에는 4가지 종류가 있다.

FQx(확대 형태질) 형태를 사용한 모근 반응을 포함하며 4가지 수준이 있고 각 수준별로 빈도를 계산해야 하며 형태를 사용하지 않은 반응의 빈도도 계산해야 한다.

FQf(순수 형태질) 형태만을 반응결정인으로 사용한 반응의 빈도이다.

MQ(인간 운동의 질) 모든 인간 운동 반응의 형태질

SQx(공간 반응에서의 형태질) 공간을 사용한 모든 반응의 형태질

④ 내용

내용의 범주는 27가지 유목을 포함하고 있다. 기록지에 1·2차 반응 내용을 쉼표로 구분하여 앞뒤로 기록한다. 예컨대, '한 남자가 나무 위에 앉아 있다'는 반응은 사람이 1차 반응이고, 나무가 2차 반응에 해당된다. 따라서 1차 반응의 Bt를 모두 합하면 2개가 나오고, 2차 반응의 Bt는 한 개라면 Bt=2, 1로 기록한다.

⑤ 조직활동

여기에는 3가지 항목이 계산된다.

Zf　Z 반응이 나타난 빈도

ZSum　Z점수 가중치의 총합

Zest　Zf에 따라 기대되는 값을 표 9-8을 참고로 기록한다.

표 9-8　Z 빈도에 따른 Z 기댓값

빈도(Zf)	기댓값(Zest)	빈도(Zf)	기댓값(Zest)	빈도(Zf)	기댓값(Zest)
1	*	19	63.0	38	130.5
2	2.5	20	66.5	39	134.0
3	6.0	21	70.0	40	137.5
4	10.0	22	73.5	41	141.0
5	13.5	23	77.0	42	144.5
6	17.0	24	81.5	42	144.5
7	20.5	25	84.5	43	148.0
8	24.0	26	88.0	44	152.0
9	27.5	27	91.5	45	155.5
10	31.0	28	95.0	46	159.0
11	34.5	29	98.5	47	162.5
12	38.0	30	102.5	48	166.0
13	41.5	31	105.5	49	169.5
14	45.5	32	109.0	50	173.0
15	49.0	33	112.5		
16	52.5	34	116.5		
17	56.0	35	120.0		
18	56.0	36	123.5		
18	59.5	37	127.0		

⑥ 평범 반응, 쌍반응, 반사 반응

각 반응(P, (2), Fr+rF)의 총합을 기록한다.

⑦ 특수점수

14개의 특수점수가 있으며, 그중 6개(DV, DR, INCOM, FABCOM, ALOG, CONTAM)의 특수점수는 가중치가 주어져 있으므로 그 가중치의 총합을 계산한다.

가중치는 DV=1, DR=3, INCOM=4, ALOG=5, CONTAM=7이다.

표 9-9 점수계열 기록지(예)

카드 번호	반응 번호	영역과 발달질	영역 번호	결정인과 형태질	(2)	내용	평범 반응	Z점수	특수 점수
I	①	W+	1	Ma. FDu	(2)	(H)		1.0	AG
II	②	W+	1	Mao	(2)	H		4.5	AG, GHR
	③	DS+	6	FC'. FDu		Ls		4.5	
III	④	DS+	1	Mao	(2)	H	P	4.5	COP, GHR
	⑤	D+	1	Mao	(2)	H	P	3.0	COP, GHR
IV	⑥	Dd+	99	Mp-		H		4.0	PHR
V	⑦	D+	4	FMp. FDu		Ad. H		2.5	
	⑧	Wo	1	FMo+		A	P	1.0	
VI	⑨	Dd+	3	FMa. FDu		A.		2.5	
	⑩	Wv/+	1	mp. FV-		Ls		2.5	
VII	⑪	D+	2	Mpo	(2)	Hd	P	3.0	PHR
	⑫	D+	1	Mpo	(2)	Hd		1.0	PHR
VIII	⑬	D+	4	ma. FMa. CFu	(2)	Ex.A		3.0	
IX	⑭	D+	12	Mao	(2)	H	P	2.5	GHR
	⑮	DdS+	99	Mpu		Hd. Hx		5.0	PHR
X	⑯	W+	1	FCo		Ls		5.5	GHR
	⑰	Dd+	99	Ma. FDu		H		4.0	

표 9-10 구조요약

반응 영역	결정인: 혼합	결정인: 단일	내용	자살지표	
Zf = 5	FM, m	M = 0	H = 1,0	NO	..FV+VF+V+FD > 2
ZSum = 10.5		FM = 2	(H) = 1,0	NO	..Col-Shd Bl > 0
ZEst13.5		m = 0	Hd = 1,0	YES	..Ego < .31, > .44
		FC = 3	(Hd) = 1,0	NO	..MOR > 3
W = 5		CF = 0	Hx = 0,0	NO	..Zd > +- 3.5
(Wv = 0)		C = 0	A = 13,0	YES	..es > EA
D = 18		Cn = 0	(A) = 1,0	NO	..CF + C > FC
Dd = 3		FC' = 4	Ad = 3,0	YES	..X + % < .70
S = 2		C'F = 0	(Ad) = 1,0	NO	..S > 3
		C' = 0	An = 1,0	NO	..P < 3 or > 8
DQ		FT = 1	Art = 0,0	YES	...Pure H < 2
.... (FQ-)		TF = 0	Ay = 0,0	NO	..R < 17
+ = 2 (0)		T = 0	Bl = 0,0		4..........TOTAL
o = 24 (4)		FV = 0	Bt = 0,0		
v/+ = 1 (0)		VF = 0	Cg = 0,0		
v = 0 (0)		V = 0	Cl = 0,0		
		FY = 0	Ex = 0,0		
		YF = 0	Fd = 0,0		
		Y = 0	Fi = 0,1		
		Fr = 0	Ge = 0,0		
		rF = 0	Hh = 0,0		
		FD = 0	Ls = 1,0		
		F = 15	Na = 0,0		
			Sc = 0,0		
			Sx = 0,0		
			Xy = 0,0		
		(2) = 15	Id = 2,0		

형태질

	FQX	FZf	MQual	SQX
+=	0	0	0	0
o=	13	11	0	0
u=	9	3	0	1
−=	4	1	0	1
none=	0	−	0	0

특수점수

	Lv1	Lv2
DV =	0x1	0x2
INC =	0x2	0x4
DR =	0x3	0x6
FAB =	0x4	0x7
ALOG =	0x5	
CON =	0x7	

SUM6 = 0
WSUM6 = 0

AB = 0	CP = 0
AG = 0	MOR = 0
CFB = 0	PER = 0
COP = 0	PSV =1

비율, 백분율, 산출한 점수

R = 26	L = 1.36	
EB = 0:1.5	EA = 1.5	EBPer = N/A
eb = 4:5	es = 9	D = −2
	Adj es= 9	Adj D =−2
FM = 3 :	C' = 4	T = 1
m = 1 :	V = 0	Y = 0

정서	대인관계
FC:CF+C = 3:0	COP = 0
Pure C = 0	AG = 0
Afr = 0.73	GHR:PHR = 5:4
S = 2	Food = 0
Blends:R 1:26	Isolate/R =0.04
CP = 0	H:(H)Hd(Hd) = 1:3
	(HHd):(AAd) = 2:2
	H+A:Hd+Ad = 16:6

사고		중재	과정	자기지각
		P = 5		
a : p = 2:2	SUM6 = 0	XA% = 0.85	Zf = 5	3r+(2)/R = 0.58
Ma:Mp = 0:0	Lv2 = 0	WDA% = 1.0	ZD = −3.0	Fr+rF = 0
2AB+Art+Ay= 0	WSum6 = 0	F+% = 0.73	W:D:Dd = 5:18:3	FD = 0
M− = 0	Mnone = 0	X−% = 0.15	W:M = 5:0	An+Xy = 1
		S−% = 0.25	DQ+ = 2	MOR = 0
		Xu% = 0.35	DQv = 0	

PTI = 1 DEPI = 4 CDI = 4* S−CON = 4 HVI = NO OBS = NO

(3) 비율, 백분율, 기타 산출점수

구조요약의 밑부분에 7개의 커다란 주요 영역이 있으며, 제일 하단에는 6개의 특별지표(PTI: 사고장애, DEPI: 우울, CDI: 대응 손상, S-CON: 자살, HVI: 과민성, OBS: 강박성)가 있으며, 이 지표들의 계산은 표 9-12를 사용하여 계산하면 된다.

① 중점 영역(core section)

중점 영역은 구조요약의 하단 맨 왼쪽에 있다. 여기에는 16가지 기재사항이 포함되어 있다. 7가지 기재사항은 빈도자료이다. 즉, R(전체 반응수)과 결정인 FM, m, C′, T, V, 그리고 Y 각각의 총수이다(C′, T, V, Y 등은 모두 변인을 말한다. 예컨대, C′은 FC′, C′F 그리고 C′각각의 수를 모두 합한 것이다).

나머지 9개 기재사항은 비율과 계산에 의해 나온 값이다.

람다(lamda, L) 이 채점은 피검자가 반응한 순수 F 반응의 빈도와 이 외의 모든 반응의 빈도를 비교한 비율이다. 이는 피검자가 자원을 얼마나 경제적으로 사용하고 있는지를 나타내 준다. 이는 다음과 같이 계산된다.

예를 들어, 25개 반응을 한 사람이 9개의 순수 F 반응을 했다면, 순수 F 반응 이외의 반응은 16개가 된다. 따라서 L=(9/16)=0.56이다.

경험형 EB(erlebnistypus) 이 채점은 인간 운동 반응M의 합 대 가중점수를 준 색채 반응의 합weighted sum color으로 두 변인의 관계를 말한다. 색채 반응의 가중치를 계산하는 방식은 다음과 같다.

WSumC+(0.5)×FC 반응의 총합+(1.0)×CF 반응의 총합+(1.5)×C 반응의 총합

따라서 M 반응이 4개이고, FC 반응이 1개, CF 반응이 3개일 때

EB=4 : (0.5)×1+(1)×3=4 : 3.5 이다.

경험실제 EA(experience actual) 이 변인은 가능한 자원을 알아보기 위한 지

표이다. 이는 EB의 양쪽 점수를 더해서 산출한다. 즉, SumM+WSum C로 얻어진다. 따라서 위의 EB의 비율의 나타내는 피검자의 EA는 4+3.5=7.5이다.

EB Per(EB pervasive) 대 EB 지배성 이 변인은 의사결정에서 EB 양식의 지배성과 관련이 있는 비율이다. 이때의 계산은 EB의 두 변인 중 높은 점수를 낮은 점수로 나누어 계산한다. 그러나 EB Per는 EB에서 뚜렷한 차이가 있을 때만 계산한다. 예컨대, EA 값이 10.0 혹은 그 이하면 EA 변인의 한 값이 다른 값보다 최소한 2.0점 이상이 클 경우나 EA 값이 10.0 또는 그 이상이면, EB의 한 값이 다른 값보다 최소한 2.5 이상 클 경우에 계산한다.

경험 기초(experience base, eb) eb는 인간 운동 반응을 제외한 무생물과 동물 운동 반응과 음영 및 무채색 결정인의 관계이며, 이는 피검자가 경험하는 자극stimulus demand에 관한 정보를 제공해 준다.

SumFM+m : Sum allC′+allT+allY+allV

비율의 오른쪽 값은 4가지 결정인에 해당하는 모든 점수를 포함하고 있다. 즉, 모든 T에는 FT, TF, T가 모두 포함된다. 만일에 FM=5, m=2, C′=1라면 eb는 7:1이 된다.

경험된 지각(experienced stimulation, es) 이는 eb 자료를 근거로 계산한다. 현재 피검자가 경험하는 자극과 관련이 있다. eb를 계산하는 데 포함된 모든 점수인 SumFM+m+allC′+allT+allY+allV를 합한 것이다. 따라서 es는 7+1=8이다.

es=Sum FM+m+allC′+allT+allY+allV

D 점수 EA와 es 간의 관계에 대한 중요한 정보를 제공해 준다. 이 점수는 스트레스에 대한 내성과 통제요소와 관련이 있다. 먼저 두 변인 EA와 es의 원점수 차이(Ea-es)를 계산하고 해당하는 기호를 표시한다. 그리고 이 원점수 차이를 표

준편차 2.5를 기준으로 한 표준점수scared difference score로 변환시킨다.

따라서 EA-es의 원점수 차이가 +2.5~-2.5라면 두 점수 간의 차이는 유의미하지 않고 이때의 D 점수는 0이다. EA-es의 원점수 차이가 +2.5보다 크고 2.5씩 커질 때 D 점수는 +1만큼 증가한다. 또한 EA-es의 원점수가 -2.5만큼 작아질 때 -1만큼 감소한다.

조정 es(Adjusted es, Adj es) D 점수가 스트레스에 대한 내성과 가용자원에 대한 정보를 제공하지만 이 점수가 상황적 요소의 영향을 받는지를 알아보는 것이 중요하다. 이것을 알아보는 한 가지 방법은 es에서 상황적 현상과 관련 있는 모든 요소들을 제외시키는 것이다. m과 Y(FY, YF를 포함)에서 각각 1을 뺀 모든 m과 Y값을 더해서 es에서 빼면 된다.

조정 es=es-{(m-1)+(Y-1)}

조정 D 점수(adjusted D score, Adj D) EA-Adj es를 구하여 D 점수 환산표에 적용시켜 구한다(표 9-11).

표 9-11 D 점수 환산표

EA-es 원점수	D 점수
+13.0 ~ +15.0	+5
+10.5 ~ +12.5	+4
+8.0 ~ +10.0	+3
+5.5 ~ +7.5	+2
+3.0 ~ +5.0	+1
-2.5 ~ +2.5	0
-3.0 ~ -5.0	-1
-5.5 ~ -7.5	-2
-8.0 ~ -10.0	-3
-10.5 ~ -12.5	-4
-13.5 ~ -15.0	-5

② 사고 영역(ideation section)

이 영역은 9가지 항목, 즉 5개의 빈도자료(M-, FQ가 없는 M, Raw Sum6 및 수준 2의 반응수, MOR), WSum 6 및 2개의 비율과 1개의 지표로 구성되어 있다.

능동 대 수동 비율(Active: Passive, a : p) 이 비율은 관념과 태도의 융통성과 관련이 있다. 왼쪽에는 능동 운동 반응(Ma+FMa+ma)의 총반응수를, 오른쪽에는 수동 운동 반응(Mp+FMp+mp)의 총반응수를 적는다. a-p의 첨자로 기호화한 운동결정인은 양쪽 모두에 포함시킨다.

인간 운동 능동 대 수동 비율(M active: passive ratio, Ma : Mp) 이 비율은 사고특징과 관련이 있다. 인간 운동 반응의 능동 운동과 수동 운동의 비율이다. Ma-p는 양쪽 모두에 포함시킨다.

주지화 지표(intellectualization index) 이 지표는 특수점수인 $AB_{abstract}$와 Art 및 $Ay_{anthropology}$ 반응 내용을 포함한다. 이 지표는 AB의 반응수에 2를 곱하고 Art와 Ay 내용의 반응수를 더해서 구한다. 이때 1차와 2차 반응 내용을 모두 포함시킨다.

주지화 지표=2AB+(Art+Ay)

③ 정서 영역(affect section)

정서 영역은 7개의 항목으로, 3개의 빈도자료(pure C, S, CP)와 4개의 비율로 구성되어 있다.

형태-색채 비(form-color ratio, FC : CF+C) 이 비율은 정서조절과 관련이 있다. FC 결정인을 사용한 총반응수와 CF+C 반응수의 비율이다.

정서비(affective ratio, Afr) 이 비율은 Ⅰ번에서 Ⅶ번 카드까지의 반응수와 나머지 Ⅷ번에서 Ⅹ번 카드까지의 반응수 비율이고 피험자의 정서적 자극에 대한 관심을 나타낸다. 계산공식은 아래와 같다.

Afr=카드 Ⅷ, Ⅸ, Ⅹ의 총반응수 / 카드Ⅰ, Ⅱ, Ⅲ, Ⅳ, Ⅴ, Ⅵ, Ⅶ의 총반응수

앞에 제시한 예에서 Ⅶ번 카드까지의 반응수는 16이고, 마지막 세 카드의 반응수는 9이므로 Afr=(9/16)=0.56이다.

복합성 지표(blend: R, complexity index, 혼합 반응수 : 전체 반응수) 이 비율은 혼합 반응의 수와 총반응수의 비율이다.

④ 중재 영역(mediation section)

중재 영역은 7개의 항목으로 2개의 빈도자료(P, S-)와 5가지 비율로 구성되어 있다.

적절한 확대 형태(form appropriate extended, XA%) 형태 특성을 적절히 사용한 반응의 비율을 나타내는 변인이다.

XA%=FQ가 +, o, u인 반응의 합 / 전체 반응수 R

적절한 일반 영역 형태(form appropriate-common areas, WDA%) W와 D 영역을 사용한 반응들 중에서 형태 특성을 적절히 사용한 반응의 비율이다.

WDA%=W+D 반응 중 FQ가 +, o, u인 반응의 합 / W 반응+D 반응

관습적 순수 형태 반응(conventional pure form, F+%) 순수 형태 반응에서 윤곽을 관습적으로 사용한 정도이고 아래와 같이 계산한다.

F+%=Sum F++and o / Sum F

왜곡형태(distorted form, X-%) 지각적 왜곡 정도를 나타내는 비율이고 아래와 같이 계산한다.

X-%=Sum FQx- / R

공백 왜곡 반응(white space distortion, S-%) 흰 공간을 사용한 왜곡된 형태 반응의 비율로 아래와 같이 계산한다.

S-%=Sum SQ- / SumFQx-

드문 형태 반응(unusual form, Xu%) 윤곽을 적절히 사용했지만 비관습적으로 사용한 반응의 비율이고 아래와 같이 계산한다.

Xu%=Sum FQxu / R

⑤ 과정 영역(processing section)

이 영역은 7가지 항목, 즉 4가지 빈도자료(Zf, PSV, DQ+, DQv), 2가지 비율 및 Zd 점수로 구성되어 있다.

경제성 지표(economy index, W : D: Dd)

전체 W 반응수 : 전체 D 반응수 : 전체 Dd 반응수

기대 지표(aspirational ratio, W : M)

전체 W 반응수 : 전체 M 반응수

과정 효율성(processing efficiency, Zd)

Zd=ZSum-Zest

⑥ 대인관계 영역(interpersonal section)

이 영역은 10가지 항목으로, 6가지 빈도자료(COP 반응, AG 반응, Fd 반응, 순수H 반응수, PER 빈도, T 반응빈도)와 4가지 비율로 구성되어 있다.

GHR 대 PHR 구조요약지 상단의 왼쪽에서 찾아 기입한다.

a 대 p 사고 영역에서 찾아 기입한다.

소외지표(isolation index, Isolate/R) 이 지표는 사회적 고립과 관련 있고 식물, 구름, 지도, 풍경, 자연의 5가지 내용범주의 1차 및 2차 반응 내용을 모두 포함시켜 아래와 같이 계산한다.

Isolate/R=Bt+2Cl+Ge+Ls+2Na / R

대인관계 관심(interpersonal interest, H+(H)+Hd+(Hd) 이 비율은 다른 사람에 대한 관심을 나타낸다.

⑦ 자기지각 영역(self-perception)

이 영역에는 7개의 항목, 즉 Sum Fr+rF, FD, MOR, An+Xy, SumV와 2가지 비율로 구성되어 있다.

자아중심성 지표(egocentricity index, 3r + (2) / R) 자존감self-esteem과 관련이 있는 지표로 전체 반응 기록에서 반사 반응과 쌍반응의 비율이다. 하나의 반사 반응과 3개의 쌍반응이 같도록 하기 위해 반사 반응에 가중치를 부여하여 아래와 같이 계산한다.

3r+(2)/ R=3 (Fr+rF)+Sum(2) / R

H 대 (H) +(Hd) 순수 인간 반응과 그 외 인간 반응의 비율이다.

⑧ 특수지표

구조요약 마지막에 6개의 특별지표가 있다.

- 지각-사고 지표(Perceptual-Thinking Index, PTI)
- 우울증 지표(depression, index, DEPI)
- 대응손상(결핍) 지표(coping deficit, CDI)
- 자살 지표군(suicide constellation, S-CON)
- 과민성 지표(hypervigilance index, HVI)
- 강박성 지표(obsessive style index, OBS)

각각에 포함된 변인들은 표 9-12에 제시되어 있다. 그리고 각각의 지표에 해당 항목으로 체크한 것은 구조적 요약의 지표에 체크하여야 한다.

표 9-12 특수지표의 군집작업표

PTI(Perceptual Thinking Index)

4개 이상이 해당될 경우 체크
XA% 〈 .70 and WDA% 〈 .75
X-% 〉 .29
*R〈17 and WSUM6 〉 12
OR R〉17 and WSUM6 〉 17
M- 〉 10RX-% 〉 40

우울증 지표(DEPI)

4개 이상 해당될 경우 체크
NO...(FV+VF+V 〉 0) OR (FD 〉 2)
NO...(Col-Shd Blends 〉 0) OR
(S 〉 2)
YES...(3r+(2)/R 〉 .44 and Fr + rF = 0)
OR (3r+(2)/R 〈 . 33)
YES...(Afr 〈 .46) OR (Blends 〈 4)
YES...(SumShading 〉 FM+m) OR
(SumC′ 〉 2)
NO...(MOR 〉 2) OR
(2AB+(Art+Ay) 〉 3)
YES...(COP 〈 2) OR
(Isolate/R 〉 .24)

대응손상(결핍) 지표(CDI)

4~5개 이상이면 체크
YES...(EA 〈 6) OR (Adj D 〈 0)
YES...(COP 〈 2) AND (AG 〈 2)
YES...(Weighted Sum C 〈 2.5)
OR (Afr 〈 .46)
YES...(Passive 〉 Active+1) OR
(Pure H 〈 2)
NO...(Sum T 〉 1) OR
(Isolate/R 〉 .24) OR
(Food 〉 0)

과민성 지표(HVI)

1번을 만족시키고 아래 7개 중 최소한
4개가 해당할 경우 체크
NO... (1) FT+TF+T = 0

NO...(2) Zf 〉 12
NO...(3) Zd 〉 +3.5
NO...(4) S 〉 3
NO...(5) H+H+Hd+Hd 〉 6
YES...(6) H+A+Hd+Ad 〉 3
YES...(7) H+A: Hd+Ad 〈 4: 1
NO...(8) Cg 〉 3

강박성 지표(OBS)

NO...(1) Dd 〉 3
NO...(2) Zf 〉 12
NO...(3) Zd 〉 +3.0
NO...(4) Populars 〉 7
NO...(5) FQ+ 〉 1

한 가지 이상 해당될 경우 체크
NO...(1)~(5) 모두 해당
NO...(1)~(4) 중에서 2개 이상이 해당되고
FQ+ 〉 3
NO...(1)~(5) 중에서 3개 이상이 해당되고
X+% 〉 .89
NO...FQ+ 〉 3 AND X+% 〉 .89

*주의: 아동의 경우 특수지표 일부 기준변경
DEPI: 3r+(2)/R〉.44--- .74
3r+(2)/R〈.33--- .48

표 9-13 연령교정표

Egocentricity Index 연령교정			WSum6 연령교정
연령	3r+(2)/R가 아래보다 작을 때 유의미함	3r+(2)/R가 아래보다 클 때 유의미함	R이 17 이상인 경우 5~7세: WSum6 〉20
5	.55	.83	8~10세: WSum6 〉19
6	.52	.82	11~13세: WSum6 〉18
7	.52	.77	
8	.48	.74	R이 17보다 작은 경우
9	.45	.69	5~7세: WSum6 〉16
10	.45	.63	8~10세: WSum6 〉15
11	.45	.58	11~13세: WSum6 〉14
12	.38	.58	
13	.38	.56	**Affective Ratio의 연령교정**
14	.37	.54	5~6세: Afr 〈 .57
15	.33	.50	7~9세: Afr 〈 .55
16	.33	.48	10~13세: Afr 〈 .53

4. 로샤 검사의 해석

1) 스트레스 및 정서관련 변인

(1) FM 반응

FM과 m은 요구하는 자극 상황하에서 유발된 정신활동의 여부와 관련이 있다. m은 상황적인 스트레스에 의해 야기된 상태와 관련이 있는 변인이다. 정신활동은 무력감이나 통제력의 상실감과 관련이 있다. 이런 상태에 놓이게 되면 그 사람은 주의집중에 어려움을 겪게 되며 사고가 쉽게 분산되거나 방해를 받을 수 있다. 아동은 5~6세에 M 반응과 FM 반응이 출현하게 되며 이 시기에는 FM이 더욱 우세하게 나타난다. FM 반응이 나타나지 않는다면 내재화internalization의 결함을 드러내는 것이며 이런 아동은 상상적인 환상이 불가능하거나 이런 것을 무서워하여 현실에서 회피하고 철수하는 것을 시사한다.

FM의 증가는 행동적인 장애와 관련이 있다. M보다 FM 반응을 더 많이 보이는 피검자는 알코올이나 약물 등에 의해 의식이 저하된 상태에서 더 공격적인 행동을 보인다(Piatrowski & Abrahamsen, 1952).

(2) 무채색(C′)과 세 가지 음영 반응(T, V, Y)

무채색C′과 음영 반응T, V, Y의 네 변인들은 서로 공통점이 있다고 해석을 하곤 했다. 그러나 사실은 이와 다르다. 네 변인이 정서와 관련이 있기는 하나 성격의 안정성에 있어서는 차이를 나타내고 있다. 특히 Y는 매우 안정적이지 않으며 이러한 이유 때문에 조정 es를 계산할 때 반드시 배제한다. 반면에 T와 V는 안정성이 높고 C′는 재검사 상관이 .60~.70을 보인다.

① 재질 반응

재질 반응은 정상 성인이나 아동 집단에서 가장 일관성 있게 나타난다. 정상 표집에서 89%가 최소한 1개의 재질 반응을 보였다(M=1.03). 반면에 환자 집단은 정상인보다 훨씬 적은 T 반응을 보여, T가 없거나 T의 증가를 나타낸다면 해석적으로 중요하다. 키옵퍼(Kiopfer, 1954)는 이것이 정서와 의존욕구와 관계가 있음을 시사했다. TF와 T 반응은 청소년 후기나 성인기보다 청소년 초기에 더 많은데, 이는 청소년 초기에 있는 이들이 사회적으로나 성적으로 더 불안하기 때문인 것으로 보고 있다(McFate, Orr, 1949).

T가 없는 사람들은 재질 반응이 있는 사람들과는 아주 다른 심리적 특성을 보이는 것으로 연구된 바 있다. 로이라와 엑스너(Leura & Exner, 1976)의 연구에 의하면 통제 집단의 32명 중 3명만 T 반응이 없는 반면에 7~11세의 입양아 32명 중에는 20명이 T 반응을 보이지 않는 것으로 나타났다.

대부분의 정상인들은 평균 1개의 T 반응을 보이며 카드 VI에서 FT 반응을 자주 보인다. T 반응은 친밀감에 대한 욕구가 증가하는 것과 관련된다. 이들은 외로움이나 타인에 대한 강한 의존욕구를 느끼고 있는 반면, T 반응을 보이지 않는 사람들은 사람들 간의 접촉을 꺼리며 경계하는 경향이 있다.

② 무채색 반응

무채색 반응은 정상인 집단에서 재질 반응보다 더 높은 평균치를 보인다. C′반응은 클롭퍼(Klopfer, 1938)가 흰색, 회색, 검정색을 사용한 반응을 채점하면서 시작되었다. 그는 이런 반응은 정서적으로 우울한 경향과 관련이 있다고 보았고, 래퍼포트(Rapaport, 1946)는 C′반응을 직접적인 정서표현에 대해 의식하고 있고 방어적임을 가정하였다. 엑스너(1974)는 C′반응이 정상인 집단보다 정신·신체질환자, 강박증·분열증 환자에서 2배 이상 나타나는 것을 발견하였다.

③ 통경 반응

입체적 특징을 나타내는 반응으로 로샤(1923)가 최초로 정의하였다. 이 반응은 자기내성과 관련이 있다고 보아 왔다. 클롭퍼는 이런 반응은 불안을 해결하기 위해 거리를 두는 심리적인 노력을 반영한다고 보았다. 반면에 베크Beck는 우울감이나 열등감에 의해 야기되는 침울한 감정과 더 관련이 있다고 보았다. V 반응은 정상아동 집단에서는 5~11세 905명 중에서 단 2명만 보여 매우 드문 반응으로 보고 있다. 그러나 청소년에게서는 반응수가 증가하였으며, 우울증이 매우 심한 환자에게서는 더욱 빈번하게 나타났다.

엑스너(Exner, 1974)는 검사실시 후 60일 이내에 자살 시도를 한 사람들의 자료에서 V 반응이 더 빈번하게 발견되어, 이를 자살지표의 하나로 포함시켰다. 이 반응은 위에서 언급한 바와 같이 자기내성적 과정이라고 보는 견해 이외에 자기집중 행동에 의해 야기되는 부정적인 감정의 경험과 관련이 있다고 볼 수도 있다. 통경 반응이 없는 것보다는 있는 쪽을 더 긍정적으로 보는 견해가 더 일반적이다. 통경 반응이 있을 경우 자신에 대해 비판적이고 부정적으로 보기 때문에 내적인 고통이나 불편감이 수반된다는 점은 힘든 부분이 될 수 있으나, 자신을 반성하고 반추한다는 점에서는 심리적 통찰에 필수적인 반응이라 할 수 있다.

④ m 반응

클롭퍼, 헤르츠와 피아트로프스키Klopfer, Hertz & Piotrowski는 m이 특히 인간관계에 대한 좌절의 경험과 관계가 있다고 보았다. m 반응은 비행청소년 사이에서 증가한다는 마줌버와 로이(Majumber & Roy, 1962)는 이러한 증가를 자신의 행동을 통합할 수 없는 무기력감에서 비롯된 긴장과 갈등 때문인 것으로 해석하고 있다. 피아트로프스키와 슈레이버(Piatrowski & Schreiber, 1952)는 m 반응이 치료를 성공적으로 마친 정신과 환자의 기록에서 사라지는 경향이 있음을 발견하였다.

⑤ Y 반응

로샤 체계를 세운 사람들은 확산음영 반응을 불안과 어느 정도 관계가 있다고 보고는 있지만, 약간씩 다른 견해를 내놓고 있다. 베크와 몰리시(Beck & Molish, 1967)는 확산음영은 무기력감의 표시라고 보았다. Y 반응 중에는 형태가 우세한 FY를 YF나 Y보다 긍정적으로 보고 있는데 이는 FY에 비해 YF나 Y가 불안이나 무기력감의 정도도 심하고 외부 자극에 대해 반응할 능력 또한 없다는 것을 나타내기 때문이다.

2) 인지적 특성 변인

(1) P 반응

P 반응은 피검자들의 반응 가운데 같은 카드의 같은 영역에서 세 번 중 적어도 한 번 정도는 똑같은 반응을 한 것을 말한다. 정상 성인의 전체 반응 중 평균 7개 정도는 P 반응이다. 반면에 정신분열증은 5개 이하이고, 우울증은 5개를 약간 넘는 수준이며, 성격장애는 5개 정도이다.

만일 P 반응수가 평균이라면 명확하고 일상적인 상황에서 수용할 수 있는 반응을 나타낼 것이라고 예측할 수 있다. P 반응이 평균보다 높다면 관습적인 편견을 지닌 사람으로 사회적으로 볼 때 수용할 수 없는 단서나 자극에 지나치게 매달릴 가능성이 높다. 이러한 점에서 이런 사람들은 강박적이거나 완벽주의적일 가능성이 있다. P 반응이 평균보다 낮다면 아마 덜 관습적이고 개성적인 사람이며, 이런 특성을 가지고 장애라고 볼 수는 없지만 과정processing에 어려움을 보인다면 문제가 될 수도 있다. 청소년기에는 P 반응이 감소하는 경향이 있는데 이는 자기중심적인 욕구에 집중하여 일반적인 사람들이 생각하는 방식을 나누고 공감하는 능력이 빈약함을 반영하는 것이다.

(2) F+ 반응

몰리시(Molish, 1967)는 F+%가 피검자의 정서상태와 지적인 능력에 따라 변하는 경향이 있다고 하였다. 아메스(Ames, 1971)는 F+%가 일반적으로 아주 어린 아동에게서는 낮은 반면, 6세가 되면 80%가 넘는다고 하였다. 청소년에서는 F+%가 더욱 증가하는 경향을 보이는데 이는 비판적인 능력이 증가하는 점이 반영된 것이다. 정신분열증 환자들은 60% 이하를 나타내고 있어서 로샤 자료에서 F+%가 60% 이하라면 심한 정신병이거나 뇌손상 등과 연관된 지적 능력의 제한을 의심해 보아야 한다.

(3) X+ 반응

X+%가 70~89%라면 자극을 관습적으로 지각하는 경향을 보이는 사람이며, 만일 X+%가 89%보다 높다면 지나치게 관습적임을 나타낸다. 이러한 특징은 남과는 다른 방식의 지각활동이 거의 일어나지 않는 특성과 지나치게 보수적인 편향을 내보이는 것이다. X+%의 증가는 OBS가 긍정적이 아니라 할지라도 완벽주의거나 강박적인 경향을 반영한다.

X+%가 70% 이하이고 람다lamda가 높은 경우는 자극을 관습적이지 않은 방식으로 대하며, 이런 특성이 있다고 해서 사회적으로 비수용적인 특성이나 반사회적인 특성을 지닌 사람이라고 할 수는 없다. X+%가 C, C′, T, Y 반응이 많아서 낮아진 피검자는 조정과정을 방해하는 정서적인 문제를 지닌 사람이라 할 수 있다.

(4) Xu 반응

Xu%는 조정의 문제를 심하게 지닌 사람이 아닌 지나치게 개인주의적으로 외부 자극을 지각하는 사람을 구별해 내는 지표로 적용된다. Xu%의 평균은 14%이고, 7~20%에 있다. Xu%가 20%를 초과할 때 Xu%는 피검자가 상당히 개인적으로 자극을 대함을 시사한다. 이런 사람들은 환경에 대한 인내심이 낮고 주어진 환경에서 벗어나려는 경향을 지니고 있다.

(5) W : M 비율

일반적으로 W: M 비율은 1.5 : 1 혹은 2.5 : 1 정도로 나타난다. W 반응은 앞서 지적한 바와 같이 자극상황을 전체적으로 다루려는 의욕 및 동기와 연관된다고 가정되는 반면, M 반응은 추론이나 복잡한 사고활동과 연관되기 때문에 성취지향적 활동에 요구되는 실제적 능력에 대한 대략적인 지표라고 볼 수 있다. 따라서 성인의 경우 3 : 1 이상으로 W 반응 비율이 M 반응보다 높다면 이는 개인의 능력 수준에 비해 과도하게 인지적으로 성취하고자 추구하는 경향성이 있음을 암시한다. 반면 1 : 1 이하로 W 반응이 M 반응에 비해 낮다면 이는 피검자가 지나치게 조심스럽고 자신의 능력을 과소평가하고 목표달성이나 설정에 있어서 지나치게 소극적일 가능성이 검토되어야 한다. 특히 Zf와 DQ+비율이 평균보다 높은 개인에게 있어서 W : M에서 W 비율이 낮다면 앞서 제시된 능력에 대한 과소평가, 소극적 성취동기 가설이 타당하다고 받아들여진다. 이러한 가설은 W : D, Dd를 검토하면서 더욱 잘 정리될 수 있다.

검사자극을 분류하고 재통합하는 과정이 요구되는 W 반응과는 다르게 D 반응은 잉크 반점의 분리된 부분에서 쉽게 인지될 수 있는 자극과제를 경제적으로 단순하게 다루는 경향성과 일치된다. 이러한 상반된 경향성은 이러한 W : D 비율이 피검자의 인지 특징으로 다루어진다.

(6) W : D 비율

이 비율은 전체 반응수를 고려하여 검토되는데 만약 전체 반응이 17개 이하인 경우라면 W 반응은 D 반응보다 많거나 같을 것이다. 반면 전체 반응수가 평균이거나 평균 이상이라면 D 반응은 W 반응보다 많고 D : W 비율은 1.5 : 1 또는 2 : 1이 된다. 따라서 D 반응이 2 : 1 이상으로 W 반응보다 많다면 이는 W 반응에 요구되는 복잡한 인지활동을 회피하는, 지나치게 경제적이고 단순한 인지적 활동을 나타낸다고 볼 수 있다. 이와 반대로 전체 반응수가 평균일 때 W 반응수가 D 반응과 같거나 D 반응보다 많으면 피검자는 경제적인 인지활동을 희생하고 있다고 볼 수 있다. 이러한 현상이 반드시 부정적인 것은 아니고 이용 가능한 피검자의 자원의 정도와 질에 따라 다르게 해석된다. 그러나 경우에 따라서는 피검자가 자신의 자원을 효율적으로 사용하지 못하고 있음을 나타내기도 한다. 예를 들면, 정신분열증 환자와 우울증 환자의 경우 D 반응이 낮고 Dd 반응이 상대적으로 높은 경우가 있다. 이런 경우 정신병리적 상태로 야기된 혼란으로 경제적 접근이 실패되고 그들의 병리적 집착이 비통상적인 자극 형태에 접근하도록 유도하기 때문인 것으로 해석될 수 있다.

주의할 점은 모든 D 반응이 동일하게 경제적 인지활동과 연관된다고 해석되어서는 안 된다는 것이다. 왜냐하면 검사 자극이 보다 완성된 형태를 이루고 있는 경우 D+ 반응은 상당히 복잡한 분석과 통합과정을 요구하기 때문에 이러한 D+ 반응은 경제적 인지활동과는 다르게 해석되어야 한다. 높은 D+ 반응은 정확성이나 완벽주의적 인지 특징과 연관될 수 있으므로 이러한 경우 Dd 반응이 검토되어야 한다.

전체 반응수가 평균 범위에 있을 때 3개 이상의 Dd 반응은 신중하게 검토되어야 하는데 일차적으로는 강박적 인지적 특징이 고려된다. 그러나 아동과 청소년의 경우 S 반응이 증가하면서 이로 인해서 Dd 반응이 증가하는 경우가 있다. 때로는 보다 다루기 용이한 좁은 범위의 자극만을 다루는 회피적 태도와도 연관된다. Dd 반응은 잉크 반점의 모호성으로부터 일시 후퇴하는 경향성을 나타내는데, 1~3개의 Dd 반응을 보일 경우 일시적인 후퇴 경향성을 암시하는 반면, 3개 이상의 Dd 반응은 완벽주의적 특징 또는 일상적 요구로부터 회피하는 경향성을 암시한다. 특히 Dd 반응이 운동결정인과 함께 반응된다면 매우 특이한 반응영역에서의 투사를 나타내기 때문에 신중하게 그 의미가 검토되어야 한다.

3) 정서·자기지각·대인지각

사람의 감정은 매우 복잡하고 변화무쌍하며 다양하기 때문에 이해하기가 결코 쉽지 않다. 우리가 느끼는 감정은 사고에 영향을 주면서 결정에 영향을 미칠 뿐 아니라 행동양식에도 영향을 미친다. 온화한 감정이 있는가 하면 격렬한 감정도 있고 대부분의 감정은 조절하기가 어렵지 않을 수도 있으나 우리는 때때로 감정의 통제가 매우 어렵다는 것을 공감하며 살고 있다. 로샤 검사는 이러한 감정을 간접적으로 알아볼 수 있는 검사이다. 그러나 로샤 검사를 통해서 개인의 정서를 추론할 수 있다 하더라도, 사람들마다 다른 심리적 복잡성에 비추어 본다면 로샤 검사가 모든 이들의 정서를 완벽하게 밝힌다고 하기는 어렵다.

(1) 정서

① FC : CF+C

이 비율은 정서를 조절하는 특성을 이해하는 데 중요한 정보를 제공한다. 이 자료는 D 점수와 함께 검토할 때 의미 있게 해석될 수 있다. D 점수가 마이너스 영역으로 떨어졌다면 정서의 조정능력이 그렇지 않은 사람들에 비해 더 힘든 사람이며 예기치 못한 스트레스 경험에 의해 더욱 어려워질 수 있다.

FC 반응은 정서를 어느 정도 인지적으로 통제하고 있음을 시사한다. 반면에 CF와 C 반응은 인지적으로 통제하기 어려워 정서 조절의 어려움을 시사하는 반응이다. FC값이 CF+C보다 크고 순수 C가 0이라면 대다수의 사람들보다 감정조절을 잘하는 편이고, FC값이 CF+C보다 3배나 그 이상 더 크다면 이런 사람들은 감정조절을 과도하게 할 가능성이 높다. 반면에 CF+C값이 3이거나 FC값보다 높으면서 순수 C가 1이거나, 1보다 많다면 이는 감정조절의 어려움을 나타낸다고 할 수 있다. 이런 특징은 5~10세의 아동에게서는 보편적이지만 청소년에게서는 드물고 성인의 경우는 거의 나타나지 않는다. 일반적으로 5~6세 이후

C 반응이 감소하는 반면 CF는 증가하고 FC가 나타나기 시작한다. 청소년기에는 인위적이고 과장된 FC보다는 잘 통제되지 않은 색채 반응을 자주 보인다.

② CP 반응

특수점수 CP도 피검자의 정서적인 경험을 나타내는 자료이다. 피아트로프스키(1957)는 최초로 이 반응을 무채색의 반점에서 색채가 있는 것처럼 반응하는 것으로 예로 들었다. 이는 솔직한 감정을 표현하기보다는 이를 숨기고 무기력감을 해소하려는 시도로서 현실적이지 않은 긍정적인 감정을 나타내는 것이다. 이런 반응은 극히 드물어 정상인 집단에서는 700명 중에 13명만 이 반응을 보였다. 이 반응이 하나라도 있다면 이는 화나고 즐겁지 않은 감정을 부정하고 긍정적인 감정을 내보이려는 시도로 볼 수 있다. CP 반응을 하는 피검자는 자주 환경에 의해 야기되는 불쾌한 감정을 회피함으로써 현실을 외면하려는 경향이 있다.

③ 공간 반응

로샤는 공간 반응을 반대적인 행동경향이나 거부증으로 본 바 있다. 또 클롭퍼(1945)는 이를 '건설적인 자기주장'으로, 피아트로프스키(1957)는 '독립에 대한 갈망'으로 보기도 하였다.

S 반응은 감정의 복잡성을 나타내는 동시에 화나 분노 혹은 거부적인 행동을 나타내는 반응으로 볼 수 있는데 1~2개의 S 반응은 어느 정도 자기 주장적인 행동으로 볼 수 있는가 하면, 3개나 그 이상은 반항이나 적대적인 성격 특성과 관련될 수도 있다.

S 반응이 처음의 두 카드에서 나타났다면 이는 검사에 대한 저항이나 상황적인 요구에 대한 일시적인 저항으로 해석되는가 하면, 카드 III 이후의 S 반응은 성격적인 측면과 더 관련되고 이들의 환경에 대한 거부나 반항 등과 관련된 사회적인 관계의 어려움이 높다.

(2) 자기지각

이 범주에 속하는 자료들은 자기상의 특징을 나타내 준다. 자기상은 자기 스스로를 어떻게 지각하는지를 말해 준다. 어떤 이들은 현실적인 자신의 모습을 나타내기도 하고, 어떤 이들은 공상적거나 이상적인 자기상을 반영하기도 한다. 로샤 검사에서 보이는 피검자의 자기상은 반응의 일부가 아닌 전체적이고 통합적인 진술을 강조해서 해석해야 할 것이다.

① 자기중심 지표(egocentricity index)

자기중심 지표는 자기관심과 자기존중에 대한 추론을 할 수 있도록 한다. 이 지표가 성인의 경우 .45보다 높고 반사 반응이 포함되어 있다면 이런 피검자는 자기도취적인 경향이 강한 사람이며, 타인과의 관계에서 자기연민과 자기사랑을 보인다. 반면에 반사 반응이 없다면 스스로를 강하게 지각하고 타인이나 외부세계를 무시하고 자신이 이끌어 나가려 한다.

자기중심 지표가 평균보다 높은 사람은 자기의 가치를 긍정적으로 평가하지만 지나치게 자기에게 몰두하는 경향이 있다. 또한 자기중심 지표가 평균보다 낮다면 자기의 가치를 부정적으로 보고 타인과 비교하며 자신에게 호의적이지 않은 편이다. 자기중심 지표는 평균보다 낮으면서 한 개나 그 이상의 반사 반응이 있다면 이는 자기상에 대한 심한 혼란을 보이는 사람으로 변덕스런 감정을 지녔거나 행동문제를 나타낼 수도 있다.

엑스너(1974)의 연구에 의하면 우울증이 없는 환자의 자기중심 지표 평균은 .47인 반면에 우울증 환자의 자기중심 지표는 .27로 우울증 환자의 자기중심 지표가 낮았다. 어린 아동의 자기중심 지표는 5세 평균이 .69인 반면에, 9세 아동은 .55였고, 16세 청소년은 .43이었다. 이런 특성은 어린 아동일수록 반사 반응의 빈도가 높은 것과 관련된다. 또 엑스너와 무리요(Exner & Murillo, 1975)의 연구에 의하면 낮은 자기중심 지표는 강박증, 공포증, 정신신체장애psychosomatic에서 빈번하게 나타나는 경향을 보였다.

② 통경(vista)과 형태차원(FD) 반응

자기상의 발달에 있어 자기성찰은 매우 중요하다. 통경과 형태차원 반응은 모두 자기성찰과 관련되어 있다. FD 반응은 많이 나타나지만 않는다면 긍정적으로 볼 수 있다. 반면에 통경 반응은 고통스러운 정서를 가지고 있음을 시사한다. 일반적으로 정상인의 기록을 보면 청소년이나 성인 모두 통경 반응은 거의 없고 FD는 1~2개 정도를 보인다. 아동의 자료에서는 통경 반응이 5~9세에서는 없었고 10세 자료에서는 120개 기록에서 2개, 12세에서는 120개 중 4개에서만 나타났다. 그러나 13세 이후부터는 증가하는 추세를 나타내 13~14세에서 10%, 15세에서 11%, 16세에서는 15%를 보였다. 이 같은 결과는 사춘기 때 나타나는 자기성찰과 자기불만에서 비롯된 결과로 시사된다. FD 반응도 10세 이전보다는 10세 이후에 증가하여 10~16세의 아동과 청소년의 2/3가 FD를 보였다.

③ 인간 반응과 자기상

인간 반응은 사람들과의 관계특성을 나타내는데, 실제적인 관계 이외에 상상이나 공상적인 수준에서의 특성도 드러나게 된다. 그 밖에도 인간 반응은 타인이나 자기에 대한 지각특성을 투사하기도 한다. 순수 H 반응은 다른 H 반응보다 실제적인 자기상을 나타낸다고 보기 때문에 자기상을 잘 평가하려면 순수 H 반응에 주의를 기울여야 한다(Thomas, Exner, Barker, 1982). 만일에 인간 반응이 Hd가 주가 된다면 자기 자신에 대한 상이 실제보다는 상상에 기초한 것일 때가 많다. 이런 이들의 자기상은 성숙되지 못했고 왜곡되었을 가능성이 높으며 결정과정에서 소극적이고 타인과의 관계가 어려울 가능성이 있다. 또 한 개 이상의 Hx 내용이 포함되어 있다면, 이런 이들은 현실을 무시하고 너무 논리적이거나 이지적인 자기상을 가지고 있기 때문에 문제를 다룰 때 종종 관념주의에 빠지고 그 결과 자기왜곡을 심하게 보일 수도 있다.

④ 해부 반응(An)과 X-레이 반응(Xy)

자기상과 자신에 대한 관심을 나타내는 또 다른 지표는 An+Xy이다. 베크는 일찍이 이 반응들은 사람의 몸에 대한 관심이나 집착과 관련되어 있다고 보았다. 신체적 건강의 문제는 An 반응과 관련이 별로 없다는 주장도 있으나 엑스너(1975) 연구에서도 수술환자나 다이어트 프로그램을 시작하는 환자의 기록에서 An 반응이 높다는 것이 증명되었다. An+Xy 반응수가 1~2개일 때는 몸에 대한 관심 정도를 반영하는가 하면, 3개나 그 이상일 때는 지나친 신체 관심이나 집착을 나타내는 수준인데, 만일에 신체적 질환이 없는 사람이라면 심리적인 문제와 연관될 가능성이 많다.

⑤ Mor 반응과 자기상

Mor 반응은 자기감에 대한 손상과 비관적이고 부정적인 자기상을 반영한다. Mor 반응을 보이는 사람이 명백하게 부정적인 자기상을 지녔다면 이와 함께 분노, 불만족 혹은 우울감을 나타내는 경향이 있고 이러한 점에서 적응의 어려움이 있을 수 있다. Mor 반응이 1개일 때는 특별한 해석을 하지는 않는다. 그러나 2개라면 자기상이 부정적일 수도 있다는 점에서 잘 검토해 보아야 한다. Mor가 3개라면 손상된 자기지각의 특성이 좀 더 분명하며 부정적인 자기상을 강하게 내비치는 것이다.

⑥ 운동 반응과 자기상

인간 운동 반응 또한 자기상에 대한 중요한 정보를 제공한다. 운동 반응 가운데도 인간 운동 반응은 실제적인 자기와 관련된 반응으로 볼 수 있다. 운동 반응이 수동적인지, 능동적인지, 공격적인지, 피학대적인지 등에 관한 특성은 자신이 어떠한 사람인지를 드러낸다. 특히 반복적으로 등장하는 운동 반응의 특성에 주의를 기울일 필요가 있다. 예컨대, '맞는 동물', '맞는 사람', '놀림을 당하는 아이'와 같은 반응이 반복이 된다면 이는 그 자신의 모습을 그대로 반영하는 반응일 수 있기 때문이다. 물론 일관되게 운동 반응을 하는 피검자의 자료는 해석을 어떻게 할지 곤란을 겪을 경우도 많은데 이때는 불일치한다고 해서 자료를 쉽게 버리지 말고 다른 군집자료에서 의미 없다고 확인될 때까지는 재고의 여지를 남겨 두어야 한다.

(3) 대인지각과 행동

피검자가 어떻게 타인을 인식하는지를 로샤 자료를 통해 알아낸다는 것은 쉽지 않다. 그렇기는 하지만 대인지각에 포함된 변인들에서 피검자의 환경에 대한 인식과 상호 작용과 대응양식을 알아낼 수 있다. 이와 더불어 대인지각의 특성을 추론할 수 있는 자료들도 함께 살펴보고자 한다.

① 부정적인 대인지각을 시사하는 변인들

Fd 반응이 있다면 다른 사람들보다 타인의 지시에 따르고 의존적이며 순진한 편이다. 그 밖에 10세 이상의 피검자의 기록에서 재질 반응이 없다면 사람들을 경계하며 정서적으로 가까워지는 것을 꺼려하고 조심하는 경향이 있다. 만일에 재질 반응이 1개 이상 있다면 사람들과 친밀해지고자 하는 욕구가 강함을 나타낸다.

② 인간 반응과 대인관계 지각

아메스(Ames, 1971)는 10세까지는 인간 반응이 나이에 따라 증가하다가 청소년기가 되면 안정된다고 보았다. 16세 이전에는 인간 반응의 수가 성인과 같지 않기 때문에 인간 반응의 수를 고려하여 해석할 때는 이 점을 염두에 두어야 한다. 인간 반응이 평균보다 적다면 전통적인 사회지향적 가치에 준하는 행동경향이 부족한 사람들이라 할 수 있다. 예컨대, 반사회적인 행동경향이 있는 사람들이나 범죄자에게서 인간 반응이 거의 없었고, 대인관계에서 고립된 사람들도 인간 반응의 빈도가 매우 낮았다.

③ Cop와 Ag 반응

직접적으로 대인관계 상호 작용의 특성을 나타내는 지표로, 이 2개의 반응이 서로 상관이 있는 것은 아니지만 함께 살펴볼 필요가 있다.

Ag 반응의 증가는 언어적이든 비언어적이든 대인관계에서 사람들에 대한 태도가 부정적이고 적대적인 것을 나타낸다. 이들은 욕구좌절 상황에서 공격적인 행동을 쉽게 드러내고 반드시 반사회적인 행동 특성과 관련되어 있지는 않더라도 자신의 충동성을 자제하고 인내하는 데 대한 어려움이 있다.

Cop 반응은 정상인들의 80%가 적어도 한 개 정도는 나타난다. 반면에 정신분열증과 우울증에서는 40~50%만이 한 개 정도의 반응을 보였다. 이 반응은 안정되고 협력적인 인간관계를 맺는다는 점에서 긍정적으로 해석되고 있다. 그렇다고 해서 이 반응의 부재를 인간관계에서의 고립이나 불협화로 판단하는 것은 조심하여야 한다.

4) PTI, DEPI, CDI 지표

(1) 지각-사고 지표(PTI)

상승한 PTI는 정신분열병 아류에 속하는 장애의 가능성이 제기된다. 그러나 다른 자료들을 잘 검토할 필요가 있고, 검토 결과 자료들 간에 일관성을 보이지 않는다면 거부될 수 있다는 점을 염두에 두어야 할 것이다.

정신분열증 환자들은 자신의 경험을 현실적으로 지각하는 데 대한 어려움을 가지며 그 결과 이상한 방식으로 행동하고 지각상의 왜곡, 예컨대 환각을 경험하는 경우가 일반적이다. 이러한 특성을 나타내는 지표로는 XA%와 WDA% 그리고 X-%를 들 수 있다. XA%가 .70 이하이면(10세 이하 아동은 .65 이하) 현실검증력이 심각하게 손상되어 있어서 행동의 결과를 예상하는 능력이 제한될 수 있다. 마찬가지로 WDA%가 .75 이하인 사람(10세 이하 아동은 .70 이하)도 현실검증력의 손상 가능성이 있으며, XA%가 낮을 때 WDA%가 낮으면 낮을수록 뚜렷한 정신병적 상태일 가능성이 높다. X-%가 20% 이상이면 왜곡의 정도가 아주 심하다는 것을 의미한다. 예컨대, 우울증이나 성격장애에서는 X-%의 평균이 20%인 반면, 정신분열증 환자의 평균은 37%였다.

(2) 우울 지표(DEPI)

DEPI 점수가 0~4개는 실제적으로 의미가 없다. DEPI가 5개라면 피검자가 우울한 특성을 일반적으로 많이 가지고 있다고 볼 수 있으나, 경우에 따라서는 단지 쉽게 우울해지거나 기분의 기복이 있는 사람일 수도 있다.

DEPI 점수가 6~7개라면 뚜렷이 우울한 사람이고 심한 정서장애가 있다고 할 수 있다.

정서적으로 우울한 사람들과 인지적으로 비관적, 자기패배적인 사람들의 85%가 DEPI 지표 5~7개가 긍정적으로 나타난 반면에, 정상인은 3%, 정신분열증 집단의 19%, 성격장애 집단의 13%가 긍정적 점수를 보였다.

DEPI에 포함된 각 변인들에 관한 타당화 자료는 이 변인들이 인지적·정서적인 특징과 혼합되어 있음을 반영한다. 예컨대, MOR 반응, 자아중심성 지표, FD 반응, 주지화 지표는 인지적 활동을 더 강조하는가 하면 색채-음영 반응, 무채색 반응 등은 정서와 보다 직접적인 관련이 있다.

(3) 대응손상 지표(CDI)

CDI에서 4~5점을 받은 사람들은 사회적인 관계에서 어려움을 겪고 있을 가능성이 높고, 주어진 사회적인 상황에서 요구에 부응하거나 경쟁하는 데 대한 어려움 등으로 적응의 결함을 지니고 있다. 이런 점수에 해당되는 사람들은 인간관계가 제한되어 있고, 사회적인 무력감이 빈번하며, 심지어 혼동 상태에 놓였던 경험을 겪은 경우도 있다.

이 지표는 위에서 언급한 것과 같이 사회적인 활동과 대인관계와 관련이 있는 것으로 나타났으며, 정상 성인의 3%, 정신분열증 환자의 20~25%, 성격장애의 50%가 4~5점을 받는 것으로 드러났다. 반면에 약물중독자의 74%, 법적인 문제에 연루된 성격장애는 69%, 부적절한 성격inappropriate personality은 88%가 4~5점에 해당되어 성격의 문제가 심하고 적응의 곤란 정도가 심한 환자군에서 높은 빈도를 보이고 있다.

CDI가 우울 지표는 아니지만 우울증으로 진단 받은 환자들 간에서 이 지표가 나타나는 경우가 종종 있는데, 이는 우울증의 치료가 길어짐에 따라 대처능력의 손상 정도가 증가하기 때문인 것으로 해석되고 있다.

CHAPTER 10.
아동용 주제통각검사(CAT)

1 아동용 주제통각검사의 역사

2 아동용 주제통각검사 실시방법

3 검사 해석

아동용 주제통각검사 (CAT)

아동용 주제통각검사는 투사법 검사 혹은 주관적인 검사의 하나로 아동의 주요한 욕구와 갈등을 가족관계를 중심으로 이해하고자 할 때 유용한 검사이다. 10세 이전의 어린 아동을 대상으로 이들의 어머니와의 관계 및 아버지와의 형제-자매관계에서 가지고 있는 환상이나 역동성을 파악하기 위해 사람이 아닌 동물이 주인공으로 등장하고 검사 자극은 매우 풍부한 자료를 제공한다. 이 장에서는 아동용 주제통각검사의 배경 이해를 토대로 실시 방법을 익혀 입상 및 상담의 실제에 아동용 주제통각검사를 어떻게 활용할 수 있을지를 다루고자 한다. 만일에 아동이 10세가 넘을 때는 아동용 주제통각검사CAT보다는 사람이 주인공으로 등장하는 검사인 주제통각검사TAT를 사용하는 것이 적절하다. 왜냐하면 10세 이상의 아동은 동물 그림을 유치하게 여기기도 하고 사람에 대해 상상하는 것이 구체적인 실생활에 가깝고, 더 현실성 있게 이야기를 만들 수 있기 때문이다.

1. 아동용 주제통각검사의 역사

아동용 주제통각검사Children's Apperception Test의 원판은 벨락(Bellak, 1949)이 3~10세의 어린이들에게 실시하기 위해서 제작한 아동용의 투사적 성격검사이다. 같은 종류의 검사로서 성인용에는 TATThematic Apperception Test가 있는데, 이것은 성인의 성격을 진단하는 데는 매우 유용하지만 아동들에게는 적합하지 않다. 그 이유는 TAT의 도판들의 자극장면은 성인에게 알맞게 그려져 있기 때문이다. 벨락은 도판의 자극 장면들을 아동들에게 맞는 그림들, 즉 유아기와 아동기에 주로 나타나는 여러 가지 심리적 문제들이 쉽사리 투사될 수 있는 그림들로 바꾸고, 도판에 등장하는 주인공도 동물로 바꾸어서 아동용 검사인 CAT를 만들었다. CAT 도판에서 동물들을 등장시킨 이유는 어린이들에게는 인간자극보다 동물자극이 더 잘 동일시된다는 가정에서였다.

벨락에 의하면, CAT는 어린이가 주요한 인물이나 충동에 대응해 나가는 방식을 이해할 수 있도록 해준다. 더 구체적으로 말하면 음식을 섭취하는 문제를 포함하는 구강기적 문제, 형제간의 경쟁, 부모에 대한 태도, 부모의 부부로서의 상호관계, 혹은 부모가 한 이불 속에 들어 있는 것을 보는 데 대한 환상 같은 것이 아동의 반응 내용에서 추출될 수 있다는 것이다.

로샤 검사에서는 보다 기본적인 성격구조에 대한 정보를 얻을 수 있는 데 반해, CAT에서는 TAT와 마찬가지로 대인관계, 사회적 상호작용, 동일시 양식 등과 같은 아동의 보다 구체적인 문제들을 반영하는 반응들이 나타난다. 이와 아울러 반응내용에서 공포, 공격성, 애정의 원천이나 그 대상, 반응기제에 관한 단서도 얻을 수 있다.

이와 같이 CAT는 아동의 성장과정에 관계되는 문제라든지 일상생활에 관련되는 문제들을 투사시킨 검사이기 때문에, CAT의 도판들은 자연히 아동들의 생활에 익숙한 장면들로 구성되어 있다. 따라서 벨락이 만든 미국판 CAT의 도판들은 미국 아동의 생활환경을 보여주는 장면들로 그려져 있기 때문에 미국판 CAT 도판들은 문화배경 및 성장 양식을 달리하는 상이한 문화권의 아동들에게는 부적합한 점들이 있다. 도판의 이러한 부적합한 점을 고쳐 한국 아동에게 알맞게 수정된 것이 한국판 CAT이다.

'투사적 방법projective method'이라 할 때의 '투사'라는 용어는 프로이트Freud가 자아방어기제의 하나로서 소개한 투사의 개념보다 훨씬 넓은 의미를 갖는다.

벨락(1954)은 과거의 경험과 지각의 기억 흔적memory traces이 현재의 지각에 영향을 미칠 것이라고 하는 가정하에 투사 과정을 '통각적 왜곡apperceptive distortion'이라는 말로 기술하고자 했다. 과거 경험이 현재의 지각에 영향을 준다는 것은, 예컨대 TAT 도판의 아버지상에 대한 반응은 피검자 자신의 아버지에 대한 과거의 경험과 지각을 반영하는 태도들을 나타낸다는 것이다. 그리고 CAT에서 예를 든다면, [도판 1](어미 닭과 세 마리의 병아리 그림)에서 아동이 과거에 경험한 구강적 욕구라든가, 욕구의 박탈이나 혹은 충족 등이 반영될 수 있다는 것이다.

경험의 폭이 넓을수록 통각도 풍부하고 다양해지리라고 가정할 수 있기 때문에, 아동의 이야기는 성인의 것보다 덜 복잡하고 비교적 직선적일 것이라고 기대할 수 있다. 예컨대, 아버지에 대한 이야기에서 어린이들은 자기 아버지 이외에 다른 사람의 아버지들을 경험해 본 일이 거의 없으므로 그들의 반응은 자기 자신의 아버지와 관련이 깊은 이야기일 것이다. 또 어린이의 나이가 어릴수록 이야기에 나오는 어린 동물들은 친구들보다도 한 집에서 가까이 지내는 형제들을 나타내는 것이 될 것이다.

아동용 투사검사 제작에 벨락이 동물을 자극으로 사용한 이론적 가정은 어린이에게 있어서는 사람보다 동물에 대해서 더 잘 동일시되며 따라서 인간자극보다 동물자극에 대해서 더 많은 아동 특유의 심적 내용이 투사될 것이라는 것이다. 동물은 의식수준에서는 어린이의 친구로서, 꿈에서는 동일시의 대상으로서 중요한 역할을 한다. 동물은 어린이와 마찬가지로 성인보다 힘과 지혜가 약한 존재이며 만화나 동화들을 통해서 어린이들과 매우 친근한 존재가 되고 있다. 어린이의 로샤 검사의 기록에서 보면 동물 반응 비율이 높고 어린이의 공포 등에서 동물이 중요한 역할을 하는 예가 허다하다. 벨락은 또 정신병자나 원시적 사고의 단계에서는 동물들이 동일시 대상으로 자주 나타나는 것도 동물이 어린이에게 자극치가 높다는 것을 보여주는 것으로 해석했다.

2. 아동용 주제통각검사 실시방법

CAT는 복잡한 검사로 경험이 많고 숙련된 임상가가 시행해야 한다. 또한 축약된 형태로 사용한다 해도 상당한 시간이 소요되며 시행과 해석에 있어 노력이 요구된다. 검사는 집단이나 혼자서도 시행될 수 있지만 체계적인 해석은 각 기록마다 최소한 30분 또는 그 이상이 소요된다.

복잡한 심리진단을 할 때 어떤 검사를 주요 검사로 사용할지 결정하는 것은 어렵다. 이때는 투사적 검사 배터리를 사용하는 것을 권하고 싶다. 이러한 접근방법은 많은 장점을 가지고 있다. 한 검사에서 얻어진 자료보다는 여러 검사를 실시하면 상호보완을 해주기 때문이다. 그러나 더 많이 검사할수록 더 좋다는 식의 논리는 적합하지 않다. 불필요한 전체 검사의 사용은 성격검사를 어려움에 빠지게 한다. 성격검사에서 어떤 검사를 선택할지를 결정할 때는 성격의 구조와 역동을 알아내기 위한 방법이 서로 다른 것을 선택하는 것이 도움이 된다. 예를 들어, TAT와 같은 언어성 검사를 인물화 검사와 같은 표현 검사와 병행하는 것이다.

다른 모든 검사에서처럼 피검자는 편안하고, 적절한 라포르가 형성되어야 한다. 일반적으로 바람직한 것은 검사실시자가 피검자의 뒤나 옆에 앉아서 피검자가 검사자를 보지 못하고 검사자는 피검자의 표정을 볼 수 있는 위치이지만, 이러한 자세는 의심이 많고 불안한 환자나 아동의 경우에는 달라질 수 있다.

"이것은 이야기하는 검사예요. 내가 가지고 있는 그림을 너에게 보여주려고 해요. 네가 각 그림마다 이야기를 만들어 주면 돼요. 이 그림 이전에 무슨 일이 있었고 지금 무슨 일이 일어나고 있는지를 말해 봐요. 사람들이 어떻게 느끼고 생각하는지 어떻게 될 것인지도 말해 보세요. 네가 하고 싶은 어떤 이야기든지 만들 수 있거든. 자, 첫 번째 그림이에요. 이야기를 만들어 보세요."

검사자가 쓰는 지시문은 기본적으로 비슷하다. "이 검사는 여러 검사 중의 하나인 그림을 보고 상상해서 이야기하는 검사예요."라는 구절과 함께 "자유롭게 하세요."라는 말을 덧붙인다. 그리고 피검자가 물을지도 모르는 어떠한 질문에도 비지시적으로 답해야 한다. 첫 번째 이야기가 끝나면 격려의 말을 해주는 것은 허용되는데 이는 검사에 도움을 줄 수도 있다. 그렇지 않으면 피검자의 이야기가 지나치게 길거나 산만한 경우를 제외하고는 검사 도중에 아무 말도 하지 않는 것이 좋다. 이러한 경우 무슨 일이 일어나고 있는가, 왜 이러한 일이 일어나게 되었는가, 결과가 어떻게 될 것인가에 관한 이야기에 대해 원하는 바를 피검자에게 암시할 수도 있다. 만약 피검자가 완전히 서술적인 수준의 이야기를 하거나 아주 단순한 이야기만 한다면 피검자에게 어떤 일이 일어날 것이며, 사람들은 어떻게 느끼고 생각하고 있는지, 이전에는 어떤 일이 일어났는지 어떤 결과가 일어날 것인지에 대한 이야기가 필요하다는 것을 상기시킨다.

3. 검사 해석

1) 도판 설명

도판 1

- 음식이 담긴 큰 사발이 있는 탁자 주위에 병아리들이 앉아 있다. 한쪽에는 희미한 형태의 큰 닭이 떨어져 있다.

이 도판의 응답은 먹는 것과 부모에게서 충분히 먹이가 공급되었는지에 관한 것과 관련된다. 누가 더 많이 먹었는가와 누가 더 착한가와 같은 형제간 경쟁의 주제도 나타난다. 음식은 보상으로 보여질 수도 있으나 반대로 그것을 못 먹게 할 때는 벌이라고 할 수 있다. 구강기의 일반적인 문제인 만족이나 좌절, 식이 문제와 같은 것이 파악될 수 있다.

도판 2

- 한쪽에서는 한 마리 곰이 줄을 잡아당기고 다른 한쪽에서는 다른 곰이 아기 곰과 함께 줄을 잡아당기고 있다.

이 도판에서는 아기 곰이 협력하고 있는 대상이 아버지인지 어머니인지 관찰하는 것이 흥미롭다. 또한 그림을 공격성에 대한 두려움을 가진 심각한 싸움으로 보거나 혹은 아동의 공격성이나 자율성에 대한 만족으로 볼 수도 있다. 혹은 단순한 놀이로 볼 수도 있다. 협력의 대상은 피험자가 부모 중 자신을 동일시하는 인물이 되며 줄다리기의 성격은 공격이나 공포 혹은 피험자의 공격성에 대한 정보를 준다.

때때로 줄 자체가 관심의 대상이 되는데 줄이 끊어지는 것은 뒤따르는 처벌에 대한 공포이며 줄이 끊어지는 것과 함께 거세 공포로 대변되는 자위에 대한 상징적인 반응일 수도 있다.

도판 3

- 담뱃대와 지팡이를 가진 사자가 의자에 앉아 있고 오른쪽 구석의 구멍에는 작은 쥐가 보인다.

사자는 일반적으로 담뱃대와 지팡이라는 상징들을 가지고 있는 아버지상으로 보여진다. 사자가 아버지상으로 표현될 경우 지팡이는 공격의 도구로 보여지거나 반면에 무서워할 필요가 없는 무기력한 존재를 보여주는 것이기도 하다. 그러므로 사자를 아버지로 보았을 때는 사자가 인자한지 혹은 위험한지에 대한 정보를 알아보는 것이 중요하다. 많은 경우 아동들은 쥐를 자신과 동일시하게 되는데 이러한 경우 잔꾀나 상황에 의해 사자보다 힘이 센 존재로 상황을 뒤바꾸게 된다. 때로는 사자와 자신을 동일시하거나 역할을 뒤바꾸는 경우가 있는데 이는 순종과 자율 사이에서 자신의 역할에 대한 혼란의 증거나 갈등을 나타낸다.

도판 4

- 어두운 방에 이불이 깔려 있고 어린 토끼가 혼자 앉아 있다.

이 도판에서는 어둠에 대한 공포와 혼자 남겨지는 것, 부모에게 버려지는 것, 다른 방에서는 무슨 일이 일어날까 하는 호기심 등의 반응이 일반적이다. 다른 이불에서 부모의 동침을 상상할 수도 있는데 이것은 성기기의 오이디푸스 콤플렉스를 상징할 수도 있다.

도판 5

- 어두운 동굴에 희미하게 보이는 곰 두 마리가 있고 그 앞에 작은 곰이 엎드려 있다.

이 도판에서는 부모의 동침 장면에 대한 반응이 나타날 수 있다. 그러므로 도판 4의 내용을 확장하거나 미처 하지 못했던 반응까지 투사될 수 있다. 그러므로 삼각관계에서 있을 수 있는 일반적인 질투가 나타날 수 있고 잠자리에서의 자위행동 문제가 보여질 수도 있다.

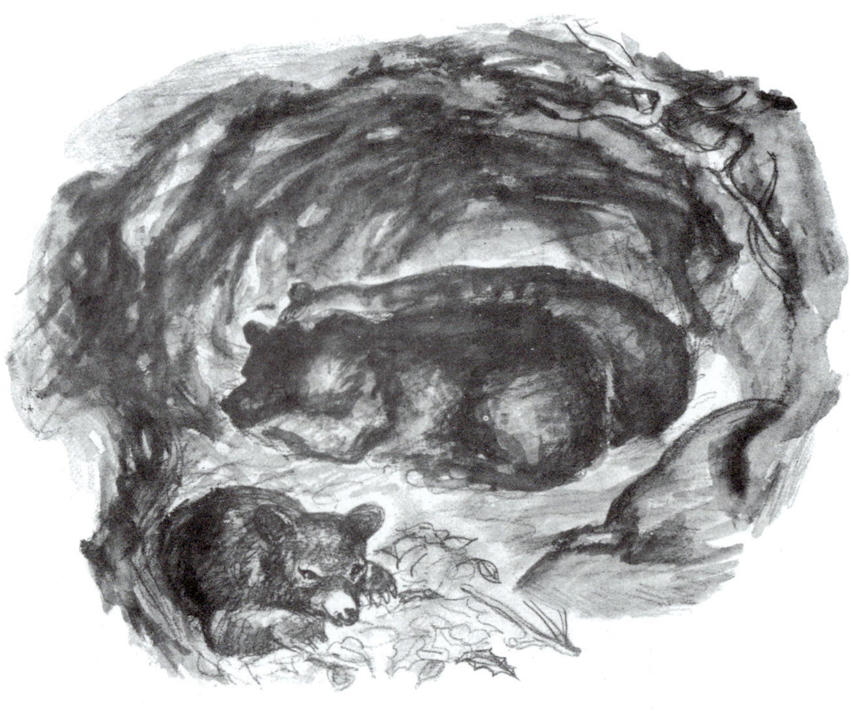

도판 6

- 이빨과 발톱을 가진 호랑이가 원숭이에게 덤벼들고 있다.

공격성에 대한 두려움이나 이것을 다루는 아동의 방식이 나타나게 된다. 대부분 불안의 정도가 명확한데 가끔은 그 정도가 너무 커서 도판 보는 것을 거부하거나 전혀 무섭지 않은 다른 이야기로 바꿔 버리기도 한다. 동물의 꼬리에 관심을 보이는 것은 거세에 대한 공포의 투사로 볼 수 있다.

도판 7

- 두 마리 어른 원숭이들은 소파에 앉아 차를 마시고 다른 한 마리 원숭이는 그 앞에 앉아 아기 원숭이에게 이야기를 하고 있다.

이 도판에서는 가족 구성에서 아동이 생각하는 자신의 역할을 보여준다. 앞에서 이야기를 하는 원숭이는 부모 중에서 아동이 해석하는 인물과 동일시된다. 그러므로 큰 원숭이의 행동이 아기 원숭이를 혼내는 것인지 아니면 친절히 무엇인가를 말해 주는 것인지에 대한 이야기로 아버지와 어머니 중 누가 자상하며 혹은 지배적인지에 대한 정보를 얻을 수 있다. 차를 마시는 일에 관심을 갖는다면 구강기의 주제가 나오는 것이다.

도판 8

- 강아지가 개의 무릎에 앉혀 있다.

이 도판은 잘못과 그에 대한 체벌에 관한 것으로 도덕적 개념을 보여준다. 대소변 훈련과 자위행위에 관한 이야기가 자주 등장하며 다른 도판에 비해 뚜렷한 퇴행 현상도 나타난다.

도판 9

- 과일 가게 앞에 하마가 서 있고 다람쥐 두 마리가 과일을 손에 들고 달아나고 있다.

이 도판은 도덕 관념에 관한 것으로 도벽과 벌에 대한 아동의 생각을 알 수 있게 한다. 특히 사회적 상황에서의 도덕 관념을 다루게 된다. 야단을 치는 하마를 사과를 나누어 주는 인자한 모습으로 지각하는 것은 권위에 대한 아동의 긍정적인 사고를 나타낸다고 할 수 있다.

보충도판 1

- 이 그림은 미끄럼틀에 있는 네 마리 다람쥐를 보여주고 있다. 한 마리는 막 내려오고 있고 또 한 마리는 내려오려고 하고 있으며, 나머지 두 마리는 사다리를 올라가고 있다. 첫 번째와 세 번째는 수컷이고 두 번째와 네 번째는 암컷을 암시한다.

놀이 상황은 신체적 활동이나 상해에 대한 두려움이나 또래(특히 이성)와의 사회적 활동에서 문제를 보여준다. 아동은 이 장면에서 행복하거나 두렵거나 싸우는 장면 등으로 반응할 수 있다.

보충도판 2

- 세 마리 원숭이가 교실에 있다. 두 마리는 책상에 앉아 있고 한 마리는 손에 책을 들고 서 있다. 세 번째 원숭이는 꼬리를 잡고 있다.

이 도판은 교사와 학교 친구 혹은 교실 상황에서 여러 가지 문제를 투사할 수 있다. 특히 그림에서는 보이지 않는 교사의 특징이나 자신의 지식에 대해 보여주고 싶은 욕망, 무대 공포 등에 대한 내용이 나타나기도 한다. 꼬리를 잡고 있는 원숭이는 자위행위에 대한 이야기를 끄집어낼 수 있다.

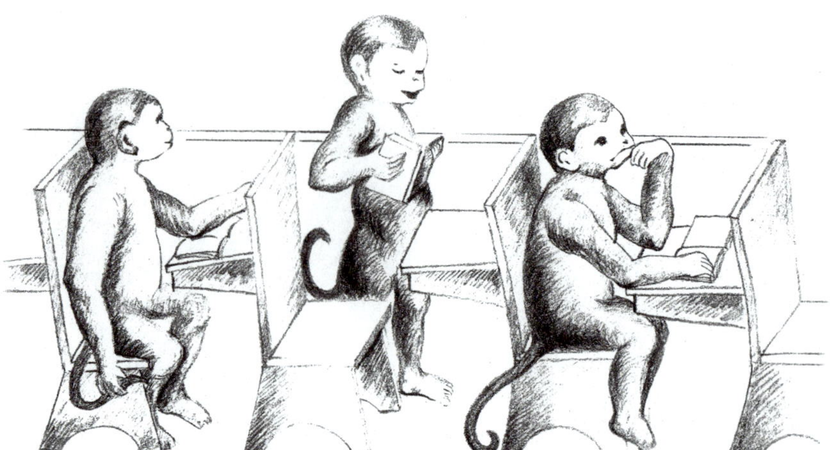

보충도판 3

- 소꿉놀이 장면으로 엄마 쥐가 큰 안경을 낀 아빠 쥐에게 차를 따라주고 있다. 장난감과 인형이 흩어져 있다.

이 도판에서 아동들은 어른이 되는 것에 대한 환상과 그들에게 적절하다고 여겨지거나 혹은 금지된 일에 관해 말할 수 있다. 이 도판은 성인에 대한 특정한 동일시를 자극하기 때문에 생활전기적인 측면의 자료보다는 소망적인 환상을 보여주는 경향이 있다. 그러므로 가능하면 환상 수준의 이야기를 끌어내야 한다.

보충도판 4

- 큰 곰 한 마리가 두 마리의 아기 곰을 품고 있는 그림이다.

이 도판에서는 구강기 욕구와 어린 동생에 대한 적대감, 퇴행 경향 등의 주제가 나타난다. 엄마 곰에 대한 설명은 아동의 독립성과 의존성 간의 갈등과 일반적인 부모관계에 대한 정보를 제공한다.

보충도판 5

- 엄마로 보이는 토끼가 어린 토끼를 학교(유치원) 문 앞에서 선생님 토끼에게 데려다 주려고 하고 있다. 운동장에는 많은 동물들이 놀고 있다.

이 도판에서는 처음으로 학교나 유치원에 다니는 아동의 문제에 대한 정보를 얻을 수 있다. 유치원에 대한 태도와 교사에 대해 가지고 있는 생각을 밝히고 부모로부터 얼마나 독립적인지도 이 도판을 통해 나타난다. 가끔은 신체적 활동에 대한 자신감이나 두려움을 찾아내기도 한다.

보충도판 6

- 캥거루가 꼬리와 다리에 붕대를 감고 목발을 짚고 서 있다.

이 그림은 상해나 거세에 대한 공포를 자극한다. 신체적 결함이나 부적절감에 대한 아동의 느낌과 신체상에 대한 정보도 제공한다. 신체적 결함에 대한 사회적인 저항의 정도도 나타난다.

보충도판 7

- 고양이 한 마리가 거울 앞에 서서 자신을 비춰 보고 있다.

이 도판은 신체상에 대한 아동의 생각을 알 수 있게 해주는 그림으로 그것은 용모에 대한 자부심이나 열등감으로 나타난다. 특히 꼬리는 성기의 중요성으로 해석된다. 성차와 노출에 대한 생각도 나타난다.

보충도판 8

- 토끼 의사가 아기 토끼를 청진기로 진찰하고 있다. 뒤에 약병이 보인다.

이 도판에서는 질병, 수술, 의사, 병원에 대한 아동의 공포가 나타난다. 자신에게 임박했거나 이미 겪은 수술이나 질병의 충격이나 개인적인 의미에 대한 정보를 제공받을 수 있다.

보충도판 9

- 목욕탕에서 큰 고양이가 몸을 씻고 있고 작은 고양이는 문틈으로 이를 지켜보고 있다.

이 도판에서는 성차, 나체, 관음증, 가족 목욕 습관에 대한 정보를 얻을 수 있다. 이러한 내용이 가져다주는 자극의 강도에 상관없이 아동은 자신의 불편감을 다루게 된다.

2) 분석 및 해석

CAT 반응의 분석과 해석에 들어가기 전에 먼저 피험자의 인적 사항과 각 도판에 대한 반응, 즉 진술 내용을 기록해야 한다.

기록용지는 '임상용 기록 및 분석 용지'와 '연구용 기록 및 분석 용지'의 두 종류가 있다. 보통 특정한 개인에 관한 진단적 자료를 얻고자 할 때는 전자를 사용하고 어떤 집단에 관해 규범적 자료를 수립하고자 할 때는 후자를 사용한다. 물론 검사자의 필요에 따라 양자를 사용해도 무방하다.

(1) 인적 사항의 기록

인적 사항의 기록은 '임상용'이나 '연구용'이나 다 같으므로 동일한 요령으로 기입한다. 인적 사항을 기록하는 데 있어서 주의해야 할 것은 개인의 신상에 관한 정보를 묻는 것이 피험자의 기분을 상하게 하는 경우가 있음을 알아야 한다. 그러므로 만일 피험자가 검사에 저항을 느끼고 있거나 지나치게 긴장해 있다고 판단할 때는 검사가 끝나고 인적 사항을 기입하는 것이 좋다. 그러나 이 경우 검사가 끝났다는 생각에서 흔히 인적 사항의 기록을 빠뜨리는 수가 많다. 이러한 실수는 검사자에게도 일어나기 쉬운 일이므로 각별한 주의가 필요하다.

(2) '임상용 기록 및 분석 용지'의 기록

다음에는 아동이 각 도판에 대해 나타난 반응을 '임상용 기록 및 분석용지'에 기록하고 분석한다.

기록 요령을 용지에 적혀 있는 항목에 따라 설명하면 아래와 같다.

① 진술내용

이 항목은 피험자가 말한 이야기 내용을 그대로 적으면 된다. 피험자가 질문으로 이야기를 유발시킬 수 있으므로 이런 경우에는 이 난의 아래에 있는 질문이라고 적혀 있는 곳에 기입한다.

임상용 기록 및 분석 용지

<table>
<tr><td colspan="5">[도판 1]</td></tr>
<tr><td colspan="2">1. 진술</td><td colspan="3"></td></tr>
<tr><td colspan="2" rowspan="2">2. 주제</td><td>① 기술적 수준</td><td>② 해석적 수준</td><td>③ 진단적 수준</td></tr>
<tr><td></td><td></td><td></td></tr>
<tr><td colspan="2">3. 주인공의 동일시</td><td colspan="3"></td></tr>
<tr><td rowspan="4">4. 주인공의 주욕구</td><td>① 주인공의 행동적 욕구</td><td colspan="3"></td></tr>
<tr><td>② 도입된 대상과 내포된 욕구</td><td colspan="3"></td></tr>
<tr><td>③ 간과된 대상과 내포된 욕구</td><td colspan="3"></td></tr>
<tr><td>④ 세부 강조와 내포된 욕구</td><td colspan="3"></td></tr>
<tr><td rowspan="4">5. 주위 인물에 대한 지각</td><td>① 부모에 대한 지각</td><td colspan="3"></td></tr>
<tr><td>② 동년배에 대한 지각</td><td colspan="3"></td></tr>
<tr><td>③ 어린 대상에 대한 지각</td><td colspan="3"></td></tr>
<tr><td>④ 큰 대상에 대한 지각</td><td colspan="3"></td></tr>
<tr><td colspan="2">6. 주요한 갈등</td><td colspan="3"></td></tr>
<tr><td colspan="2">7. 불안의 특성</td><td colspan="3"></td></tr>
<tr><td colspan="2">8. 주요 방어 기제</td><td colspan="3"></td></tr>
<tr><td colspan="2">9. 초자아의 적절성</td><td colspan="3"></td></tr>
<tr><td colspan="2">10. 자아의 강도</td><td colspan="3"></td></tr>
<tr><td colspan="2">11. 임상적 특징</td><td colspan="3"></td></tr>
</table>

그림 10-1 임상용 기록 및 분석 용지

반응의 기록의 편리를 돕기 위해서 녹음기를 사용해도 좋다. 녹음기를 사용하는 경우에는 피험자가 녹음기 때문에 불안해할 수도 있으므로 주의를 요한다. 이럴 때는 녹음기를 쓰는 것을 미리 설명을 해주고 양해를 구하는 것이 좋다.

② 주제

주제는 CAT 반응 분석의 시작이다. CAT에서는 아동이 CAT의 각 도판에서 무엇을 떠올렸는지, 왜 그러한 이야기(또는 해석)를 하는지, 또 이러한 해석이나 이야기가 내적 세계에서 어떤 의미를 갖는 것인지를 알아내는 데 역점을 둔다. 그러나 실제로 아동들이 한마디로 요점을 이야기하는 것이 아니고 이런 이야기로 했다 저런 이야기로 했다 하므로 이러한 이야기에서 발견되는 공통적인 주제를 찾아내야 한다. 그러므로 이 항목에는 '진술'란에 기록된 이야기 내용에서 추려지는 공통적인 요점을 적는 진단적 수준으로 나누어 기술한다.

예를 들어 [도판 1]에서 아동이 말하기를 병아리들이 아침밥을 먹고 놀러 가려고 하는데 엄마 병아리가 "냇가에서 놀면 안 돼. 물에 빠지면 큰일난다, 엄마 말 들어라."라고 했다. 그래서 병아리들은 "안 갈게요."라고 말했는데 어머니 말을 안 듣고 냇가에 갔다가 빠졌다. 그래서 엄마 병아리한테 가서 우니까 엄마 병아리가 "가면 안 된다고 했지."라고 꾸지람해서 그 후에는 절대로 가지 않았다면 아래와 같이 요약해서 기록할 수 있다.

• 기술적 수준	• 해석적 수준	• 진단적 수준
병아리들이 어머니 말을 안 듣고 냇가에 갔는데	어머니 말을 거역하면	자율에의 욕구
빠져서 울었고 다시는 가지 않았다.	좋지 않은 일이 생기니 다음부터는 말을 잘 듣는다.	초자아의 증거 권위적 대상에 대한 순종

아동의 이야기들은 대부분의 경우 하나 이상의 주제를 갖기도 하며 주제들

이 복잡하게 상호 관련되어 있기도 하다. 주제가 명확히 구분되는 경우에는 상이한 주제들을 다 기록하고 이들의 관련성을 검토해 볼 수도 있다. 이러한 경우 분석지의 여백이 없으면 뒷면의 '비교사항'란에 기입할 수 있다.

③ 주인공의 동일시상

CAT의 이론적 기본 가정은 피험자가 도판 중에 어떤 대상에 자기를 동일시하게 된다는 것이다. 그러나 실제로는 '나는 이중에 누구이다'라는 식으로 피험자의 동일시 대상을 명확히 말하지는 않는다. 대체적으로 여러 이야기의 내용에서 자주 주인공으로 등장시키고 있는 인물 혹은 대상이 피험자의 동일시상이라고 볼 수 있다. 그러므로 누가 이야기의 주인공인지를 찾아내는 것은 분석상 매우 중요한 의미를 갖는다.

아동들의 이야기를 검토해 보면 대개 피험자와 성별이나 연령이 같고 처지가 같은 인물이 주인공이 되곤 한다. 그러나 때로는 이야기 속에서 주인공을 찾기가 어려울 때도 있다. 그래서 스테인Stein은 주인공을 찾아내기 위한 단서를 다음과 같이 언급한 바 있다. 즉, 주인공은 다음과 같은 특성을 갖고 있다는 것이다.

- 이야기의 중심이 되고 있는 인물
- 피험자가 처음부터 이야기를 시작하는 인물
- 이야기 속에서 피험자의 주의의 초점이 되고 있는 인물
- 중요한 행동을 하는 데 주동적 위치에 있는 인물
- 다른 인물들이 모두 그 사람에게 향해서 말하거나 그 사람을 중심으로 상황이 진행되고 있는 인물

이런 점들을 고려하여 이야기 내용에서 주인공으로 보이는 대상을 찾아내어 그 대상을 기록하고 그의 연령, 성별, 직업, 능력 및 기타 특징들을 간단히 적는다(만일 성별, 직업 등이 이야기 속에 나타나 있지 않을 때는 적지 않는다). 그런데 때로는 주인공이 하나 이상일 수도 있고, 처음에는 이 대상에 동일시했다가 나중에는 다

른 인물을 동일시하기도 하고 때로는 둘 다에 동일시하기도 한다. 이런 경우는 드물기는 하지만, 이와 같은 동일시는 특별한 주의가 요망된다. 이야기의 중요성으로 보아 이차적으로 동일시한 대상의 특징에 한층 더 깊이 억압된 무의식적 태도를 반영하는 경우도 종종 있다.

④ 주인공의 주요 욕구

피험자의 욕구는 이야기 가운데 나타나는 주인공의 행동 안에 투사될 때가 많다. 그리고 도판에 없는 대상이나 상황을 만들어서 이야기하거나 도판에 분명히 그려진 어떤 부분이나 대상을 빠뜨리고 이야기한다면 주인공의 주욕구가 반영되어 있을 수 있다. 그러므로 '주인공의 주욕구'란은 다음과 같이 세분해서 기입하도록 되어 있다.

주인공의 행동적 욕구　여기에는 피험자가 동일시하는 주인공의 행동을 자세히 읽고 분석해서 그에 반영된 욕구를 적어 넣는다. 예를 들어, 앞에서 예로 든 이야기를 보면 '병아리들은 엄마 말을 안 듣고 냇가로 놀러 갔다…'에서 주인공은 엄마의 명령을 거역하고 놀러 가고 싶은 충동을 나타내고 있다. 그러므로 이 경우에는 '자율의 욕구'라고 기입한다. 그런데 아동의 CAT 안에는 주인공의 행동들이 일관되어 있지 않고 복잡하거나 이질적일 때가 많다. 그런 경우에는 2가지 혹은 그 이상의 욕구를 분석해 보아야 한다. 어느 경우에서든지 이러한 욕구를 분석하는 일은 쉬운 일이 아니므로 참고문헌들을 많이 읽고서 욕구분석의 기준과 기술을 충분히 익히고 연습하는 과정이 필요하다.

도입된 대상과 내포된 욕구　이 항목은 이야기 내용을 자세히 읽고서 도판에 없는 인물이나 상황을 찾아내고 그것이 실제적으로는 어떤 의미를 갖고 있으며 상징적인 의미는 무엇인지를 알아낸다. 예를 들면, 앞의 예에서는 '냇가에 갔다가 빠졌다…'고 진술하고 있는데 이와 같은 개울에서의 사고는 방뇨 또는 야뇨로 저항욕구를 나타내는 것일 수도 있다. 이 경우에는 '냇가에서의 사고는 저항의 욕구'라고 적는다. 그러나 '냇가에서의 사고'에서 '저항의 욕구'를 분석해 낸다는 것은 초보자에게는 매우 힘들고 때로는 위험한 해석일 수도 있다. 이런 경우에는 여백에 '야뇨증'이라고 기록해 두었다가 피험자의 생활사 배경에서 이에 대한 증거가 있는지를 살펴보는 것이 바람직하다.

빠진 대상과 내포된 욕구 여기에서는 도판에 있는 인물이나 사물 중에서 무엇이 빠졌는가를 보고서 그 의미를 찾아는 것이 중요하다. 어떤 대상을 빠뜨려 버렸다면 흔히 그 대상이 없었으면 하는 바람의 표현일 수 있고(때로는 적대감을 뜻하기도 한다.), 반대로 그 대상이 자기에게 이로운 존재이기 때문에 심한 갈등을 야기시키는 것일 수도 있다. 앞의 예에서는 병아리 세 마리가 각각에 대한 언급이 없고 두 마리의 병아리는 턱받이를 하고 있는데 한 마리는 없다는 사실로 간과하고 있다. 이것은 부모의 편애로 말미암아 일어나는 형제에 대한 질투나 적대감을 시사하는 것일지도 모른다. 따라서 이 항목에는 '병아리 각각에 대한 언급 없음-형제간의 적대감'이라고 적어 두고서 실제의 형제관계를 알아보아 참고한다.

세부에 대한 지각과 내포된 욕구 일반적으로 간과하기 쉬운 세부를 어떤 피험자는 특히 강조해서 이야기하는 경우가 있다. 이것은 피험자의 특정한 욕구를 반영하기도 한다. 그러므로 피험자가 어떤 세부를 강조하는지를 살펴보는 것은 흥미있고도 시사적이다. 앞의 예와 같이 특별한 언급이 없을 경우도 있는데 그런 경우에는 이 항목을 공란으로 남겨 두면 된다. 그러나 만일 도판에서 어떤 아동이 맨 뒤의 원숭이가 꼬리를 만지고 있다는 것을 강조해서 이야기했다면 꼬리의 상징적 의미로서 자위행위나 남근기 주제의 욕구를 시사한다고 보아야 할 것이다.

⑤ 주변 인물에 대한 자각

아동이 도판의 등장인물들을 자기 주위의 어떤 인물들과 동일시하고 그들을 어떻게 지각하는가를 알아보는 것은 아동의 주변 사람들에 대한 심리적 역동을 이해하는 데 중요한 참고자료가 된다. 예를 들어, 어떤 대상을 아버지로 보고, 어떤 대상을 어머니로 보느냐는 아동에게 매우 중요한 의미를 갖는다. 그 대상에 대한 행동이 어떠한지는 부모에 대한 심리적 친근감이나 거리감을 반영한다. 그러므로 여기서도 ① 부모에 대한 지각, ② 또래에 대한 지각, ③ 연장자에 대한 지각, ④ 어린 대상에 대한 지각의 4가지 범주로 나누어 주위 인물들에 대한 지각을 분석하여 기록하도록 되어 있다. 이 항목의 기록을 예컨대 전술한 예에서는 '어머니가 냇가에 가면 못써, 가면 안 된다고 했지?'하는 식으로 말하고 있으며 이것은 이 피험자가 어머니를 매우 교훈적으로 인식한다는 점을 발견할 수 있다. 그러므로 이 경우에는 '어머니-교훈적'이라고 적으면 된다.

⑥ 주요 갈등

이 항목은 피험자가 이러한 갈등을 가지고 있는지 그 갈등의 특성과 강도를 파악하는 동시에 그러한 갈등으로 인해서 일어나는 불안에 대해 피험자가 어떠한 방어기제를 사용하는가를 평가하게 된다. 앞의 예에서 본다면 어머니가 냇가에 못 가게 했는데도 말을 안 듣고 냇가에 간 것은 어머니의 명령에 대한 저항을 나타내는 것이다. 한편 물에 빠진 다음에 어머니에게 꾸지람을 듣고 다시는 가지 않았다는 것은 권위적 대상에 대한 복종을 나타낸다. 따라서 이 사례에서는 초자아와 저항 혹은 공격의 욕구 간 갈등을 보인다고 할 수 있다. 이 경우에는 '초자아와 공격 욕구의 갈등'이라고 적으면 된다.

⑦ 불안의 특성

아동의 주된 불안이 무엇인지를 알아내는 것은 매우 중요하다. 신체적 상해, 처벌, 사랑의 결여나 상실에 대한 공포, 혼자 남게 되는 일에 대한 공포 등이 아동의 주요한 불안이다. 어떤 갈등과 불안은 정상적인 성장과정에서 보이는 보편적인 것일 수도 있고, 어떤 것은 정신병리적인 것일 때도 있다. 진단에서는 보편적인 것인지 병리적인 수준인지를 구별해야 한다. 이를 위해서는 피험자의 생활사

자료와 규범적인 사례의 자료를 비교 검토할 필요가 있다. 앞의 예에서 보면 병아리들이 개울에 빠진 경험을 이야기하고 있는 것으로 보아 사고로 인한 신체적 상해를 두려워하고 있음을 암시한다. 따라서 이 경우에는 '신체적 상해에 대한 경미한 수준의 불안'이라고 적는다.

⑧ 주요 방어기제

이제까지는 이야기 내용들을 욕구, 갈등, 불안의 차원에서 분석해 보았다. 여기서 한 걸음 더 나아가 주인공의 욕구, 갈등, 불안에 대한 방어기제도 함께 검토해 보는 것이 피험자의 역동적 이해에 도움이 된다. 방어기제의 평가는 욕구와 갈등이나 불안에 대한 개별적인 검토보다 훨씬 더 많은 정보를 제공해 줄 뿐만 아니라 피험자의 성격구조를 깊이 있게 탐색하게 해준다.

아동의 주된 방어기제가 무엇인지를 알아보는 것 외에 이야기 속에 숨겨 있는 방어기제를 알아보는 것도 도움이 된다. 이야기 내용이 여러 개의 주제로 구성되어 있고 주인공의 욕구도 다양하여 방어기제도 다양하게 나타날 수가 있다. 방어기제가 여러 가지로 나타나는 경우에는 나중에 나오는 방어기제가 점점 더 해롭지 않은 것으로 바뀌면서 더욱더 방어적으로 되는 것이 보통이다.

앞의 예에서 보면 병아리가 냇가에 가지 말라고 하는 어머니의 말을 듣지 않고 냇가에 갔지만(여기서는 저항의 욕구가 나타남) 나중에는 꾸지람을 듣고 다시는 가지 않는 것(권위적 대상에 대한 복종)으로 보아, 이 주인공의 방어기제의 하나는 반동형성이라고 볼 수 있다. 또한 병아리가 물에 빠진 다음에 어머니에게 가서 울었다는 것은 이 연령 수준에서 볼 수 있는 정상적인 퇴행이며 동시에 방어기제라고 볼 수 있다. 그러므로 이 경우에는 '반동형성과 정상적인 퇴행'이라고 적는다.

⑨ 초자아의 적절성

주인공의 범죄 행위나 실수 및 과오에 대한 처벌이 그가 저지른 잘못의 특성이나 정도에 비추어 볼 때 타당하고 적절한가 하는 것은 주인공의 초자아의 엄격성을 보여준다. 예컨대, 주인공이 정신병 환자라면 살인을 하고서도 자기가 해야 할 삶의 연습으로 아무렇지도 않게 생각할 수 있으며, 신경증적 주인공은 별거 아닌 공격적 행동도 고의적인 행동으로 생각하여 죄악시하고 죄책감을 나타낼 수가 있다. 그리고 통합되지 않은 초자아가 어떤 경우에는 아주 엄격하고 어떤 경우에는 과대하게 표출되기도 한다. 그러므로 이야기 속에 나타나는 주인공의 초자아의 적정성 여부는 피험자의 성격구조를 이해하는 데 유용한 정보를 제공해 준다.

앞의 예에서 병아리가 어머니의 말을 안 듣고 냇가에 갔기 때문에 물에 빠진 것을 뉘우치고 다시 안 가기로 한다는 것으로 보아 이 피험자의 초자아는 중간 정도 내지는 약간 엄격한 편이라고 볼 수 있다. 그래서 이 경우에는 '약간 엄격'이라고 기입해 둔다.

⑩ 자아의 강도

여기에서는 내적 충동이나 현실로부터 오는 요구와 초자아의 명령을 어떻게 타협하고 조절하는지를 검토한다. 뿐만 아니라 주인공이 외부 자극에 대해서 얼마나 민감하며 어떠한 자극에 더 집착하는지를 알아낼 수도 있다. 주인공이 자기 자신의 욕구에 너무 집착한 나머지 현실적 요구나 또는 초자아의 명령을 감지하지 못하는 수도 있다. 그러므로 주인공이 그의 욕구와 현실 및 사회규범 내지 도덕적인 행동 간의 갈등을 처리하는 방식의 적절성을 알아내는 것은 매우 중요하다.

이것을 앞의 예를 가지고 보면 이 주인공은 냇가에 가고 싶은 충동은 한 번 가봄으로써 충족시키고 있고 한편으로 어머니의 꾸지람에 대해서는 복종으로 대응하고 있다. 즉, 자아강도는 '적절하고 현실적'이라고 할 수 있다.

⑪ 임상적 특징

이 항목의 기록은 각 도판에 나타난 반응분석 전체를 요약, 종합해서 기록하거나, 각 난의 분석에는 지적할 수 없었던 진단적 단서, 말하자면 그 한 가지 진술만으로는 단정을 내릴 수 없지만 검사자가 주관적으로 보기에 의문시되는 점을 지적해 둔다.

예를 들면, 앞의 이야기에서 병아리 뒤쪽의 큰 닭을 한 번은 수탉이라고 말하고 한 번은 암탉이라고 말하는 것은 이 아동의 부모에 대한 지각의 불분명함을 반영하는 것으로 기록해 둔다. 그리고 나서 나중에 나오는 도판들에서 이 점을 다시 확인해 보도록 한다.

CHAPTER 11.
집-나무-사람(H-T-P) 검사

1 집-나무-사람 검사의 배경

2 집-나무-사람 검사의 실시방법

3 집-나무-사람 검사의 해석

집-나무-사람(H-T-P) 검사

집-나무-사람 검사는 어린 아동들에게도 매우 친숙하고 모든 연령의 피검자들에게 거부감 없이 사용될 수 있는 검사라 할 수 있다. 아동 스스로가 언어로 표현할 필요 없이 개인의 성격적 측면들이 자유로운 표현을 통해 드러난다는 점에서 검사자들이 아동심리검사 중에서 많이 선호하는 검사에 속한다. 집-나무-사람 검사는 아동이 이미 전에 많이 그려왔기 때문에 쉽게 그릴 수 있는가 하면 너무 숙달되거나 상동적으로 그리는 방식에 따르는 경향이 나타나기도 하여 이에 대한 검사자의 해석상 어려움을 가져올 수도 있지 않느냐는 질문도 적지 않다.

그러나 이 검사에서 검사자가 주의를 기울여야 할 사항은 피검자의 그림 솜씨나 상동적인 방식의 그림 내용보다는 그림의 전반적 특성과 세부에 나타난 특징을 잘 종합하여 전체적으로 그림을 보아야 한다는 점이다. 이 장에서는 집-나무-사람 검사의 배경과 실시방법을 소개하고, 이에 대한 버크Buck를 중심으로 한 해석적 견해를 제시하고자 하였다. 검사자는 이를 참고로 하여 피검자의 자기상과 가족관계, 정서적 특징과 문제점을 검토하는 데 활용할 수 있을 것이다.

1. 집-나무-사람 검사의 배경

H-T-P 그림검사에서는 피검자 자신에 대한 관점과 환경에 대한 내부적인 관점이 드러난다. 피검자들이 그린 그림에서는 자신들이 중요하게 생각하는 영역들이며 피검자 스스로는 자신의 내부가 임상적으로 해석될 수 있다는 것을 미처 알지 못한다. 자신도 모르게 자연스럽게 성격발달과 관련된 정서적인 면들과 역동을 나타내 준다는 점에서 H-T-P는 강점을 지니고 있다.

버크(Buck, 1947)는 집-나무-사람 검사가 연령과 관계없이 폭넓게 적용될 수 있는 이유를 다음의 3가지로 설명한 바 있다.

① 이 검사에서 그리는 집, 나무, 사람은 나이가 어린 아동들에게도 친숙하다.
② 피검자의 입장에서 볼 때 모든 연령이 그릴 수 있는 주제로 다른 대상을 그리는 것보다 받아들이기 쉽다.
③ 집, 나무, 사람은 다른 것을 그리는 것보다 그린 것들에 대해 솔직하고 자유롭게 이야기할 수 있다. 동시에 이 그림들은 개인의 무의식과 관련하여 풍부한 상징을 나타내 준다.

버크는 영국의 그리피스Griffiths에 사는 어린이들에게 자유롭게 그리고 싶은 것들을 그리게 한 연구를 통해 집, 나무, 사람을 아동들이 가장 선호하는 것으로 확인한 바 있다. 이 3가지 주제 가운데 가장 선호하는 그림은 사람이었고, 그 다음은 집, 그리고 나무와 꽃의 순이었다.

버크와 에밀 주커Buck & Emil Jucker는 나무그림이 투사적인 면이 많다는 것을 알아냈다. 이전에도 나무는 신화나 각 문화에서 투사적인 성격을 지닌 것으로 여겨왔으며 인간이나 인간을 초월한 상징의 대상으로 표현되어 오기도 했다. 피콘 리비에르(Pichon Riviere, 1950)가 집을 짓는 놀이를 하는 아동들을 연구한 결과에 의하면 어린이들에게 있어서 집은 아이들의 몸이나 자신들이 부모와 함께 사는 집을, 드물게는 자궁을 나타낸다는 점을 발견했다.

이러한 점에서 때로 성기에 관한 갈등과 문제를 지닌 아동은 굴뚝을 강조하여 그리는가 하면 집에서 끊임없는 논쟁과 마찰로 억압당해 온 아동의 그림에서는 시꺼먼 연기가 상당히 많이 나오는 것으로 아동의 가족과의 관계를 표현하기도 한다. 시꺼먼 연기는 집이 소란하고 불편하고 화가 치미는 곳이라는 점을 반영해 준다. 마찬가지로 집을 감옥처럼 철창이 있는 곳으로 표현했다면 집은 떠날 수도 도저히 벗어날 수도 없는 곳이라는 생각을 반영하거나, 집안의 상황에 대한 자신의 생각을 그림으로 나타낸 것이다. 또 버크는 집의 구조를 이상한 형태로 그린 아동은 신체상과 연관된 불안한 정서를 반영한 것으로 보기도 했다. 반면에 사람그림은 현재 자신의 모습이나 자신이 추구하는 이상적인 상을 표현하며, 자신의 상과 관련된 갈등이나 감정 등을 나타내기도 한다.

성폭력자에 대한 H-T-P 연구에 의하면 일반 피검자와는 다르게 이들은 굴뚝을 좀 더 특이하고 과장된 형태로 그렸다. 예컨대, 굴뚝을 매우 크게 그리거나 성기 모양의 굴뚝을 그리거나 굵은 선이나 음영을 넣어 굴뚝을 강조하기도 하였다. 그렇다고 하여 굴뚝이 항상 남근을 상징하는 것은 아니다. 일반 피험자들도 굴뚝을 집의 구성 중의 세부로 많이 묘사하나 심리성적인 문제를 지닌 사람들은 굴뚝을 통해 남근에 관한 내면의 욕구나 감정을 투사할 가능성이 높다는 것이다.

피검자들은 자신들에게 가장 익숙한 것을 표현한다. 아무리 어린 피검자라도 집, 나무, 사람을 그릴 때는 자신이 접해 왔던 것, 자신과 연관된 상징적이고 의미 있는 것들을 그리게 마련이다. 피검자가 그린 나무가 큰 나무인지, 시든 나무인지, 늘어진 버드나무인지, 주변 환경에 의해 손상받은 나무인지에 따라 자신의 내재적 모습을 유추해 볼 수 있다. 또한 사람의 경우 무서운 얼굴을 하고 있는지, 손이 절단된 채 아무런 도움을 받지 못하고 있는 모습인지, 웅크리고 앉아 있는지, 활력 있게 뛰어가는 모습인지 등은 피검자 자신에게 있어 의미 있는 정보를 그림을 통해 말해 주고 있다고 할 수 있다. 이러한 점에서 H-T-P 검사는 로샤 검사, TAT와 마찬가지로 피검자들의 현재 모습뿐 아니라 내면의 모습과 욕구가 투사된다는 점에서 유사하다.

집-나무-사람 검사의 고유 상징을 살펴보면 다음과 같다.

1) 집

집은 거주하는 장소로 피검자의 집에서의 생활, 가족들과의 상호작용과 관련이 된다. 어린 아동의 경우는 집의 상황과 부모, 형제 관계를 연관지어 볼 수 있다. 이전에 언급한 바 있는 굴뚝에서 연기가 나오는 그림은 집의 상황이 소란스럽고 분쟁이 있다는 것을 나타낸다. 즉 집그림은 집의 분위기나 상황과 관련이 있다.

결혼한 성인들의 집은 피검자가 배우자와 살고 있는 현재의 가정 상황을 나타내기도 하고 어떤 피검자들은 자신의 아동기 때의 부모와의 관계를 그리기도 한다. 후자에 속한 피검자들의 경우 신경증적인 경향이 있거나 퇴행적이고 고착된 문제를 지닌 사람에게서 더 많이 나타난다.

2) 나무·사람

나무와 사람은 성격의 중요 개념으로 실더(Schilder, 1935)는 신체상과 자아개념을 나타낸다고 보았다. 나무는 피검자의 좀 더 깊고 무의식적인 수준에서 느끼는 자신의 모습과 감정을 반영한다. 이와 관련하여 나무는 기본적이고 오래 지속된 감정을 반영한 그림으로 피검자의 재검사 결과에서도 거의 같은 양상을 보이는 것이 특징이다. 반면에 사람그림은 피검자 자신의 모습에 대한 지각과 환경과의 관계를 나타내는 매개체가 된다. 좀 더 구체적으로 사람의 그림에서는 피검자의 대인관계 방식, 타인에 대해서 느끼는 감정들이 드러난다. 따라서 사람그림에서는 자신의 모습에 대한 갈등과 방어 등을 알아낼 수가 있다.

임상적으로 볼 때 사람그림보다 나무그림에서 혼란스런 감정이나 부정적인 감정이 나타난다고 할 수 있다. 이는 깊이 숨겨진 감정을 표현하는 데 있어 사람그림보다는 나무그림에서 자기 방어도 덜 하게 되고 자신을 드러내는 데 대한 두려움도 적기 때문이다. 따라서 피검자들은 사람의 얼굴, 몸, 팔에서보다는 나무의 줄기나 가지에다 자신의 감정을 쉽게 투사하고 드러내기 마련이다. 이는 검사도구가 사람을 대상으로 한 TAT상에서 반응하기보다는 동물을 대상으로 한 CAT에서 피검자가 더 자유롭게 자신의 부정적인 감정을 드러내는 것과 마찬가지이다.

이를 토대로 하여 볼 때 피검자의 나무그림과 사람그림이 어떻게 다른지를 잘 검토해 봄으로써 피검자의 갈등과 방어의 정도를 평가할 수 있을 것이다.

2. 집-나무-사람 검사의 실시방법

H-T-P는 예술적인 창조 영역의 하나이면서 동시에 개인의 성격 성향을 알 수 있다. 검사의 시행절차는 간단하나, 검사의 시행에서 피검자가 제한된 조건 내에서 자유로운 표현을 할 수 있도록 한다. 예컨대, 똑같은 크기의 검사 용지를 사용하도록 되어 있다. 검사자는 세로 7인치(17.8cm), 가로 8.5인치(21.6cm)의 흰색 용지 3장과 연필과 지우개를 준비하도록 한다. 집·나무·사람의 순으로 그림을 그리게 하며, 집을 그리게 할 때는 종이의 긴 쪽이 피검자와 수평이 되도록 놓아주고, 나무와 사람을 그릴 때는 종이의 긴 쪽이 피검자와 수직이 되도록 놓아준다.

집을 먼저 그리도록 피검자에게 용지와 연필을 주고 '그리고 싶은 집을 마음대로 그리도록' 요청을 한다. 나무를 그리게 할 때에도 마찬가지로 진행을 한다. 부연해서 피검자가 그리고 싶은 어떤 종류의 집을 그려도 되고, 고치고 싶으면 수정해도 되며 시간은 얼마든지 준다고 말한다.

만일에 피검자가 '나는 그림을 잘 그리지 못한다'고 한다면 '이 검사에서는 너의 그림 솜씨를 보려고 하는 것이 아니라 네가 어떻게 그리는지에 관심이 있으니 편안하게 그려 보도록' 권한다. 만일 도구를 이용하여 그림을 그리기 원한다면 '그냥 손으로만 그려야 한다'고 말한다. 집, 나무보다는 사람을 그릴 때 실체와 가깝게 그려야 한다는 심리적 부담을 갖고 검사 상황에 응하게 되는 것이 보편적인데, 이러한 점에서 집과 나무를 먼저, 사람은 나중에 그리도록 되어 있다.

그 다음으로 아동 피검자에게 자신들이 그린 그림에 대해 질문하는 단계를 거치도록 한다. 이는 아동이 그린 집-나무-사람에 대해 의미 있고 유용한 해석을 하기 위해 실시한다.

집

1. 저 집은 2층이니?
2. 너희 집이니? (만일 아니라면) 그러면 누구네 집이니?
3. 너는 저 집을 갖고 싶니? 왜 갖고 싶니?
4. 만약에 저 집이 너의 것이어서, 좋아하는 것을 다 할 수 있다고 생각하자.
   a. 너는 어느 방을 갖ㅅ고 싶니? 왜 그 방을 갖고 싶니?
   b. 너는 누구와 저 집에서 살고 싶니? 그리고 또 같이 살고 싶은 사람이 있니?
5. 저 집이 멀리 있는 것 같니, 가까이 있는 것 같니?
6. 저 집은 너보다 위에 있는 것 같니, 아래에 있는 것 같니, 너와 비슷한 데에 있는 것 같니?
7. 저 집을 보니까 어떤 생각이 나니?
8. 행복하고 다정스러운 집이니?
9. 이 그림 속의 날씨는 어떤 것 같니? (가능한 한 계절도 묻는다.)
10. 저 집을 보니까 아는 사람 중에서 누가 생각나니?
11. 어떤 사람이나 어떤 일이 저 집을 망가뜨린 적이 있니?
    (만일 그렇다면) 어떻게 망가뜨렸니?
12. (만일 태양이 그려 있지 않다면, 피검자에게 태양이 있는 것으로 생각하게 한 후) 이 태양이 아는 사람이라면 누구일 것 같니?
13. 만약 이것이 나무(또는 숲이나 꽃이나 집이 아닌 부분들)가 아니고 사람이라면 누구일 것 같니?
14. 이 집은 무엇을 제일 갖고 싶어하니? 왜 그것을 제일 갖고 싶어하니?
15. 굴뚝을 따라서 집 안으로 들어가면 어디가 나올 것 같니?
16. 가능한 한 각방의 주인과 각방의 창문 모습도 기록해 둔다.

나무

1. 어떤 나무같이 보이니?
2. 저 나무는 어디에 있니?
3. 몇 살쯤 된 것 같니?
4. 저 나무는 살아 있니?
5. A. (만일 나무가 살아 있다고 대답한다면)
      a. 왜 나무가 살아 있다고 생각하니?
      b. 나무에 죽은 부분이 있니? 어느 곳인데?
      c. 왜 그곳이 죽은 것 같니?
   B. (만일 나무가 죽었다고 대답한다면)
      a. 왜 나무가 죽었다고 생각하니?
      b. 그 나무는 다시 살아날 수 있겠니?
6. 저 나무는 남자같이 보이니 여자같이 보이니?
7. 만약에 저 나무가 사람이라면 어느 쪽(왼쪽, 오른쪽)을 쳐다보고 있는 것 같니?
8. 저 나무는 혼자 있니, 여럿이 있니?
9. 저 나무는 너보다 위에 있는 것 같니, 아래에 있는 것 같니, 너와 비슷한 데에 있는 것 같니?
10. 이 그림 속의 날씨는 어떤 것 같니? (가능한 한 계절도 묻는다.)

(계속)

11. 너는 어떤 날씨를 제일 좋아하니?
12. 이 그림에서 바람이 불고 있니?
13. 바람이 부는 방향을 가리켜 볼래?
14. 어떤 종류의 바람인 것 같니?
15. (만일 태양이 그려 있지 않다면, 피검자에게 태양이 있는 것으로 생각하게 한 후) 이 태양이 아는 사람이라면 누구일 것 같니?
16. 저 나무를 보니까 무슨 생각이 나니?
17. 나무는 병들지 않고 건강하니?
18. 강하고 단단한 나무니?
19. 저 나무를 보니까 누가 생각나니?
20. 어떤 사람이나 어떤 일이 저 나무를 다치게 한 적이 있니?
    (만일 그렇다면) 어떻게 다치게 했니?
21. 저 나무는 무엇을 제일 갖고 싶어하니?
22. 만약 이것이 새가(또는 다른 나무나 첫 번째 그려진 나무 이외의 부분들이) 아니고 사람이라면 누구일 것 같니?
23. 가능한 한 흠집이나 부서진 가지나 죽은 가지, 그 외에 평범치 않은 방응들을 기록해 둔다.

사람

1. 이 사람은 남자어른이니 여자어른이니 남자아이니 여자아이니?
2. 몇 살이니?
3. 누구니?
4. 저기 있는 사람은 누구니?
5. 이 사람은 무엇을 하고 있는 거니?
6. 이 사람은 어디서 그것을 하고 있니?
7. 이 사람은 지금 무엇을 생각하고 있니?
8. 이 사람의 기분은 어떠니? 왜 그런 것 같니?
9. 저 사람을 보니까 무슨 생각이 나니?
10. 저 사람은 건강하니?
11. 저 사람은 행복하니?
12. 이 그림 속의 날씨는 어떤 것 같니? (가능한 한 계절도 묻는다.)
13. 이 사람을 보니까 아는 사람 중에서 누가 생각나니? 왜 그 사람이 생각나니?
14. 이 사람은 어떤 옷을 입고 있니?
15. 저 사람은 무엇을 제일 갖고 싶어하니?
16. 저 사람을 다치게 한 사람이 있었니?
    (만일 그렇다면) a. 어떻게 다치게 했니?
    b. 저 사람이 몇 살 때 그랬니?
17. (만일 태양이 그려 있지 않다면 피검자에게 태양이 있는 것으로 생각하게 한 후) 이 태양이 아는 사람이라면 누구일 것 같니?

그림 11-1 집-나무-사람 검사 질문지

3. 집-나무-사람 검사의 해석

아동이 그린 집-나무-사람의 특징을 분석하기에 앞서 전체 그림의 위치를 검토하여 볼 필요가 있다. 아동의 그림이 전체 용지에서 상단에 위치하고 있는지 하단에 위치하고 있는지를 통해서 개인의 성격적 특징을 살펴볼 수 있기 때문이다. 표 11-1은 각 그림의 위치에 따른 그림의 해석이다. 이를 참고로 하여 아동의 그림을 해석할 수는 있으나 그 이외의 개인 H-T-P의 특성도 함께 고려하여야 한다. 이는 해석의 오류나 지나친 해석을 피하는 방법이 되기 때문이다.

1) 집

(1) 지붕

지붕은 공상적인 영역의 상징으로 해석된다. 또 정신기능과 관련이 되어 있기도 하다. 이러한 점에서 정신기능이 와해되면 지붕 또한 손상된 모습을 보이게 된다. 집의 전체 모습에 비해 지붕을 크게 그린 사람은 공상의 세계에 빠져 있거나 대인관계에서 철회되어 있는 환자일 가능성이 높다.

예컨대, 정신분열증 환자의 그림 가운데는 지붕을 그리고 그 지붕에다가 문과 창을 그려 지붕과 벽을 구분짓지 못하는 극단적인 경우의 예도 있다. 이들의 이런 그림의 형태는 정신분열증 환자나 정신분열적인 성격을 보이는 이들이 현실에서 동떨어진 자기만의 공상세계에 빠져 있기 때문에 과장되게 지붕을 그리는 것으로 해석될 수 있다. 결국 성격구조의 균형을 상실함으로써 공상세계에 현저하게 몰입되어 있다는 증거가 지붕을 통해 드러난 셈이다. 이와 같이 지붕의 크기는 공상의 정도와 공상을 통해 자기 만족을 찾으려는 수준을 반영한다.

따라서 지붕의 크기가 적절하다면 그만큼 적절한 사고활동을 통해 현실을 균형 있게 살고 있다고 할 수 있다. 일반적 피검자들은 대부분 이 집단에 속한다.

반면에 지붕을 진한 선으로 강조하거나 반복해서 덧칠한 경우는 자아통제에서 벗어나 현실로부터 공상에 빠지려는 데 대한 불안과 방어 노력으로 해석할

표 11-1 H-T-P 그림위치와 해석

그림의 위치	그림의 해석
지면의 중심	• 정상적이고 안정된 사람 • 이 위치는 모든 나이에 공통적 • 자기중심적 경향
지면의 아래쪽	• 불안감, 부적절감 • 우울증 경향, 폐배주의자적 태도 • 이론적이고 추상적이기보다는 구체적이고 현실적 경향 • 조용하고 안정된 성격
지면의 위쪽	• 보상이나 지나친 보상방어를 수반한 높은 충동수준이나 낮은 에너지 수준 • 낙천주의, 가끔 비정당함 • 공상 중에 만족을 추구 • 심리적으로나 사회적으로 접근하기 어려운 사람, 자신에 대해 확신하지 못함 · 반동형성 또는 보상방어
지면의 왼쪽	• 충동적인 행동의 경향, 동기를 즉각적이고 솔직하고 감정적으로 만족시키는 경향, 내향적 경향 • 공상적인 경향, 여성경향 • 과거에 집착, 불확실감, 불안감
지면의 오른쪽	• 안정되어 있고 조정되는 현실원칙이 행동지배 • 주지화 경향 • 전형적인 것보다 미래에 대한 정향성, 환경 변화에 민감 • 부정론자, 반항적 경향
지면의 왼쪽 위	• 퇴행적 경향, 미성숙, 정신적으로 지체, 불안감, 우유부단, 겁이 많아 위축, 공상의 경향, 불안 • 정신병 중에 왜곡된 상태

수 있다. 이것은 정신병이 발병하기 이전 단계 환자나 불안장애를 보이는 환자의 그림에서 종종 볼 수 있다.

(2) 벽

튼튼하게 그려진 벽은 건강한 자아와 직접적으로 관련되어 있다. 붕괴될 듯한 얇은 벽은 손상받기 쉬운 자아를 나타내거나 약화된 자아기능을 시사한다. 외곽선이 희미하고 제대로 그려지지 못한 벽 또한 자아통제력이 약화된 피검자들의 그림에서 자주 발견된다.

성인이 훤히 벽면 내부가 보이는 투명한 그림을 그렸다면 이는 현실검증력이

저하되어 있음을 시사하는 것으로 정신병 상태일 가능성을 의심해 보아야 할 것이다. 반면에 어린 아동의 경우는 더러 투명한 벽을 그리기도 하는데, 이는 단지 이들이 인지발달 수준이 낮고 현실을 표현하는 방식이 자유롭다는 점을 반영한 것이다.

(3) 문

문은 피검자의 환경과의 접촉을 나타낸다. 집의 크기나 창문의 크기에 비해 너무 작은 문은 외부와의 접촉을 꺼려 하고 대인관계에서도 위축되어 있고 사회적인 관계 형성을 피하는 사람에게서도 보인다. 뿐만 아니라 다른 사람과 정서적 상호작용을 하는 데 대한 두려움이나 조심스러움을 반영한 것일 수도 있다.

반대로 지나치게 큰 문은 타인에 대한 과도한 의존심을 반영한다. 드물기는 하지만 문이 열려져 있다면 이는 타인으로부터의 따뜻한 온정을 갈망하고 있음을 표현한 것이다. 만일에 집이 비어 있는데 문이 열려져 있다면 매우 상처받기 쉬운 감정과 자기방어 능력이 결핍되어 있음을 시사한다.

자주 보이는 경우는 아니지만 잠긴 문을 강조하여 그리는 사람들도 있는데, 이는 자기 노출을 매우 꺼려하고 편집증적인 예민성을 지닌 환자들에게서 나타난다.

(4) 창문

창문은 외부 환경과 접촉할 수 있는 제2의 통로이다. 문이 잠겨 있는 것과 마찬가지로 창문이 잠겨 있는 것을 강조한 그림은 아무 일도 없는 상황인데도 위험을 느끼고 심하게 방어하는 경계적이고 편집증적인 예민성을 보이는 이들에게서 발견된다. 비슷한 형태로 커튼이나 셔터를 그린 경우 또한 타인과의 접촉을 극도로 꺼려하고 있음을 반영한다. 반면에 창문이 활짝 열려진 경우는 환경과의 상호작용에 대해 지나치게 거리낌이 없고 쉽게 다가가는 피검자들의 그림에서 나타난다.

창문의 크기를 보면, 관습적으로 거실의 창문은 크게, 욕실의 창문은 작게 그린다. 그러나 사회적인 상호작용을 꺼리는 사람은 거실 창문을 작게 그림으로써 그 중요성을 축소시키기도 한다.

(5) 연기

굴뚝에서 시커멓게 많은 연기가 나온다면 이는 피검자 내부에 긴장이 많거나 가족 내의 불화 혹은 정서적인 혼란을 시사하는 그림이다. 강한 바람이 불어 연기의 방향이 그에 따라 바뀐다면 환경적 압력에 의해 감정이 좌우되고 있음을 나타내는데, 아동의 경우는 부모의 압력과 관련된다. 부적절하고 힘든 부모의 압력을 경험하고 있는 청소년들의 자료에서도 이 같은 형태의 그림이 종종 발견된다.

그림 11-2 7세 남아의 집그림

(6) 조망

위에서 내려다본 것처럼 그린 그림은 집에서 가르치는 전통적 가치에 반감을 가지고 있으며 이에 대해 거부하는 피검자의 태도를 반영한다.

아래에서 위로 올려다보는 것처럼 그린 그림은 집에 대해 열등감을 느끼고 있고 가깝게 여기지 못하는 피검자에게서 보인다. 이들은 낮은 자존감과 집에 대한 부적절한 감정이 혼합되어 있고 가정에서 행복을 얻기가 어렵다고 생각한다.

집이 멀리 보이게 그린 그림은 2가지로 설명할 수 있다. 즉, 집에다 자신의 상을 투사한 것으로 보아 내성적이고 접근을 꺼려하는 사람이거나, 자신의 가정상황을 그린 것으로 집의 상황을 대응할 수 없는 것으로 지각하는 사람일 수 있다.

집을 정면으로 그리지 않고 측면으로 그렸다면 집의 정면에 접근할 수 없도록 그린 것으로, 타인의 접근에 대해 적대적이거나 피하고 싶은 욕구를 나타낸 것이다. 문의 뒤쪽을 그린 경우는 거의 없지만 이는 사람들로부터의 철회나 편집증적 증상으로 볼 수 있고, 편집형 정신분열증이나 정신병 초기 단계에서 보인다.

그림 11-3 8세 여아의 기타 부속물 그림

(7) 기타 부속물

어떤 피검자들은 숲과 나무를 그리기도 하는데 이는 불안전한 느낌이 내재해 있음을 시사한다. 보도나 산책길을 그린 사람은 타인과의 상호작용에 거리를 두기는 하지만 나중에는 상호 신뢰감을 형성하는 사람이다. 이들은 친구를 사귈 때 시간이 걸리고 경계를 하지만 친숙해지면 아주 깊게 친해지는 경향이 있다.

그려진 집에 울타리가 처져 있는 것은 방어의 수단이라 할 수 있다. 예컨대, 수줍움을 많이 타는 8세 소년은 집에서 울타리를 정교하게 그리는 데 많은 시간을 소비함으로써 타인에게 자기 노출을 꺼려한다는 점을 보여주었다.

이와 같이 집의 그림은 자신의 자화상, 현실검증력, 자아의 강도, 성적인 갈등 및 과거, 현재, 미래의 가정상황과 가족관계의 특징들이 나타난다.

2) 나무

샤크텔(Schactel, 1950)은 성숙하고 개별화가 잘 형성된 성인의 심리 특성은 환경에 대한 지각과 자신의 경험을 객관화시켜서 볼 줄도 알고 이를 자신의 경험 안에 잘 통합시켜 나간다고 하였다. 이들은 처음에는 어떤 대상을 거리를 두어 관찰하고, 그 다음에는 환경을 수용하도록 마음을 열고, 마지막으로 환경의 특정한 대상에 대한 공감적인 경험을 자신에게 투사한다고 하였다. 나무를 예로 든다면, 처음에는 나무를 관찰하고 그 다음은 잎과 나무껍질, 산들바람에 바스락거리는 소리, 비가 온 후의 상쾌함, 나무줄기가 얇은지 두꺼운지, 바람에 저항하는지, 바람에 따라 움직이는지를 보고 듣고 느낀다. 그 다음으로 피검자는 자신이 보아왔던 많은 나무들 중에 가장 인상에 남는 것을 그리고 자신의 내부 감정에 따라 수정하고 재창조한다는 것이다.

나무가 한 인간을 나타낸다는 것은 문화인류학자에게는 놀랄 일은 아니다. 신화나 민속, 심지어는 일상의 생활 속에서도 나무는 언제나 인간의 삶과 성장을 상징해왔다.

나무그림에서 피검자가 가지를 그리지 않았다면 다른 사람과 어울리지 않으려는 것을 나타낸다. 이와 같은 방법으로 피검자는 나무그림을 통해 자신의 자화상을 드러낸다. 피검자가 바람에 흔들리고 강풍에 부러진 나무를 그렸다면 이것은 견뎌야 할 환경적인 압력을 시사한다.

나무는 전체로 이해되어야 한다. 그려진 그 자체로 이해되어야 하고 비판적인 태도를 버리고 그림을 대해야 한다. 그렇게 함으로써 그림마다 그 자체로서의 개별적인 해석이 되고 피검자에 의해 좀 더 풍부한 해석이 첨가될 수 있다. 어떤 그림은 연구할 만한 충분한 가치가 있는가 하면 어떤 그림은 성격진단에 다소 기여하는 데 그치기도 한다.

나무 아랫부분부터 꼭대기까지의 성장을 코크(Koch, 1952)는 피검자의 심리적인 개인력이라 보았다. 그에 따르면 줄기의 아랫부분은 초기 경험(어린 시기의 개인사)을 나타내는 경향이 있고 끝부분은 최근의 경험을 나타낸다고 보았다. 이러한 주장은 버크의 입장과도 일치하는 것으로 초기의 외상경험은 줄기의 아랫부분에 상처로 표현된다. 이 가설은 레비넌과 갤랜터(Levinen & Galanter, 1953)에 의해 연구된 바 있다. 입원한 마비환자를 대상으로 줄기에 그려진 상처 자국의 높이를 비교한 결과, 마비가 일어났던 시기와 유사하게 줄기에 상처 자국이 나 있었다.

버크에 의하면 줄기는 기본적인 힘power과 자기감을 표현해 주고 가지는 환경으로부터 만족을 얻어내는 능력을 나타내며, 그려진 전체 나무의 모습은 내면적인 성격의 균형을 반영한다.

(1) 기둥

기둥은 성격의 기본 요소에 해당되며 피검자의 감정을 나타낸다. 나무의 기둥을 희미하고 약하게 그렸다면 자아상실감이나 내재되어 있는 만성적인 불안감을 시사한다.

나무 기둥 안에 구멍이 있고 그 안에 동물이 보이는 경우는 ① 성격의 일부가 통제를 상실함으로써 현실로부터 분리된 상태dissociated이거나 ② 피검자의 강한 따뜻함과 보호의 욕구를 반영해 준다. 전자는 성인에게서 자주 보이고, 후자는 아동에게서 빈번하게 나타난다. 때로는 인간관계에서 철회되고자 하는 미성숙한 성인과 강박증이나 공포증을 지닌 아동에게서도 이런 반응이 보인다.

(2) 뿌리

현실을 유지하려고 무척 애쓰고 있으며, 이 점을 강조하려는 피검자는 땅과 접촉되어 있는 뿌리 부분을 지나치게 강조해서 그릴 것이다. 땅을 꽉 움켜쥐고 있는 듯이 뿌리를 그렸다면 정신병 상태에 있는 피검자일 가능성이 높다고 보고 있다.

땅 밑이 빤히 들여다보이는 뿌리를 그린 피검자는 현실적응에 어려움과 장애를 보이는 사람이다. 이 같은 그림을 그렸다면 지능이 평균 이하이거나 여기에 속하지 않는다면 현실검증력의 장애를 보이는 정신분열증의 진행이 의심될 수도 있다. 그러나 이러한 해석은 조심스럽게 내려져야 할 것이다.

사용한 종이에 지표면을 수평으로 그린 뒤 나무를 그린 그림paper-based tree은 불안한 감정을 지닌 사람이 안정을 얻고자 하는 보상적 시도로 종이의 바닥 부분에 집착한다고 보고 있다. 또 우울한 피검자는 검사 종이의 아랫부분에 그림을 그려 중앙이나 위에 위치하는 그림과는 대조를 이룬다.

(3) 가지

나뭇가지는 주어진 환경으로부터 어떤 만족이나 원하는 바를 성취하려는 것을 표현하며 피검자 자신이 지닌 능력을 나타낸다. 가끔 피검자는 만족을 얻기 위해 자신의 무능력함을 숨기려고 노력한다. 예를 들어, 남자다움을 내보이기 위해 사람그림에서는 크고 힘있는 그림을 그렸지만 나무그림에서는 가지의 끝이 잘리고 부러지게 그림으로써 현실에서 성공할 가능성이 없는 자신의 감정을 드러내기도 한다.

가지가 길고 좁게 그려졌고 과도하게 위로 향하는 것은 환경으로부터 만족을 얻기를 두려워하는 피험자와 공상적인 피검자에게서 나타난다. 이러한 그림은 내향적인 성격을 지닌 사람이나 정신분열증적인 경향을 보이는 피검자의 공통적인 특징이기도 하다. 또 가지가 지나치게 커서 용지의 끝부분을 넘고 있다면 이는 공상에 심하게 빠져 있는 사람일 가능성이 많다. 반면에 잘 조화를 이루는 가지는(적절히 아랫부분은 굵게, 위는 얇게 그린 경우) 피검자가 환경에 적응하는 능력이 높고 잘 대처함을 나타낸다.

구부러지거나 창처럼 끝부분이 지나치게 뾰족하거나 표면에 가시가 많은 가지는 적대적이거나 공격적인 충동을 보이는 것이다. 이러한 그림을 그리기는 하였으나 실제 피검자의 행동은 충동적이기는커녕 온화하고 통제적인 사람이라면 내면의 충동을 표면화시키지 않으려고 의식적으로 애쓰고 노력한 결과이다.

가지가 2차원적으로 그려져 닫혀진 형태가 아니고 열려 있다면 이는 자아의 통제능력이 거의 없는 상태를 반영한다. 상처 입거나 부러진 가지는 외상의 경험이 있고 무력한 사람들이 그리곤 한다. 간혹 심리·성적인 면에서 남성답지 못하다는 느낌이 많고 갈등과 무기력감, 거세에 대한 두려움을 지닌 피검자도 이 같은 그림을 그리기도 한다.

만일에 나무 기둥 자체는 잘리고 그 그루터기로부터 작은 가지가 자라고 있다면 이는 자아의 불안을 나타내며 이러한 불안에서 서서히 회복되고 있는 상태를 시사한다. 이러한 그림은 정서적 외상의 경험을 반영하기는 하지만 치료를 통해 새로운 성장을 하려는 노력을 나타내는 피검자에게서 발견되고는 한다. 버크도 중년기에 심한 갱년기 증상을 지닌 신경증 환자의 그림에서 호르몬 치료 이후에 새로운 가지가 생긴 것을 보고한 바 있다.

나무 기둥에 비해 지나치게 크게 그린 가지는 주변환경에서 만족감을 얻으려고 애쓰는 것을 나타낸다. 반대로 큰 기둥에 비해 나뭇가지가 작다면 기본적인 욕구충족에 대한 무능감으로 좌절 상태에 있는 피검자일 가능성이 많다.

아이들의 그림에서는 가지가 태양을 향하는 모습을 종종 볼 수 있는데 이는 애정을 갈망하고 좌절된 욕구불만을 보이는 아동의 그림에서 발견된다. 중요한 권위 대상으로부터의 따뜻한 온정에 굶주려 있음을 나타내는 것이다. 아이들은 구부러진 형태의 나무를 그리거나 위에서 눌려 넘어진 나무를 그렸다면 이는 부모나 다른 권위적인 사람들로부터의 압력이 있음을 시사한다.

가지를 큰 못처럼 그리고 가시를 그릴 때는 나무 기둥과는 어떻게 접촉하고 있는지, 가지들 간의 모습은 어떤지를 잘 살펴보아야 한다. 예컨대, 작은 가지들이 큰 가지들을 맹렬히 공격하는 것처럼 그렸다면 이는 자기학대 성향이 있지나 않은지 살펴보아야 한다. 또한 가지 끝을 구름처럼 둥글게 표현하거나 솜에 감싼 것처럼 그렸다면 이는 내면에 분노를 쌓아두고 밖으로는 드러내지 않고 있음을 시사한다.

가지에서 표현되는 것은 전반적으로 피검자의 성격과 관계가 있는데 가지나 잎이 싱그럽고 부드러운지, 무뚝뚝하고 거친지, 세게 그렸는지 등과 같이 종이에 그려진 피검자의 스케치로 성격 성향을 파악할 수 있다.

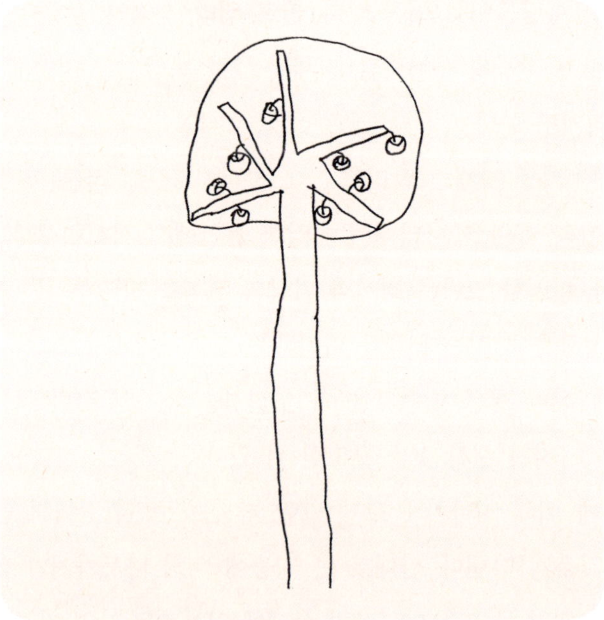

그림 11-4 6세 여아의 과일나무 그림

(4) 기타

① 열쇠구멍

줄기와 잎을 그릴 때 하나의 선으로 끊기지 않게 그린 것은 열쇠구멍을 닮아서

열쇠구멍 나무라고 부른다. 이같이 표현된 나무는 저항적이고 부정적인 피검자들에게서 보인다. 이 같은 유형으로 그린 피검자들은 시험자의 요구에 응하긴 하지만 단지 최소한의 태도로서 응할 뿐이다.

이들은 표현하는 데 있어 거부의사가 명백히 드러나도록 그들이 할 수 있는 한 가장 짧게 그린다.

② 주제

독수리가 하늘을 배회하는 것이 나무와 함께 그려진 것은 죽음을 나타낸다. 이것은 완전한 가치 결핍, 낮은 자긍심을 보여주고 나무에 소변을 보는 강아지가 그려지면 질적으로 낮은 수준의 그림이다. 그리고 아빠 같은 남자와 함께 그려진 나무는 거세에 대한 공포를 나타내 준다. 임신한 여성은 과일나무를 많이 그렸고, 우울증 환자에게는 수양버들이 많이 그려졌다.

반면 영아들은 사과나무를 많이 그렸다. 유치원에 다니는 아이들에게는 35%, 10대들에게는 9%, 40대 성인에게는 사과나무가 그려지지 않았다. 영아들은 과일나무를 엄마와 동일시해 표현하기도 하는데 거부의 감정으로서 떨어진 사과 또는 떨어지고 있는 사과를 그리기도 한다.

③ 나무그림과 심리 · 성적 수준

성인의 그림에서 미성숙한 감정을 확실히 나타내 주는 것으로 크고 성장한 나무보다는 어린 나무를 그린다. 그려진 나무를 보면 발달적 수준이 드러난다. 나이는 정신-사회-성적인 감정 수준과 연관되어 있다.

감옥에 수감되어 있는 64명의 성폭력자들을 피검자로서 삼았는데 그들의 반은 성인 여자를 강간하고 나머지 반은 어린 여아에게 성적 접근(pedophilia: 어린이에 대한 이상 성욕)으로 유죄를 선고받은 이들이었다. 성폭력자들이 감금된 똑같은 환경에서는 여성들을 강간한 피검자들이 더 잘 적응하는 것이 발견되었다.

임상연구에서 소아기호증pedophilia은 심리·성적으로 미숙한 사람임을 보여준다. 그들은 고착되었거나 아동기 수준으로 퇴보한 사람들이다. 정상적인 성적 활동 수준은 상호 바라보고 접촉하는 형태인데 이 같은 것들이 소아기호증 환자들에게는 어렵다. 이와 같이 소아기호증 환자들은 미성숙하기 때문에 그들 자신이 심리·성적 느낌을 적응시킬 수 있는 미성숙한 성적 대상자를 찾는다.

소아기호증 환자들이 성인 강간자들보다 심리·성적으로 더 미숙하기 때문에 아이들에게 접근한다고 가정하고 이 두 그룹에서 그려진 나무를 비교해 보면 버크의 가설인 '나무는 피검자의 심리·성적 성숙수준을 반영한다'는 타당성을 입증할 수 있을 것이다. 결과는 성인 강간자들이 그린 나무의 수준은 24.4세인 반면, 소아기호증 환자들은 10.6세였다.

④ 죽은 것처럼 묘사된 나무

그림을 다 그린 후에 피검자에게 나무가 살았는지 죽었는지를 묻는다. "이 나무가 살았어요?"라고 되묻는 피검자들은 죽은 나무로 그려진 것으로서 환경에 잘 적응하지 못함을 보여준다. 이 같은 대답은 내성적인 사람들, 정신분열증 환자, 우울한 사람, 환경에 대한 적응을 포기한 심각한 신경증이 있는 사람에게서 나타난다.

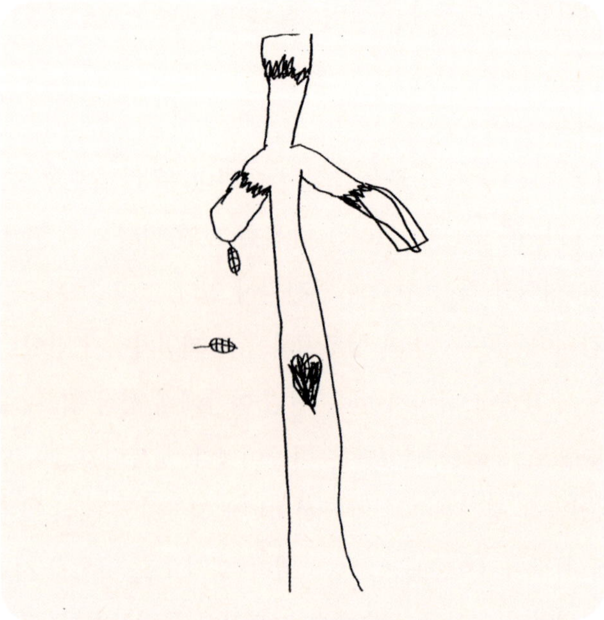

그림 11-5 7세 남아의 죽은 것처럼 묘사된 나무

성폭력자들에 대한 또 다른 연구에 의하면, 이성 소아기호증 환자와 동성 소아기호증 환자들이 그린 것 중 죽은 것처럼 그린 나무의 수를 본 결과 나이와 성 둘 다 비정상적인, 동성애 소아기호증 환자에게서 더 많이 나타났다고 밝혔다. 이것은 성적 대상자가 정상에서 벗어날수록 심각한 정신병리를 가질 가능성이 높다는 것을 말해 준다. 그리고 H-T-P에서 죽은 나무는 심각한 병리 가능성이 있음을 말해 준다.

만약 나무가 죽었다고 말하면, 죽은 원인이 내부적인 것인지 외부적인 것인지를 알아야 한다. 죽은 원인이 바람, 번개 같은 외부적인 것이라면 외상으로 인한 급격한 어려움을 겪고 있다는 것을 나타내고, 죽음의 원인이 뿌리나 줄기가 썩었다거나 하는 내부적인 요인이라면 피검자는 자신을 유해하고 수용할 수 없는 존재로 여기는 것이다. 일반적으로 외부적인 요인보다는 내부적인 요인으로 죽은 나무가 더 심한 병리적 증상을 나타낸다.

피검자에게 나무가 죽은 지 얼마나 되었냐고 물음으로써 피검자의 부적응, 무능력, 하찮음, 희망 없음의 감정들이 생긴 시간의 단서를 얻을 수 있다.

나무에서 주의해야 할 점은 그려진 하나만을 보고 단정지어서는 안 된다는 것이다.

3) 사람

H-T-P에서 사람그림은 대개 불완전하게 수용되고 아예 거부해 버린다. 이것은 자아상과 가장 가깝기 때문이다. 피검자들은 많은 어려움과 두려움을 느끼고, 그리면서 시험자에게 자주 감정적 지지를 요구한다. 사람그림에서는 자아상, 이상(바라는 상), 주위의 중요한 사람들에 의한 자신의 지각상(부모, 형제)을 볼 수 있다. 자아상은 피검자 자신에 대해 느끼는 것을 그린 것이다. 몸이 뚱뚱한지 날씬한지, 갈고리 모양의 코, 양배추 모양의 귀와 같은 생리적인 것들이 사람그림에서 정확하게 그려진다. 지능지수가 평균 또는 그 이하인 피검자들은 종종 그들의 형태를 거울상으로 그린다. 예를 들어, 피검자가 오른손이 쇠약하다면 사람그

림에서 왼손을 쇠약하게 그릴 것이다. 지능이 높은 피검자에게는 거울상이 거의 그려지지 않는다.

사람그림에서는 자신의 심리적인 모습을 나타내기도 하는데 덩치 큰 피검자가 무기력하게 팔을 흔들고 있는 작은 사람을 그렸다면, 이것은 자신의 위축된 심리적 상태와 더불어 무기력함과 지지와 의존의 욕구를 나타낸 것이다. 반면에 지배적인 엄마에게 통제 받는 무능력하고 순종적인 성인 남자는 실에 의해 끌려 다니는 꼭두각시를 그렸다.

강간자는 성난 원숭이처럼 사람을 그렸고, 초기 정신분열증이 있는 사람은 불균형하게 우뚝 솟은 사람을 그렸다. 난쟁이처럼 옷을 입고 있는 것은 이인증(deperson-alization)의 감정을 나타낸다. 성인의 사람 그림에서 한 손에는 야구방망이, 다른 한 손에는 테니스 라켓을 쥐고 있고 콧수염을 그렸다면 남성다움을 동경하는 것으로 자신의 남자다움이 불충분하다는 것을 반영한 것이다. 저하된 에너지와 낮은 욕구는 서 있거나 모닥불이 있는 곳에 따뜻하고 안정적이게 앉아 있는 것보다는 팔걸이의자에 주저앉아 있는 그림으로 표현된다. 자기 도취에 빠져 있는 사람은 손으로 머리카락을 쓸어내리거나 음악에 맞춰 춤추는 그림을 그린다. 편집증이 있는 사람의 그림은 굳게 꼿꼿이 서 있고, 측면으로 그려진 것은 피검자가 현실과의 직면을 거부하고 심한 부적응을 나타내고 있는 것이다. 사람그림에서 그려진 이 모든 주제들은 심리적 자아상을 나타내 준다.

(1) 이상적 자기 모습(ego-ideal)

몸이 가냘픈 편집증적 남자는 권투선수를 그렸다. 결혼하지 않고 임신한 젊은 소녀는 두렵고 창피한 감정을 우아하고 날씬한 댄서가 아무런 방해 없이 회전하고 있는 그림으로 나타냈다. 청소년기 소년들은 근육질 운동선수를 자주 그렸고, 청소년기 소녀들은 이브닝 드레스를 입은 여자 영화배우를 그린다. 뚱뚱한 사람은 날씬한 사람을 그리는 경향이 있다.

(2) 중요한 타인에 대한 지각

아동들은 자주 부모님을 그리는데 이것은 아이들의 삶에서 부모님이 그만큼 중요하고, 동일시할 수 있는 모델이 필요하고 자기개념으로 여기는 것을 나타내 주는 것이다.

학급친구를 심하게 괴롭히는 8살 난 소년은 남자를 그렸는데, 날카로운 이빨을 드러내고 한 손에는 몽둥이를, 다른 한 손에는 가위 같은 뾰족한 것을 들고 있었다. 이 몽둥이와 가위는 피검자의 생명에 위협을 주는 것이다. 아버지를 조사해 본 결과, 아버지는 폭군이고 잔인하고 권력적이었다.

그림 11-6 8세 여아의 이상적 자기 모습

그림 11-7 9세 남아의 중요한 타인 어머니에 대한 지각

피검자의 친구들을 괴롭히는 태도는 합동화를 통하여 피검자가 아버지의 위협으로부터 방어하기 위한 것으로 나타났다. 이러한 합동화는 피검자의 관점에서 안정된 쪽으로 만들어진다.

지능수준 범주에 따라 피검자의 그림을 살펴보면, 다양한 굴뚝을 그리거나 불안 때문에 나무에 심한 음영을 주는 것은 평균지능을 가진 성인에게서 나타나고, 앉아 있는 사람은 생동감 없는 것으로 해석될 수 있다. 이와 같이 그림에 대한 해석은 지능수준과 관련지어 살펴보아야 한다.

CHAPTER 12.
동작성 가족화(K-F-D) 검사

동작성 가족화(K-F-D) 검사

동작성 가족화 검사는 집-나무-사람 검사와 함께 아동에게 있어 자연스럽고 거부감 없이 검사에 응하게 한다는 장점을 지니고 있다.

아동은 동작성 가족화를 통해 본인이 지각하는 가족 내 자기의 위치나 중요성, 가족 상호 간의 관계 및 이들에 대한 정서 및 욕구 등을 드러낸다. 가족그림검사를 통해 전반적인 가족 분위기와 아동이 지각한 가족의 모습 및 특히 자기와 갈등 관계가 있는 가족, 친밀한 가족, 소원한 가족 등이 그대로 반영된다는 점에서 아동을 이해하고 아동을 상담하거나 지도해야 할 장면에서는 필수적인 검사로 사용되고 있다. 이 장에서는 동작성 가족화 검사의 배경과 검사 실시방법을 소개하고 검사 해석을 위해 중요한 항목들을 그림을 통해 이해를 돕고자 한다.

1. 동작성 가족화 검사의 배경

가족화 검사는 아펠(Appel, 1931)과 울프(Wolff, 1942)에 의해 최초로 언급되기는 하였으나 검사를 전체적으로 개발한 사람은 헐스(Hulse, 1951)와 해리스(Harris, 1963)이다. 이 검사는 1960대에 대중적인 인기가 증가하였으며 1970년대에는 가족치료에서의 적용과 더불어 더욱 발달되기에 이르렀다. 가족화에 관한 초기 연구 중에는 부모-자녀 관계를 가족화를 통해 알아본 시어른과 러셀(Shearn & Russell, 1969)의 연구와 가족화를 통해 본 아동의 갈등에 관한 연구(Hulse, 1952) 등이 있다.

동작성 가족화는 1970년에 번스와 카우프만Burns & Kaufman에 의해 가족을 그리게 하는 가족화에 동작을 포함하여 그리도록 하는 검사로 개발되었다. 이 검사에는 가족구성원이 뭔가를 하고 있는 장면을 그리도록 함으로써 아동의 자아 개념과 관련된 영역과 가족관계 면에서 아동의 감정을 표출하도록 하는 데 도움을 줄 수 있을 것이라는 가정에서 출발하였다. 아동은 가족화를 통해 자신의 가족에 대해 어떻게 느끼는지를 드러낸다. 즉 가족 내에 아동에게 중요하게 영향을 미친 사람은 누구이며, 심리적으로 가까운 사람은 누구인지, 부정적인 영향을 미친 사람에게 어떠한 감정을 가지고 있는지를 드러낸다. 동시에 가족화 안에 동작이 들어감으로 해서 가족 간의 친밀감이나 정서적인 단절 그리고 가족 내의 역동성이 반영된다는 점이 동작성 가족화 검사의 특징이다.

헐스는 동작성 가족화 검사를 그린 아동에게 자유롭게 그림에 대한 이야기를 하게 하여 아동의 심리적 어려움은 무엇인지, 부모-자녀관계 및 형제-자매관계는 어떠한지, 아동이 지각하는 집안 내에서의 심리적인 위치는 어떠한지를 알아낼 수 있다고 보았다. 이 같은 특징들과 관련하여 동작성 가족화 검사는 아동이 자신의 가족에 대해 어떻게 느껴왔는지에 대한 주관적인 경험과 판단을 반영해 주기 때문에 아동의 심리적 문제를 진단하고 치료하는 데 중요한 검사로 인정받고 있다.

2. 동작성 가족화 검사의 실시방법

가족화는 아동이 자유롭게 가족그림을 그리도록 하는 검사이다. 우선 그림을 그리는 데 적합한 높이의 탁자와 의자를 준비한다. 검사실시에 필요한 A4 용지 크기의 백지와 연필, 그리고 지우개를 준비해 놓는다. 그림을 그릴 용지를 가로로 아동의 앞에 놓아 준 다음 "너를 포함해서 가족이 무언가를 하고 있는 그림을 그려 보라."고 지시한다. 이때 아동이 만화그림을 그리거나 가만히 있는 그림을 그리면 그렇게 그리지 않도록 하고 다른 용지를 주고 움직임이 들어간 그림으로 그려야 한다고 말해 준다. 가족화를 그리는 중에 아동이 그리기 힘들어하면 "그림의 솜씨를 보는 것은 아니니 그릴 수 있는 데까지 그리면 된다." 등으로

용기를 북돋우어 주고 혹시 검사자가 그림 그리는 것을 보고 있는 것을 불편해 한다면 다 그릴 때까지 피해 주도록 한다. 때로 "각자 따로따로 뭔가를 하는 그림을 그려도 되나요?"하고 물으면 "네가 하고 싶은 대로 그리면 된다."고 대답해 준다.

아동이 그림을 그리는 동안 검사자는 이를 지켜보고 어떤 가족 순서로 그림을 그리는지를 적어 둔다. 아동이 그림을 다 그리면 가족구성원 중에 빠진 사람은 없는지, 가족들의 동작이 어떤 동작인지를 알기 어려울 때에는 이에 대한 설명을 아동에게 듣고 이를 기록해 두도록 한다. 아동이 그린 가족구성원의 나이, 이름, 아동과의 관계 등을 꼭 질문하고 함께 기록한다. 가족화 검사는 시간제한이 없는 검사이나 참고적으로 아동이 가족그림을 그리는 데 소요된 시간도 기록해 둔다.

3. 검사의 해석

위에서 언급한 바대로 아동이 그린 동작성 가족화를 분석하는 데 있어 아동이 결과물로 내놓은 그림의 내용은 말할 것도 없고 아동이 그림을 그리는 행동에 대해서도 주의 깊게 관찰하고 그림에 대한 아동의 설명도 검사해석에 포함시킬 때 좀 더 명확하고 풍부한 자료로 활용할 수 있다.

번스와 카우프만(1974)은 동작성 가족화 검사의 체계적인 해석을 위해 행동, 스타일, 상징의 세 영역으로 검사결과를 분석할 것을 제안하였다. 세 영역에 대한 체계적인 분석에 앞서 먼저 살펴보아야 할 것은 가족구성원을 어떻게 표현했는지를 전체적으로 이해하는 것이다. 즉 가족 중에 빠뜨린 사람은 없는지, 어떤 사람을 그릴 때 자주 지웠다 다시 그리는지, 어떤 사람의 순서로 그리는지도 중요한 사항이다. 예컨대 가족 중에 아버지를 그리지 않았다면 아버지에 대한 감정이나 태도가 부정적일 가능성이 높다. 먼저 그리는 사람, 혹은 아동과 거리가 가까운 사람일수록 아동에게 중요한 사람이 될 것이다. 아동이 그리기를 힘들어하는 가족이 있다면 아마 갈등관계에 있는 사람이라고 보아도 지나치지 않을 것이다.

또한 아동이 자신을 그리지 않았다면 가족 내에서 자신의 위치가 중요치 않다고 여기거나 자기존중감이 낮은 아동일 것이다. 실제 자신의 모습보다 자신의 크기를 더욱 작게 그렸다면 이 또한 자신의 가치를 낮게 평가하는 아동일 가능성이 높다.

1) 인물들의 활동

동작성 가족화에 나타난 인물들의 활동은 가족들 간의 상호작용 특징, 가족 내에서의 역할, 가족 간의 정서(사랑, 갈등, 불안) 등을 반영해 준다. 가족 간의 상호작용 특징에서는 협력적인지, 경쟁적인지, 회피하는 관계인지를 보여준다. 가족이 함께 꽃을 심는 장면을 그리거나 함께 청소하는 장면을 그렸다면 가족 간에 무엇을 함께 하는 조화롭고 협력적인 모습을 보여주는 것이다. 특히 가족들이 사진을 찍는 모습은 가족 간의 화목한 관계를 드러내는 그림이다. 반면에 이들 간에 구획을 그렸다면 이는 서로 회피하고자 하는 모습을 반영한 그림이다.

그림 12-1 조화로운 가족관계

보편적으로 가족의 성역할 및 역할과 관련하여 주로 그리는 활동을 번스와 카우프만(1972)은 다음과 같이 표 12-1, 12-2, 12-3으로 제시하였다.

표 12-1 동작성 가족화에 나타난 아버지의 '활동내용'

여아(57명)		남아(120명)	
독서하고 있다	7%	잔디를 깎고 있다	8%
요리하고 있다	5%	자르고 있다	8%
일하고 있다	5%	독서하고 있다	6%
태우고 있다	4%	수리하고 있다	5%
잔디를 깎고 있다	4%	페인트를 칠하고 있다	5%
(집안일을) 돕고 있다	4%	TV를 보고 있다	5%
		일하고 있다	5%

표 12-2 동작성 가족화에 나타난 어머니의 '활동내용'

여아(64명)		남아(124명)	
요리하고 있다	14%	요리하고 있다	16%
설거지를 하고 있다	8%	일을 하고 있다	6%
이불을 펴고 있다	6%	다림질을 하고 있다	6%
가족과 놀고 있다	5%	화초를 심고 있다	5%
청소기로 청소를 하고 있다	5%	청소기로 청소를 하고 있다	5%
		청소하고 있다	4%
		설거지를 하고 있다	4%
		바느질을 하고 있다	4%

표 12-3 동작성 가족화에 나타난 아동의 '활동내용'

여아(65명)		남아(128명)	
놀고 있다	6%	놀고 있다	13%
먹고 있다	6%	먹고 있다	6%
걷고 있다	6%	던지고 있다	5%
타고 있다(예: 자전거)	5%	타고 있다(예: 자전거)	5%
설거지를 하고 있다	5%	TV를 보고 있다	5%

2) 동작성 가족화의 양식

동작성 가족화의 그림양식은 가족구성원을 어떻게 구성하였는지를 말한다. 아동이 가족에 대해 느끼는 거리와 정서를 그림에 그대로 반영한다. 자신이 사랑하고 신뢰하고 친밀감을 느낀다면 그 가족은 자신과 가까이 위치하게 그릴 것이다. 그림 양식을 통해 아동이 의미 있는 대상들과 어떠한 상호작용을 하는지를 좀 더 명확히 알 수 있으며 특히 가족 내에서 고립되어 있고 관계가 소원한 아동을 가려낼 수 있다.

(1) 일반적인 아동의 양식

일반적으로 대부분의 아동들은 가족 간의 긍정적이고 따뜻한 상호작용을 그림에 나타낸다. 이런 그림에는 가족들 간의 구획이나 장벽이 없고 서로 간의 거리도 가까우며 함께하고 있는 모습을 그린다.

(2) 구획 나누기 그림

아동이 가족을 그릴 때 서로의 공간을 구획을 지어 선으로 표시한 경우를 말한다. 이는 어떤 이유에서이건 가족 간의 애정표현이 자연스럽게 이루어지지 않을 때 나타난다. 각기 다른 방에 있는 모습을 그리기도 하고 칸을 나누어 표현하기도 하고 직선이 아닌 곡선 형태로 구획을 짓기도 한다. 이는 가족 상호 간의 접촉이 빈약하고 정서적 상호교류를 피하거나 불편함이 있을 때 빈번하게 나타난다. 이로 인해 아동은 고립감이나 외로움을 느끼고 있고 가족과 거리를 두고 싶어하거나 냉담한 태도를 반영한다.

그림 12-2 구획 나누기

(3) 포위하기 그림

아동이 가족구성원을 그릴 때 어떤 한 사람을 선으로 완전히 둘러싸이게 그리는 경우이다. 아동이 포위한 가족구성원은 아동을 힘들게 하거나 위협적인 대상으로 따로 떼어놓고 싶거나 제외시키고 싶은 욕구를 드러내는 것으로 해석될 수 있다. 가족관계에서 보면 포위를 한 대상과 정서적으로 동떨어져 있고 이 사람을 힘들게 지각할 가능성이 있다. 때로는 포위한 인물이 두 사람 이상인 경우도 있으며 이들에 대해 같은 욕구를 표출하는 것으로 볼 수 있다.

그림 12-3 포위하기

(4) 기저선 긋기

기저선을 하나나 그 이상 종이의 하단을 쫓아 그린 경우이다. 이는 가정이 아동에게 안정감을 제공하지 못하는 경우나 아동이 정서적으로 지지받지 못하고 불안하게 지각하고 있음을 반영한다. 이러한 기저선을 그림으로써 아동은 안정감을 획득하려 한다.

(5) 윗부분에 선 긋기

가족화에서 용지의 윗부분에 한 개 이상의 선을 그리는 경우이다. 때로는 구름 같은 형태로 시커멓게 그리기도 한다. 이는 아동이 어둠이나 걱정거리가 많거나 놀랍고 위기감을 느끼고 있음을 반영한다.

그림 12-4 윗부분에 선 긋기

(6) 인물 아래 선 긋기

가족화에서 특정 가족구성원을 그리고 난 뒤, 특정 인물의 밑에 선을 긋는 경우이다. 이는 아래에 선이 그어진 가족에 대해 불안정감을 표출하는 것으로 볼 수 있다.

그림 12-5 인물 아래 선 긋기

(7) 가장자리

가족들을 용지의 가장자리에 나열해서 그리는 경우이다. 이러한 그림을 그리는 아동은 드물기는 하다. 가장자리 그림은 상당히 방어적임을 드러내고 가족 내에서의 어려움이나 갈등을 회피하려는 경향이 강하다. 다른 가족구성원과 친밀한 관계를 맺는 것에 대해서 저항을 보이고 위축되어 있을 가능성이 많다.

그림 12-6 가장자리

4. 상 징

KFD에서 그려진 모든 사물들에 대하여 상징적인 의미를 해석하는 데는 어려움이 있다. 또한 상징의 해석은 과도하게, 혹은 1 : 1식으로 해석되어서는 안 되며, 다른 많은 정보들을 고려하여 조심스럽게 해석하여야 한다. 표 12-4에서는 KFD에 대한 경험적인 연구 결과, 일반적으로 임상적인 의미가 있다고 인정되는 몇 가지 상징들의 예를 영역화하여 제시하였다.

표 12-4 상징의 해석

상징 해석	표현된 내용
공격심, 경쟁심	공, 축구공, 그 외 던질 수 있는 물체, 빗자루, 먼지떨이 등
애정, 온화, 희망	태양, 전등, 난로 등 열과 빛(빛이나 열이 강력하고 파괴적일 때는 애정이나 양육의 욕구, 증오심을 나타내기도 함)
분노, 거부, 적개심	칼, 총, 방망이, 날카로운 물체, 폭발물 등
힘의 과시	자전거, 오토바이, 차, 기차, 비행기 등
우울감	비, 바다, 호수, 강 등 물과 관계되는 모든 것

5. 역동성

인물 묘사의 순서, 인물상의 위치, 크기, 인물상 간의 거리, 얼굴의 방향, 특정 인물의 생략, 가족구성원이 아닌 타인의 묘사 등을 통해 그림 전체의 맥락에서 가족 간의 역동성을 파악할 수 있다.

1) 인물 묘사의 순서

KFD에서 아동이 가족들을 그린 순서는 아동이 지각하는 가족 내 임의 서열을 반영하거나 아동에게 정서적·심리적으로 중요한 대상의 순서를 반영하기도 한다. 예를 들어, 어머니가 아버지보다 먼저 그려진 경우는 아버지보다 어머니가 가정에서 지배적인 영향력을 행사할 가능성을 암시하며, 아동 자신을 제일 먼저 중앙에 그린 경우는 자기 중심적인 경향이 강함을 시사한다.

가족 이외의 인물을 가장 먼저 그린 경우에는 가족 내 소속감이나 유대감이 형성되어 있지 않을 가능성이 많으므로 아동의 문제에 중요한 단서를 제공해 줄 수 있다.

2) 인물상의 위치

용지에 배치된 인물상의 위치에 따라 임상적인 의미가 있다. 예를 들어, 용지의 상단에 그려진 인물상은 가족 내에서 가족을 이끌어가는 주도적인 인물일 가능성이 높다. 반면 용지 아래쪽에 그려진 인물상은 우울하거나 활력이 부족한 인물일 수 있으며, 중앙에 그려진 인물상은 실제로 가족의 중심 인물인 경우가 많다. 또한 오른쪽에 그려진 인물상은 외향성 및 활동성을, 왼쪽에 그려진 인물은 내향성 및 침체성을 지닌 것으로 해석될 수 있다. 일반적으로 남아는 자기상을 오른쪽에, 여아는 왼쪽에 그리는 경향을 보인다.

3) 인물상의 크기

인물상의 크기는 가족구성원의 실제 키를 반영할 수도 있고 아동이 각 가족구성원에 대해 지니고 있는 감정과 태도를 나타낼 수도 있다. 키가 크게 그려진 인물상은 존경받는 대상이거나 권위적인 대상으로 가정에서 중심적 위치에 있을 가능성이 높고, 키가 작게 그려진 인물상은 가족들에게 무시당하는 위치에 있을 가능성이 높다. 형제간에서 아동의 키나 크기순이 그대로 반영되고 있는지 자신이 큰형인데 작게 그리지는 않았는지 살펴볼 필요가 있다. 실제보다 작게 그렸다면 스스로 위축되어 있고 본인을 작은 존재로 인식하고 있을 가능성이 많다.

그림 12-7 인물상의 크기

4) 인물상 간의 거리

인물상 간의 거리는 아동이 지각하고 있는 구성원 간 친밀성의 정도나 심리적 거리를 나타내는 것으로 해석될 수 있다. 인물상이 서로 방해나 심리적 거리를 나타내는 것으로 해석될 수 있다. 인물상이 서로 방해물 없이 가까이에 그려져 있다면, 이는 두 구성원이 서로 친밀함을 의미하는 것일 수도 있고, 반대로 두 구성원 간에 정서적인 거리감이 존재하여 이를 보상하고자 하는 표현일 수도 있다. 거리가 멀게 그려진 두 인물상 간에는 실제 생활에서도 상호작용이 별로 없어, 친밀감의 경험이 부족하고 심리적인 거리감을 느끼고 있을 가능성이 높다.

그림 12-8 인물상 간의 거리

5) 인물상의 방향

그려진 인물상이 앞을 보는지, 옆을 보는지 혹은 뒤를 보는지, 향한 방향에 따라 그 임상적 의미가 크다. 정면을 향하고 있는 인물상에 대해서는 아동이 긍정적으로 지각하고 있는 대상이며, 뒷모습이 그려진 인물상에 대해서는 부정적 태도와 억압적 분노감을 시사하며, 옆면이 그려진 인물상에 대해서는 양가적인 태도를 취하고 있을 가능성을 생각해 볼 수 있다.

그림 12-9 인물상의 방향

6) 인물상의 생략

가족구성원 중 특정 인물을 빼고 그렸거나 그렸다 지운 흔적이 있는 경우는 아동이 지워진 가족구성원에게 양가감정을 느끼거나 그 구성원과 갈등적인 관계에 있음을 시사한다. 드물지만, 가족원의 일부를 용지의 뒷면에 그리는 경우도 있는데, 이 역시 뒷면에 그린 가족구성원에게 아동이 그에 대한 양가감정을 느끼고 있음을 시사해 준다.

그림 12-10 인물상의 생략

7) 타인의 묘사

가족화에서 같이 살고 있는 가족구성원이 아닌 타인을 그리는 경우, 아동이 가족 내의 누구에게도 정서적 교류나 친밀감을 느낄 수 없는 상태에 있음을 추측해 볼 수 있다. 가족 외 타인으로는 주로 아동의 친구, 친척이 그려지는 경우가 많고 이렇게 그려진 타인은 아동이 정서적으로 가장 친밀하게 느끼거나 초기에 기본적인 신뢰감이나 애착을 형성했던 대상일 가능성이 많다.

6. 인물상의 특징

인물상 개개인에 대한 묘사의 특성은 제11장의 사람그림에서 설명된 내용을 참조하면 된다. KFD에서 흔히 보이는 인물상의 특성을 살펴보면 다음과 같다.

그림 12-11 얼굴의 표정

1) 음영

어떤 인물의 신체 한 부분에 음영이 그려질 경우 그 신체 부분에 몰두하고 있거나 불안감을 느끼고 있음을 시사하기도 하며, 음영이 표시된 인물에 대한 분노감이나 적개심, 때로는 불안 등의 표현일 가능성도 있다.

2) 얼굴표정

얼굴표정은 직접적인 정서적 반응을 나타내 주는데, 가족화에서 드러나는 인물의 표정은 실제 가족활동 안에서 아동이 지각하는 정서반응일 수도 있고, 아동이 가족구성원에게 느끼는 정서감정일 수도 있다. 따라서 얼굴표정을 생략한 경우, 가족 내에서 느끼는 갈등이나 정서적 어려움을 회피하거나 거리감을 두려는 시도로 해석해 볼 수 있다.

3) 회전된 인물상

특정 가족구성원만 다른 구성원들과 다른 방향으로 그린 경우, 이는 그 가족구성원에 대한 거리감, 거부감 또는 갈등적인 감정을 나타낸다. 이때 다른 곳을 보고 있는 인물은 누구이며 어떠한 행동을 하고 있는지도 물어 볼 필요가 있다. 어떤 경우는 피검자의 표현 부족으로 잘못 이해할 수도 있기 때문이다.

4) 막대기 모양 인물상

정신지체나 다른 뇌손상이 없는 아동이 가족화를 막대기 모양으로 그린 것은 가족 간에 정서적 유대감과 애정적 교류가 부족하며, 갈등 관계에 있거나 갈등 관계에 있는 대상에 대한 저항을 나타낼 수도 있다.

그림 12-12 막대기 모양 인물상

7. 동작성 가족화 검사의 분석용지

아동의 동작성 가족화에 나타난 그림의 활동 내용, 인물의 특징 그리고 상징 등을 분석하고자 할 때 다음의 검사 분석용지와 모눈종이를 함께 사용하면 검사의 해석과 연구에 많은 도움이 될 것이다.

동작성 가족화 검사의 분석용지의 예(번스의 채점기준)

이름 : 김○○ 연령 : 15 성별 : 남

Ⅰ. 스타일

1. 구획 나누기
2. 포위하기
3. 밑선 긋기
4. 어떤 특정 인물 아래에만 밑선 긋기
5. 외형만 그리거나 검사지의 테두리를 따라 그리기
6. 검사지 윗부분에 선 긋기
7. 검사지를 접은 후 구획을 나눠 그리기

Ⅱ. 상징

1. 아버지상에 사용된 상징:
2. 어머니상에 사용된 상징:
3. 자기상에 사용된 상징:
4. 기타 인물에 사용된 상징:

Ⅲ. 활동 내용

1) 가족원 각자의 활동 내용

인물	활동 내용	인물	활동 내용
1. 자신	책상 앞에 앉아 있다.	2. 어머니	설거지하고 있다.
3. 아버지	신문을 보고 있다.	4. 형, 오빠	
5. 누나, 언니		6. 남동생	공차기를 하고 있다.
7. 여동생		8. 기타	

2) 가족원들 간의 활동

인물	활동 내용	대상
1. 자신		
2. 어머니		
3. 아버지		
4. 형, 오빠		
5. 누나, 언니		
6. 남동생		
7. 여동생		
8. 기타		

(계속)

Ⅳ. KFD에 나타난 각 인물의 특징

1. 팔을 더 길게 늘여서 그린 경우 (　)
① 자신　② 어머니　③ 아버지　④ 형, 오빠
⑤ 누나, 언니　⑥ 남동생　⑦ 여동생　⑧ 기타

2. 받침대 위에 올라가 있는 것으로 그린 경우 (　)
① 자신　② 어머니　③ 아버지　④ 형, 오빠
⑤ 누나, 언니　⑥ 남동생　⑦ 여동생　⑧ 기타

3. 그렸다가 지운 경우 (　)
① 자신　② 어머니　③ 아버지　④ 형, 오빠
⑤ 누나, 언니　⑥ 남동생　⑦ 여동생　⑧ 기타

4. 검사지 뒷면에 그린 경우 (　)
① 자신　② 어머니　③ 아버지　④ 형, 오빠
⑤ 누나, 언니　⑥ 남동생　⑦ 여동생　⑧ 기타

5. 매달려 있도록 그린 경우 (　)
① 자신　② 어머니　③ 아버지　④ 형, 오빠
⑤ 누나, 언니　⑥ 남동생　⑦ 여동생　⑧ 기타

6. 신체 부위를 생략하여 그린 경우 (　)
① 자신　② 어머니　③ 아버지　④ 형, 오빠
⑤ 누나, 언니　⑥ 남동생　⑦ 여동생　⑧ 기타

7. 어떤 인물을 생략하고 안 그린 경우 (　)
① 자신　② 어머니　③ 아버지　④ 형, 오빠
⑤ 누나, 언니　⑥ 남동생　⑦ 여동생　⑧ 기타

8. 눈을 피카소의 그림같이 다소 특이하게 그린 경우 (　)
① 자신　② 어머니　③ 아버지　④ 형, 오빠
⑤ 누나, 언니　⑥ 남동생　⑦ 여동생　⑧ 기타

9. 모습을 회전해서 그린 경우 (　)
① 자신　② 어머니　③ 아버지　④ 형, 오빠
⑤ 누나, 언니　⑥ 남동생　⑦ 여동생　⑧ 기타

Ⅴ. KFD의 역동성(모눈종이 사용)

1. 신장(cm)
자신 5cm　아버지 6cm
어머니 6.5cm　남동생 2cm
여동생 ______　기타

2. 자신의 위치:

3. 가족구성원 간의 거리(cm)
어머니 3.5cm　아버지 7cm
그 외 남동생 10cm

4. 그린 순서: 나 → 어머니 → 아버지 → 남동생

5. 인물의 위치:

6. 인물의 방향:

7. 가족 외 타인 묘사:

그림 12-13 동작성 가족화 검사의 분석용지

CHAPTER 13.
아동을 위한 집단용 심리검사

아동을 위한 집단용 심리검사

앞에서는 아동의 인지적 기능과 정서상태를 이해하기 위한 검사도구로 개인용 지능검사와 투사적 기법이나 그림 검사를 활용한 성격검사를 중심으로 알아보았다. 이와 같은 검사도구들은 아동과 임상전문가가 일대일로 검사를 실시하며 그 결과를 채점하고 해석하는 데에도 상당한 정도의 전문성을 요구한다. 그러나 아동들을 지도하고 교육하는 현장에서 부모 및 교사들이 좀 더 쉽고 간단하게 아동을 이해하기 위해 아동의 내적 심리상태를 보다 경제적이고 간편하면서 정확성을 보장하는 입장에서 측정할 수 있는 도구에 대한 필요성이 대두되고 있다.

다음에서는 우리나라에서 표준화되어 활용되는 검사들 중 아동의 성격 및 인지능력과 학업성취도 및 창의성을 알아볼 수 있는 몇 가지 지필검사에 대해 살펴보고자 한다. 이 검사들은 개인 또는 집단으로 실시할 수 있으며, 실시시간이 비교적 짧고 채점과정과 결과해석이 투사적 기법 검사에 비해 간편하다는 장점을 갖는다.

1. 성격검사

성격이란 한 개인이 환경에 적응하는 고유한 특성으로 그 개인이 가지고 있는 독특한 사고방식이나 행동유형을 말한다. 한 개인의 성격은 일관된 특성을 가지고 있으며, 그러한 행동양식에 대해 정보를 얻는 것이 그 개인을 이해하고 돕는 데 유용한 자료가 될 수 있다. 아동을 대상으로 성격검사를 실시하는 이유는 그 아동의 성격을 이해함으로써 아동의 행동과 사고형태를 이해하며, 이러한 자료를 바탕으로 아동의 행동을 진단, 예언하는 데 도움이 될 수 있기 때문이다.

개인의 성격을 이루는 측면은 한 가지 단일 차원이라기보다는 좀 더 복잡한 요인들로 구성되어 있다. 따라서 성격을 측정하는 것은 매우 어렵고 복잡한 과제이다. 코르시니(Corsini, 1984)는 이러한 성격을 다음의 몇 가지 수준으로 나누어 측정할 수 있다고 주장한 바 있다.

첫째, 행동적-공공역할의 성격으로 심리치료를 받는 대부분의 사람들은 다른 사람들과 불쾌하게 충돌하는 특성을 갖고 있다. 예를 들면, 아동상담소에서 심리치료를 받는 아동의 경우 부모나 교사가 그 아동의 파괴적이고 방해하는 행동을 감당할 수 없어서 심리치료를 의뢰하는 사례가 대부분이다. 그러므로 이런 경우의 성격 평가도구는 자연적인 상황이나 구조적 상황에서 아동행동의 관찰내용을 포함해야 한다.

둘째, 의식적인 자기 개념으로서의 성격으로 성격검사는 자신에 대한 의식적인 견해에 근거한 개인의 평가를 측정하게 된다. 이러한 경우 검사도구를 이용해 개인의 성격을 점수화할 수 있는 장점을 갖게 된다.

마지막으로 개인적-상징적 수준의 성격은 전체적인 개인의 성격을 말하는데 이는 개인의 환상, 내적 세계, 무의식 등을 측정하는 것이다. 가장 일반적인 이 수준의 성격측정 형태는 투사적 검사를 통한 것이다. 아동의 내적·무의식적 성격 측면을 측정하기 위한 투사적 검사기법은 이 책의 앞장에서 자세히 다루었다.

다음에서는 한국에서 표준화되어 사용되는 성격유형검사를 소개한다. 위에 기술한 성격평가의 두 번째 수준에 속하는 유형의 한 가지로 유아 성격검사와 아동용 성격유형검사MMTIC 그리고 한국판 아동용 성격검사(K-PIC)를 살펴보기로 하겠다.

1) 유아 성격검사

유아 성격검사는 1993년 송인섭이 만 4세에서 7세까지의 유아를 대상으로 표준화한 것이다.

(1) 검사의 목적

4~7세 유아를 대상으로 하는 이 검사의 목적은 아동의 성격특성을 정확하게 파악하여 피검자의 성격특성 분포가 어떻게 이루어졌는가를 이해하는 데 필요한 자료를 제공하는 데 있다. 그 자료를 기초로 아동 행동의 이해를 통해서 아동의 행동이 부정적 방향으로 발달할 가능성이 있다면 미리 예방하기 위한 예방적 목적도 가지고 있다.

(2) 검사의 내용

이 검사는 5개의 영역으로 나뉘어 있으며 30개의 문항으로 구성되어 있다. 검사의 하위 영역과 문항수는 다음과 같다.

① 학문성

공부하는 활동에 대한 긍정적 또는 부정적 특성을 측정한다. 이 척도의 점수가 높을수록 공부하는 것을 좋아하고 책읽기, 탐구하기 등을 좋아하는 특성을 의미한다. 반대로 점수가 낮을수록 공부와 관련된 활동에 부정적임을 말한다.

② 사회성

사회성은 부모·교사·또래 집단에서 받은 평가에서 형성되는 지각으로 한 개인이 사회적 상황에 적응하는 정도에 대한 지각을 측정한다.

이 척도의 점수가 높으면 여러 사람과 어울려 지내기를 좋아하고 친구가 많으며 원만한 대인관계를 유지하는 사회적 특성이 높은 것으로 해석할 수 있다. 반면, 이 척도의 점수가 낮으면 다른 사람과 함께 어울리는 것보다 홀로 있기를 좋아하며 사회적 접촉을 피하는 경향이 높다고 볼 수 있다.

③ 가족성

유아가 가족과의 관계를 어떻게 갖는가를 나타내는 특성을 측정한다. 즉, 가족의 한 구성원으로 가족의 평가를 통해 형성되는 가정에서의 적응에 대한 지각

표 13-1 검사의 하위 영역과 문항수

척 도	학문성	사회성	가족성	정서성	타당성	계
문항수	7	7	6	6	4	30

의 정도를 의미한다. 유아가 한 가족원으로서 가정 내에서 갖는 위치는 개인성격의 중요한 특성이 될 수 있다.

이 척도의 점수가 높으면 가족생활에 긍정적이고 바람직하게 행동하며, 이 척도의 점수가 낮으면 가족생활에의 적응도가 낮다고 볼 수 있다.

④ 정서성

정서와 신체에 관련된 반응을 측정한다. 정서성은 한 개인의 감정이나 정서·신체 능력을 나타내는 성격을 의미한다.

이 척도의 점수가 높으면 자신의 감정이나 정서를 억제하며 어떤 현상을 이지적으로 다루려는 경향을 보이며, 자신의 신체에 대해 만족하는 것으로 볼 수 있다. 그러나 이 척도의 점수가 낮으면 자제력이 결여되어 있으며 성급하고 기분에 좌우되어 행동하는 경향이 높고, 신체와 관련된 행동에서 부정적인 견해를 가지고 있는 것으로 해석한다.

⑤ F 척도(타당성)

이 척도를 일치성 척도라고 하며, 이것은 성격을 진단하기 위한 것이 아니라 아동의 검사에 대한 태도를 알아보기 위한 것으로 이 척도 점수로 검사의 신뢰성·타당성을 측정하려는 것이다. 즉, 피검자가 얼마나 솔직하게 자신의 경험이나 정서상태를 나타냈는가를 알아보고자 하는 것이다. 이 척도에서 백분위 점수가 25% 이하이면 다른 척도에서 얻은 점수가 타당성이 없는 것으로 해석된다.

(3) 검사결과의 활용

유아 성격검사는 개인의 성격특성을 객관적으로 측정하여 그 자료를 가지고 필요에 따라 적절하게 활용하고자 하는 것이다. 따라서 아동을 대상으로 검사를 실시하여 채점하고 결과를 기록하기만 하는 것은 아무 의미가 없다. 검사결과에서 나온 자료를 근거로 아동을 교육하고 지도하는 데 어떻게 활용할 것인지에 대해 검사 제작자는 다음의 몇 가지를 제시하고 있다(송인섭, 1993).

① 유아 이해의 기초자료로 활용할 수 있다

유아를 효과적으로 지도하기 위해서는 개인의 환경과 지적 상태를 확인하는 것도 중요하지만 그들의 인성특성을 이해하는 것도 매우 중요한 일이다. 이 검사는 부모나 교사에게 유아 개인의 성격특성을 이해할 수 있는 기초자료를 제공하는 근거로 활용될 수 있다. 이 검사결과는 유아의 현재 상태를 정확하게 기술해 줄 뿐 아니라 어떤 상태에서 어떻게 행동할 것인가를 예측할 수 있도록 해 주므로 유아지도와 교육에 커다란 도움이 될 것이다.

② 학습지도의 참고자료로 활용할 수 있다

학습지도, 특별활동의 계획수립 시에 유아의 성격특성 및 경향을 정확하게 이해하는 데 기초자료를 제공하며, 학습 부진 및 장애의 원인을 진단하는 데 도움이 될 수 있다. 교사는 검사결과를 통해 유아를 빠른 시일 내에 이해하고 친숙하게 접촉할 수 있는 자료뿐만 아니라 개인지도·집단지도를 계획할 때 그에 대한 기초를 얻는 자료로 활용할 수 있다.

③ 유아 생활지도의 기초자료가 된다

유아기는 개인의 성격형성에 매우 중요한 시기임이 이미 여러 이론을 통해 알려져 있다. 유아기 동안 아동의 경험은 유아기뿐만 아니라 훗날 성격형성과 행동유형에 커다란 영향을 미친다. 그러므로 유아기의 성격검사를 통해 현재 아동의 성격발달 상태 및 문제유형을 알아봄으로써 아동의 생활지도 및 부모 또는 가족상담 자료로 활용할 수 있다. 즉, 아동의 건강한 성격발달과 대인관계 기술습득, 정서적 안정 등을 위한 상담에 유용한 자료가 될 수 있다.

④ 아동의 부적응 행동을 지도하는 데 도움이 된다

성격검사의 또 다른 목적은 개인의 적응상태를 이해하기 위한 것이다. 즉, 성격검사를 통해 개인이 가지고 있는 성격적 적응에 어려움이 있는지를 알아볼 수 있다. 예를 들면, 검사결과 부적응적 성격특성을 나타내는 아동에 대해 보다 심층적인 상담을 통해 부적응의 요인을 적응적인 행동으로 변화시키도록 지도함으로써 개인의 심리적 성장을 도울 수 있다.

⑤ 연구의 도구로 활용될 수 있다

이 검사는 교육학·심리학·사회학·기타 사회과학 분야의 연구를 위한 도구로 쓰일 수 있다. 성격특성은 정의적 행동특성으로 인간심리의 원동력이라는 논리에 따라 이 검사는 객관적인 측정도구, 진단도구로 활용될 수 있다.

2) 어린이 및 청소년 성격유형검사

융Jung의 심리유형이론에 근거한 MBTIMyers-Briggs Type Indicator(심리유형 선호도 검사)는 성인을 대상으로 개인의 성격유형을 이해하도록 도와 상담 및 심리치료, 교육, 인간관계 등에 수없이 적용되어 왔다. 성인과 마찬가지로 아동 고유의 심리적 유형을 이해하는 것이 아동의 지도, 교육, 가족 상담 등에 커다란 도움이 될 수 있다. 이러한 필요에 따라 성인용 심리검사인 MBTI와 마찬가지로 메이스가이어와 머피(Meisgeier & Murphy, 1990)가 융의 심리유형이론에 근거하여 아동용 성격유형검사MMTIC: Murphy-Meisgeier Type Indicator for Children를 개발하였다. MMTIC의 한국 표준화 작업은 김정택, 심혜숙에 의해 1993년에 이루어졌다.

(1) 검사의 목적

MMTIC는 8~13세의 아동 및 청소년을 대상으로 개인의 성격유형을 알아보는 검사로 MBTI의 저자 브릭스와 마이어스Briggs & Myers의 선호도 지표(E-I, S-N, T-F, J-P)를 그대로 적용하였다. 이 검사를 통해 아동의 성격유형을 이해함으로써 아동에게 의미 있는 사회적 인간관계에 도움을 주고자 하였다. 자신의 성격유형을 이해함으로써 부모와의 관계, 교사와의 관계, 친구와의 관계 등에서 나타나는 갈등이나 상호작용의 유형을 이해하여 긍정적인 인간관계 형성에 도움이 될 수 있다는 것이다. 뿐만 아니라 아동의 성격유형을 이해하는 것이 부모나 교사가 그 아동과 상호작용을 할 때에도 더 적절한 방법을 적용할 수 있도록 도움을 줄 수 있을 것이다. 또한 아동이 발달과정에서 겪는 적응문제에 대해 자료를 제공할 수 있는 유용한 도구로서 아동의 성장을 돕는 데 활용할 수 있다는 장점을 가지고 있다.

(2) 검사의 내용

융은 인간의 정신기능을 인식기능인 감각S과 직관N 그리고 판단기능인 사고T와 감정F 기능으로 분류했다. 이 중 하나가 주기능이 되는데 주기능은 개인이 가장 선호하는 경향이다. 이 주기능은 보조하는 것이 부기능으로 S나 N 중 하나가 주기능이 되면 T나 F 중 하나가 부기능이 된다. 즉, 인식기능 중의 하나가 주기능이 되면, 판단기능 중의 하나가 부기능이 되어 인식과 판단기능이 서로 조화를 이루게 된다. 또한 정신 에너지의 방향에 따라 외향-내향으로 구분하였다.

MMTIC는 융의 유형이론을 기본으로 하여 만들었으며 성격의 선호경향을 이루는 외향-내향, 감각-직관, 사고-감정, 판단-인식의 4가지 지표로 성격유형을 구성하였다. 4가지 지표에 대해 살펴보면 다음과 같다.

① 외향(E)과 내향(I)

에너지의 방향으로 관심에 초점을 두는 방향을 말한다.

외향(E)	내향(I)
외향적인 사람은 에너지의 방향이 자기 외부 세계로 지향한다. 외부 세계에서 일어나는 사건, 사람, 행동에 자극을 받고 반응하기를 선호한다. 그러므로 활동적이고 사교적이며 사람과의 관계를 맺고 사람 사이에서 일어나는 상황에 참여하기를 좋아한다.	에너지가 내적 세계로 향하며 내면의 세계, 즉 아이디어나 개념 등 주의 초점이 자기 내부에 맞추어진다. 경험하기 이전에 생각 속에서 먼저 이해하며, 개인적인 공간을 선호하고 혼자 처리하는 일을 선호한다.

② 감각(S)과 직관(N)

개인의 인식과정으로 정보를 수집하는 기능이다.

감각(S)	직관(N)
감각형들은 정보를 '오감'을 통해 수집한다. 현실적이고 실제적인 감각이 있으며 구체적인 사실을 선호한다. 현재, 지금 일어나고 있는 것에 관심이 많다.	직관형은 '육감'을 통하여 정보를 수집한다. 상상, 공상, 추리, 고안하는 작업을 선호하며 사건이나 물건이 안고 있는 가능성이나 관계에 관심이 많다. 상징과 의미 추구를 선호하며 미래에 관심이 많다.

③ 사고(T)와 감정(F)

결정이나 선택을 하는 마음의 기능이다. 감각S 또는 직관N 기능을 통해 정보를 수집하면, 그것에 대한 결정이나 선택을 하는 판단과정이 일어난다.

사고(T)	감정(F)
사고형은 논리와 객관적인 분석을 바탕으로 결정을 내린다. 공평과 객관적인 사실이 판단을 내리는 데 있어서 매우 중요하다.	감정형은 사람들이 어떻게 느끼고, 어떻게 영향을 미칠까 하는 등 사람중심으로 결정을 내린다. 다른 사람의 기분에 민감하고 자신의 결정이 그들에게 미칠 영향을 생각하는 경향이 있다.

④ 판단(J)과 인식(P)

외부세계와 상호작용할 때 판단기능T/P 또는 인식기능S/N을 사용한다. 외부와 접할 때 두 기능 중 하나를 사용한다.

판단(J)	인식(P)
판단형은 질서, 계획과 구조화된 생활양식을 선호한다. 마무리짓기를 선호하고, 조직하고, 끝맺음을 한 다음 다른 일로 넘어가는 것을 선호한다.	인식형은 자발적이고 유연한 생활양식을 선호한다. 호기심이 많고 상황에 맞추어 적응하며 끝맺음보다는 개방적인 상태를 선호하며, 이것저것 관심을 가지고 벌리는 것이 많다.

(3) 검사결과의 적용

아동을 대상으로 성격유형을 측정하는 MMTIC의 경우 그 결과를 적용하게 되는 데는 검사대상이 아동이라는 특수성 때문에 고려해야 할 사항이 몇 가지 있다. 한국판 MMTIC의 개발을 한 김정택, 심혜숙(1993)은 검사 안내서에서 이러한 적용상의 주의점을 다음과 같이 강조하고 있다.

첫째, 아동의 심리유형은 발달과정에 있으므로 현재 발달 중에 있는 아동의 유형 측정치는 임시적인 것이며 시사적인 것으로 고려하여 이 결과를 실제 장면에 적용할 때는 융통성을 가지고 주의하여 활용해야 한다.

둘째, MMTIC는 아동의 심리유형을 이해하기 위한 도구이므로 적용할 때는 유형 또는 선호성을 강조해야 한다. 즉, MMTIC에서의 검사점수는 선호 방향을 결정하기 위한 목적으로만 사용한다.

셋째, MMTIC 결과를 아동에게 적용할 때에는 아동의 주기능을 이용하도록 한다. 왜냐하면 아동에게 주어지는 과제를 주기능과 일치하는 방향으로 제시하게 되면 아동에게 더욱 긍정적인 경험이 되는 것이다. 이러한 주기능은 외적(외향성) 또는 내적(내향성) 방향을 가질 수 있다. 아동기 개인에게 의미 있는 부모 및 교사의 관심을 아동의 성격유형 발달에 집중시켜 주기능의 발달에 도움을 줄 수 있다. 이때 아동의 보조기능이 아직 완전히 분화되지 않았음에 유의해야 한다.

넷째, 아동의 주기능은 초등학교 시기에 걸쳐 계속 발달한다. 이 시기 중에 아동의 선호성은 잘 분화되어 있지 않을 수 있고 환경과의 상호작용에 의해 영향을 받을 수 있다. 이러한 이유로 MMTIC에서는 '미결정'범주(U-밴드)를 마련해서 유형의 발달적 특징에 대한 여지를 남겨 놓았다. U-밴드 점수를 받은 아동의 경우 양쪽 선호성 모두를 고려해서 주의 깊은 접근을 해야 한다.

각 척도의 중간에 U-밴드가 위치하고 있는데, 이는 아직 결정되지 않은 선호 상태를 나타내는 것이다. 예를 들면, E-I 지표 중 50점을 받았다면 그림 13-1과 같이 U-밴드에 속하는 것이다. MMTIC 결과보고서는 그림 13-2를 참조한다.

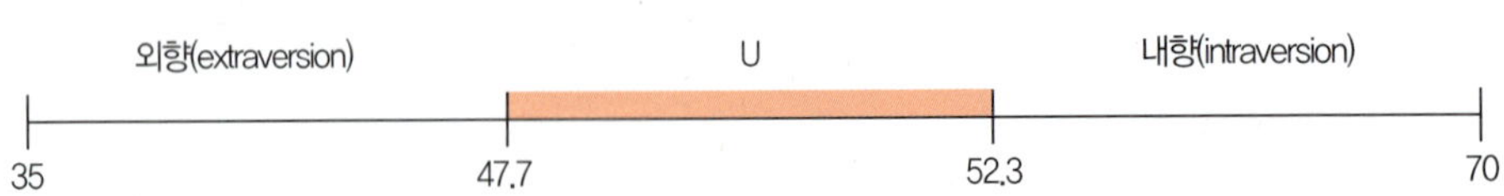

그림 13-1 MMTIC의 U-밴드

출처: 김정택 · 심혜숙(1993)

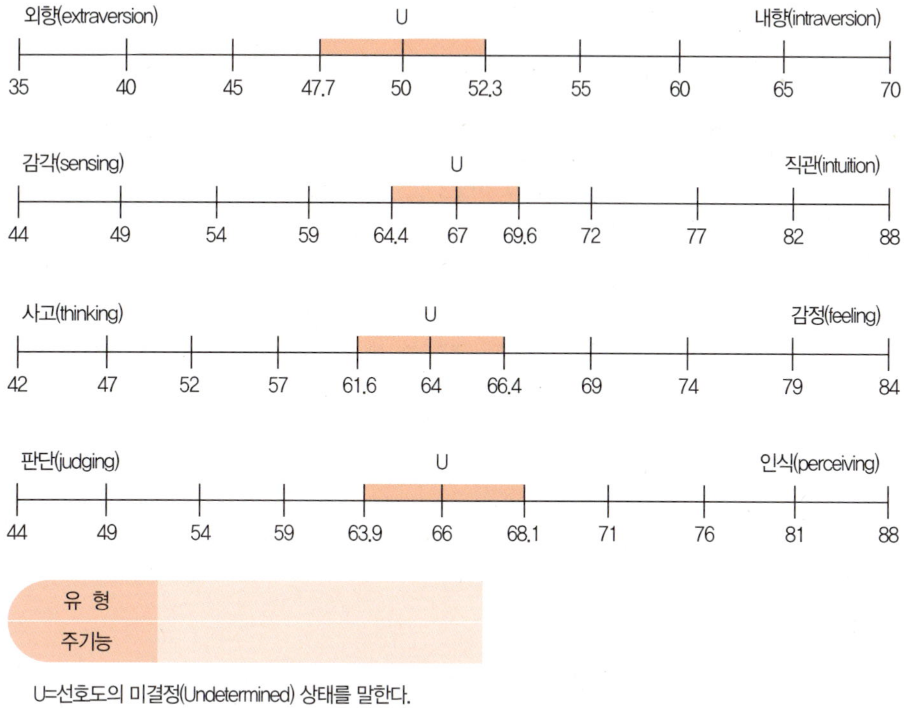

그림 13-2 MMTIC 결과보고서

출처: 김정택 · 심혜숙(1993), 한국 심리검사연구소

이 결과 보고서에서 보는 바와 같이 외향-내향, 감각-직관, 사고-감정, 판단-인식에서 차지하는 선호도의 유형과 주기능을 살펴보고 미결정 상태인 U-밴드의 영역에 속하는 것이 있는지 등을 살펴본다.

3) 한국판 아동용 성격검사 (K-PIC: Korean Personality Inventory for Children)

한국판 아동용 성격검사는 초등학교 1학년에서 6학년 아동을 대상으로 1997년 홍창희, 김승태, 김지혜, 송동호, 이효경, 주영희, 황순택에 의해 개발된 검사이다. 이 검사는 아동이 호소하는 심리적 불편감이나 문제를 학교장면에서 파악할 수 있는 종합형 성격검사라는 특징을 가지고 있다.

(1) 검사의 목적

이 검사를 사용하는 목적은 임상장면에서 아동의 정신과적인 문제를 선별하고 진단함으로써 학교상황에서 심리적인 도움을 필요로 하는 아동을 조기에 발견하여 심리적인 도움을 줄 수 있도록 하는 것이다.

(2) 검사의 내용

이 검사는 최근 6개월간 아동과 같이 생활한 보호자가 아동의 발달, 정서, 행동, 대인관계, 현실접촉 등에 대해 응답하여 아동을 다차원적으로 평가할 수 있도록 하는 것이다. 255문항으로 구성된 이 검사는 모두 16개의 척도로 이루어져 있다(김승태 등, 1997).

① 타당도 척도

응답의 진실성과 일관성을 측정하는 4개의 척도로 구성되어 있다.

?척도(?) 피험자가 응답하지 않거나 "그렇다"와 "아니다"에 모두 응답한 경우로서, ?문항이 많으면 그 문항이 속한 척도의 점수가 낮아지게 된다.

검사-재검사 척도(T-R) 피검자가 각 문항에 대하여 얼마나 일관성 있게 반응하였는가를 알아보기 위한 척도이다. 이 척도의 점수가 높을 경우 피검자가 일관성 없이 반응하거나 부주의하게 반응하였음을 시사한다.

L척도(L) 평가의 대상이 되는 아동의 문제행동을 부정하고 아주 바람직한 아동으로 기술하려는 보호자의 방어적인 태도를 측정하기 위한 척도이다. 문제가 없거나 문제가 실제보다 덜 있는 것으로 보이고자 의도적인 시도를 할 때 L척도가 상승한다. L척도는 특히 비행이나 반사회적 행동, 혹은 대인관계 영역에서 문제의 부재나 부정을 반영한다. 정신과 표본에서 L척도가 유의하게 상승한 아동은 내성적이고 주장적이지 않은 것으로 기술된다.

F척도(F) 의도적이거나 비의도적인 증상의 과장이나 무선반응과 같은 일탈된 반응자세를 가려내기 위해 만들어진 척도이다.

② 자아탄력성 척도(ERS)

여러 가지 심리적 문제에 대한 아동의 대처능력이나 적응 잠재력을 측정하기 위한 척도로 25개 문항으로 이루어진 단일 척도이다. 이 척도는 아동의 자신감과 여유, 원만하고 친밀한 대인관계, 인내심, 집중력, 포용력 등을 측정하기 위해 만들어졌는데, 이 척도의 결과로 자아탄력성이 높게 나오거나 반대로 낮게 나온 점수는 아동의 여러 가지 정신병리의 발현에 대한 중요한 역지표이며, 또한 정신병리의 발현 시 환경적인 요인의 심각성과 아울러 치료에 대한 능동적인 참여 및 좋은 예후를 시사해 주는 지표가 되기도 한다.

③ 임상 척도

임상 척도는 발달과 관련된 2개 영역(언어발달, 동작발달), 정서와 관련된 3개 영역(불안, 우울, 신체화), 행동과 관련된 2개 영역(비행, 과잉행동), 대인관계와 관련된 2개 영역(가족관계, 사회관계), 정신과 관련된 2개 영역(정신증, 자폐증)에서 총 11개의 척도로 구성되어 있다.

언어발달 척도(VDL) 언어적 능력에서 발달의 지체나 기능성의 손상을 측정하기 위해 제작되었다.

운동발달 척도(PDL) 정신운동 기능이나 동작성 능력에서 발달의 지체나 기능성의 손상을 측정한다.

불안 척도(ANX) 자연현상이나 동물, 대인관계 혹은 사회관계에서의 두려움이나 불안, 긴장을 측정하기 위하여 만들어졌다.

우울 척도(DEP) 우울한 기분이나 자신감 결여, 활동성의 저하, 가정불화, 흥미의 감소, 사회적 철회 등 아동기의 우울과 관련된 문항으로 구성되어 있다.

신체화 척도(SOM) 전반적인 건강 정도와 다양한 신체증상을 측정하는 25개의 문항으로 구성되어 있다.

비행 척도(DLQ) 아동의 비행성향을 측정하고 품행장애가 있는 아동들을 가려내기 위하여 만들어졌다. 반항과 불복종, 공격성과 적대감, 거짓말, 도벽 등 비행이나 품행상의 문제를 측정하는 24개 문항으로 구성되어 있다.

과잉행동(HPR) 주의력결핍과잉행동장애ADHD의 특징을 보이는 아동들을 가려내기 위해 만들어진 것으로 주의산만, 과잉행동, 충동성과 이에 수반되는 학습이나 대인관계에서의 어려움, 우울 등을 측정하는 24개 문항으로 구성되어 있다.

가족관계(FAM) 가족 내의 역동이 아동의 부적응이나 정신병리에 영향을 미치는 정도를 평가하기 위한 것으로 가정불화와 가정 내의 긴장, 부모와 자녀와의 관계, 부부관계의 위기, 자녀에 대한 무관심 등을 측정하는 21개 문항으로 구성되어 있다.

사회관계(SOC) 또래관계, 성인과의 관계 등 아동의 사회관계에서의 어려움을 측정하기 위한 것으로 또래관계에서의 소외, 리더십과 자신감의 부재, 대인관계에서의 불안이나 수줍음, 제한된 인내력과 포용력을 측정하는 21개 문항으로 이루어져 있다.

정신증 척도(PSY) 정신병적인 증상이 있는 아동을 가려내기 위해 만들어졌다. 상동적 행동, 부적절하고 특이한 언행, 망상, 환각, 비현실감 등 언어, 사고, 행동에서의 특이함이나 현실접촉의 어려움을 측정하는 17개 문항으로 구성되어 있다.

자폐증 척도(AUT) 아동의 자폐적인 성향을 측정하고 자폐아동들을 가려내기 위해 만들어졌다. 사회관계나 주변세계에 대한 무관심, 또래관계에서의 소외, 언어적·비언어적 의사소통의 어려움, 특이한 행동 등을 측정하는 17개의 문항으로 구성되어 있다.

(3) 검사결과의 적용

K-PIC는 문헌연구와 임상자료를 통해 아동들의 정신병리나 적응 잠재력을 잘 나타내는 문항들로 구성, 제작함으로써 아동을 다차원적으로 평가하고 이해할 수 있다는 특징을 가지고 있다. 또한 검사의 평가자는 적어도 최근 6개월간 아동과 긴밀한 관계를 가지면서 아동의 행동이나 정서 상태, 문제상황에 대한 특징적인 대응방법 등을 숙지하고 있는 사람, 예를 들면 부모나 교사 또는 보호자 등이어야 한다. 따라서 어느 정도 아동을 잘 평가할 수 있다는 장점을 가지고 있다.

이 검사의 결과를 통해 아동의 언어, 동작 등 발달상황을 이해하며, 아동의 불안, 우울 등 정서상태와 나아가 정신병리적 행동, 대인관계 등 종합적인 다차원적 이해를 돕는 데 활용할 수 있다는 점에서 유용하다. 또한, 임상경험이 풍부한 전문가의 경우, 이 검사의 결과를 기초로 임상상황에서 아동의 정신적 문제를 선별, 진단하고 아동을 위한 치료계획을 수립하는 데 활용할 수 있다.

2. 학업성취도 검사

학업성취도 검사는 학습자가 학습한 프로그램의 특정 효과를 측정하기 위해 고안된 것이다. 이러한 학업성취도 검사에는 일반적으로 2가지 종류가 있다

(Corsini, 1984). 첫째는 표준화된 학업성취도 검사로 특정 집단을 목표로 제작된 동일한 문항을 가진 검사를 동일한 실시방법, 채점방법 등의 조건하에서 검사를 실시하는 방법이다. 이러한 표준화 작업을 통해 얻어진 점수를 가지고 동일 학년이나 연령 등의 집단에서 비교할 수 있다.

두 번째는 준거지향 검사로 교육적 성취를 평가하는 데 사용된다. 글레이저(Glaser, 1963)가 처음 도입한 것으로 이 유형의 검사는 개인의 현재 성취 수준을 나타내 준다. 이 검사의 문항은 바로 특정 교육목표가 될 수 있다. 그러므로 검사에서 얻은 점수는 피검자가 구체적으로 성취한 것을 반영한다.

대부분의 국가에서는 아동의 취학연령을 생활연령에 의해 결정하지만, 몇몇 국가에서는 읽기 능력을 취학연령의 준거로 삼기도 한다. 그 만큼 읽기 능력은 학습의 기초 능력으로 중요한 준거가 되는 것이다. 만일 생활연령만으로 학교에 입학하고 상급 학년으로 진학하는 경우에는, 기초학습 분야에 문제가 있는지를 평가하여 학습단계에 맞는 학습계획을 수립하는 일이 매우 중요하다. 이러한 목적으로 학습자의 현재 학업수행에 대한 정보를 수집하기 위해서 적절한 평가체계가 필요하다. 다음에서는 우리나라에서 표준화되어 사용되고 있는 학업성취도 검사들을 중심으로 살펴보고자 한다.

1) 기초학습기능 수행평가검사: 읽기검사

학습자의 기초학습 능력을 평가하기 위한 검사도구로 기초학습기능 수행평가검사: 읽기검사(김동일, 2000)를 살펴보면 다음과 같다.

(1) 검사의 목적

기초학습기능 수행평가검사BASA: Basic Academic Skills Assessment(김동일, 2000)는 초등학교 1~3학년을 대상으로 하며, 실시가 간편하고 비용이 적게 들기 때문에 학습효과를 확인하고 이에 알맞은 교수계획과 개입계획을 수립하는 데 유용하게 활용될 수 있다. 또한 읽기 능력을 직접 측정해서 읽기와 관련된 부진한 부분을 확인하려는 목적을 가지고 제작되었다. 따라서 BASA는 학습 부진이나 학습 장애의 영역에서 읽기 장애를 진단하는 도구로 활용될 수 있다는 장점을 가진다. 이렇게 이루어진 진단자료를 근거로 학습계획이나 개입의 효과를 평가하고 아동의 변화를 확인하는 데에도 사용할 수 있다.

(2) 검사의 내용

아동의 현재 학습 능력과 학습 장애를 측정하기 위해 가장 널리 쓰이는 평가도구가 표준화 검사이다. 그러나 기존의 표준화된 검사는 문항이 편파적이라는 비판과 실제 교육현장에서 교사가 학생 개개인에 대해 교수방법을 결정하는 데 부적절하다는 지적이 있다. 따라서 최근 학습 장애 영역에서는 이에 대한 대안으로 실제로 학생들이 배우는 기초학습기능에 근거하여 학생의 수행을 평가하고자 하는 노력을 하고 있다. 기초학습기능 수행평가검사BASA는 이러한 대안적 평가체제의 중심인 교육과정중심 측정절차에 의해 제작되었다(김동일, 2000).

이 검사는 기초평가와 형성평가로 나누어져 있다. 기초평가는 아동의 기초선을 측정하기 위한 검사로 읽기검사를 3회 실시한다. 읽기검사 자료 I은 개인검사로서 주어진 시간 내에 얼마나 많은 글자를 정확하게 읽는가를 측정한다. 검사자는 학생들에게 이야기를 제시하고 지시에 따라 1분 동안 되도록 또박또박 읽도록 한다.

읽기검사 자료 II는 독해력을 측정하기 위한 집단용 검사로 문맥에 맞는 적절한 단어를 선택하는 문항으로 구성되어 있다. 매 7단어마다 한 단어를 선택하여 여러 가지 보기를 제시하고 그중에서 적절한 단어를 고르도록 되어 있다.

기초평가를 통해 읽기 수행 수준이 확인된 후 형성평가를 통해 아동의 지속적인 성장을 점검한다. 매 검사 회기마다 검사자는 읽기검사 자료 I에서 하나를 뽑아서 형성평가를 실시하여 대상 아동의 읽기 수행 수준을 점검한다.

(3) 검사결과의 적용

기초학습기능 수행평가검사BASA를 실시하여 채점한 후 아동의 현재 수행 수준을 측정한 후 아동을 위한 교수목표를 설정한다. 검사활용의 과정을 살펴보면 다음과 같다.

① 기초선 측정

기초선은 아동에 대한 개입을 시작하기 전에 아동의 수행 수준을 알아보기 위해 기초평가를 실시함으로써 얻게 된다. 기초선을 구하기 위해 읽기검사를 3회 실시하여 그 중간값으로 기초선을 결정한다.

② 목표 세우기

개별화 교육의 목표를 관찰 가능하고 측정 가능한 행동으로 선정하여 기술한다. 이때 아동의 지도를 위해 1학기 또는 1년 동안의 장기 목표와 1개월 단위의 단기 목표를 함께 설정한다.

③ 형성평가 실시

형성평가는 주 1~3회 정도 실시하고 그 결과를 매회 그래프에 기록한다.

④ 검사점수를 활용한 진전도 분석방법

3주에 한 번씩 또는 검사점수가 9~12개 이상이 되면 진전도 분석을 하여 교수방법의 수정 여부를 결정한다. 검사점수 이용하기와 읽기 발달선 이용하기 중 하나를 사용하여 현재 아동의 학습 진전도를 교사가 설정한 목표선과 비교한다. 그 결과에 따라 현재의 교수법을 계속 사용하거나 수정하거나 또는 목표를 수정한다.

<u>검사점수 이용하기</u> 아동의 검사점수가 4회 이상 연속하여 목표선 아래로 떨어지면 교수법을 변경할 수 있다. 반대로 아동의 검사점수가 3회 이상 연속하여 목표선 위로 올라가면 목표를 상향 조정할 수 있다.

읽기 발달선 이용하기 읽기 발달선은 아동의 학습 진전도를 요약하여 나타냄으로써 아동에 대한 교수 프로그램의 효과성을 한눈에 알아볼 수 있게 해 준다. 읽기 발달선 이용하기에서는 읽기 발달선의 기울기와 목표선의 기울기를 비교하여 교수 수정에 관한 결정을 한다. 즉, 읽기 발달선의 기울기가 목표선보다 훨씬 작으면 중재 전략을 변경한다. 읽기 발달선의 기울기가 목표선과 같으면 현재의 교수법을 계속 사용한다. 읽기 발달선의 기울기가 목표선보다 크면 목표를 상향 조정한다.

2) 한국판 기초학습능력검사

이 검사의 대상 아동은 유치원부터 초등학교 6학년까지로 박경숙, 윤점룡, 박효정이 1989년에 제작하였다.

(1) 검사의 목적

이 검사의 목적은 아동의 학습 수준이 정상과 어느 정도 떨어지는가를 알아보거나 학습 집단 배치에서 어느 정도 수준의 아동집단에 들어가야 하는가를 결정하며, 더 나아가 구체적인 개별화 교수안을 계획하고자 하는 것이다. 이 검사는 학년 규준과 연령 규준을 갖춘 개인용 학력검사라는 특징을 가지고 있다.

(2) 검사의 내용

이 검사는 정보처리 기능과 언어 기능 및 수 기능을 측정하도록 구성되어 있는데, 9개의 기능을 5개의 하위검사로 측정하도록 만들어져 있다. 시간제한이 없는 능력검사이므로 피검자가 충분히 생각해서 대답할 수 있도록 검사시간을 넉넉히 준다는 특징을 가지고 있다. 보다 구체적으로 검사의 내용을 살펴보면 다음과 같다(박경숙 등, 1989).

① 정보처리

이 하위검사는 관찰, 조직, 관계짓기의 3가지 요소들을 측정함으로써 정보처리 기능을 알아보고자 하는 것이다. 관찰 기능은 정보에 대한 학습자의 지각과정, 자극에 반응하는 시각-운동과정, 시각적 기억과 양, 길이, 무게 및 크기에 대한 관찰 능력을 포함하고 있다. 조직 요소는 묶기, 분류하기, 공간적 특성과 시간에 따라 순서짓기 등의 능력을 측정한다. 관계짓기 요소에서는 학습자의 추론 및 적용 능력, 유추, 부조화된 관계 알기 등의 관계 능력을 측정한다.

② 셈하기

이 하위검사는 수에 대한 기초개념의 이해, 계산 능력, 문제해결 능력을 측정하는 것이다. 숫자변별, 수읽기 등 셈하기의 기초개념과 가감승제 등 간단한 셈하기, 이것을 실제 생활에서 응용하기 등의 계산 능력 등을 측정한다.

③ 읽기 I

문자를 변별하고 낱말을 듣는 사람들이 이해할 수 있는 언어음(발음)으로 읽는 능력을 측정하는 것이다. 아동의 언어적 기능 중 문자와 낱말의 재인 능력이 포함된다.

④ 읽기 II

문장을 읽고 그 문장의 의미, 문장에 나타난 간단한 사실과 정보를 기억하고 재생하는 능력, 독해력 등을 측정한다.

⑤ 쓰기

철자의 재인 능력을 측정하는 것으로 피검자가 얼마나 낱말의 철자를 잘 알고 있는가를 알아보기 위한 문항들로 구성되어 있다.

(3) 검사결과의 적용

유치원부터 초등학교 6학년에 이르기까지 아동의 기초학습 능력을 측정함으로써 아동의 학습 수준을 알아보고 학년 또는 연령 규준별로 비교하여 선별할 수 있다는 장점을 가진 검사이다. 아동의 기초학습 능력에 따라 반편성을 하거나 개인의 능력 수준에 적합한 교수계획을 수립하는 데 도움이 된다. 특히 학습 능력이 지체되어 있는 아동을 지도하는 데 기초적인 자료로 활용될 수 있다.

3) 한국판 종합학습능력진단검사

한국판 종합학습능력진단검사는 1995년 제작된 검사이다(문용린, 1995). 유아용, 초등학교 저학년용, 초등학교 고학년용이 각각 표준화 작업을 거쳐 제작되었는데, 전국의 12,000명의 대상 연령(만 4세~초등학교 6학년) 아동을 지역별, 연령별, 성별, 학년별로 층화표집하여 만들었다.

(1) 검사의 목적

이 검사의 주요 목적은 유아에서 초등학교 고학년까지 아동들의 학습과 관련된 기본 능력 및 성취된 학습결과를 측정하고자 하는 것이다.

(2) 검사의 내용

한국판 종합학습능력진단검사는 다음과 같은 지적 능력(①항목에서 ⑥항목까지의 하위검사)을 측정하며 이와 함께 정의적 특징 및 사회성 발달의 특징과 수준을 측정하는 내용으로 구성되어 있다.

① 지각 능력
② 주의 집중 능력
③ 기억 능력
④ 언어 능력
⑤ 수리 능력
⑥ 추리 능력
⑦ 사회 성숙도
⑧ 정서성-정서안정성
⑨ 학습 긴장도
⑩ 자각된 양육태도

(3) 검사결과의 적용

앞의 검사 내용에서 볼 수 있는 바와 같이 이 검사는 학습성취 능력을 지적 능력으로만 보지 않고 이에 더하여 정서적·사회적 능력의 발달 수준과도 관계가 있는 것으로 보는 입장이다. 따라서 이 검사의 결과는 아동의 학습성취 능력을 판단하는 데 활용될 수 있을 뿐만 아니라 이를 기초로 아동의 생활지도와 부모-자녀 관계를 이해하는 데 도움이 될 수 있다.

또한 아동의 지적 능력 중 지각 능력, 주의 집중도의 수준, 기억 능력, 언어 능력, 수리 능력 등 학습에 기초가 되는 능력의 발달 정도를 파악할 수 있는 자료로 활용함으로써 아동의 학습지도안을 계획하는 데 하나의 지침서로 사용될 수 있다.

3. 기타 검사

위에서 소개한 검사 이외에도 한국에서 표준화되어 활용됨으로써 아동을 이해하는 데 도움이 되는 중요한 몇 가지 검사들을 다음에서 살펴보기로 하겠다.

1) 유아종합 창의성 검사

창의성은 예술뿐만 아니라 과학적 성취와 다른 분야의 연구와 발달 등을 포함하는 다양한 과제에 있어서 중요한 인지적 기능분야를 말한다(Corsini, 1984). 그러므로 심리학자들이 이 창의성의 구성을 연구하고 측정하는 데 관심을 갖는 것은 당연한 일이다. 길퍼드(Guilford, 1967)는 지적 조작을 수렴적 산출과 발산적 산출로 구분했다. 이 중에서 발산적 사고가 창의성과 더 밀접하게 연결되어 있다고 알려지고 있다.

수렴적 사고는 문제를 해결하는 데 있어서 여러 가지 가능성을 고려하고 그 중에서 가장 최선의 해결책을 선택하는 것과 같이 개인의 사고를 '좁히는'능력을 말한다. 그러나 발산적 사고는 다양한 방향으로 생각하여 그 문제에 대한 해결방법을 찾아 낼 수 있는 능력을 요구한다. 많은 창의성 검사들은 이러한 발산적 사고를 측정하도록 고안되었다. 이러한 창의성 측정을 통하여 아동의 창의성에 대한 정보를 얻음으로써 아동 개인에 대한 창의적 기술을 개발, 유지시키는 데 활용할 수 있다.

(1) 검사의 목적

유아종합 창의성 검사K-CCTYC: Korean Comprehensive Creativity Test for Young Children(전경원, 2000)는 4~6세 유아들을 대상으로 창의적 능력을 측정하기 위한 목적으로 제작된 검사이다. 이 검사도구의 목적은 다음과 같다.

첫째, 유아의 창의성을 측정하여 적절한 진로 안내를 하는 데 활용한다.

둘째, 유아기부터 잠재능력이나 적성을 발견하여 동기유발을 유도할 수 있는 교육환경을 제공해 줄 수 있도록 한다.

결국 창의성 검사는 유아의 창의적 재능뿐만 아니라 단점을 발견하여 부모나 교사가 유아의 진로 안내를 하는 것을 돕도록 하는 데 의의가 있다.

(2) 검사의 내용

K-CCTYC는 창의성의 주요 척도인 유창성, 융통성, 독창성, 상상력을 측정하는 종합 창의성 검사도구이다. 이 검사는 언어·도형·신체 영역에서의 창의성을 측정하기 위해 4개의 소검사로 구성되어 있다. 각 척도별 측정 내용과 소검사 내용은 다음의 표 13-2와 13-3에 나타나 있다.

표 13-2 척도별 창의성 측정 내용

척 도	측정 내용	소검사
유창성	특정한 상황에서 가능한 많은 양의 아이디어나 해결책을 산출해 내는 아이디어의 풍부함과 관련된 양적 능력이다. 반응의 질보다는 양이 중요하므로 자연스러운 분위기에서 많은 양의 아이디어를 낼 수 있도록 한다.	3가지 소검사 (검사 1, 2, 4)
융통성	고정적 사고방식이나 시각을 변화시켜 다양하고 광범위한 아이디어나 해결책을 산출해 내는 능력이다. 즉, 어떤 문제를 해결하는 데 한 가지 방법에 집착하지 않고 여러 가지 방법으로 접근하여 반응하려는 능력이다. 고정적인 사고의 틀을 벗어나 유연하고 융통성 있는 사고유형이 독창적 사고의 중요한 요인이 된다.	3가지 소검사 (검사 1, 2, 4)
독창성	기존의 사고에서 탈피하여 참신하고 독특한 아이디어나 해결책을 산출하는 능력으로 창의적 사고의 궁극적 목표라 할 수 있다.	3가지 소검사 (검사 1, 2, 4)
상상력	창의적 사고의 원동력으로 과거 경험을 기초로 하여 앞으로의 행동을 계획하도록 새로운 표상을 만드는 능력이다. 상상력은 현실의 창조적인 반영으로 상상력이 발달하려면 이전의 경험이 축적되어 다른 심상과 새로운 상황에서 통합할 수 있는 능력이 필요하다.	1가지 소검사 (검사 3)

표 13-3 측정 영역과 소검사 내용

영 역	검사 내용	검사 이름
언 어	언어를 통하여 창의성을 표현하는 능력을 측정한다. 빨간색을 보고 연상되는 물건이나 느낌을 적어 보게 한다. 창의력 개발에 중요한 역할을 하는 연상 활동으로 이루어져 있다.	검사 1 빨간색 연상하기
도 형	도형을 통하여 창의성을 표현하는 능력을 측정한다. 태극기 가운데 선을 제시하고 그 선을 사용하여 어떤 그림을 그리도록 한다.	검사 2 도형 완성하기
신 체	창의적 사고의 기초가 되는 상상력을 측정하기 위해 전래 동화나 우화에 등장하는 동물 5가지를 등장시켜 상상하게 한다.	검사 3 동물 상상하기
	전통 놀이의 비석치기와 같은 형식으로 세워져 있는 창의 나무를 색다른 방법으로 쓰러뜨리도록 한다.	검사 4 색다른 나무치기

(3) 검사결과의 적용

K-CCTYC 검사요강(전경원, 2000)에서는 검사결과를 다음의 목적에 활용할 수 있다고 제시하고 있다.

① 창의성 개발

유아를 대상으로 창의성 프로그램을 개발하여 그 효과를 검증하고자 할 때 사전·사후 검사를 실시하여 그 차이를 비교할 수 있다. 또한 어떤 유형의 교수방법, 교재, 교구가 유아의 창의성을 개발하는 데 도움이 될 수 있는지에 관한 연구에도 도움이 될 수 있다.

② 직업적성 탐색

척도별 결과에서는 중·하위 이하로 나타난 척도는 부족한 요인을 보충하도록 하고, 중·상위 이상인 척도는 이를 뒷받침하여 좀 더 창의성이 개발되도록 정진한다. 영역별 결과에서는 상위권에 속하는 영역의 창의성을 함양하여 그 방면에 재능과 관심을 가지고 있는지 잘 관찰하여 적절한 진로교육과 연관 짓는다.

도형적인 창의성이 뛰어난 유아와 아동은 미술, 건축 등의 방면에서 뛰어난 능력을 지녔고, 언어적인 창의성이 뛰어난 유아와 아동은 작가나 국어와 관련된 창의성이 뛰어날 것이다. 또한 신체적인 창의성이 뛰어난 유아와 아동은 무용, 체육 방면에서 능력이 뛰어날 것이다. 세분화된 적성이나 창의적인 능력을 측정할 수는 없지만 대략적으로 어떤 경로를 통하여 창의성을 표출하고 있는가를 밝혀, 이러한 장점을 토대로 한 진로 안내를 할 필요가 있다.

③ 영재아 교육

영재 교육의 핵심인 창의성 교육의 효과를 측정하기 위해 이 검사도구를 사용할 수 있다. 유아가 영재인지를 판별할 때 주로 지능검사를 사용해 왔으나, 창의성이 영재성 개념의 주요 요인이므로 지능검사 외에 창의성 검사를 사용하여 다양한 방면의 능력을 측정해 볼 수 있다. 이 검사는 영재유아의 판별뿐만 아니라 영재유아를 위한 창의성 프로그램의 효과를 검증하기 위해서도 사용될 수 있기 때문에 교사들이 영재들의 개별 상담 및 진로를 지도할 때 활용할 수 있다.

④ 생활지도 보조자료

개인이 직장에서 잠재능력을 최대한 발휘하느냐 하지 못하느냐는 창의력의 정도에 따라 달라질 수 있다고 볼 수 있다. 즉, 직장에서 성공할 수 있는지의 여부도 창의성에 좌우된다고 볼 수 있다. 그러므로 창의성 검사결과로 유아의 생활지도에 중요한 기초 상담자료가 될 것이다.

2) 한국판 사회성숙도 검사

미국판 바인랜드사회성숙척도Vineland Social Maturity Scale는 돌Doll에 의해 1953년에 발표되었다. 그 후 1985년에 김승국과 김옥기에 의해 표준화 작업을 거쳐 한국판 사회성숙도 검사가 제작되었다(김승국·김옥기, 1985).

(1) 검사의 목적

이 검사의 주요 목적은 영유아에서 성인기에 이르기까지(0~30세) 자조, 아동, 작업, 의사소통, 자기관리, 사회화 등과 같은 변인으로 구성되는 사회적 능력, 즉 적응 행동을 평가, 측정하는 것이다.

(2) 검사의 내용

이 검사는 6개의 소검사로 이루어져 있다.

① 자조

일반적 자조general self-help, 식사하기self-help eating, 용의self-help dressing 등 3개 영역의 39개 문항으로 이루어져 있다.

② 이동

기어다니는 능력부터 어디고 혼자 다닐 수 있는 능력까지를 알아보는 10개 문항으로 구성되어 있다.

③ 작업

단순한 놀이에서부터 고급의 전문성을 요하는 직업에 이르는 다양한 작업 능력을 알아보기 위한 22개 문항으로 구성되어 있다.

④ 의사소통

동작, 음성, 문자 등을 매체로 한 수용과 표현에 관한 15개 문항으로 구성되어 있다.

⑤ 자기관리

금전의 사용, 구매, 경제적 자립준비와 지원, 책임 있고 분별 있는 행동 등에 대한 것으로 독립성과 책임감을 알아보기 위한 14개 문항으로 이루어져 있다.

⑥ 사회화

사회적 활동, 사회적 책임, 현실적 사고 등에 관한 17개 문항으로 구성되어 있다.

(3) 검사결과의 적용

이 검사의 결과는 종합된 점수에 의한 사회연령SA, 사회지수SQ를 도출하여 아동의 발달수준을 보다 정확하게 이해하고자 하는 것이다. 또한 이에 기초하여 아동에게 적합한 교육과 훈련의 프로그램을 계획하는 데 도움이 된다.

이 검사의 활용방법은 다음과 같다(김승국 · 김옥기, 1985).

① 개인의 성장에 따른 변화와 개인차를 측정하는 도구로 활용할 수 있다.
② 발달지체의 문제 등으로 특별한 교육적 처치 및 훈련 후에 그 효과를 측정하는 도구로 사용할 수 있으며, 정신지체, 성장 및 발달 지연이 있는 사례의 경우 발달사를 임상적으로 고찰하는 데 활용할 수 있다.
③ 생활지도와 아동 훈련의 기초자료로 활용할 수 있다.
④ 아동의 환경, 문화적 수준, 시각 장애, 청각 장애, 발달지체 장애와 같은 장애의 영향을 평가하는 도구로 사용할 수 있다.

3) 한국판 아동행동 척도

한국판 아동행동 척도K-CBCL; Korea-Child Behavior Checklist는 미국 아켄바흐Achenbach에 의한 아동행동 체크리스트를 우리나라에 맞게 표준화한 것이다(오경자 등, 1997). 이 아동행동 체크리스트의 대상 연령은 만 4세에서 17세 사이의 아동으로 유아기에서부터 청소년기에 이르기까지의 광범위한 연령대를 대상으로 하고 있다. 또한 부모용과 교사용으로 되어 있어서 가정에서 부모가 양육하는 과정에서 평가할 수 있는 행동 목록들과 교실에서 교사가 평가하는 행동 목록으로 구성되어 있는데, 교사용은 부모용과 유사한 항목이 많이 있으나 학업과 관련된 아동의 적응기술과 교실에서의 행동문제를 특별히 보고하도록 되어 있다.

(1) 검사의 목적

이 검사의 목적은 위축, 신체증상, 불안, 우울 등 아동이 가질 수 있는 여러 가지 행동문제들의 증후들을 비교적 신속하게 가려낼 수 있도록 하기 위한 목적으로 개발되었다.

(2) 검사의 내용

한국판 아동행동 척도는 사회적 능력척도와 문제행동증후군 척도를 포함한 117개의 문항으로 구성되어 있다. 사회적 능력척도는 사회성과 학업수행 능력이 포함되며, 문제행동증후군 척도에는 위축, 신체증상, 불안/우울, 사회적 미성숙, 사고의 문제, 주의 집중 문제, 비행, 공격성 등이 포함된다. 이 검사의 결과는 심리적 부적응을 보이는 아동을 평가하거나 정신병리를 진단하는 보조도구로 사용할 수 있다.

① 사회능력 척도

사회성, 학업수행, 총사회능력으로 구성되어 있다. 사회능력 척도는 6세부터 사용하며 학업수행 척도는 초등학교 이상에만 해당된다.

② 문제행동증후군 척도

문제행동증후군 척도는 위축, 신체증상, 불안/우울, 사회적 미성숙, 사고의 문제, 주의 집중 문제, 비행, 공격성, 내재화 문제, 외현화 문제, 총문제행동, 성 문제, 정서불안정으로 구성되어 있다. 이 중 성 문제는 4세에서 11세 아동에게만 적용되는 특수 척도이며, 정서 불안정은 6세에서 11세에만 적용되는 특수 척도이다.

이러한 문항들로 이루어진 아동행동 척도는 채점한 결과를 원점수, 백분위점수, T점수, 각 소척도에 해당하는 문항별 점수를 산출하여 검사결과를 해석한다. 이 검사의 타당도는 비교적 양호한 수준인 것으로 나타났다.

(3) 검사결과의 적용

이 검사의 결과는 다음과 같이 활용할 수 있다(오경자 등, 1997).

① K-CBCL의 결과는 임상장면이나 학교 등 아동 개인의 평가자료를 필요로 하는 다양한 상황에서 활용이 가능하다.

② 평가대상이 되는 아동이 각 평가치들에서 또래집단에 비해 얼마나 일탈되어 있는지 사회능력 척도와 문제행동증후군 척도의 총점이 준거집단에 비해 얼마나 일탈되어 있는지를 평가하고, 그 정도가 임상범위에 있는지 혹은 정상범위 내에 있는지를 판별하여 진단자료로 활용될 수 있다.

③ 아동·청소년 정신과나 상담소 등의 정신건강 관련기관에서는 평가대상 아동의 주 호소문제와 관련 문제 등을 개략적으로 파악한 후 구체적인 면접상담에서 이를 검증하는 데 활용할 수 있다.

④ 평가대상 아동의 문제를 진단한 후에 치료계획을 결정하고 그 효과를 확인해 내는 과정에서 유용한 정보를 제공한다.

⑤ 이 검사는 표준화된 실시와 채점이 가능하고 상당히 경제적이며 실시하기 쉽다는 장점이 있으므로 학교상황에서 적응 문제를 가진 아동을 일차적으로 선별하는 데 활용될 수 있다.

표 13-4 K-CBCL 문제행동증후군 척도의 구성과 문항 예

척도명	점수분포	문항 예
위 축 (문항수: 9)	0~18점	42. 혼자 있는 것을 좋아함 65. 말을 안 함 69. 숨기는 것이 많음
신체증상 (문항수: 9)	0~18점	51. 어지러움증 54. 매우 피곤 56-1. 몸이 쑤시고 아픔
우울 / 불안 (문항수: 14)	0~28점	12. 외롭다고 불평 14. 잘 울 32. 스스로 완벽 요구
사회적 미성숙 (문항수: 8)	0~16점	1. 나이에 비해 어리게 행동 11. 너무 어른에게 의지 25. 다른 아이와 어울리지 못함
사고의 문제 (문항수: 7)	0~14점	9. 강박적 사고 40. 헛것을 들음 66. 강박행동
주의 집중 문제 (문항수: 11)	0~22점	1. 나이에 비해 어리게 행동 8. 주의 집중 문제 10. 안절부절, 과잉활동
비 행 (문항수: 13)	0~26점	26. 나쁜 일에 대한 가책 없음 39. 나쁜 친구들과 어울림 43. 거짓말
공격성 (문항수: 20)	0~40점	3. 말다툼 7. 허풍, 자랑 16. 남을 잔인하게 괴롭힘
성문제 (4~11세에만 적용되는 특수 척도) (문항수: 6)	0~12점	5. (남자) 여자처럼 행동 (여자) 남자처럼 행동 59. 사람들 앞에서 성기를 만지며 놂 60. 지나치게 자신의 성기를 가지고 놂
정서 불안정 (6~11세에만 적용되는 특수 척도) (문항수: 10)	0~20점	14. 잘 울 27. 샘 45. 긴장

출처: 오경자 등(1997)

CHAPTER 14.
심리검사 보고서의 작성

1 심리검사 보고서 작성법

2 보고서 작성의 원칙

3 보고서 작성의 실례

심리검사 보고서의 작성

심리검사 보고서를 쓰는 일은 매우 힘든 작업이다. 보고서를 쓰는 일에는 실시된 심리검사의 분석과 종합 그리고 아동의 검사점수 및 이전 검사점수의 비교, 교사의 보고, 행동관찰, 면접자료, 사회적 · 가족 역사, 의료 기록 등 수많은 자료를 통합하는 일이 포함된다. 보고서는 의사소통의 중요한 한 가지 방법이다. 보고서를 쓰기 시작하기 전에 모든 가능한 정보를 모으려는 노력이 있어야 한다. 보고서에는 검사결과, 검사해석 그리고 제언을 분명하게 제시해야 하며, 보고서 양식 기준에 맞게 작성해야 한다.

보고서는 평가가 끝난 직후에 바로 작성되어야 한다. 단지 구두로만 보고할 필요가 있는 경우라도 보고서를 완성할 필요가 있다. 왜냐하면 언제 그 자료가 필요할지 모를 뿐만 아니라 시간이 지나면 평가대상자의 특성이나 검사상황 등에 대한 기억이 정확하기 어렵기 때문이다. 검사 도중에 관찰된 세부 사항들을 그때 바로 기록해 두지 않는다면 평가가 끝난 후 얼마 되지 않아 잊게 되기 쉽다. 평가결과는 사례회의나 아동의 부모 그리고 아동 자신에게 제시될 수 있다. 이런 경우에도 역시 기록으로 된 보고서가 의미가 있다.

검사자는 심리검사 보고서를 쓰는 데 여러 가지 역할을 하게 된다. 아펠바움(Appelbaum, 1970)은 보고서를 쓰는 데 있어서 중요한 요소를 다음과 같이 요약한 바 있다.

① 자료와 추상적 개념 간의 균형을 맞출 수 있는 능력
② 자료의 조절 능력
③ 주도적 능력이나 때에 따라서는 조심성 있는 태도

④ 읽는 사람의 관심을 유지시킬 수 있는 능력

⑤ 현명하게 예를 사용할 수 있는 능력

⑥ 개인에 대해 체계적으로 논의할 수 있는 능력

⑦ 결정과정을 촉진할 수 있는 능력

심리검사 보고서는 다양한 목적으로 사용될 수 있는데, 첫째, 심리평가대상자에 대한 정확한 평가정보를 제공해 줄 수 있으며, 둘째, 심리 상담이나 교육적 개입 등 현재 진행하고 있는 개입은 물론, 앞으로의 심리적·교육적 개입계획에 대한 제언을 하고 방향을 제시하는 데 중요한 자료가 될 수 있다.

1. 심리검사 보고서 작성법

피셔(Fischer, 1979)는 다양한 정보를 포함하는 보고서 작성법을 강조하고 있다. 이 접근법에서는 정신역동적 접근 대신에 맥락적 접근contextual approach을 강조하고 있다. 사회적·기술적·맥락적 접근은 피검자와 검사자와의 관계, 검사가 실시되는 환경, 관찰과 상호작용에 대한 기회의 범위, 행동적 특성 등을 보고서에 진술하는 것이 특징이다. 또한 피검자와 논의된 권유사항을 분명하게 강조한다. 보고서에서는 있는 그대로를 기술하며 피검자와 관계된 광범위한 자료를 필요로 한다. 이러한 보고서는 구성에 있어서 원인-결과 간의 해석과 전문용어를 사용하지 않는 것이 일반적이다.

특정한 예를 선별하고 권고사항을 결정하기 위해서 검사자는 자신의 가치관과 관련된 여러 가지 문제에 직면하게 되는데, 이때 검사자는 피검자의 요구, 사회적 요구 또는 자신의 요구가 서로 균형을 맞추도록 노력해야 한다. 보고서 작성법은 여러 학자가 주장하는 바가 서로 다르며, 일관된 한 가지 양식이 있는 것은 아니다. 그러므로 임상현장에서 환자의 상태, 임상가의 선호도에 따라 보고서 양식은 서로 약간씩 다를 수 있다.

심리검사 보고서에 포함되어야 할 기본적인 사항들은 ① 검사대상자의 인적 사항(연령, 학년, 성 등), ② 의뢰 사유, ③ 일반적 관찰, ④ 검사결과, ⑤ 권고사항, ⑥ 요약 등이다.

다음에서 보고서에 포함되어야 할 세부 사항의 각 부분을 알아보기로 하겠다.

1) 의뢰 사유

의뢰한 당사자가 제시하는 문제를 기록한다. 즉, 정신지체가 의심되거나 언어 장애, 행동 문제, 지각 손상 등과 같은 의뢰자가 제시한 문제들을 기록하고 그것과 관련된 배경 정보도 함께 기록한다. 의뢰 사유는 보고서의 방향을 결정하는 데 도움이 된다. 의뢰해 온 기관(또는 개인)에서 얻은 정보를 이 부분에 포함시킬 수 있다. 교사, 의사, 또는 부모들이 왜 이 아동에게 검사를 받도록 했는지 이유를 분명하게 아는 것이 중요하다.

2) 일반적 관찰

피검자에 대해 간단하게 기술한다. 검사결과에 영향을 줄 수 있는 신체적 특징과 비전형적인 행동, 태도, 감정 등을 기술한다. 행동관찰은 여러 가지 분야에 초점을 둔다. 검사자는 아동의 외모, 검사상황에 대한 적응 수준, 협동 수준, 노력, 주의집중력, 검사 자체에 대한 태도 그리고 아동의 능력 등을 관찰한다. 또 다른 영역으로는 아동의 언어 능력, 목소리의 높낮이, 어휘사용 수준, 자신을 표현하는 능력, 검사 도중의 자발성과 주도성뿐만 아니라 전반적인 기분 상태, 사회성, 불안의 정도, 하나의 활동에서 다른 활동으로 옮겨가는 능력 등도 관찰 대상이 된다. 전반적으로 검사자는 평가가 이루어지는 동안의 라포르의 특징을 평가하고 그 아동에 대한 전반적인 인상을 기록하게 된다.

행동을 제대로 관찰하기 위해서는 훈련이 필요하다. 훌륭한 관찰기술은 그냥 관찰만 한다고 해서 저절로 생기는 것은 아니다. 임상가는 다양한 관찰기술을 개

그림 14-1 심리검사를 받고 있는 아동

발해야 하는데, 예를 들면 행동을 정확하게 객관적으로 기술하는 것 등이다. 이 활동을 위해서 관찰자는 아동의 행동에 대해 민감해야 하며 주의를 기울여야 한다.

그 다음은 이러한 관찰과 관련이 있는 추론을 도출해야 한다. 검사상황에서 얻은 표본행동을 통해 내린 결론을 검사상황이 아닌 바깥 세상의 행동에 곧바로 일반화시킬 수 없음을 잘 인식해야 한다. 검사상황은 비교적 좁고 답답하며 어느 정도는 인위적인 상황이기 때문이다. 임상전문가는 검사상황에서 관찰한 상황을 전체적인 사례연구의 시각에서 평가하는 것이 중요한데, 어떤 경우는 초심자들을 당황하게 할 수 있으나, 임상 경험이 쌓일수록 전문가들은 아동 행동의 많은 부분을 점점 더 세심하게 관찰하게 될 것이다.

새틀러(Sattler, 1981, 1992)는 검사상황에서 피검자의 반응을 기록하는 방법의 하나로 '행동과 태도 체크리스트'를 제시하였다. 여기에는 11개 분야에 28개 문항이 포함되어 있는데 7점 평정척으로 긍정적 반응에서 부정적 반응을 적절히 평가하여 표시하도록 하였다. 새틀러의 체크리스트 중 특히 관심을 가지고 관찰할 필요가 있는 아동의 행동과 태도는 다음과 같다.

(1) 특징적 태도

피평가자의 특징적 태도들을 다음의 몇 가지로 보다 구체화하여 관찰하면 도움이 된다.

① 검사자에 대한 태도

- 피검자가 검사자에게 그리고 검사자가 피검자에게 어떻게 관계를 갖는가?
- 피검자가 수줍어하거나 겁먹고 있거나, 공격적인가 또는 우호적인가?
- 피검자가 부정적이거나 불평이 많거나, 검사자를 기쁘게 하려고 지나치게 노력하는가?
- 검사자와 피검자 간의 관계는 처음 만났을 때와 검사가 진행되면서 어떤 변화가 있는가?
- 피검자가 검사자에게 질문에 대한 대답을 유도하는가?
- 피검자가 자신의 반응이 맞았는지를 알아내기 위해 검사자를 유심히 관찰하는가?

② 검사상황에 대한 태도

- 피검자가 편안하고 느긋한가, 긴장되어 있고 안절부절못하는가?
- 피검자가 검사에 흥미를 가지고 있는가, 관망적인가?
- 피검자가 자신의 능력에 확신을 가지고 있는가?
- 피검자가 형식적으로 마지못해 참여하는가?
- 피검자가 과제를 게임하듯 임하는가, 도전적인가, 실패의 가능성 때문에 두려워하는가?
- 피검자가 검사에 얼마나 열중하는가?
- 지시를 반복해야 할 필요가 있는가?
- 피검자가 한 번 집중하는 것을 놓친 후 다시 제자리로 돌아오는 것이 쉬운가, 어려운가?
- 피검자가 최대한 노력하는 것으로 보이는가?
- 검사자가 재촉할 때만 피검자는 노력을 하는가?
- 어려운 과제에 부딪히면 피검자는 쉽게 포기하는가, 끝까지 그 과제를 계속하고자 하는가?
- 검사실시 동안 피검자의 관심이 다양하게 나타나는가?

③ 자신에 대한 태도

- 피검자가 안정되어 있고 확신을 가지고 있는가?
- 피검자가 자기 파괴적 행동이나 자신의 성취에 부정적인 태도를 자주 보이는가?

④ 작업습관

- 피검자의 작업속도가 느린가, 빠른가?
- 피검자는 대답을 할 때 잘 생각해서 조직적으로 답하는가, 충동적으로 조심성 없이 대답하는가?
- 피검자는 자신의 대답을 자주 고쳐서 말하는가?
- 피검자가 자신의 생각을 크게 이야기하는가, 마지막에 답만 이야기하는가?

⑤ 검사문항에 대한 반응

- 어떤 종류의 검사문항이 피검자에게 불안, 말더듬이 또는 얼굴이 빨갛게 되는 반응을 유발하는가?
- 검사의 어떤 부분이 피검자를 좀 더 편안하게 느끼게 하거나 더 불편하게 하는가?
- 피검자가 어떤 유형의 문항에서 다른 문항과 달리 더 흥미를 나타내는가?

⑥ 실패에 대한 반응

- 피검자가 실패에 대해 어떻게 반응하는가?
- 피검자가 실패를 사과하는가, 합리화하는가, 조용히 받아들이는가?
- 어려운 문항에 부딪혔을 때 어떻게 반응하는가? 후퇴하는가, 공격적이 되는가, 열심히 하는가, 속임수를 쓰는가, 회피하는가, 못하겠음을 인정하는가?

- 피검자에게 공격을 유도하는 대상이나 사람에게 공격적이 되는가?
- 어떤 문항에 대해 더 질문을 하면 피검자는 대답을 재고하는가, 처음의 대답에 대해 방어하는가, 침묵을 지키는가?

⑦ 칭찬에 대한 반응

- 피검자가 칭찬에 대해 어떻게 반응하는가?
- 피검자는 칭찬을 기쁘게 받아들이는가, 어색해하는가?
- 칭찬이 피검자에게 더 열심히 하도록 동기부여를 시키는가?

(2) 언어

- 피검자가 자신의 생각을 얼마나 분명하고 정확하게 표현하는가?
- 피검자의 언어 표현이 유창한가, 주저하는가, 분명한가, 부정확한가?
- 피검자의 반응이 요점을 바로 말하는가, 모호한가, 핵심을 빙빙 도는가, 자유로이 이것저것 이야기하는가?
- 피검자가 자유롭고 자발적인 대화를 하는가, 질문에 대한 대답만 하는가?
- 피검자와 대화가 친근하게 이루어지는가, 검사상황을 회피하고자 하는가?

(3) 시지각 운동

- 피검자의 손, 발, 얼굴표정 그리고 검사도구를 다루는 방법 등을 기록한다.
- 피검자의 손동작(왼손, 오른손 사용 / 악력의 세기)에 대해 기록한다.
- 피검자의 반응속도가 빠른가, 느린가?
- 피검자가 시행착오를 자주 하는가?
- 피검자가 능숙하게 다루는가, 어색하게 다루는가?
- 양손 사용이 능숙한가?

행동과 태도 체크리스트는 검사 도중에 야기되는 우연한 일이나 피검자의 행동을 쉽게 표시할 수 있지만, 검사자는 이 체크리스트의 범주에 들어가지 않는 피검자의 행동에 대해서도 충분히 관심을 가지고 관찰하며 필요하다면 보고서에 포함할 준비가 되어 있어야 한다. 모든 관찰의 목적은 피검자의 독특성을 찾아내는 것이다. 피검자의 행동을 기술하는 것과 이 행동에 대해 해석하는 것과는 분명히 구분되어야 하지만 관찰과 추론은 둘 다 보고서 작성에서 빠져서는 안 되는 중요한 자료이다.

3) 권고사항(제언)

제언은 가능한 한 세부적으로 기록하며, 의뢰된 질문에 대답하도록 항상 노력한다. 보고서의 권고사항 부분은 심리평가에서 중요한 부분으로, 검사자의 확신의 정도를 나타낸다. 권고사항은 아동의 강점과 약점 그리고 교정·치료·재활에 아동의 장단점을 활용할 수 있는 함축적 의미를 포함한다. 그 목적은 '치료'나 '분류'를 하려는 것이 아니라 교정을 위해 융통성 있는 접근을 제공하고자 하는 것이다.

전체적인 평가와 권고사항의 목적은 아동이 스스로를 도울 수 있는 방법을 발견하고자 하며, 교육적 그리고 치료적 노력에 교사와 부모를 직접적으로 포함시키고자 하는 것이다(Fischer, 1976). 아동 자신과 아동의 상황 그리고 성숙을 위한 방법을 발견하는 데 초점을 두어야 한다. 변화를 위한 제언은 실제적이고 구체적이며 개별화된 것이어야 하며 아동이 자신의 삶에 적극적으로 참여하도록 격려해야 한다.

권고사항에서는 여러 가지 요인을 강조할 수 있다.

① 아동의 심리적 성장과 발달을 자극하고 향상시킬 수 있는 세부적인 제언
② 발달장애 유형에 대한 정보
③ 재검사나 추가평가의 필요성
④ 치료나 개입의 구체적 형태
⑤ 직업적성과 강점 강조
⑥ 미래 행동에 대한 예측

권고사항은 보고서를 읽은 사람이 아동의 요구와 기능 수준에 적합한 프로그램을 계획할 수 있도록 구성되어야 한다. 이 부분은 말로 전달하기보다는 반드시 글로 쓰여야 하며, 그래서 읽는 사람이 검사자의 예측에 대한 확신의 정도를 분명하게 인식할 수 있어야 한다. 때로는 검사자료나 행동적 자료를 인용하는 것이 읽는 사람으로 하여금 권고사항을 더 잘 이해할 수 있게 하는 데 도움이 된다.

4) 요 약

요약 부분은 선택사항이다. 일반적으로 한 문단 정도의 짧은 요약을 하는 것이 보통인데 검사결과와 권고사항에 대한 종합적 진술을 한다. 요약에서 검사결과를 재검토하고 통합하게 되는 경우 앞에서 이미 설명한 내용이 반복되거나 불필요하게 보고서의 길이를 늘이거나 하게 되어 오히려 보고서의 중요한 부분을 읽지 않게 해서 주의를 분산시킬 가능성이 있음에 유의한다. 이상적으로는 보고서 자체가 요약이어야 한다. 정확하고 간결하며 요점이 잘 나타난 보고서가 바로 그것이다. 요약을 쓰기로 했으면 모든 적절한 자료를 포함해야 한다. 짧고 조직적이며 통합된 문장으로 요약을 제한해야 한다. 요약에서는 어떤 새로운 정보나 자료를 포함해서는 안 된다.

2. 보고서 작성의 원칙

먼저 새틀러(Sattler, 1992)가 제시한 보고서 작성 시 준수해야 할 원칙들을 살펴보면 다음과 같다.

(1) 평가결과를 구조화한다

전반적인 평가과정에서 공통적인 주제를 감지해 내고 주요 결과들을 이론에 근거하여 통합함으로써 평가결과를 구조화한다.

(2) 포함시킬 자료들을 선별한다

보고서에 넣어야 할 관련 자료들을 포함시키고 불필요한 자료들은 선별하여 제거한다. 이때의 주안점은 검사대상자인 아동이 현재 보이고 있는 행동에 초점을 맞추는 것이다.

(3) 신뢰성 있는 자료에 근거하여 검사결과의 보고서를 작성한다

피평가자인 아동의 행동을 평가할 때는 아동의 검사결과 등 신뢰성과 타당성이 있는 자료에 기초하여야 한다. 가설을 세우고, 해석하고, 권고할 때 적절한 자료들을 이용하여야 하며 신뢰성이 있고 타당한 검사결과를 기초로 행동관찰, 검사반응의 특징, 면접자료, 개인사 등을 함께 검토하되 지나친 일반화는 피한다.

(4) 확실하고 명료한 용어로 보고서를 작성한다

결과가 명백하면 보고서 작성도 명백해진다. 검사결과 보고서에서 사용하는 언어는 "~인 것처럼 보인다."라거나 "아마도 ~"와 같은 애매하고 모호한 용어는 삼가도록 한다. 결과가 일관적이지 않을 때에는 특히 보고서 작성에 신중을 기한다. 또한 결과에 대한 지나친 추론이나 과장된 해석은 삼간다.

(5) 보고서를 읽는 사람이 이해할 수 있도록 작성한다

아동 행동을 관찰한 실제의 예나, 검사 또는 행동관찰 상황에서의 행동특징들을 언급하면 보고서를 보다 쉽게 이해하는 데에 도움이 될 수 있다.

(6) 검사점수의 함축적 의미를 해석하여 보고서에 포함한다

단순한 검사의 이름이나 점수를 제시하기보다는 점수가 가지고 있는 함축적인 의미가 무엇인지를 해석하여 보고한다.

(7) 검사점수만으로 병리적, 교육적인 진단을 내리지 않는다

진단을 내릴 때에는 가능한 한 모든 정보를 고려하여 진단을 내린다. 검사결과에 기초를 두되 임상면접, 관찰, 배경자료·행동자료 프로파일 등 모든 평가자료를 고려하여 진단하는 것이 원칙임을 유념한다.

(8) 편파적인 어휘, 지나치게 전문적이거나 기술적인 용어보다는 간결하면서 명확한 용어를 사용한다

사투리나, 욕설, 성차별적인 용어, 특정 지방이나 사회계층에 대한 차별적인 어휘 등은 사용하지 않는다. 또한 일반인들이 이해하기 어려운 전문적인 용어나 외국어로 된 원어 등의 사용은 지양하고 간결하면서 분명하게 검사결과를 의사소통할 수 있도록 한다.

(9) 검사의 결과 해석과 함께 제언을 보고서에 포함시킨다

제언 또는 권고사항은 지나치게 장황하지 않으면서 검사보고서 작성자의 요점이 잘 반영될 수 있도록 한다.

(10) 검사점수 해석에서는 가능하다면 아동의 준거집단에서의 위치와 함께 아동 개인 내의 차이를 비교하면서 제시한다

아동의 점수를 기술할 때에는 대상 아동의 동년배 집단과의 비교와 아동 개인 내의 특성 간의 비교 등을 통해 아동에 대한 이해의 폭을 넓히도록 한다. 경우에 따라서는 아동의 점수를 백분위로 해석하여 제시한다.

3. 보고서 작성의 실례

다음에서는 실제로 아동에게 심리검사를 실시하고 그 결과를 보고서로 작성한 실례를 제시하였다.

- 이　름: 송○○
- 성　별: 남자
- 출생일: 2013. 7. 2
- 연　령: 9세
- 학　년: 초등학교 3학년
- 실시한 검사: K-WISC-V, BGT, HTP, KFD
- 검사실시일: 2021. 5. 10

1) 의뢰 사유

"심리검사를 통해서 잠재된 성격과 정서적인 문제점들을 확인해서 부모가 도와주어야 할 부분을 알고 싶다."며 아동의 어머니가 의뢰하였다.

현재 아동에게 특별하게 나타나는 문제는 없으며, 모범생으로 지능은 매우 좋은 편이라고 했다(상위 2% 이내, 3년 전에 실시했음). 학교 선생님이나 주변 사람들에게서 똑똑하다는 평가를 듣는다. 다만 행복해 보이지 않아서 어떤 도움이 필요한지 알고 싶다.

2) 가족관계

송 군은 지방의 연구소에 근무하는 아버지(대학원 졸업)와 중학교 교사인 어머니의 외아들로 초등학교 3학년 학생이다. 어머니와 아버지는 서로의 직장 때문에 떨어져 지내고 있으며 두 달에 한 번 정도 아버지가 송 군과 어머니가 있는 서울에 오신다. 아버지는 지방에서 아버지의 부모님, 즉 송 군의 할아버지, 할머니와 함께 생활하고 계신다.

3) 행동관찰

검사를 하러 온 송 군의 얼굴표정은 무표정했다. 초등학교 3학년 남학생의 일반적인 감정표현과는 거리가 있었으며, 자신의 의사표시를 거의 하지 않았다. 검사를 실시하는 동안 특별히 긴장하지 않았으며, 몹시 피곤해 보였다. 그냥 어머니가 하라니까 한다는 듯한 태도였다. 표정은 지쳐 보였으며 검사자에게 특별한 저항은 보이지 않았다. 그림검사에서는 그림을 그리는 것을 매우 어려워했으며, 특히 가족동작화 그림에서 힘들어했다. 한참을 고민하더니, 체념한 듯 거침없이 그림을 그려 나갔다.

4) 검사결과

(1) 웩슬러 아동 지능검사

송 군의 웩슬러 지능검사 결과는 다음 표 14-1과 같다.

송 군은 K-WISC-V 아동지능검사 결과, 전체 지능 지수FSIQ는 127, '우수' 수준에 해당하며, 95% 신뢰구간에서는 120-132로 산출된다. 언어이해 및 유동추론, 작업기억, 처리속도 지표는 '우수' 수준에 해당하고, 시공간 지표는 '평균' 범위로 상대적으로 부진한 양상을 보여 인지발달 상의 불균형이 시사되고 있다.

하위 지표별로 살펴보면, 언어이해VCI는 122, '우수' 수준에 속한다. 이는 언어적 개념형성이 적절하게 발달하여 복잡하고 다양한 어휘를 활용하는 유창성이 동일 연령에 비하여 우수함을 반영하고 있다. 또한 제시된 단어들 간의 속성을 추론하고, 범주화하는 능력도 잘 발휘하고 있음을 보여주고 있다. 또한 이는

표 14-1 웩슬러 아동용 지능검사 결과

지수	지표점수	백분위(%ile)	95% 신뢰구간	질적분류(수준)
언어이해(VCI)	122	93	112-128	우수
시공간(VSI)	97	43	89-106	평균
유동추론(FRI)	123	93	113-129	우수
작업기억(WMI)	122	93	113-128	우수
처리속도(PSI)	127	96	115-132	우수
전체IQ	127	96	120-132	우수

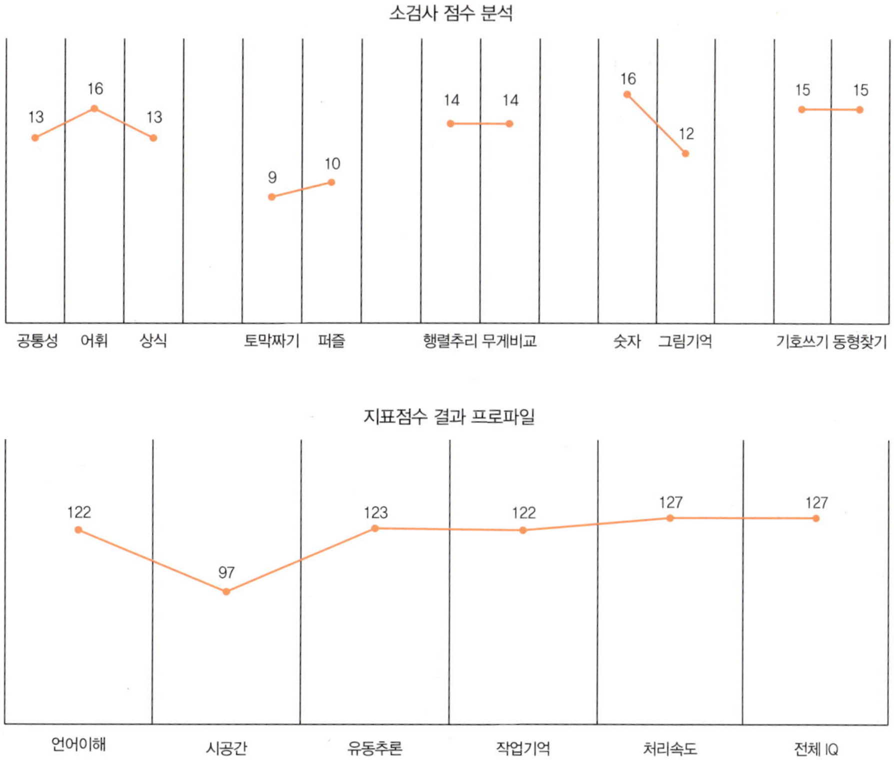

그림 14-2 WISC 프로파일

학습이나 문화적 경험을 통해 획득된 지식수준과 이러한 습득된 정보를 인출하는 능력 역시 또래에 비해 높은 편임을 나타내고 있다.

시공간VSI은 97, '평균' 범위로, 동일 연령 규준에서 시각적 자극 정보를 조직화하는 능력과 반대로 전체 이미지를 세부적인 요소로 분석하는 능력 모두 평균 수준이어 관련 자극을 처리하는 능력도 무난할 것으로 보인다. 다만 송 군의 인지능력에서는 다른 하위 지표보다 유의하게 하락한 양상으로, 시공간 지표가 유일하게 인지적 약점으로 평가되고 있다. 특히 토막 짜기와 같이 입체적 사물에 대한 이해가 부족하였는데, 도형을 회전하거나 이동시킬 때 어떠한 변화가 일어나는지 시공간적으로 상상하고 이해하는 능력이 다른 능력에 비해 상대적으로 다소 떨어지는 양상을 드러내고 있다. 또한 다소 어려운 문항에서 보이는 시행착오적 행동은 경한 수준의 충동성을 시사하고 있다.

반면에 송 군의 유동추론FRI은 123으로 '우수' 수준에 해당된다. 수학적 이해 및 계산에 필요한 정량적 추론 능력이 뛰어나며, 시각적 자극들 간의 의미있는 관계를 추론하고 해석하는 능력도 또래보다 나은 편이다. 특히 해당 소검사에서 흥미와 성취 동기가 높아 이전에 접해본 적 없는 과제라면서 쉬이 포기하지 않는 모습으로, 난이도가 어려워져도 끝까지 완수하려는 경향을 보이고 있다.

작업기억WMI도 122, '우수' 수준에 해당된다. 이는 청각적 정보를 듣고 일시적으로 주의를 기울이는 능력이 뛰어나고, 숫자를 듣고 거꾸로 답하는 것과 같이 보다 인지적 노력이 요구되는 능력도 잘 발휘되고 있음을 반영한다. 다만 청각 주의력보다 시각적 주의력을 알아보는 소검사 수행이 상대적으로 저조하였는데, 송 군의 수행 양상을 살펴보면 보유한 주의용량은 또래와 비슷하나 제시된 간섭 자극들에 의하여 오반응이 늘어날 가능성이 있음을 보여주는 것이다.

마지막으로 처리속도PSI 역시 127, '우수' 수준으로 제한 시간 동안 주의를 유지하면서 정보를 처리하는 속도가 또래보다 빠른 편이고, 시각-운동 협응능력이 뛰어남을 보여주고 있다. 더욱이 작업 기억과 처리속도 지표를 근거로 한 인지효율성CPI이 '매우 우수' 수준인 것으로 보아 학습장면에서 목표를 정하고, 일정 시간 동안 인내력을 발휘하여 높은 수준의 학업적 성취를 해낼 수 있는 잠재력을 보유하고 있음은 송 군이 지닌 장점으로 나타나고 있다.

(2) 벤더-게슈탈트검사(BGT)

발달점수는 0점으로 8세 6개월 소년의 평균점수 2.6점보다 낮다. 정서점수는 3점으로 혼란스러운 순서, 도형 2에서 물결모양, 도형 6에서 크기의 확대 등이 나타났다.

아동이 계획하고 미리 예측하여 준비하는 능력이 부족함을 보여주고 있는데 앞의 웩슬러 지능검사 결과(동작성 검사의 약점인 차례 맞추기)와 일치한다. 이는 아동이 다소 충동적으로 정서적 불안정함을 보이고 있음을 시사한다. 이 아동이 정서적인 혼란을 겪고 있음을 정서점수 결과로 알 수 있다.

	7			4
A			3	
		5		
	1			6
8			2	

그림 14-3 BGT 그림순서

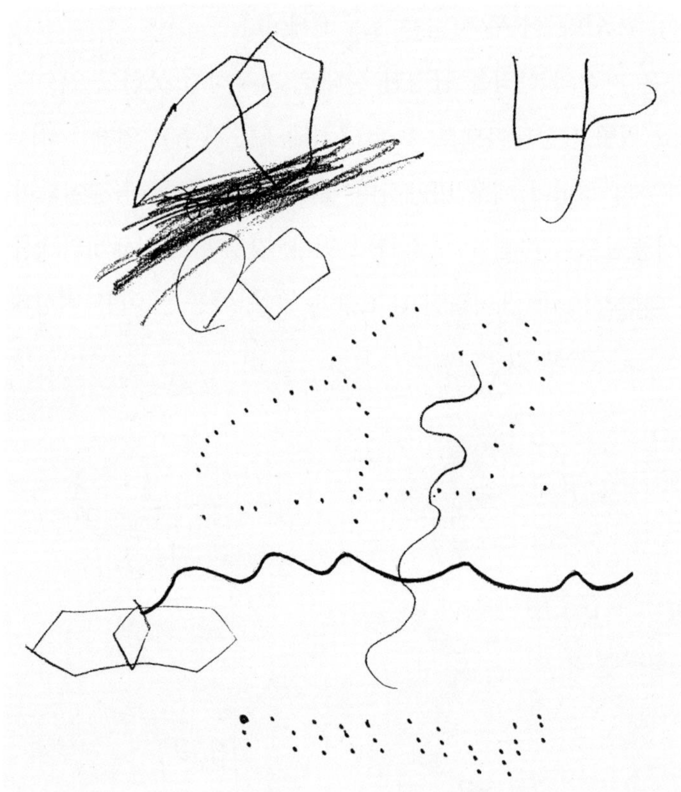

그림 14-4 BGT 그림

(3) 집-나무-사람 검사(HTP)

집은 레일 위에 있는 컨테이너로 언제든지 이동할 수 있으며 지붕 위에는 적의 공격에 대비해 미사일을 준비해 놓고 있다. 그 옆에는 끈이 달려 있고 공중에 떠 있는 작은 집이 있는데, 적의 동향을 파악하는 용도로 쓰인다.

나무는 몸속에 집이 있고 땅속에서 그 집으로 에스컬레이터가 연결되어 있으며, 나무의 윗부분에는 비행기가 준비되어 있다. 기계와 나무가 합성되어 있으며, 위기상황에는 언제든지 비행기를 타고 도망갈 수 있고 지하창고에서는 여러 가지 무기를 만든다.

사람은 두 사람을 그렸으며 특정 대상이 아니라고 했다. 각각 머리에 헬멧과 머리띠를 두르고 서로 공격하고 있는데 눈, 코, 입이 없다. 두 사람은 자동차 위에 서서 싸우고 있다. 이 두 사람은 모두 0세이다.

이 아동은 자신의 환경을 안정된 상태로 지각하지 못하고 있으며, 현재 상황이 불안하고 위험한 상태이므로 항상 공격태세를 갖추고 언제든 떠날 준비를 하고 있다. 자아의 형성이 매우 미약하며, 인간적인 따뜻함이 결여되어 있고, 기계적이고 지식중심으로 자신을 무장하고 있다. 감정과 정서세계의 빈곤을 나타내며 환경에 대한 저항과 방어적인 태도를 보인다. 아동은 어떤 비상과 변화에 대

그림 14-5 집-나무-사람 그림

해 갈망하는 내적인 세계를 나타내며, 동시에 현실접촉에 대해 두려움을 가지고 회피하고자 한다.

(4) 동작성 가족그림 검사(KFD)

아동이 검사 중에서 가장 어려워한 부분으로 한참을 고통스러워하다가 그렸다. 할머니, 할아버지, 아빠, 삼촌, 외할아버지, 이모 등이 등장하는데 그곳에 자신과 어머니는 없다. 자신은 혼자 어린이 놀이공원에 놀러 갔다. 모든 등장인물이 다 함께 집을 짓느라 무슨 일을 하고 있다. 통나무를 나르고 문짝을 고치고 못을 박고 지붕 위에서 미끄러지기도 한다.

이 그림을 통해 아동의 가족에 대한 개념을 알 수 있다. 가족에 대한 개념이 구체화되어 있지 않으며 친가와 외가의 경계선이 모호하다. 또한 그 가족에게서 자신과 어머니는 제외되어 있으며, 자신은 어머니와 함께하는 것이 아니라 혼자 놀이공원에 있다. 아동의 고립감, 격리감을 나타내며 대인관계의 결핍, 따뜻한

그림 14-6 가족동작화 그림

가족의 경험이 부족함을 드러내고 있다. 가족구성원에게 자신이 의미 있는 대상으로 인식되고 있지 않음을 나타낸다. 가족들도 어떤 의미 있는 내용으로 연결되어 있기보다는 각자 자기의 일을 하고 있을 뿐이다.

5) 권고내용

송 군은 어릴 때부터 어머니와 아버지의 불화로 가족이 서로 떨어져 살았으며, 그 사이에서 자신이 할 수 있는 일은 아무것도 없다는 것을 강하게 체험했다. 강하고 논리적이며 원칙을 고집하는 어머니와의 관계에서 자신의 생각, 감정, 의견을 표현해 봤자 받아들여지지 않음을 경험하면서 자신의 의사를 표현할 수 있는 기회를 상실했다. 이로 인해 자아감, 자기감정, 자기생각의 발달이 미숙하다.

유아기부터 조기 교육, 영재 교육 등 많은 학습경험을 통해 지식을 축적했으며, 사회적인 상황에서의 자기표현은 미숙하나 학습상황에서는 자신감을 갖게 되었다. 즉, 주어진 환경에 수동적·소극적으로 임하는 행동양식이 발달되었다.

대인관계에 어려움을 보이며, 사람중심의 활동보다는 과제중심 활동을 선호한다. 어머니를 포함하여 주변에서 가까운 인물과 밀접한 인간관계를 지속적으로 유지한 경험이 매우 부족하다. 주로 레고 블록이나 과학 능력을 증진시킬 수 있는 학습중심의 활동을 경험하였다. 이 결과 사회적 지능의 발달이 부족하여 사회적 판단 능력, 사회적 예측 능력이 다른 능력에 비해 매우 떨어진다. 즉, 송 군은 자신의 감정을 나타내고 표출해야 하는 인간관계보다는 도구나 놀잇감을 가지고 하는 혼자놀이를 선호한다.

인간은 영아기부터 가족 내에서 희로애락을 통해 다양한 감정을 경험하고 부모와의 상호작용을 통해 그 감정을 해결하는 방법을 배우게 된다. 송 군은 단절된 부와 모의 관계, 자신과 부모와의 단절된 경험 등으로 감정을 표현하는 것이 미숙할 뿐 아니라, 그 감정의 발달을 두려워하고 있다. 생활의 장이 늘 불안정하고 자주 이사를 다녔으며 양육자가 수시로 바뀌는 경험을 통해 자신의 감정에 무감각해지려고 애썼으며, 환경에 자신이 영향을 미치지 못함으로써 일찍부터 포기하는 데 익숙해졌다. 어머니의 불행한 결혼생활과 강인한 성격, 원칙을 고수하는 권위적인 양육태도가 송 군의 무감정과 포기감의 발달에 영향을 미쳤으며, 지금도 그러한 양상으로 환경에 대처하고 있다.

의뢰 이유에서 어머니가 밝힌 대로 특별한 문제는 없으나 아들이 행복해 보이지 않으므로 막연한 걱정을 하며 내재된 어떤 정서적 이유가 있는지 알고 싶어했듯이, 어머니가 아들의 감정에 함께하지 못했던 것을 알 수 있다.

송 군의 정서적 적응을 위해 인간관계에서 겪는 다양한 삶의 경험과 감정을 제공해야 하며, 정서적 불균형에서 기인하는 개인적 불행감과 무기력감을 해결함으로써 인지 능력을 최대한 발현하도록 개인적 도움이 필요함을 제시한다. 이를 위한 세부적 방법은 다음과 같다.

① 자아감의 발달을 위해 부정적이든 긍정적이든 감정을 느끼고 그 감정을 표현하도록 한다.
② 자신이 환경에 어떤 영향을 줄 수 있는 의미 있는 사람임을 경험하게 하여 자기 효능감을 발달시킨다.
③ 가족관계의 재구성으로 가족 간에 느끼는 기쁨과 친구에게서 느끼는 친밀감 등 긍정적인 정서를 경험함으로써 정서적 안정감을 갖도록 한다.
④ 어머니가 송 군의 현재 정서상태를 이해하도록 돕고, 이를 통해 문제해결에 협조하도록 한다. 이를 위하여 부모상담이나 가족상담도 병행할 필요가 있다.

이상에서 살펴본 심리검사 보고서는 심리검사를 의뢰한 부모가 아동의 지적, 정서적, 사회적 발달 상태와 내면세계를 이해하는 데 도움을 줄 수 있다. 또한 이러한 보고서를 토대로 아동이 학교생활에 보다 잘 적응하고 또래와의 사회적 관계를 발전시킬 수 있도록 교사와 전문상담자의 적극적인 개입을 요청하는 역할을 할 수 있을 것이다.

부록

1. 정상아동의 기술통계치

변수	M	SD	MAX	MIN	Exner	Hamel
R	14.97	4.55	9	31	19.93	25.49
W	5.97	3.89	0	23	10.33	7.83
D	6.08	4.53	0	19	9.09	9.38
Dd	2.90	2.04	0	10	0.82	8.28
S	1.31	1.44	0	5	1.44	4.04
DQ+	2.68	2.41	0	8	6.48	6.67
DQo	11.55	4.53	0	24	11.15	18.22
DQv	0.12	0.62	0	5	1.63	0.45
DQv/+	0.50	0.62	0	3	0.28	0.15
FQX+	0.04	0.26	0	2	0.00	0.00
FQXo	5.30	2.19	0	11	14.37	9.13
FQXu	3.77	2.38	0	11	2.08	5.82
FQX-	5.55	3.02	0	14	1.99	10.41
FQXNone	0.22	0.48	0	2	1.10	0.13
MQ+	0.00	0.00	0	0	0.00	0.00
MQo	0.30	0.72	0	4	2.51	1.32
MQu	0.21	0.44	0	2	0.56	0.44
MQ-	0.75	1.30	0	6	0.45	1.14
MQNone	0.00	0.00	0	0	0.00	0.00
S-	0.66	0.90	0	3	0.12	
M	1.22	1.57	0	6	3.02	2.90
FM	1.12	1.34	0	6	5.92	3.03
m	0.32	0.60	0	3	1.06	2.39
FC	0.71	1.55	0	12	2.17	2.05
CF	0.50	0.75	0	3	3.19	1.32
C	0.17	0.44	0	2	0.99	0.29
Cn	0.01	0.11	0	1	0.00	0.00
Sum Color	1.38	1.72	0	12	6.15	3.57
WGSumC	1.10	1.19	0	6	4.97	2.64
Sum C'	0.47	0.64	0	2	1.25	1.60
Sum T	0.15	0.43	0	2	0.93	0.18
Sum V	0.05	0.23	0	1	0.00	0.43
Sum Y	0.10	0.38	0	2	0.23	1.18
Sum Shading	0.30	0.66	0	3	2.48	3.39
Fr+rF	0.03	0.23	0	2	0.30	0.28
FD	0.03	0.16	0	1	0.13	1.03
F	10.45	3.76	2	21	7.62	13.59
PAIR	2.20	2.07	0	10	9.73	7.65
3r(2)/R	0.15	0.13	0.00	0.56	0.65	0.33
Lamda	2.58	1.73	0.401	7.00	0.79	1.91
EA	3.14	2.22	1	10	7.48	5.55
es	3.25	2.07	0	9	8.56	8.81
D	0.00	0.75	−1	3	−0.53	−1.02
AdjD	0.00	0.75	−1	3	−0.47	−0.26
a(active)	2.32	2.30	0	9	6.97	5.37
p(passive)	1.60	1.33	0	5	3.03	3.04
Ma	1.08	1.30	0	4	2.82	1.95
Mp	0.70	0.93	0	4	0.20	0.98
Intellect	1.22	1.16	0	4	0.27	0.96
Zf	6.93	4.08	0	25	11.51	13.26
Zd	1.34	4.45	−10	9.50	−1.04	1.66
Blends	0.83	1.12	0	5	5.11	3.77
Col Shd Bl					0.36	0.77

변수	M	SD	MAX	MIN	Exner	Hamel
Afr	0.43	0.14	0.16	0.82	0.79	0.52
Populars	2.35	1.27	0	5	4.75	3.71
X+%	0.35	0.10	0.18	0.53	0.81	0.37
F+%	0.41	0.13	0.17	0.80	0.66	0.41
X-%	0.40	0.14	0.07	0.71	0.08	0.41
Xu%	0.23	0.13	0.00	0.50	0.11	0.22
S-%	0.12	0.14	0.00	0.50	0.15	0.21
Isolate	0.09	0.10	0.00	0.36	0.25	0.00
H	0.82	1.05	0	4	1.87	2.02
(H)	0.94	1.25	0	4	1.64	0.92
Hd	1.01	1.23	0	5	0.38	1.74
(Hd)	0.40	0.68	0	3	0.74	0.82
Hx	0.26	0.88	0	6	0.00	0.00
All H Cont	3.18	2.45	0	8	4.63	5.50
A	6.58	3.19	0	17	9.26	10.29
(A)	0.21	0.47	0	2	1.18	0.35
Ad	2.37	2.15	0	8	0.68	2.82
(Ad)	0.04	0.20	0	1	0.05	0.12
An	0.37	0.74	0	4	0.37	0.70
Art	0.71	0.70	0	3	0.10	0.58
Ay	0.00	0.00	0	0	0.17	0.28
Bl	0.10	0.45	0	3	0.48	0.09
Bt	0.51	0.79	0	3	2.11	1.77
Cg	0.68	0.99	0	5	1.15	1.57
Cl	0.05	0.23	0	1	0.38	0.17
Ex	0.04	0.20	0	1	0.41	0.27
Fi	0.25	0.46	0	2	0.48	0.80
Fd	0.15	0.40	0	2	0.20	0.33
Ge	0.05	0.23	0	1	0.00	0.09
Hh	0.29	0.56	0	2	1.45	1.26
Ls	0.25	0.55	0	3	1.21	1.31
Na	0.18	0.51	0	2	0.96	1.37
Sc	0.43	0.97	0	5	1.54	1.60
Sx	0.04	0.20	0	1	0.00	0.05
Xy	0.03	0.16	0	1	0.00	0.02
Idio	0.80	1.00	0	4	0.53	0.86
DV	1.13	1.48	0	6	1.39	1.23
INCOM	0.50	0.82	0	4	1.39	1.81
DR	0.20	0.85	0	5	0.46	0.32
FABCOM	0.38	0.72	0	2	0.49	0.41
DV2	0.07	0.34	0	2	0.00	0.04
INC2	0.01	0.11	0	1	0.29	0.31
DR2	0.05	0.28	0	2	0.10	0.01
FAB2	0.09	0.34	0	2	0.08	0.40
ALOG	0.40	0.88	0	5	0.48	0.11
CONTAM	0.00	0.00	0	0	0.01	0.06
Sum6 Sp Sc	2.84	2.23	0	9	5.92	4.70
Sum6 Sp Sc2	0.25	0.63	0	3	0.18	0.76
WSum6	7.19	6.97	0	28	12.18	12.60
AB	0.18	0.56	0	4	0.00	0.05
AG	0.20	0.60	0	3	1.20	0.50
Confabulation	0.55	1.11	0	6	0.00	0.00
COP	0.00	0.00	0	0	1.57	0.54
CP	0.04	0.20	0	1	0.00	0.00
MOR	0.25	0.57	0	2	1.64	0.93
PER	0.14	0.48	0	3	2.22	1.01
PSV	0.35	0.65	0	3	0.54	0.26

2. 카드별 형태질 평가를 위한 참고표

CARD I 평범 반응: 반점 전체를 박쥐 또는 나비로 반응한 경우

Z값: W=1.0　　인접부분=4.0　　비인접부분=6.0　　공간반응=3.5

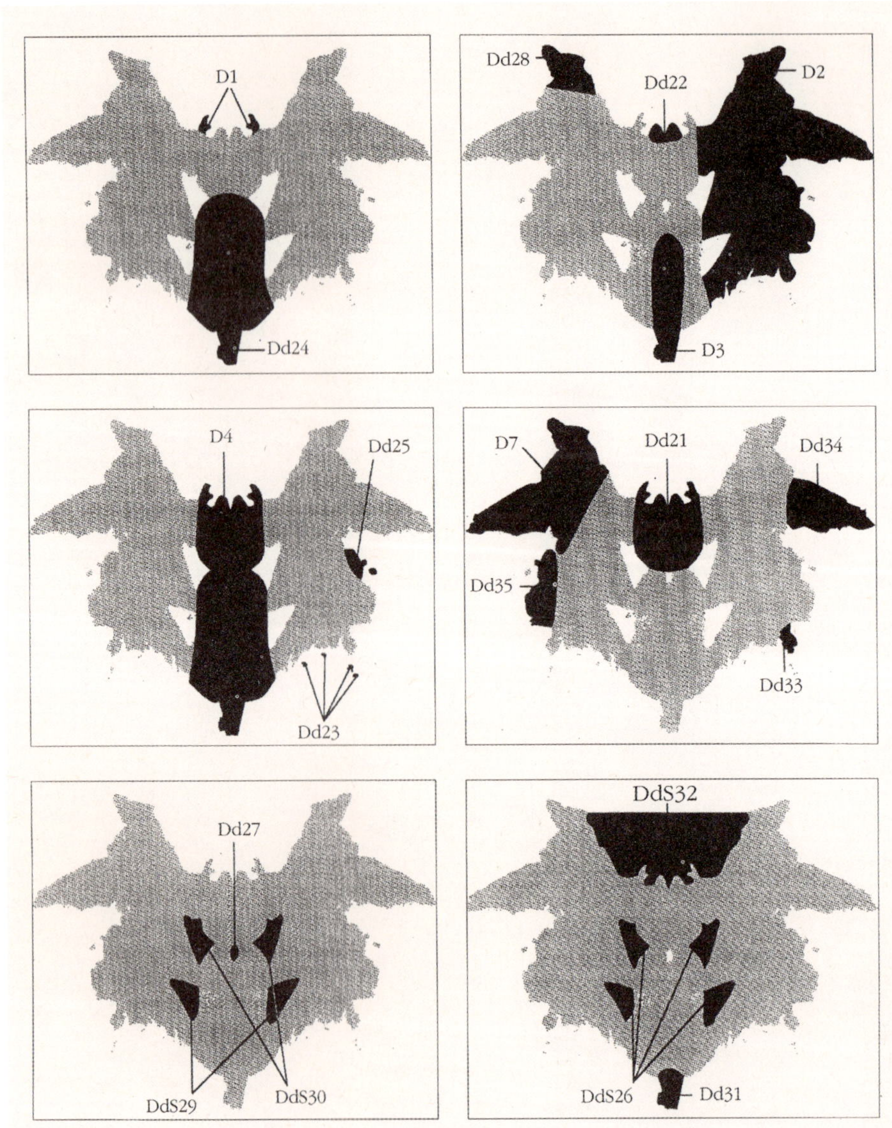

그림 1　카드 Ⅰ의 D와 Dd영역

W

o 가면(주의: 여러 동물들의 파티,]주술에서 사용되는 가면, 괴물의 가면)
- 가슴, 흉곽
u 가재
u 각다귀, 모기
- 개미
- 거미
- 계란
- 고기
- 고양이
- 곤충(불특정, 날개 없는)
- 골격(불특정)
o 골반(뼈)
- 곰
u 구름(들)
- 그물
- 기구
u∨ 기차(D4가 버팀대로 가로지르는)
- 깃발
o 까마귀
- 깔개
- 꼬마요정
u 꽃병
- 꿈
- 나무, 목재
- 눈송이
o 나방, 나비
- 날개다랑어
u 노젓는 사람(보트)
- 뇌
u 뇌(단면도)
u∨ 눈 내린 꼭대기
- 늑골, 갈비뼈
u 다람쥐(나는)
- 다리(인공의)
u 다리(자연의)
- 대바구니
- 도로지도
u 돌(조각된)
o 독수리
o 두개골(인간, 동물)
u∨ 둥근 지붕(dome)
- 동물(주의: 곰, 고양이 등과 같이 날개나 지느러미가 없는 동물)
- 둥지
u 드라큐라
- 드레스
o 디스크(해부)
u 딱정벌레(날개 달린)
u∨ 뗏목배(앞에서 본 모습)
- 램프
u 로봇
u∨ 로켓선
o 마녀(둘 또는 세명)
- 마차(2륜 경마차)
u 말벌
u 망토
u∨ 머리(모양을 갖춘)
o∨ 머리장식
- 메론
u 모기
o∨ 모자(여자용)
- 목, 목뼈
u 무늬, 도안
o 무용수(D4 의상 또는 망토)
- 문
- 물탱크
o 바다동물(D2나 Dd34를 지느러미로 반응)
- 바닷가재
u∨ 바위
- 바이올린
- 버클(혁대)
o 박쥐
- 배
o 뱃지
- 밸브
u 벌
o 벌레(날개 달린, 산산조각 난)
- 벌집(곤충)
u 벼룩
- 보트(지붕 없는 작은 배)
u∨ 빌딩
u 뼈(해골)
u∨ 산
u 산호
o 새
u∨ 새(선사시대의)
o∨ 샘
o∨ 샹들리에
u 석탄(조각)
- 선인장
- 선풍기
u 섬
u∨ 성(城)
- 세탁기
o 소녀(들)(춤추거나 원형을 이룬)
- 소떼
- 소리굽쇠
u 솜털(조각)
- 송곳, 드릴
u 숯, 재
- 숲
- 시계
- 식물
- 신체(또는 분리된)
- 씨앗
u 아메바
u 악마(망토 걸친, 날개 달린)
u 안개
- 양치류 식물
u 어깨망토
u∨ 언덕
u 얼굴, 개
- 얼굴, 개미
o 얼굴, 고양이
u 얼굴, 곤충(불특정)
- 얼굴, 곤충(구체적)
u 얼굴, 곰
u 얼굴, 괴물(작은 악마, 외계인)
o 얼굴, 늑대
u 얼굴, 뿔달린 동물
o 얼굴, 동물(불특정)
u 얼굴, 로봇
u 얼굴, 마녀
- 얼굴, 말
u 얼굴, 벌레
- 얼굴, 새
o 얼굴, 여우
- 얼굴, 해골(인간)
- 얼음
- 오스트레일리아(지도)
o 오페라가수(둘 또는 세명)
- 올빼미
u∨ 왕관
u 용(대개는 날개 달린)
- 우거진 잎
- 우리
u∨ 우주선
- 웃음
u∨ 원형천막
- 음식
- 인간
o 인간(날개 달린, 망토를 걸친)
- 인간(두 사람이 마주보는)
u 인간(들)(세 명)
- 인쇄기
o 잎
- 자동차
u∨ 작은 집, 오두막집
- 작은 새우
u 잔(손잡이가 있는)
- 잡초
o 장신구

u∨ 전망대
\- 젖가슴
\- 젖소
o 조각상(둘 또는 셋)
\- 종(鐘)
u∨ 중국 집(가옥)
\- 지도(구체적)
u 지도(불특정)
u 진흙
u∨ 집
\- 책
u∨ 천막
o 천사
o 천사(D4를 다른 대상으로 보고 두 명의 천사라고 반응)
u∨ 천측창
\- 첨탑
\- 총알
u 추상화
o 춤추는 두 사람
\- 케이크
\- 코
\- 코트, 외투
\- 탱크(군용)
\- 턱받이, 턱수염
u 털(조각)
o 토템(날개 달린)
\- 톱질용 괨목
\- 파도
u 파리
\- 폐
\- 폭발
u∨ 풀무(바람을 불어넣는 자루)
u 풍경(주의: 바위, 암석이 많은 지대나 산허리와 같은 광활한 풍경)
\- 풍향계
\- 피크(기타)
u 항아리, 단지
\- 해시계
\- 해파리
\- 헬리콥터
o∨ 헬멧
-∨ 호박
u 화석
\- 회오리바람(tornado)
o 휘장
o X-ray(가슴, 골반, 불특정)

D1

\- 고양이
o 곡예사
u 괴물 모습의 조각
u 구름
\- 나무
u〈 나무(들)과 우거진 잎
o 날개(들)
\- 늑대
\- 동물(고양이, 소, 일부 개처럼 짧은 귀를 가진 동물)
o 동물(당나귀, 코끼리, 일부 개 처럼 긴 귀를 가진 동물)
o 동물(만화의)
u 동물(불특정)
\- 돼지
\- 딱정벌레
u 딱따구리(옆모습)
o 머리(새)
o 무용수
\- 물고기
\- 박쥐
u 벌레(Dd34를 날개로 반응)
\- 벌레(날개 없는)
o 새(Dd34를 날개로 반응)
\- 설치류 동물
o 악마
\- 암소
\- 얼굴(인간)
\- 얼굴(Dd34를 코로 보고 동물, 새, 만화, 괴물로 반응)
o 얼굴(Dd34를 귀로 보고 동물, 새, 만화, 괴물로 반응)
u 연기
\- 용
o 인간
o 인간 같은 모습
u 잎
\- 장화
\- 지도(구체적)
u 지도(구체적)
o 천사
u〈 토끼
o 페가수스(날개 돋친 천마)
o 풍경
\- 하늘

D3

\- 곤충
o 꽃병
\- 나무
o 다리(들)
u 로봇
o 미라 상자
u 바이올린
\- 뱀
o∨ 볼링핀
\- 양초
\- 얼굴
u 우주선
o 인간(하반신)
\- 장신구
o 조각상
\- 질(해부)
u 척추
\- 촛대
o 토템 기둥

D4

\- 개구리
\- 개미, 거미
o 고릴라
\- 고양이
o 곤충(D1을 더듬이를 가진 곤충)
o 괴물
u 귀뚜라미
u∨ 나무
\- 동물(불특정)
\- 등뼈
o 딱정벌레
\- 램프
u∨ 로켓선
u∨ 로켓
\- 말벌
\- 문
\- 물고기
\- 벌
o 벌레(D1을 더듬이로 반응)
u 비올라
\- 뼈구조
\- 새
\- 섬
\- 식물
\- 악어
\- 얼굴
o 여자
u 인간
o 인간(두 명)

o 조각상
- 지네
o 첼로
- 총알
- 코
- 클리토리스, 음핵
- 파리

D7

- 곤충(날개 없는)
u 곤충(날개 달린)
u 구름
u 귀(동물)
o 까마귀
u 날개(비행기 또는 새)
o 날개(들)
o 독수리
- 동물(날개 없는)
o 동물(날개 달린)
- 두개골
- 모자
u 바위
- 뿔
o 새
o 스핑크스
- 식물
u 얼굴, 동물(Dd34를 코로 반응)
- 얼굴, 인간
u 오리
u 언덕

CARD Ⅱ 평범반응: D1을 곰, 개, 코끼리, 양, 동물의 전체 또는 머리로 반응한 경우

Z값: W=4.5　인접부분=3.0　비인접부분=5.5　공간반응=4.5

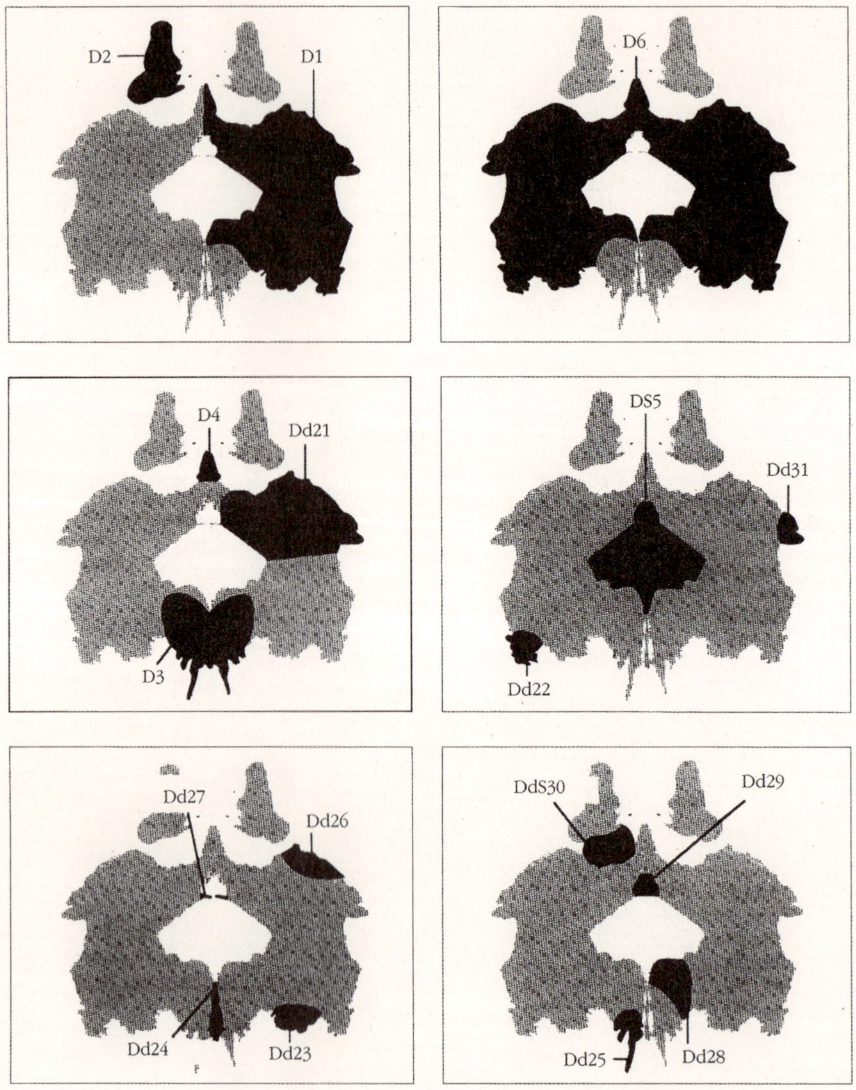

그림 2　카드 Ⅱ의 D와 Dd영역

W

u	가면(다양한 동물, 만화, 할로윈, 파티 등의 가면)
u	개(Ds를 피나 분리된 대상으로 지각)
-	고기
u	고릴라
-	곤충(날개 없는)
o	곰(들)
u	괴물
-	꽃
u∨	나방
o∨	나비
u	동굴
u	동물(불특정)
-	디스크(해부)
u	램프(장식품)
o	만화 인물(들)(인간 또는 동물)
-	몸
u	무늬, 도안(추상적)
o	무용가(들)
u∨	벌레(날개 달린)
-	벌레(산산조각난)
u	병아리(들)
o	불과 연기
-	새
u	새(두 마리)
-	식물
-	심장
o	악마
-	얼굴(인간 또는 동물)
u	연
u	오리(들)
-	우주선
-	위
o	인간 또는 인간 같은 모습
-	입
-	장(腸)
o	장신구, 장식품
-	지도
-	직장(rectum)
-	질(해부)
-	파리
u	펭귄(두 마리)
o∨	폭발
u∨	불사조
-	해부(구체적)
-∨	화환(크리스마스)
-	X-ray

D1

u∨	개
o	개
u∨	고릴라
o<	고양이
u	곤충
o	곰
o∨	괴물
u	구름
-	나무
-	날개
u	동물(박제한, 불특정)
-	돼지
-	모지
-	물고기
u<	물소
-	바다거북
u	바위
-	병아리(머리 없는)
u	개코원숭이
o∨	산(들)
-	새
o	새끼 양
u	연기
-	왕관
o∨	인간
-	인간
-	잎
o	젖소, 코끼리
u∨	코트
o<	햄스터
u	호랑이

D2

o	가면(동물, 새, 만화, 인간과 비슷한 가면)
u	고기
u∨	권총의 가죽 케이스
o	꼭두각시(손)
o	나비(옆모습)
-	남근
u∨	남아메리카(지도)
-	다리
u	달팽이
-	동물(불특정)
-	랜턴, 손전등
u	립스틱 자국
-	머리(동물, 인간)
u	머리(새)
o	모자
u∨	목이 짧은 양말
o	물개
-	벌레(날개 없는)
u	벌레(날개 달린)
u∨	벌새
-	벙어리장갑
u	병아리
-	부츠
o	불
o	새
u >	새
-	양초
u	엄지손가락
u	용암
-	이빨
-	장화
o	조각품(만화)
-	쥐
-	지문
u	천사
u	토끼
o	피
-	혀
o	횃불

D3

-	가면
-	가재
-	개미
o	게
u	고기
u	나방
o	나비
u	달팽이
-	딱정벌레
u∨	머리(동물, 뿔 달린)
-	머리(동물, 뿔 없는)
-	머리(새, 인간)
-	물고기
o	벌레(날개 달린)
o	불
u	산호
u	선풍기
u	식물
-	심장
-	얼굴(동물)
u	우주선
u	월경
-	얼굴(인간)
-	자궁
o	질(해부)
-	콩팥
o	태양
-	파리
o	페인트
-	폐
o	피
-	항문

D4

u 기념물(monument)
u 깎는 기구, 가위(들)
\- 꼬리
\- 꽃병
\- 나무(불특정)
u 남근
u 로봇
o 로켓
o 미사일
\- 머리
u 모자
u 무기
\- 문
\- 뱀
\- 병
u 볼펜
\- 산
u 성(城)
\- 야구방망이
u 양초
\- 얼굴
\- 예수가 십자가에 못 박힌 그림(crucification)
o 우주선
o 절(temple)
\- 종(鐘)
u 집게
o 총알
\- 칼
o 캡슐(우주선)
\- 코
o 탑
u 피라미드
u 헬멧
o 화살
o 화살촉

Ds5

\- 가면
o 교회
o 구멍
u 그릇
o 꼭대기
o 꽃병
\- 나비
u 눈송이
o 동굴
u 드릴, 송곳
o 램프
o 로켓
o 미사일
u 바구니
\- 박쥐
\- 보트
u 분수
o 비행기
o 빛
\- 새
o 샹들리에
u 섬
o 성(D4를 포함한 반응)
u 연
\- 옷
u 왕관
u 우물
o 우주선
o 장신구
u 절(temple)
o 터널
u 헬멧

D6

u 곤충(날개 달린)
\- 곤충(날개 없는)
o∨ 골반
u 구름(들)
u 나방, 나비
o 동물(두 마리, D1이 준거 o에 일치하는 반응)
u 동물(두 마리, 구체적)
\- 등뼈
\- 박쥐
u 산
\- 새
u 섬
\- 양탄자, 깔개
u 우주선(대개 DS5와 관련)
\- 위(胃)
\- 지도(구체적)
u 지도(불특정)
u 척추(한 마디, DS5를 포함한 반응)
\- 폐
u 풍경(종종 DS5를 호수로 반응)
u 하수관(DS5를 포함)
\- 해부
o∨ X-ray(골반)
\- X-ray(골반을 제외한 구체적)

CARD Ⅲ 평범 반응: D1 또는 D9를 인간 또는 추상적인 모습으로 반응한 경우

Z값: W=5.5 인접부분=3.0 비인접부분=4.0 공간반응=4.5

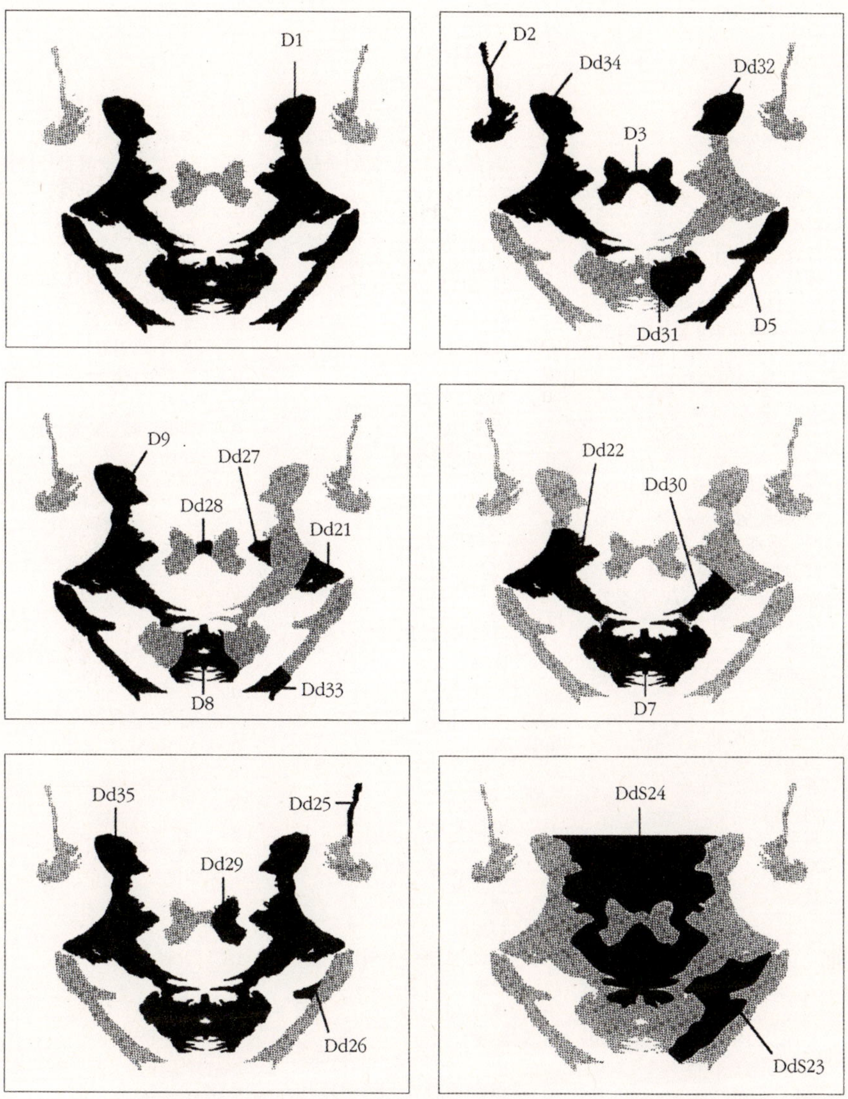

그림 3 카드 Ⅲ의 D와 Dd영역

W

주의: 단일 대상과 관련된 대부분의 W반응이 분리되어 지각된 경우 -로 채점한다. 인위적인 형태가 아니라 전체 반점에 일치한 소수반응들이 있다. 여러 대상을 포함하는 W반응은 대개 o로 채점한다.

- \- 개구리
- u 개구리(해부된)
- \- 개미, 거미
- \- 고양이
- \- 곤충
- \- 골격
- u∨ 괴물
- u 그릇(손잡이가 달린)
- u 그림(추상적)
- \- 꽃
- u∨ 꽃병(손잡이가 달린)
- \- 나비
- \- 늑골, 갈비뼈
- \- 동물
- o 동물(D1이 서커스에서처럼 다른 대상을 붙들고 있는 것처럼 지각된다. 이 경우 대상 자체가 o로 채점할 수 있어야 한다.)
- u 뱃지
- \- 벌레
- o 새(D1이 새로 지각되고, 새장에 있는 분리된 대상이 함께 지각된다. 다른 사물들이 분리되어 지각될 경우 모두 o로 채점할 수 있어야 한다.)
- \- 얼굴
- \- 올가미
- \- 인간
- \- 지도(구체적)
- u 지도(불특정)
- u∨ 풍경
- \- 해파리
- u 휘장
- \- X-ray

D1

- \- 개
- u 개구리(해부된)
- o 개(두 마리, D7을 분리된 대상으로 지각)
- \- 개미, 거미
- \- 곤충
- o 골반뼈 구조
- u 꽃병
- \- 나무(들)
- u∨ 동굴 입구
- \- 동물
- u 동물(두 마리, 불특정)
- \- 두개골
- \- 벌레
- o 뼈대
- u∨ 산(눈이 덮힌)
- \- 새
- o 새(두 마리)
- u∨ 아치
- o 양(두 마리, 어린 양)
- o 원숭이(들)(D7을 분리된 대상으로 지각)
- \- 인간
- o 인간(두 명, D7이나 Dd31을 인간 모습의 일부분으로 포함하여 지각)
- \- 인간(두 명, D7이나 Dd31을 인간 모습의 일부분으로 포함하여 지각)
- u∨ 인간(D5가 팔)
- o 인형(두 개)
- u∨ 작은 악마
- \- 터널
- o∨ 풍경
- o X-ray(골반)
- u X-ray(불특정)

D2

- u 갈고리
- \- 개
- o 고기(매달린)
- \- 곤봉
- u 기타
- o∨ 꼭두각시
- u∨ 꽃
- \- 꽃병
- u∨ 나무
- u 낚시바늘
- \- 뇌
- \- 누에고치
- o 세포
- \- 달팽이
- u 덩굴(포도나무의)
- \- 동맥
- u 랜턴, 손전등
- u 로봇
- \- 머리(동물, 새, 인간)
- u 머리(인간과 비슷한)
- o 모자(왕관 또는 옷의)
- \- 물고기
- \- 뱀
- \- 벌레
- o 병아리(매달린)
- o 불
- \- 빗방울
- \- 뼈
- u 산호
- o 새
- u∨ 식물
- \- 심장
- u 아메바
- o 악마
- o∨ 앵무새
- \- 오리
- \- 용
- u 위(胃)
- u 음표(음악의)
- o 인간 같은 모습(악마, 난쟁이, 꼬마요정, 도깨비 같은 공상과학이나 만화, 신화에 나오는 모습)
- o 장식(불특정)
- \- 장(腸), 내장
- u 조각상(동물)
- o 조각상(인간)
- u 조각상(추상적)
- o 태아
- o 탯줄(태반과 함께)
- \- 토끼
- o 피
- \- 폐

D3

- \- 가면
- \- 게
- u 고무총
- \- 곤충(날개 없는)
- u 곤충(날개 달린)
- \- 나무
- o 나비
- u 날개
- \- 내장, 장
- \- 뇌
- \- 거들
- o 리본
- u 말벌
- \- 박쥐
- o 불
- u 뿔(사슴)
- \- 새
- u 선글라스
- u 섬
- \- 심장

- \- 씨앗
- u 아령
- \- 안경
- u 안대
- u 연
- \- 오렌지
- \- 인간(들)
- \- 입
- o 장식(불특정)
- \- 젖가슴(들)
- u 척추(단면도)
- \- 코, 콧구멍
- u 콩팥
- \- 파리
- o 피
- \- 해골
- u 행글라이더
- \- 헬멧
- u 화석
- o 활(현악기)
- u 휘장(추상적)
- \- 흉골, 가슴뼈

D5

- u 갈고리발톱
- u 곤봉
- \- 나무
- u 다리(동물, 곤충, 보통 거미)
- o 다리(인간)
- \- 덩굴(포도나무의)
- u 로켓
- \- 뱀
- \- 벌레
- \- 뼈
- \- 뿔
- o 상어
- \- 새
- u 섬
- \- 손
- u 어뢰
- u 우주선
- u 청, 작살
- \- 총
- u 총알
- u 팔
- \- 펜
- u 폭탄
- u 화살

D7

- o 게
- o 골반
- u 그림자(들)
- o∨ 나무(들)(DdS24 호수)
- \- 나비
- o 난로, 벽난로
- \- 늑골, 갈비뼈
- \- 동물
- o 둥지
- u 드럼
- \- 머리
- u 머리(괴물)
- u 문
- o 바구니
- o 바위(들)
- u∨ 버섯
- \- 버클, 혁대
- o 뼈(들)
- \- 얼굴
- u 연기
- \- 오리(들)
- \- 위, 콩팥, 폐
- u 탁자
- u 호박(할로윈)
- o X-ray(골반)
- \- X-ray(골반을 제외한 구체적)
- u X-ray(불특정)

D8

- \- 가슴
- \- 강
- u 게
- u 괴물
- u∨ 꽃병
- u 돌
- u∨ 바구니
- o 뼈(들)
- u∨ 술잔
- u 얼굴(외계인, 괴물)
- \- 용
- \- 호박
- u 호수(산 위에 있는)
- u∨ 횃불
- \- X-ray

D9

- o 개
- \- 개미
- \- 거미
- \- 곤충
- u 괴물
- u 구름
- o 꼭두각시
- \- 나무
- u 동물(불특정)
- \- 벌레
- u 병아리
- \- 뿌리
- u∨ 산
- u 조각상
- o 새
- o 새끼양
- u 악마, 귀신
- u 앵무새
- o 양
- u 오리
- o 원숭이
- o 인간
- o 인형
- \- 잎(나무 전체의)
- \- 킹콩
- \- 토끼
- \- 해부
- \- X-ray

CARD Ⅳ 평범 반응: W나 D7을 인간 또는 인간과 비슷한 모습으로 지각한 경우

Z값: W=2.0　　인접부분=4.0　　비인접부분=3.5　　공간반응=5.0

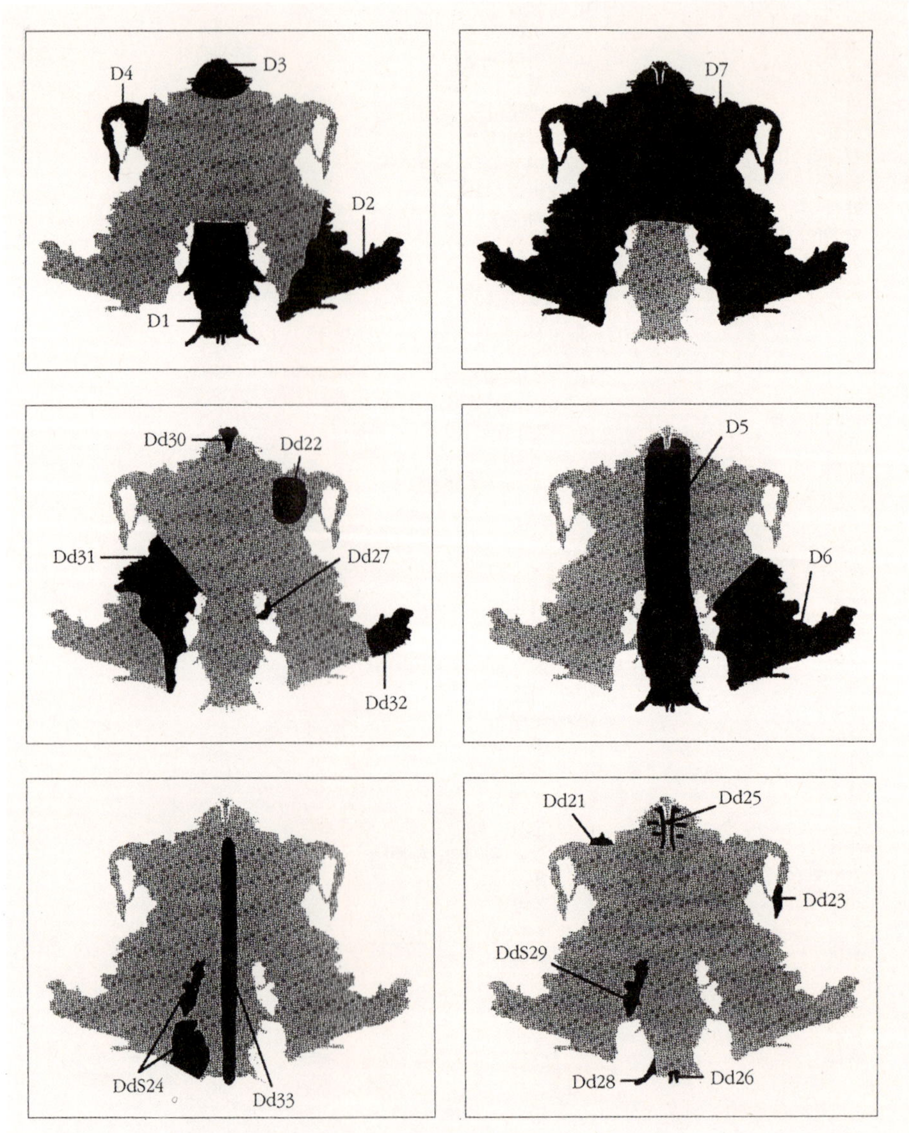

그림 4　카드Ⅳ의 D와 Dd영역

W

u 가면(공상과학)
u 개(흔히 정면을 보고 앉은)
u 개구리
\- 게
o 고릴라
\- 곤충
u 공룡(앞에서 본 모습)
u 구름(들)
o 깔개, 양탄자
u 꽃
o 나무
\- 뇌
\- 눈송이
u 다람쥐
\- 달팽이
o∨ 닻
\- 동굴
o 동물
\- 두개골(동물)
u 무늬, 도안(추상적)
u 로봇
\- 로켓
u 머리(동물, 파충류)
\- 머리(새, 인간)
o 바다동물
u 바위
u 버섯
u∨ 벌레(날개 달린)
\- 벌레(납작해진)
o 부츠(극지방에서 신는)
u 분수
\- 빌딩
\- 뼈에 붙어 있는 살점
\- 뿌리
u 산
\- 산호
u∨ 새
o 생가죽
u 숲(위에서 본 모습)
u 스폰지
u 시체(동물)
u 아이스크림 콘
\- 양초
\- 얼굴
u 연
u 연기
u 오징어
o 인간(들)(W를 인간으로 지각하거나 D1을 자전거, 의자, 나무 그루터기와 같은 이차적 대상으로 지각한다. D7을 인간 모습으로 볼 수 있어야 하고 카드는 ∧위치로 본다)
u 인간(두 명, 중간에 물체에 기대고 있는)
o 인간 같은 모습
o 잎
\- 지도(구체적)
u 지도(불특정)
o 지도(지형학적, 불특정)
u 진흙
u 총
\- 코끼리
\- 태아
o 털가죽
u∨ 폭포(D1을 주변 풍경으로 지각)
o 풍경
\- 해파리
u 허수아비
u 협곡(강이 있는 지역)
\- 황소
\- 회오리바람
o 휘장
o X-ray(골반)
\- X-ray(골반을 제외한 구체적)
u X-ray(불특정)

D1

\- 가재
\- 게
o 곤충
o 관목
o 나무줄기
u∨ 난로(나무가 연료인)
\- 남근
u 달팽이
\- 동물
\- 램프
u∨ 머리(거북이, 괴물, 새)
-∨ 머리(거북이를 제외한 파충류, 인간)
o∨ 머리(곤충)
u 머리(용)
\- 물고기
\- 뱀
o 변기
o∨ 선인장
\- 악어
u∨ 양초
u∨ 왕관
\- 이간
\- 조개
u 척수
o 척추, 척추골
\- X-ray

D2

o∨ 개
o〈 곰
o 구두
u 구름
u 날개
o〈 돼지
\- 머리(곤충)
u∨ 머리(낙타)
o〈 머리(납작하고 평평한 코를 가진 곰, 개, 돼지, 물개 등의 동물)
u〈 머리(동물, 불특정)
\- 머리(새)
o〈 물개
u 바위
u 반도
o 발
\- 배
\- 뼈
\- 암소
u 언덕
u 조각상
\- 지도(아프리카나 남아메리카를 제외한 구체적인 지역)
u 지도(불특정)
u〈 파도
u 풍경
\- 휘장
\- X-ray

D3

\- 곤충(날개 없는)
u 곤충(날개 달린)
o 꽃
u 나무(꼭대기)
u 나비
u 뇌
u 대합조개
o 머리(고양이, 올빼미같이 평평한 얼굴의)
u 머리(괴물 또는 공상과학에 나오는)
\- 머리(구체적 동물이지만 얼굴이 평평하지 않은)
\- 머리(인간, 파충류)
u 버섯

u 베레모
o 봉오리(꽃)
- 부리(새), 주둥이
u 산
u 선풍기
u 양배추
- 얼굴
u 왕관
- 항문

D4

o 가지(나무)
o 고드름
- 귀
u 꼬리
- 꽃(시든)
u∨ 낚시
- 남근
o 다이빙 선수(뒤로 뛰어오르는)
o 덩굴(걸려 있는)
o 도마뱀
- 동물
- 머리(동물)
o 머리(새)
u 모자
u 몸통(코끼리)
- 물고기
u 반도
u 뿌리
u 뿔(동물)
o 새(긴 목을 가진)
o 손잡이
u 팔(불구인)
- 화살

D5

- 가재
o 강
- 곤충
o 기둥
- 나무
u 드릴, 송곳
o 막대기
- 물고기
u 벌레
u∨ 분수
o 뼈(해골)
o 수로
- 조각상
o 척추골

u 토템
o 협곡
o X-ray(척추)
u X-ray(척추를 제외한 구체적)
u X-ray(불특정)

D6

o 다리
o〈 동물(언덕 또는 바위 D2에 있는)
o 발
u 배의 키
o 부츠
u 신발
- 얼굴
u 연기
o〈 인간(의자나 언덕 D2에 앉은)
- 지도(이탈리아를 제외한 구체적인 지역)
- 바다동물

D7

o 가면
u 개구리
o 거인
- 게
o 고릴라
o∨ 골반
o 곱추
o 괴물
u 다람쥐
u∨ 닻
o 동물
- 머리
o∨ 박쥐
u∨ 뱃지
- 벌레
u 산
u 새
o 생가죽(동물)
u 섬
- 얼굴
o 인간
u 조각상
u 헬멧
u 화석

CARD V 평범 반응: W를 박쥐 또는 나비로 지각한 반응

Z값: W=1.0　인접부분=2.5　비인접부분=5.0　공간반응=4.0

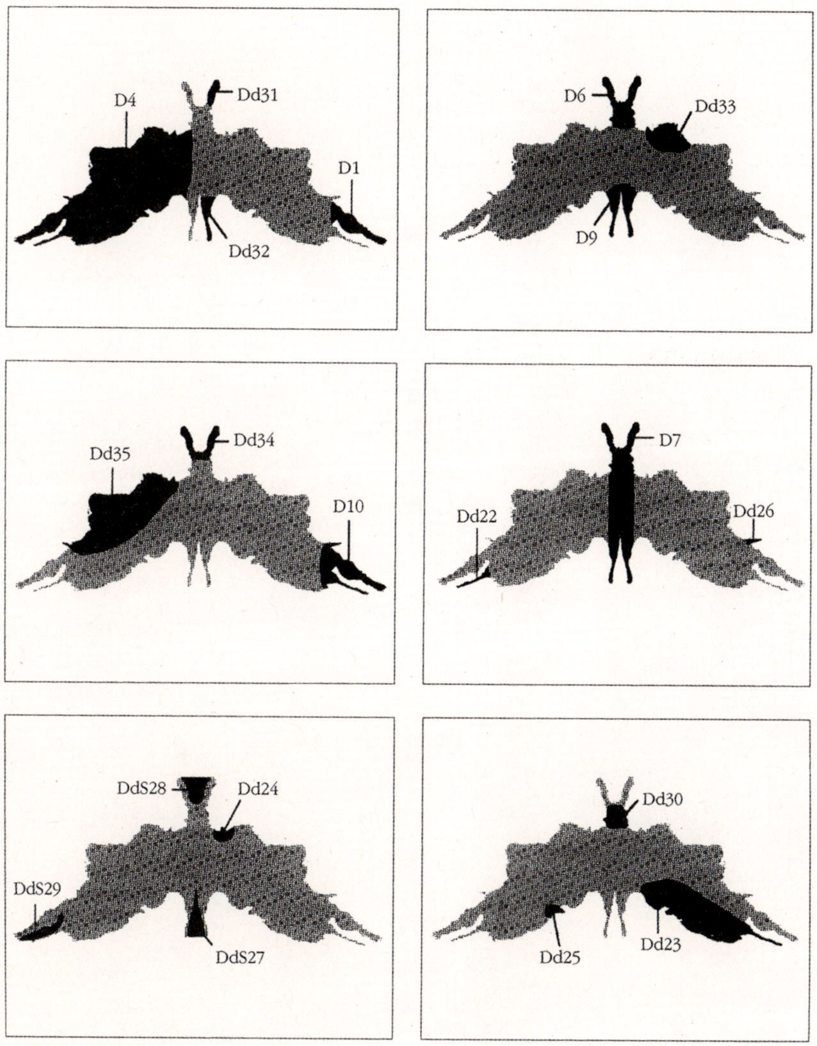

그림 5　카드 V의 D와 Dd영역

W

u	가면(공상과학)
-	거미
u	거위
-	고양이
u∨	곡예사(물구나무 서 있는)
o	곤충(날개 달린)
-	곤충(날개 없는)
u	골반
o∨	골반
u	구름(들)
-	기계
-	깃발
-	꼬마요정
u	꽃
-	나무 그루터기(반사된)
u	나뭇잎
o	나방, 나비
u	독수리
u	돌
-	동물(들)
o	동물(머리를 부딪치고 있는)
-	두개골
o	드라큐라
-	머리
u	모기
-	목뼈
o	무용수(옷을 입은)
-	미생물
o	박쥐
-	배
o	뱀파이어
-	뱃지
u	비행기
u	산
-	산호
o	새(D6이 주둥이, 부리)
u	새(D9가 주둥이, 부리)
u	석탄(조각)
u	악마
-	양치류 식물
u	언덕(나무가 있는)
-	얼음
u	연
u	요정
-	우산
u	우주선
-	인간
o	인간(서로 등을 맞댄)
o	인간(옷을 입은)
u	인간 같은 모습(팔과 날개를 가진)
u	잎(나무 전체의)
u	장식품
-	정향나무
u∨	중국 냄비(요리용)
-	지도
u	책꽂이
u	천(조각)
-	천막
u	천사
-	캥거루
u	콧수염
-	코트
-	콩팥, 폐
u	타조
u	파리
-	펌프
-	폭발
o	풍경
-	프로펠러
-	해부
-	X-ray(골반을 제외한 구체적)
o	X-ray(골반)
u	X-ray(불특정)

D1

u	근육
o	다리(동물, 인간)
u	두개골(동물)
u	막대기
-	머리(동물, 인간)
u	머리(만화 동물)
o	머리(파충류)
-	물고기
u	발(동물)
-	발(인간)
-	뱀장어
o	뼈
-	원통
-	코
u	큰가지(나무의, 통나무)
u	팔
-	화살

D4

-	개미핥기
-	게
o	관목(들)
u	구름
-	나무
-	나뭇잎
-	다리
u	다리(D1을 옷을 입은 것으로 지각, 또는 요리한 닭, 칠면조의)
u	담요
o	동물(D7을 머리로 지각)
-	머리(동물, 새)
u	머리(악어)
o	머리(인간의 옆모습)
o	바위
u<	백로
o	사람(기대고 서 있는)
-	악어
o∨	연기
-	유목
u	잡초
u	지도
-	진흙
u	침낭
-	캥거루
u	풍경
-	피부
-	해파리

D6

u	가위(들)
u∨	꼬마요정(들)
-	꽃병
u	더듬이
u	머리(동물)
o	머리(인간, 옷이나 가면을 쓴)
u<	머리(파충류)
-	머리(파충류)
u	모자(미키마우스)
-	새
u	손가락(두 개, 승리표시)
o	얼굴(동물, 긴 귀를 가진)
-	얼굴(불특정)

D7

u	곤충(안테나, 촉각이 달린)
u	괴물
-	나무
o	동물(뿔이나 긴 귀를 가진)
-	동물(뿔이 없거나 긴 귀를 가진)
-	두개골
-	딱정벌레
o	마귀
-	물고기

u 발레리나(옷을 입은)
- 뼈
o 악마
u 외계인
- 인간(두 명)
u 인간(신화의)
o 인간(옷을 입은)
u 인간(두 명, 팔을 든)
o 토끼

D9

o∨ 거위(들)
- 곤충(들)
u 꼬리(들)
u 다리(들)(동물)
o 다리(들)(새)
- 다리(들)(인간)
- 머리
u〈 머리(악어)
u 머리(두 개, 새)
o 백조(들)
u∨ 종(鍾)(들)
- 질(해부)
o 족집게, 핀셋
o 차골
u 청소기(진공)
- 청진기
u 펜치, 집게
o∨ 플라밍고

D10

- 곤충
u 나무(유목, 통나무, 막대기들)
u 다리(동물)
- 다리(새)
u 다리(인간)
- 머리(동물)
u 머리(만화, 새)
o 머리(파충류)
u 반도
- 산호
- 코

CARD Ⅵ 평범 반응: W 또는 D1을 동물의 피부, 가죽, 모피 또는 양탄자로 지각한 반응

Z값: W=2.5　　인접부분=2.5　　비인접부분=6.0　　공간반응=6.5

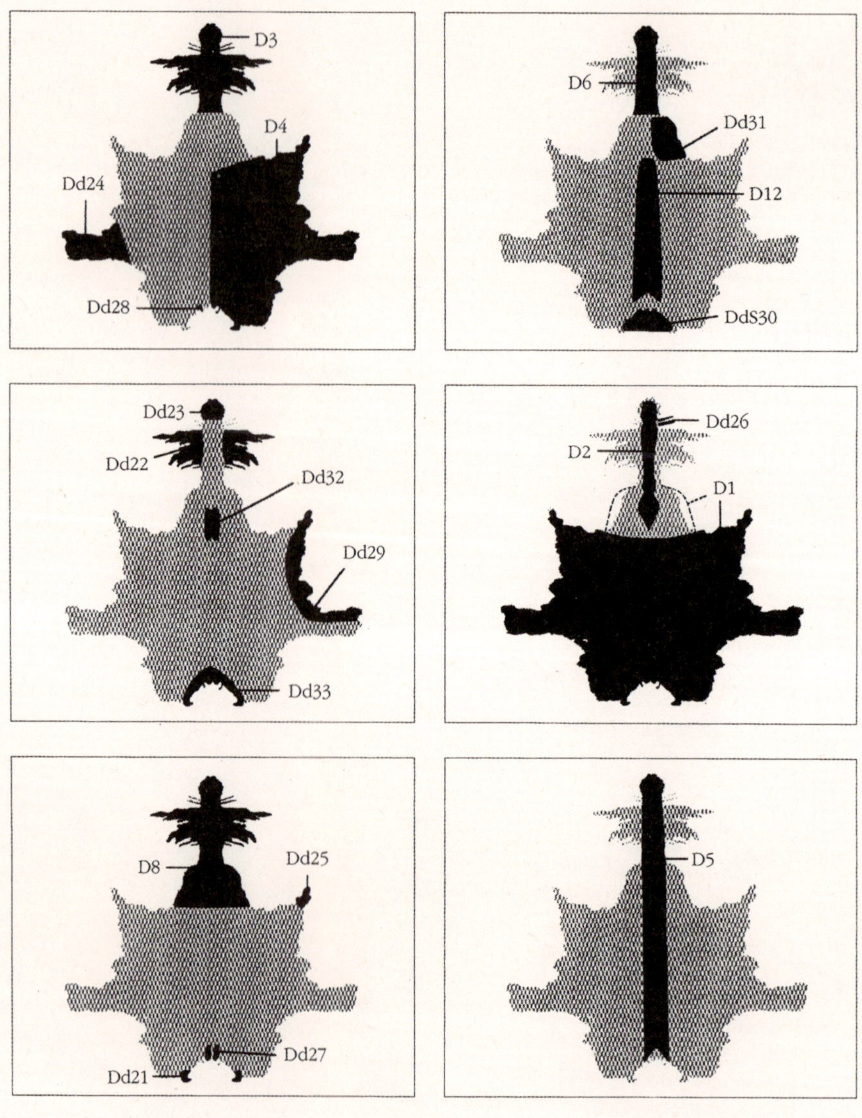

그림 6　카드 Ⅵ의 D와 Dd영역

W

u 가면(공상과학의)
\- 가슴
u∨ 가오리
o 가죽, 털가죽
u 가죽(조각)
\- 각다귀, 모기
\- 개구리
\- 거미
u 곤충(날개 달린)
\- 곤충(날개 없는)
\- 골격
\- 곰
o 곰가죽
u 공예품(인디안의)
u 괴물(동물)
u∨ 깃발
\- 까마귀
o 깔개, 양탄자
u∨ 꽃
o∨ 나무
u 나뭇잎
\- 나방, 나비
u∨ 놀이기구
\- 뇌
u 다람쥐(나는)
\- 달팽이
\- 닻
\- 도마뱀(나는)
\- 동물(날개 달린)
u 동물(바다, D3을 머리나 꼬리를 가진 가오리로)
\- 동물(코끼리, 기린과 같이 고양이과나 송곳니가 없는)
o 동물(평평하거나 피부가 있는 인공적인 형태)
o 동물의 가죽 또는 피부
u∨ 드릴, 송곳
u 뗏목
\- 머리카락
\- 모기
\- 몸
\- 방망이
u∨ 방패
u 배의 키
o〈 배(D3과 함께 반사된)
\- 벌
u 벌레(날개 달린)
\- 벌레(날개 없는)
o∨ 부채
u 분수(cm상적)
u 비행기
o〈 빙산(반사된)
\- 상징
u 섬
u 숲(공중에서 본)
u∨ 스폰지
u∨ 식물
\- 아메바
\- 얼굴
\- 왕관
u 용(나는)
\- 진흙
u 첼로
u 탱크(대포를 위에서 본 모습)
\- 파리
\- 프라이팬
u 폭발
o〈 풍경(반사된)
o 피부(동물)
\- 항아리, 단지
u∨ 허수아비
u 광산의 통로(단면도)
\- X-ray(구체적)
u X-ray(불특정)

D1

\- 가슴
o 가죽
\- 간(해부)
u 갈라진 틈(바위 중간 부분)
\- 거북이 껍질
u∨ 괴물(들)
u 구름(들)
u 그릇(손잡이가 달린)
o 깔개, 양탄자
\- 꽃
u 나뭇잎(공중에서 본)
o 담요
u∨ 동물(들)(등을 맞댄)
\- 두개골
\- 머리(들)(동물)
u 머리(들)(인간, 옆모습, 등을 맞댄)
o 무성한 잎(들)
u 문
u 방패
o 배(반사된)
u 뱃지
u∨ 벌꿀통
\- 벌레
\- 별
o∨ 빙산(반사된)
o〈 산맥(반사된)
\- 살점
u 석탄(조각)
u 섬
\- 양엉겅퀴
\- 얼굴
u 얼굴(괴물)
u 얼음
\- 요리(생선 또는 육류)
\- 인간
u 인간(들)(등을 맞댄)
u 책꽂이(양쪽 끝을 받친)
\- 컵
u 턱받이
o 풍경
u 해면동물
\- 해부
\- X-ray(구체적)
u X-ray(불특정)

D2

o 거인
u 검(sword)
o 계단의 난간 축
u 곤봉
\- 곤충
\- 동물
o 램프(기둥, 가로등, 장식용)
\- 물고기
\- 바늘
u 뱀장어
\- 벌레
u 뼈
u 손톱
\- 쐐기벌레
o 악어
o 양초
u 온도계
o 인간
o 조각상(인간과 같은)
o 촛대
u 칼
u 파충류
\- X-ray(구체적)
u X-ray(불특정)

D3

u 가로등(대개는 D5를 포함한)
o 거위(나는)
o 곤충(날개 달린)
u 곤충(날개 없는)

u 꽃
u 나무
- 나뭇잎
u 나비
- 남근
- 동물(날개 달린)
- 동물(날개 없는)
- 두개골
o 램프
u 로켓
o 로켓(불 또는 연기가 나는)
- 머리(곤충, 새, 인간, 파충류)
u 머리(동물, 수염 달린)
u 바람개비
- 밸브
o 새
o 성냥(불이 붙은)
o 십자가(추상적 또는 현대적)
u 예수가 십자가에 못박힘
- 얼굴
- 인간
o 인간(옷을 입은, 추상적)
o 인간과 같은 모습
o 휘장

D4

o 가면
- 곤충
o< 구름
u 구름
o< 노(배의)
u∨ 동물
o< 동물(Dd24를 동물로, 나머지는 다른 사물로)
o< 돛단배
- 머리(동물, 새)
o 머리(인간, 옆모습)
o 바위
o< 배
- 빌딩
o 빙산
o< 산(들)
u∨ 인간(인간 같은 모습)
o< 잠수함
o 조각상
- 지도(구체적)
u 지도(불특정)
u∨ 탱크(군대의)

D5

o 강
- 곤충
u 관, 튜브
u 기둥
o 길
- 나무
- 동물
o 등뼈
u 뱀
- 뱀장어
u 벌레
o 수로
o 식도
- 양치식물
u 온도계
o 운하
- 인간
o 창, 작살
u 창살
o 척수
- 칼
o 협곡
o X-ray(척추)
u X-ray(불특정)

D6

u 곤봉
u 곤충
o 기둥
u 길
o 남근
- 동물
- 두개골
o 로켓
- 머리(인간, 동물)
u 머리(파충류, 흔히 거북이)
- 목
u 무기(불특정)
- 물고기
o 미사일
u 미라의 관
- 밸브
u 원통
- 인간
u 조각
o 총알
o 파충류
u 팔(Dd23을 주먹으로)

D7

u 가로등 기둥
u 곤충(날개 달린)
o 꽃(꽃병 속의)
u 나무
- 나비
- 동물
o 등대
u 머리(동물, 수염 달린)
- 머리(새, 인간)
- 바다거북
- 벌레(날개 없는)
u 벌레(날개 달린, 어떤 물체 위를 기어다니는)
u 비행기
u 사람(옷을 입은)
o 샘
o 식물
o 토템 기둥
o 허수아비
- X-ray

D8

o 강
o 광산의 수로
u 길
- 남근
u 로켓
- 바늘
o 수로
u 연필
o 운하
- 인간
u 지퍼
- 직장(해부)
u 질(해부)
o 협곡
- 화살

CARD Ⅶ 평범 반응: D9, 흔히 D1, D2, Dd22를 인간의 머리 또는 얼굴로 지각한 반응

Z값: W=2.50 인접부분=1.0 비인접부분=3.0 공간반응=4.0

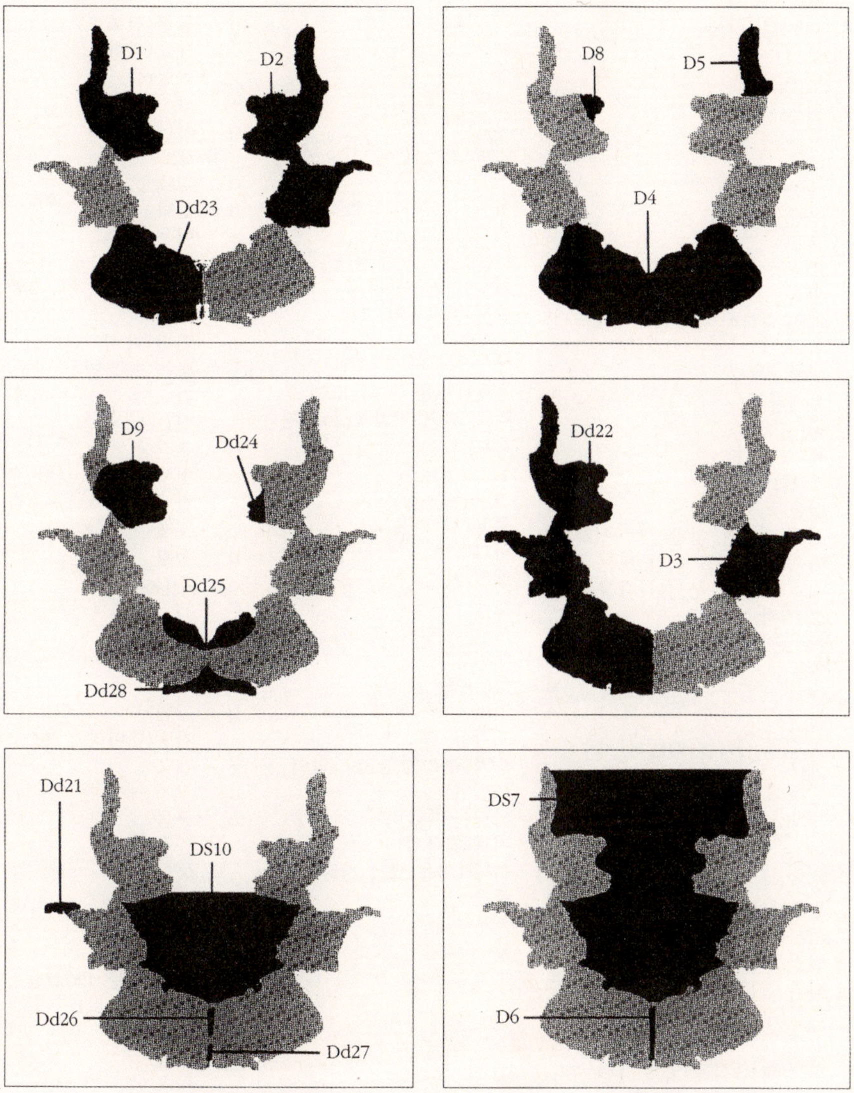

그림 7 카드Ⅶ의 D와 Dd영역

W

uV 가발
u 개구리 다리(음식)
- 개구리(들)
- 개(들)
- 곤충
- 관목(들)
o 구름(들)
u 그네
u 꽃병
- 나뭇잎
- 나비
u 눈 사람
- 닻
- 두개골
uV 램프(장식용)
- 목
- 목뼈
u 목걸이
oV 무용수(두 명)
uV 문틀
- 바다동물
u 바위
- 배(밑바닥이 평평한)
- 벌레
u 변기
u 부메랑
u 뿔(사슴)
- 새
o 섬(들)
- 식물
- 신체(분리된, 하반신)
o 아이(들)(D4를 방석 또는 시소와 같이 분리된 사물로 지각)
uV 아치(건축)
- 얼굴
u 연기
u 왕관
o 요정(들)(D4를 램프로 지각)
u 우주선
o 음식(빵가루를 묻히거나 튀긴)
u 음식(조각, 보통 생선 또는 닭고기를 자른 것)
oV 의자(DS7을 사용)
- 인간
o 인간 같은 모습
oV 인간(두 명)
u 인형(들)
o 인형(들)(D2를 인형, D4를 분리된 사물로 지각)
- 입
uV 자석
- 조개
u 조각작품
- 질(해부)
u 집게발(게)
u 추상화
- 코트
- 쿠키(부서진)
- 턱수염
- 탁자
- X-ray(구체적)
u X-ray(불특정)

D1

u 가면
- 고양이
- 곤충
o 구름(들)
u 국자
u 귀걸이(들)
- 나무
- 닭
u 닭다리(요리된)
- 독수리
- 동물
u< 동물(D5를 긴 목 또는 부리로 보고 만화동물로 지각)
- 말
o 머리(인간 같은)
- 물고기
- 바다동물
uV 배의 키
- 산
- 새
u 선인장
u 잎(나무 전체의)
o 절벽
o 조각상
u 주먹(위로 향한 손가락이 포함된)
- 지도(구체적)
u 지도(불특정)
o 토끼(D8을 코로 지각)
u 풍경
- 해부
- X-ray

D2

o< 개
- 개구리
- 고기
o 구름(들)
- 나무(들)
o 난쟁이
u 닭날개(빵가루를 묻히거나 튀긴)
- 당나귀
u 덤불(들)
-V 동물
o 동물(D5를 귀, Dd21을 꼬리로 포함하여 고양이, 개 등과 같은 작은 동물로)
uV 동물(만화)
o 동물(만화)
- 동물(큰)
- 말
u 산(들)
- 새
o 섬(들)
u 언덕
- 여우
- 용
u 음식(빵가루를 묻히거나 튀긴)
o 인간(아이, 인디언, 여성 또는 불분명한 대상이 인간 전체 또는 머리와 상반신으로)
o 조각상
o 천사
- 칼
o 토끼
u 풍경
- X-ray

D3

o 가면
- 가발(대머리에 쓰는)
- 개
u 고기 베는 큰 칼
u 구름
- 동물
- 둥지
u 머리
o 머리(동물, Dd21을 귀 또는 뿔로)
uV 머리(동물, Dd21을 코 또는 몸통으로)
o 머리(동물, 만화 또는 장난감)
u 머리(인간 같은)
- 머리(인간, 파충류)
- 모자

u 물고기(Dd21을 꼬리로 지각)
- 손
- 양말
- 컵
- 턱수염
- 햄
- X-ray

D4

u∨ 가발
- 가슴
u 고원(공중에서 본)
u 곤충(날개 달린)
- 곤충(날개 없는)
o 골반
o 구름(들)
- 그릇
o 나비
u 나비 넥타이
- 다리(인공의)
u 다리(자연의)
- 머리
u 문
- 바다동물
o 바위(들)
o∨ 박쥐
u 방석(들)
- 벌레(날개 없는)
u 벌레(날개 달린)
- 산(들)
o 새
u 연
- 인간
- 조개
u 종이(찢어진)
- 질(해부)
u 책(펼쳐진)
u 풍경
- 해부
o X-ray(골반)
- X-ray(구체적, 골반 제외)
u X-ray(불특정)

D5

u 갈고리발톱
u 검
u∨ 고드름
- 곤충
u 귀(토끼처럼 긴)
u 기병대
o 깃털
u 꼬리(미국 너구리처럼 긴)
- 나무
u 날개
- 남근
u 다리
- 동물
- 드릴, 송곳
- 머리(동물 또는 인간)
u 머리(바깥쪽에 코가 달린 토끼)
- 벌레
u〈 보트
u 빗(장식용)
u 뿔
- 새
u 석순
- 소세지
u 식물
u 쐐기벌레
u 엄지손가락
- 연기
- 인간
- 총
u〈 카누
o 칼날
u 토템
u 톱
u 피크(기타의)
- 화살
u 화살촉

D6

u 갈라진 틈
o 강
- 곤충
u 괴물(동물)
- 남근
u 댐
o 돌쩌귀(문)
- 동물
- 드릴, 송곳
u 막대기
- 머리
- 물고기
u 미사일(Dd28을 발사대 또는 연기로 지각)
- 벌레
- 뼈
o 수로
o 식도
o 운하
o 인간(인간 같은 모습)
u 인형
o 질(해부)
- 척추
u 클리토리스, 음핵
- 탑
u 항문
o 협곡

D7

- 구름
o 그릇
u 꽃병
- 나무
u∨ 둥근 지붕 모양의 절
o∨ 램프
- 머리
u∨ 머리(사진음화에 나오는)
u∨ 모자(역사적인)
o∨ 버섯
- 얼굴
u 입구
o∨ 조각상
u 주전자
u∨ 탑
o 항구
- 해부

D8

o 계곡(들)
u∨ 고드름
u 달팽이
u 둥지
- 머리
u 석순
o 숲
- 용
u 인간(들)(절벽 또는 언덕에 있는)
o 풍경
u 바다동물

D9

- 곤충
u 구름
u∨ 머리(동물)
o 머리(고양이, 원숭이와 같이 작은 동물)
- 머리(동물, 새, 큰)
o 머리(인간, 인간 같은)

- 바다동물
o 조각상(반신상)
u 절벽
u 풍경

D10

u 구멍
o 그릇
- 남근
o∨ 모자(역사적인)
u 문손잡이
u∨ 버섯(모자)
- 얼굴
u 입구
o 전등의 갓
u 텐트
o 항구
o 헬멧
u 호수

CARD Ⅷ 평범 반응: D1을 전체동물 형상으로 지각한 반응

Z값: W=4.5　　인접부분=3.0　　비인접부분=3.0　　공간반응=4.0

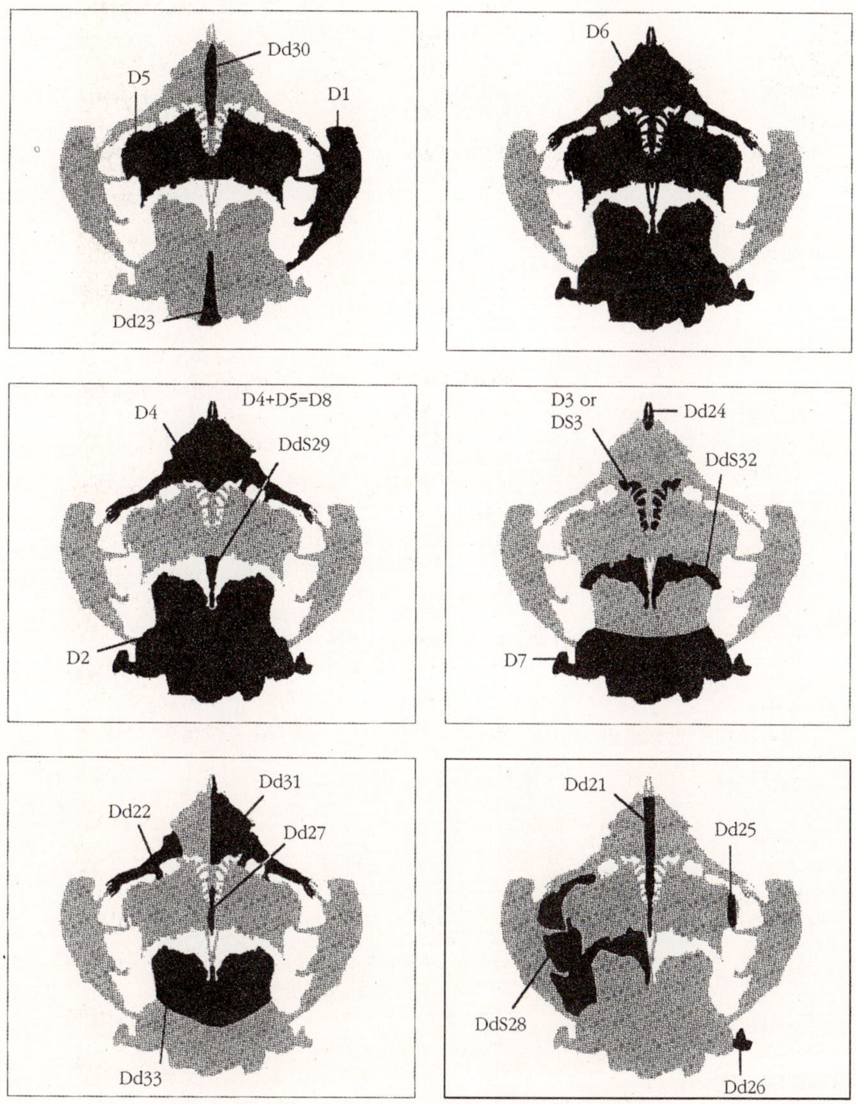

그림 8　카드 Ⅷ의 D와 Dd영역

W

u 가면
- 개구리
- 게
- 고기
- 곤충
u 괴물
- 구름(들)
o 그릇(장식용)
- 기계
u 기념물
o 꽃
u 꽃병
- 나무
u 나무(추상적 또는 만화)
- 나방
- 나비
o 도안(추상적)
- 동물
o 동물(들)(D1이 동물로, 나머지 부분은 반점의 윤곽과 일치하는 대상으로)
- 두개골
u 램프(장식용)
u 로봇, 로켓
- 머리(곤충)
u 머리(괴물)
- 머리(동물, 새, 인간)
o 문장 또는 장식을 한 옷
- 물고기
u 바다조개
- 바다동물
- 바닷가재
u 바위(색깔 있는)
- 박쥐
u 보석류
o 보트(돛을 단, 앞에서 본)
- 비행기
u 빛(전자관에서 형성된 색채를 띤)
- 뼈(들)(골격의)
- 새
u 새장(새)
o 샘
o 샹들리에
u 서커스 천막
u 섬(들)
o 식물(꽃병 속에 있는)
- 얼굴
u 얼굴(광대, 괴물)
u 연
u 예술(추상적)
u 왕관
u 우주선(보통 화염을 뿜는)
o 의학적 해부도(상징적)
- 인간
u 잎
o 장신구
u 정원, 뜰
u 조각상
- 지도(구체적)
u 지도(불특정)
- 케이크
- 콩팥(들)
o 포스터(추상적)
- 폭발
o 풍경(대개 공중에서 본)
u 풍뎅이
- 피라미드
u 호롱불(동양)
- X-ray

D1

- 개구리
- 곤충
- 꽃
u 꽃잎(꽃)
- 낙타
u 도마뱀
- 돌고래
u 동물(고대 동물)
o 동물(네 발 달린, 윤곽에 적절한 동물, 이러한 반응에는 고대 동물을 포함하여 다양한 동물이 포함된다. 가장 흔히 보고되는 것은 오소리, 곰, 고양이, 개, 두더쥐, 사자, 쥐, 그리고 늑대가 있다. 윤곽이나 반점에 적절하지 않은 네 발 달린 동물은 -로 채점되는데, 코끼리, 기린, 말, 캥거루 등이 있다)
- 물고기
- 새
u 악마
- 인간
- 전갈
u 카멜레온
- 파충류(카멜레온, 이구아나 또는 도마뱀을 제외한 다른 동물)
- 폐(들)
u 피
- 해파리
o 회전목마
- X-ray

D2

u∨ 가면
- 가슴
- 게
- 고기
- 곤충
u 그릇(장식용)
- 뇌
- 동물
- 두개골
- 디스크(척추의)
- 머리(곤충)
- 머리(동물, 짧은 귀나 뿔이 없는)
- 머리(새, 인간)
- 모자
u 바위(들)
- 박쥐
u 벌레
u 불
u 산호
- 살점
o 아이스크림
u 양탄자, 깔개
- 엉덩이(들)
u 연
- 왕관
o 용암
- 위
u 잎
u 지도(불특정)
- 질(해부)
- 척추(단면도)
u 케이크
u∨ 코트
u 폭발
u 피
u 항아리
- 해부

D3 / Ds3

o 가면
- 거미집
o 골격(일부)
- 그물
u∨ 나무(전나무)
u 눈
o 늑골, 갈비뼈
- 동굴
u< 동물(반사된)
o 두개골(동물)
- 두개골(인간)
- 문

- \- 얼굴
- u 얼음
- u∨ 우주선
- u∨ 텐트

D4(주의: D4+D5=D8)

- u 가면(공상과학의)
- \- 가재
- o 개구리
- u 곤충
- o 괴물
- \- 구름
- u 그루터기(나무)
- u 나무
- \- 나비
- \- 다리(인공의)
- u 도마뱀(앞에서 본)
- \- 동물
- u 동물(고대동물)
- \- 두개골
- u 로켓
- u 머리(공상과학)
- \- 머리(동물 또는 인간)
- \- 물고기
- u 바위
- \- 박쥐
- u 비행기(분출구, 앞에서 본)
- u 빙산
- o 뿌리
- u∨ 뿔(사슴)
- o 산
- u 성(산성)
- \- 얼굴
- u 얼굴(공상과학)
- u 얼음
- \- 왕관
- u 용
- o 우주선
- \- 인간(들)
- \- 전갈
- u 절
- \- 집

D5(주의: D4+D5=D8)

- \- 골반
- u 관목(들)
- u 구름(들)
- \- 꽃
- o 나비
- \- 늑골, 갈비뼈
- \- 동물
- u 돛(들)
- \- 두개골
- \- 머리(들)
- o 물
- u 바위(들)
- u 새
- o 새(선사시대의)
- \- 얼굴
- o 얼음
- o 옷
- \- 잎(들)
- u 절벽(들)
- o 풍경(공중에서 본)
- \- 하늘
- o 호수
- \- X-ray

D6

- u∨ 가면
- \- 게
- u 곤충
- o 꽃
- o 나무
- \- 뇌
- o 덤불
- \- 머리
- u 바다조개들
- \- 바닷가재
- \- 뼈(들)
- o 산
- \- 새
- u 샹들리에
- o 식물(plant)
- u 식물(vegetation)
- \- 얼굴
- u 연
- u 예술(추상적)
- u 우주선
- \- 인간
- \- 집
- o 풍경(흔히 공중에서 본)
- \- 해부(구체적)
- o 해부(불특정)
- u 헬멧(공상과학의)
- u 호롱불(동양)

D7

- \- 가슴
- u 나비
- \- 동물
- o 바위(들)
- u 뿔(양의)
- \- 손
- o 아이스크림
- \- 얼굴
- \- 엉덩이(들)
- u∨ 조끼
- u 풍경
- o 피(흔히 말라 붙은)
- u 협곡

D8(주의: D4+D5=D8)

- u 가면
- \- 게
- \- 꽃
- u 꽃장식
- u 나무
- \- 나비
- u 로켓
- \- 머리
- u 빙하
- u 새
- u∨ 샹들리에
- o 식물
- \- 얼굴
- u 오두막(집)
- o 우주선
- \- 조개
- u 텐트
- u 헬멧(공상과학의)

CARD Ⅸ 평범 반응: D3을 인간 또는 인간 같은 모습으로 지각한 반응

Z값: W=5.5 인접부분=2.5 비인접부분=4.5 공간반응=5.0

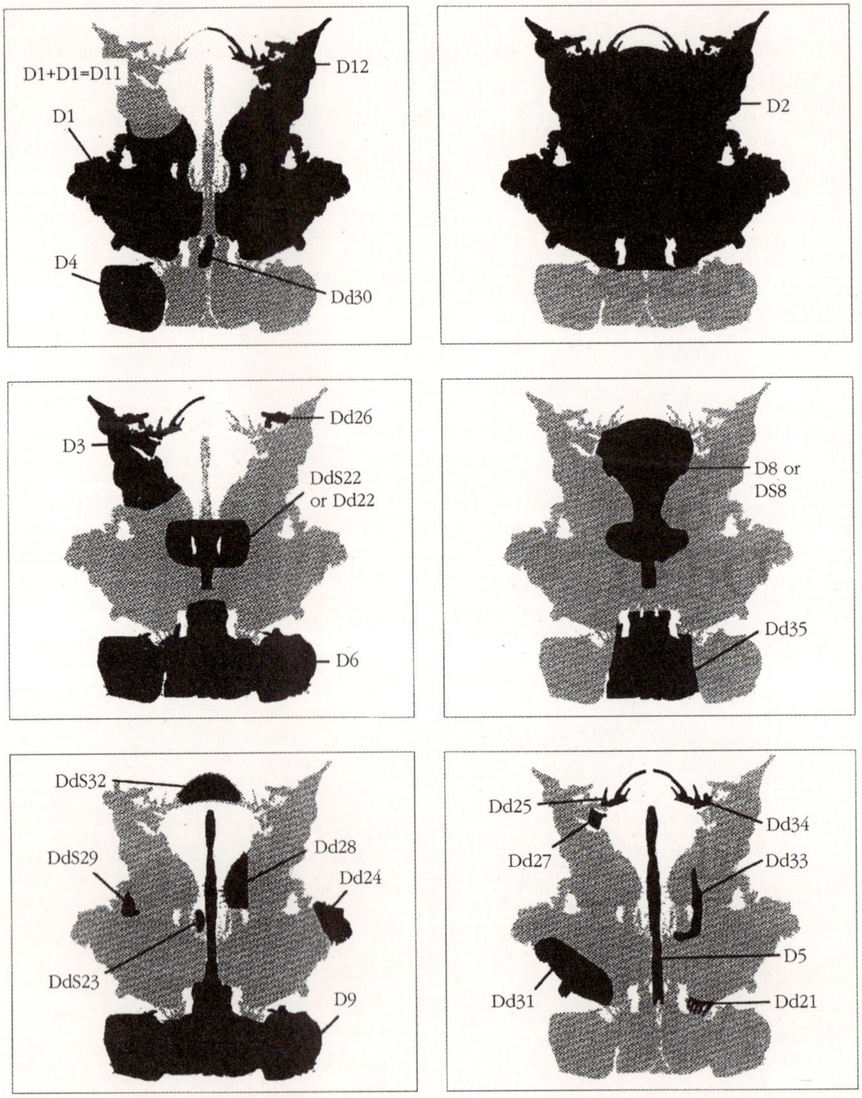

그림 9 카드 Ⅸ의 D와 Dd영역

W

o 가면
- 개미
- 게
- 고치
- 곤충
u 괴물
- 구름(들)
o 그릇(장식용)
- 기계
o 꽃(D6을 꽃병으로 지각)
- 나비
u 다리(숲 위의 꼭대기 부분)
u 닻
- 두개골
u 램프(석유)
u∨ 마네킹(옷가게의)
u∨ 마법사
- 머리(곤충)
u 머리(괴물)
- 머리(동물, 인간)
o 머리 장식(의상용)
u 모자
- 목구멍
o 물감
- 바다동물
u 뱃지
o 분수
o 산호
- 새
o∨ 새(D3을 나무 밑에 있는 것으로)
u 샐러드(그릇에 담긴)
u 선인장
o 설명도(해부도)
u 섬
o 식물(간혹 D6을 꽃병으로 지각)
- 씨앗
o 야채(들)(D5를 양배추, D1을 양상치, D6을 토마토로 지각)
- 양탄자, 깔개
u∨ 어깨망토(연극용)
- 얼굴
u 의자(D6을 받침대로 지각, 팔걸이가 있는)
- 인간
u∨ 인형
- 잎(나무 전체의)
u 장식
o 정원
- 지도(구체적)
u 지도(불특정)
- 질(해부)
- 벌레
- 뼈
- 사람
o< 사람(Dd24를 머리로 지각)
- 사자
u 산호
- 새
- 파리
- 폐(들)
o 폭발
o 폭포(D5를 폭포로, 나머지는 무성한 잎이나 풍경으로)
0 풍경(반사된)
- 해부
u 휘장
- X-ray

D1(주의: D1+D1=D11)

u< 개
- 개구리
o< 거인
u< 고릴라
- 고양이
- 곤충
o< 곰
o 관목
u< 괴물
u 구름
- 나무
- 지도
- 코끼리
u< 토끼
o 풀
o 풍경
u 해면동물
- 해부
u 해초
- 폐
u 호수
- X-ray

D2

o 가면
- 게
- 구름(들)
o 그릇
u 그림(추상적)
o 꽃
- 나비
o 닻
- 머리(곤충, 동물, 인간)
u 머리(인간 같은)
o 머리 장식(의상용)
- 바다동물
- 벌레
u 분수
o 분화구(D8을 분화구로, 나머지는 무성한 잎이나 풍경으로)
o 불(D3을 불로, 나머지는 연기로)
u 산호
- 새
o 식물
- 얼굴
o 얼굴(광대)
u 얼굴(괴물)
- 옷
u 용
u 의자(팔걸이)
- 인간

D3

- 개
u 게
- 곤충
o 광대
u 구름
o 귀신
o 꽃
- 나무
u 날개
- 다리
u 당근
o 동물(뿔 달린)
- 동물(뿔 없는)
- 두개골
o∨ 땅신령(gnome)
o 마녀
- 머리(곤충)
o 머리(인간 같은)
o< 사슴
o∨ 새
u 새
- 새우
- 설치류
u 식물
o 악마
o∨ 앵무새
o 언덕
- 얼굴

u∨ 올빼미
u 용
o 용암
o 장난감(권투용)
o 절벽
u 조각상
- 파리
- 폐
u 폭발
u∨ 폭포(D5를 폭포로, 나머지는 무성한 잎이나 풍경으로)
o 풍경
u 피
u 해마
u 헬멧
o 협곡(D8를 협곡으로, 나머지는 무성한 잎이나 풍경으로)
u 횃불

D4

u 가면
- 고기
- 고치
o 공
u 꽃
o 나무딸기
- 눈
u 딸기
u 바다조개
u 바위
- 벌레
o 사과
o 사탕(솜사탕)
u 아이스크림
u 장미
- 정자
u 피
- 항아리

D5

u 강
- 곤충
u 길
o 꼬챙이
- 나무
- 남근
- 동물
- 머리
- 반도
u 불꽃
o 뼈
u 석순
o 성냥
u 악어
o 양초
- 인간
u 지팡이
o 착수
u 칼
u 파충류
o 폭포(D8을 배경으로)
o 풍경
- 해부

D6

- 고기
- 곤충
o 구름(버섯구름 포함)
u 꽃(들)
u 나무딸기
u∨ 나비
- 날개
u∨ 머리(곤충)
- 머리(동물)
u 머리(만화)
o< 머리(인간, 반사된)
u 불
o 사과(네 개)
o 사탕(솜사탕)
u 산딸기
- 새
o 샤베트
- 섬
o 아기(두 명)
- 얼굴
u∨ 얼굴(곤충, 공상과학)
- 엉덩이
u 연기
- 인간
o< 인간(앉아 있는, 반사된)
o 피
- 피부
- 항아리
- 해부

D8 / Ds8

u∨ 가면
- 가슴
u 거품
o∨ 귀신
o 꽃병
- 나무
o 동굴
- 동물
- 두개골
u∨ 램프
- 머리(동물, 인간)
o 모래시계
o 물
u 믹서기
u 바이올린
o 백열전구
o 병
u∨ 얼굴(괴물)
- 얼굴(동물)
u 얼굴(용)
- 얼굴(인간)
u∨ 인간 같은 모습
- 자궁
u 하늘
- 해부
o 협곡
u 회오리바람

D9

o∨ 구름
o∨ 꽃
u∨ 나무
- 동물
- 드릴, 송곳
u∨ 램프
u∨ 망치(마개 뽑이, ball peed)
- 머리(곤충)
- 머리(코끼리를 제외한 동물)
- 머리(인간)
o 분수
-∨ 우산
- 인간

D11

- 곤충
u 곤충(날개 달린)
o 골반
u 관목(들)
- 귀덮개
o 나비
- 머리
u 몽둥이
u 새

u 식물
- 이어폰
- 인간
o 잎(나무 전체의)

D12

- 괴물
- 나무
- 동물
o 불(숲)
u< 용
o< 인간(D1을 인간, D3을 언덕이나 모래와 같은 다른 대상으로)
u 잎(들)
o< 풍경

CARD X 평범 반응: D1을 거미 또는 게라고 지각한 반응

Z값: W=5.5 인접부분=4.0 비인접부분=4.5 공간반응=6.0

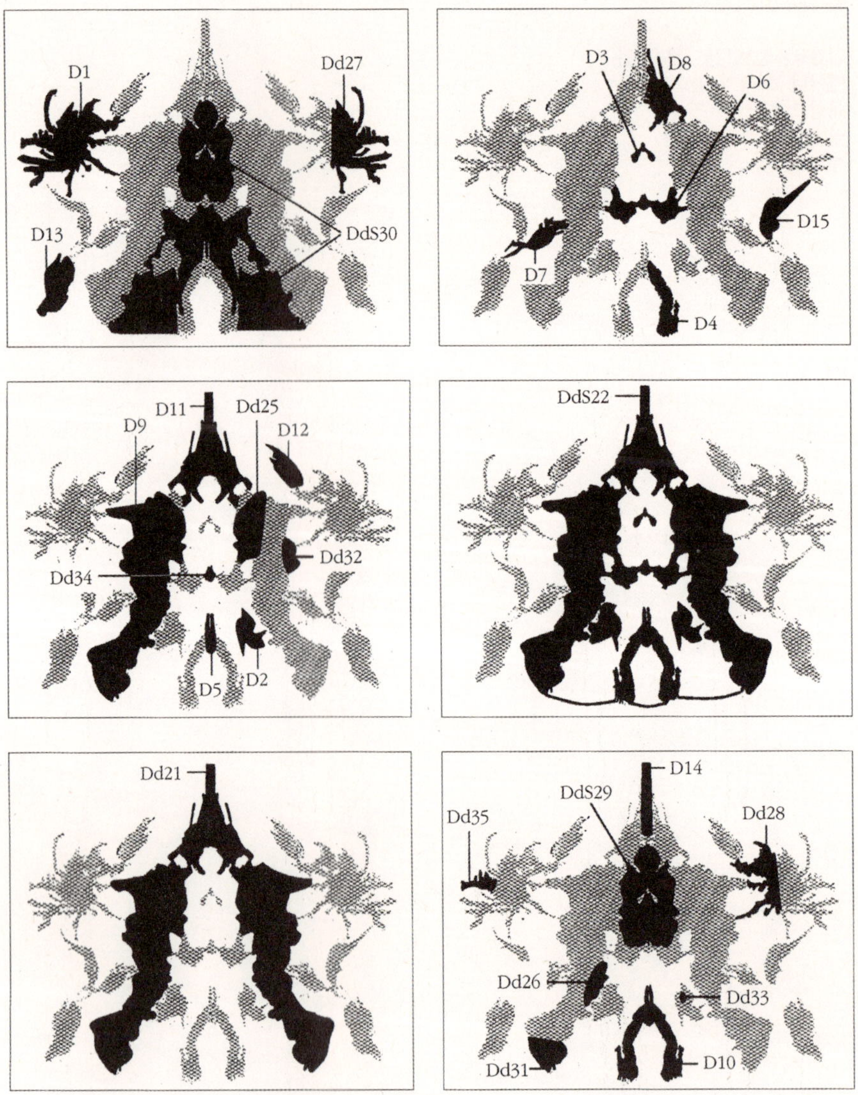

그림 10 카드 X 의 D와 Dd영역

W

- \- 가면
- o 곤충(불특정)
- u 공상과학 장면(외계인, 생물체, 괴물 또는 별들의 전쟁과 같은 우주전쟁을 포함한)
- \- 구름
- u 그림(손가락)
- o 그림(현대적)
- o∨ 꽃
- o 동물(불특정 바다동물)
- \- 머리장식
- u 모빌(추상적)
- \- 바다동물
- o 바닷속 풍경
- u 박테리아
- \- 벌레(찢어진)
- \- 뼈
- \- 새
- u 새장
- u 샹들리에
- u 섬
- o∨ 수족관
- u 식물
- \- 얼굴
- o 예술(추상화)
- \- 인간
- u 전망대
- o 정원(일부는 꽃 또는 관목으로 반응하고 D11과 D6은 조각 또는 조각 작품으로 지각)
- \- 지도(구체적)
- u 지도(불특정)
- \- 크리스마스 트리
- \- 탑
- o 포스터(추상적)
- u∨ 폭발
- \- 해부
- o 화원

D1

- \- 가면
- o 거미
- \- 거미집
- o 게
- u 곤충
- u 곤충
- u 괴물
- u 귀걸이
- u 눈송이
- \- 동물
- \- 머리
- \- 모자
- o 문어
- o 물(방울)
- \- 물고기
- \- 바다조개
- u 바닷가재
- \- 바퀴벌레
- u 벌레
- u 섬
- u 세포(생물학)
- \- 순록
- o 아메바
- \- 얼굴
- u 용
- \- 잎
- u 잡초
- o 전갈
- \- 지도
- \- 집
- u 풍경
- u 해초
- \- 해파리

D3

- \- 가위
- \- 게
- u∨ 고무총
- \- 고환
- u 귀마개
- u 기계(의료용)
- \- 꽃(들)
- u 꽃봉오리
- \- 낙하산병
- \- 난소
- \- 노 젓는 사람(보트)
- \- 눈
- u 더듬이(곤충)
- \- 머리
- \- 벌레
- u 불빛(전기의)
- \- 비행기
- u 우주선(공상과학)
- \- 음표(음악)
- u 이어폰
- \- 인간
- u 집게
- o 차골
- \- 청진기
- u 초인종
- \- 폐
- u 헤드폰
- u∨ 알파벳 "V"(승리 표시)

D4

- \- 곤충
- u 꼬리(to)
- \- 나무
- \- 날개
- u 달팽이
- \- 동물
- u∨ 동물(고대 동물)
- \- 머리(공작이나 백조는 제외)
- u∨ 머리(공작)
- \- 머리(동물)
- \- 머리(사람)
- \- 물고기
- o 뱀
- o 뱀장어
- \- 벌레
- u 식물
- o 쐐기벌레
- u 연기
- \- 오이
- u∨ 용
- \- 팔
- o∨ 해마
- \- 해부

D5

- \- 곤충
- o 가면
- u 머리(더듬이가 달린 곤충)
- o 머리(귀가 긴 동물)
- \- 머리(동물, 귀가 길지 않은)
- \- 머리(사람)
- \- 벌레
- u 빨래집게
- u∨ 예수의 십자가 상
- \- 얼굴
- u∨ 이빨
- o∨ 인간
- o∨ 천사

D6

- o∨ 고릴라(들)
- \- 곤충(들)
- u 골격
- o∨ 괴물
- \- 구름(들)
- u∨ 꽃(들)
- \- 난소(들)
- o 다리(자연적)

- 동물
- 박쥐(들)
u 새(들)
- 손(들)
- 안경
- 얼굴
u 오리
o∨ 귀신(들)
u∨ 인형
- 젖가슴(들)
- 코
u 파이프(들)(흡연)
- 해부
- 폐
- 턱

D7

o 게
o 가재
u 가지
u 갈고리발톱
- 개
- 개구리
o 개미
u 거미
o 동물(뛰는)
o 새둥지
o 메뚜기
- 물고기
- 바다동물
o 뿌리(들)
- 사람
o 사슴
- 새
u 압정
- 얼굴
- 콩팥

D8

u 개구리
o 개미
- 거미
u 게
- 고양이
o 곤충
- 골격
o 괴물(동물)
o 괴물(인간 같은)
- 닭
- 도마뱀
u 동물(만화 또는 고대동물)
- 동물(불특정)
o 딱정벌레
u 땅신령
- 마녀
u 가면
o 머리(곤충, 동물 같은 존재)
- 머리(동물)
- 물고기
- 바다동물
u 물소
u 벌
o 벌레
u 뿌리
- 새우
u 앵무새
- 얼굴
- 염소
o 용
- 원숭이
- 인간
u 황소

D9

u 곤충
u 구름
o 꼬마요정
u 달팽이
- 돌고래
- 쥐돌고래
- 동물
u 동물 같은 존재
- 머리, 머리카락
o 미생물
o 미라
u 뱀장어
u 베이컨
o 불
u 산맥(흔히 공중에서 본)
o 산호
u 섬
u 스폰지
o 인간 같은 모습
o 인어
u 장(腸)
- 지도
o 피

D10

- 곤충
u∨ 골반
o 관목(들)
- 깔대기
- 꽃
u 나비
o∨ 낙하산병
- 동물
- 머리
o∨ 문 두드리는 쇠
u 벌레(들)
u 분수
u∨ 새
u 쐐기벌레
o 아치
o∨ 인간(D5를 사람으로, 나머지 부분은 깃발, 연기, 장식, 날개 등)
o 차골
u∨ 천사
- 해부

D11

u 가면
u 겨우살이(mistletoe)
o 곤충(D8, D14를 다른 대상으로)
u∨ 꽃
u∨ 나무
- 동물
o 로켓(연기나 발사대를 포함)
o 미사일(연기나 발사대를 포함)
u 비행기
u 빌딩(굴뚝 또는 탑이 있는)
- 벚자루
o 뿌리(들)
- 신경계
o 양초(받침대가 있는)
- 얼굴
u 얼굴(괴물)
o 에펠탑
o 우주선
- 인간
- 장(腸)
u 조각상
- 지네
- 폐
- X-ray(구체적)
u X-ray(불분명한)

D12

u 고래
o 곤충
- 물고기
o 물소
o 벌레
u 메뚜기
- 새
- 식물
o 암소
u 양
u 염소
o 유니콘
o 잎
u 콩

D13

o 감자칩
- 개미
u 고래
u 굴
u 깔개(현관문 앞)
- 꽃
- 나무
o∨ 동물(누워 있거나 뛰어가는 곰, 들소, 개, 사자, 토끼 등과 같은 동물)
- 머리
u 물고기
- 바다조개
u 버섯
u 벌레
- 사람
- 새
u 스폰지
- 얼굴
u 잎
u 해면동물

D14

u 검
u 경찰봉
o 굴뚝
o 기둥
u 남근
u 동맥
- 동물
o 로켓
u 막대기
u 망원경
- 머리
o 미사일
o 뼈
u 뿌리
- 사람
- 손가락
u 손잡이
o 양초
- 얼굴
u 조각상
o 척수
- 칼
u 타이어 범퍼
u 통나무
u 플루트(악기)

D15

- 곤충
- 구름
o 꽃
u 나비
u 날개
- 동물
- 머리
- 물개
u 물고기
o 새
o 싹(꽃)
- 연기
u 잎
o 장미
- 해파리

곽금주(2002). 아동심리평가와 검사. 서울: 학지사.

곽금주(2021). K-WISC-V 이해와 해석. 서울: 학지사.

곽금주, 박혜원, 김정택(2001). K-WISC-Ⅲ 실시요강. 서울: 도서출판 특수교육.

곽금주, 오상우, 김청택(2011). K-WISC-Ⅳ 전문가 지침서. 서울: 학지사심리검사연구소.

곽금주, 장승민(2019a). 한국 웩슬러 지능검사 5판(K-WISC-V). 서울: 학지사.

곽금주, 장승민(2019b). 한국 웩슬러 지능검사 5판(K-WISC-V) 실시와 채점지침서. 서울: 학지사.

김동일(2000). 기초학습기능수행평가체제: 읽기검사 요강. 서울: 학지사.

김승국, 김옥기(1985). 사회 성숙도 검사. 서울: 중앙적성출판사.

김승태, 김지혜, 송동호, 이효경, 주영희, 홍창희, 황순택(1997). 한국아동인성검사(Korean Personality Inventory for Children, KPIC) 실시요강. 서울: 정문사

김영환, 김지혜, 홍상황, 배금예, 장문선, 박은영(2000). 로르샤하 워크북. 서울: 학지사.

김영환, 문수백, 홍상황(2005). 심리검사의 이론과 실제. 서울: 학지사.

김재환 외(2009). 임상심리검사의 이해. 서울: 학지사.

김정택, 심혜숙(1993). 어린이 및 청소년 성격유형검사 안내서. 서울: 한국심리검사연구소.

김정택, 심혜숙(1995). MMTIC과 어린이 청소년의 이해. 서울: 한국심리검사연구소.

김현주 외(2009). 심리검사의 이해. 서울: 학지사.

문수백(1997). K-ABC 워크숍자료집. 서울: 학지사.

문수백(2014). 한국 카우프만 아동 지능검사 2판(KABC-Ⅱ) 전문가 지침서. 서울: 학지사.

문수백, 변창진(1997). K-ABC 해석요강. 서울: 학지사.

문용린(1995). 종합학습능력검사. 대구: 대구교육과학연구소.

미국정신의학회(1995). 정신장애의 진단 및 통계편람 제4판, 서울: 하나의학사.

박경(2002). 심리검사의 이론과 활용. 서울: 학지사.

박경숙, 윤점룡, 박효정(1989). 기초학습기능검사(실시요강). 서울: 도서출판 특수교육.

박혜원, 곽금주, 박광배(1996). K-WPPSI 지침서. 서울: 도서출판 특수교육.

박혜원, 이경옥, 안동현(2016). 한국 웩슬러 유아지능검사 4판(K-WPPSI-Ⅳ) 실시 지침서, 서울: 학지사.

석일원(1995). Koppitz의 정서지표에 의한 정상아와 정서부적응아의 BGT반응 차이 연구. 서울여대 석사학위 청구논문.

송인섭(1993). 유아성격검사 요강. 서울: 학지사.

신민섭 외(2002). 그림을 통한 아동의 진단과 이해. 서울: 학지사.

심혜숙, 김정택(1990). MBTI 표준화연구. 서울: 한국심리연구소.

안창일 외(2008). 임상심리학. 서울: 시그마프레스.

오경자, 이혜련, 홍강의, 하은혜(1997). K-CBCL 아동·청소년 행동평가척도. 서울: 중앙적성출판사.

오상우 외(2011). K-WISC-Ⅳ 워크샵 자료집. 서울: 학지사심리검사연구소.

오영환(1997). 비행유형에 따른 청소년의 H-T-P 반응 특성연구. 대구대학교 석사학위논문.

이상로(1975). 전국표준화 지능진단검사. 서울: 중앙적성출판사.

이창우, 서봉연(1974). K-WISC 실시요강. 서울: 배영사.

전경원(2000). 유아종합창의성검사 요강. 서울: 학지사.

전용신(1971). 고대-비네 검사요강. 고려대학교 행동과학연구소.

한국교육개발원(1991). KEDI-WISC 검사요강. 서울: 도서출판 특수교육.

Achenbach, T, M., & Edelblock, C.(1983). *Manual for the Child Behavior Checklist and Revised Child Profiles*. Burlington: Univ. of Vermont.

Ager, A. (Ed).(1991). *Microcomputers and clinical psychology: Issues, applications, and future development*. New York: Wiley.

Ambrosini, P, J., Metz, C., Prabucki, K., & Lee, J.(1989). Videotape reliability of the third revised edition of K-SADS. *Journal of the American Academy of Child and Adolescent Psychology*, 28, 92.

American Psychological Association(1986). *Guidelines for computer-based test interpretations*. Washington, DC: American Psychological Association.

American Psychological Association(2013). *Diagnostic and Statistical manual of mental Disorders*, (5th ed.). Washington DC: Author.

Ames, L.B., Metraux, R.W., and Walker, R.N.(1971). *Adolescent Rorschach Responses*. New York: Brunner/Mazel.

Anastasi, A., & Urbana, S.(1997) *Psychological Testing(7th ed.)* N.Y.: McMillan.

Appelbaum, S.A.(1970). Sceince and persuasion in the psychological test report. *Journal of Consulting and Clinical Psychology*, 35, 349-355.

Beck, S. J.(1937). Introduction to the Rorschach method : A manual of personality study. *American Orthopsychiatric Association Monograph*, 1.

Beck, S. J., and Molish, H. B.(1967). *Rorschach Test. II: A Variety of Personality Pictures*, (2nd Ed.). New York: Grune & Stratton.

Behar, L., & Stringfield, S.(1974). A behavior rating scale for the preschool child. *Developmental Psychology*, 10, 601-610.

Beidel, D. C., Turner, S. M., & Morris, T. L.(1995). A new inventory to assess childhood social anxiety and phobia : The Social Phobia and Anxiety Inventory for Children. *Psychological assessment*, 7, 73-79.

Bellak, L.(1986). *The Thematic Apperception Test, The Children's Apperception Test and The Senior Apperception Technique in clinical use*. N.Y.: Grune & Stratton.

Bender, L.(1938). A visual motor Gestalt test and its clinical use. *The Am. Orthopsychiat. Ass. Res. Mon., 3*.

Binet, A., & Simon, T.(1908). The development of infant intelligence. *The Annals of Psychology*, 14, 1-94.

Binet, A., & Simon, T.(1916). *The development of intelligence in children* (E. S. Kit, Trans.). Baltmore Williams & Wilkins.

Binet, A., & Simon. T.(1905). Methodes nouvelles pour le diag-nostic nu niveau intelectuel des anormaux. *La'Annee Psychologique*, 11, 191-244.

Blaha, J., & Wallbrowun, F. H.(1984). Hierarchical analyses of the WISC and WISC-R: Synthesis and clinical implictions. *Journal of Clinical Psychology*, 40, 556-571.

Buck J. N.(1947). *The House-Tree-Person Test*. Colony Virginia.

Burns, R. C. & Kauffman, S. H.(1970). *Kinetic Family Drawing: An introduction to understanding children through kinetic drawings*. N.Y.: Brunner/Mazel.

Burns, R. C. Kauffman, S. H.(1972). *Actions, styles and symbols in Kinetic Family Drawing: An interpretative Manual*. N.Y.: Brunner/Mazel.

Ciminero A. R., & Drabman, R. S.(1977). Current developments in behavioral assessment of children. In B. B. Lahey & A. E. Kazdin (Eds.). *Advances in clinical child Psychology (Vol. 1)*. New York: Plenum.

Corcoran, K., & Fischer, J.(1994). *Measures for clinical practice : A sourcebook (2nd ed.)*. (Vols. 1-2). New York: Macmillan.

Corsini, R. J.(1984). *Encyclopedia of psychology*. N. Y: John Wiley & Sons.

Costa, L. D. The relation of visuospatial dysfunction to digit span performance in patients with cerebral lesions. *Cortex*, 1975, 11, 31-36.

Costello, E. J., Edelbrock, C. S., Duncan, M, K., & Kalas, R.(1984). Testing of NIMH Diagnostic Interview Schedule for Children (DISC) in a clinical population. *Final report to the Center for Epidemiological Studies*, National Institute For Mental Health. Pittsburgh: University of Pittsburgh.

Crary. W. G., & Johnson, C. W.(1981). Mental status examination In C. W. Johnson, J. R. Snibbe, & L. A. Evans (Eds.), *Basic psychopathology: A programmed text (2nd ed., pp. 56-57)*. Lancaster, PA: MTP Press.

Donahue, D., & Sattler, J. M.(1971). Personality variables affecting WAIS scores. *Journal of Consulting and Clinical Psychology*. 36, 441.

Endicott, J., & Spitzer, R. L.(1978). A diagnostic interview: The Schedule for affective disorders and schizophrenia. *Archives of General Psychiatry*, 35, 837-844.

Exner, J. E.(1969). *The Rorschach System*. New York: Grune & Stratton.

Exner, J. E.(1974). *The Rorschach: A Comprehensive System. Volume 1.* New York: Wiley & Sons.

Exner, J. E.(1987). The search for projection. *Alumni Newsletter*. Asheville, N. C.: Rorschach Workshops.

Exner, J. E.(2003). *The Rorschach; A Conprehensive System, Volume 1: Basic foundatations(4th ed.)*. New York: wiley.

Exner, J. E., and Murillo, L. G.(1975). Early prediction of posthospitalization relapse. *Journal of Psychiatric Research*, 12, 231-237.

Exner, J. E., and Weiner, I. B.(1982). *The Rorschach: A Comprehensive System. Volume 3: Assessment of children and adolescents*. New York: Wiley.

Exner, J. E., and Wylie, J. R.(1977). Some Rorschach data concerning suicide. *Journal of Personality Assessment*, 41, 339-348.

Finn, S. E., & Tonsager, M. E.(1992). Therapeutic effects of providing MMPI-2 Test Feedback to college studensts awaiting therapy. *Psychological assessment*, 4, 278-287.

Fischer, C. T. Undercutting the scientist-professional dichotomy : The reflective psychologist(1976). *Clinical Psychologist*, 29, 5-7.

Fisher, C. T. Individualized assessment and phenomenological psychology(1979). *Journal of Personality assessment*, 43, 115-122.

Flanagan, D. P., Ortis, S. O., Alfonso, V. C.(2017). The Eross-Battery Assessment Software System, Version 2.0, Hoboken N. J.: Wiley.

Foster, S. L., & Cone. J. D.(1995). Validity issues in clinical assessment. *Psychological assessment*, 7, 248-260.

French. C. C., & Beaumont, J. G.(1987). The reaction of psychiatric patients to computerized assessment. *British Journal of Clinical Psychology*, 26, 267-278.

Fuchs, D., & Fuchs, L. S.(1986). Test procedure: A meta-analysis of examiner familarity effects. *Review of Educational Research*, 56, 243-262.

Gardner, H.(1983). *Frames of mind: The theory of multiple intelligences*. New York: Basic Books.

Gardner, H.(1993). *Multiple intelligences: The theory in practice*. New York : Basic Books.

Gardner, W. I.(1974). *Children with learning and behavior problems : A behavior management approach*. Boston: Allyn and Bacon.

Groth-Marnat, G.(1997). *Handbook of psychological assessment*. N. Y.: VAN Nostrand Reinhold Co.

Glaser, R.(1963). Instructional technology and the measurement of educational outcomes. *American Psychologist*, 18, 519-522.

Grab. H. N.(1984). The incremental validity of information used in personality assessment. *Clinical Psychology Review*, 4, 641-645.

Grab. H. N.(1992). The trained psychologist expert witness. *Clinical Psychology Review*, 12, 451-467.

Grab. H. N.(1994). Judgment research: Implications for clinical practice and testimony in court. *Applied & Preventive Psychology*, 3, 173-183.

Gregory, R. J.(2000). *Psychological Testing: History, Principles, and Applications(3rd ed.)*, Boston: Allyn and Bacon, Inc.

Gresham, F. M.(1984). Behavioral interviews in school Psychology: Issues in psychometric adequacy and research. *School Psychology Review*, 13, 17-25.

Groth-Marnat. G.(1997). *Handbook of Psychological Assessment (3rd ed.)*. John Wiley & Sons.

Guilford, J. P.(1967). *The nature of human intelligence*. New York : McGraw-Hill.

Harris, D. B.(1963). *Children's drawings as measures of intellectual maturity*. N.Y. : Harcourt, Brace and World.

Haverkamp, B. E.(1993). Confirmatory bias in hypothesis testing for client-identified and counselor self-generated hypothesis. *Journal of Counseling Psychology*, 40, 303-315.

Haynes, S. N., Richard, D. C. S., & Kubany, E. S.(1995). Content validity in psychological assessment: A functional approach to concepts and methods. *Psychological assessment*, 7, 223-247.

Hebb, D. O.(1972). *Textbook of psychology (3rd ed.)*. Philadeiphia: W. B. Saunders.

Helzer, J. E., & Robbins, L. N.(1988). The Diagnostic Interview Schedule: Its development, evolution and use. *Social Psychiatric Epidemiology*, 23, 6-16.

Hingtgen, J. N., & Bryson. C. Q.(1972). Recent developments in the study of early childhood Psychoses Infantile autism, childhood schizophrenia, and related disorders. Scyizophrenia Bulletin, No. 5, 8-54.

Hogan, R., Nicholson, R.(1988). The meaning of personality test scores. *American Psychologist*, 43, 621-626.

Holroyd, J., & Wright, F.(1965). Neurological implications of WISC Verbal-Performance discrepancies in a psychiatric setting. *Journal of Consulting Psychology*, 29, 206-212.

Horn, J, L., & Cattell, R. B.(1966). Refinement and test of the theory of fluid and cystalized intelligence. *Journal of Eductional Psychology*. 57, 253-270.

Hulse, W. C.(1951). The emotionally disturbed child draws his family. Quart. *Journal of Child Behavior*, 3, 152-174.

Hutt, M. L.(1985). *The Hutt Adaptation of the Bender-Gestalt Test*. N. Y.: Grune & Stratton.

Jarman, R. F., & Nelson, G.(1980). Torque and cognitive ability: Some contradictions to Blau ? proposals. *Journal of Clinical Psychology*, 36, 458-464.

Jensen, A. R., & Figueroa, R. A.(1975) Forward and backward digit-span interaction with race and I.Q. *Journal of Educational Psychology*, 67, 882-893.

Kamphaus, R. W., & Reynolds, C. R. M.(1987). *Clinical and Research Application of the K-ABC*, American Guidance Services, MN: Circle Pines.

Kaufman, A. A.(1990). *Assessing adolescent and adult intelligence*. Boston: Allyn & Bacon. 173.

Kaufman, A. S.(1975). Factor analysis of the WISC-R at eleven ages between $6\frac{1}{2}$ and $15\frac{1}{2}$years. *Journal of Consulting and Clinical Psychology*, 43, 135-147.

Kaufman, A. S.(1979). Intelligent testing with the WISC-R. John Wiley & Sons.

Kaufman, A. S., & Kaufman, N. L.(1983). *Interpretive Manual for the K-ABC*. American Guidance Services. MN: Circle Pines.

Kehoe, J. F., & Tenopyr, M. L.(1994). Adjustment in assessment scores and their usage: A tax-onomy and evaluation for methods. *Psychological assessment*, 6, 11.

Keyser D. J., & Sweetland, R. C. (Eds.).(1985). *Test critiques (Vol. 1)*. Kansas City: Test Corporation of America.

Koch, C.(1952). *The Tree Test*. N. Y: Grune & Sratton.

Koppitz, E.M.(1963). *The Bender Gestalt Test for young children*. New York : Grune & Stratton.

Kramer, J. J., & Conoley, J. C. (Eds.).(1992). *The eleventh mental measurements yearbook*. Lincoln, NE: Buros Institute of Mental Measurements.

LaGreca, A. M.(1998). *Social Anxiety scales for Children and Adolescents* : Manual and instructions for the SASC, SASC-R, SAS-A and parent versions of the scales. University of Miami, FL.

Lawrence G. Weiss, Donald H. Saklofske, Aurelio Prifitera, James A, Holdnack(2006). *K-WISC-IV Advanced Clinical Interpretation*. London: Academic Press.

Levine, M. & Galanter, E.(1953). A note on the tree and trauma in interpretation in H-T-P. *Journal of Consulting Psychology*, 17, 74-75.

Lezak. L. D.(1995). *Neuropsychological assessment (3rd ed.)*. New York : Oxford University Press.

Lockshin, S. B., & Harrison, K.(1991). Computer-assisted assessment of psychological problems. In A. Ager (Ed.), *Microcomputers and clinical Psychology: Issues, application future developments* (pp. 47-63). New York: Wiley.

Luria, A. R., & Simernitskaya, E. G.(1977). Interhemispheric relations and the function of the minor hemisphere. *Neuropsychologia*, 15, 175-178.

Majumber, A. K, and Roy, A. B.(1962). Latent personality content of juvenile delinquents. *Journal of Psychological Research*, 1, 4-8.

Maloney, M. P., & Ward, M. P.(1976). *Psychological assessment: A conceptual approach*. New York: Oxford University Press.

Matarazzo, J. D.(1990). Psychological assessment versus psychological testing: Validation from Binet to the school, clinic, and courtroom. *American Psychologist*, 45, 14-24.

Mayes, S. D. & Calhorn, S. L.(2006), WISC-IV and WISC-Ⅲ Profiles in children with ADHD. *Journal of attention Disorder*, 9(3), 486-493.

Mcknight, D, L., Nelson, R, O., Hayes, S. C., & Jarrett, R. B.(1984). Importance of treating individually-assessed response classes in the amelioration of depression. *Behavior Therapy*, 15, 315-335.

Messick, S.(1995). Validity of Psychological Assessment: Validation of inferences from persons' responses and performances as scientific inquiry into score meaning. *Psychological Assessment*. 7, 741-749.

Molish, H. B.(1967). Critique and problems of the Rorschach. A survey. In Beck, S. J. and Molish, H. B. *Rorschach Test. II: A Variety of Personality Pictures (2nd Ed.)*. New York: Grune & Stratton.

Neisser, U., Boodoo, G., Bouchard, T, J., Boykin, A. W., Brody, N., Ceci, S. J., Halpern, D. F., Loehelin, J. C., Perloff, R,. Sternberg, R, J., & Urbina, S.(1996). Intelligence: Knowns and knowns. *American Psychologist*, 51, 77-101.

Nihira, K., Foster, R., Shellhaas, M., & Leland, H.(1974). *AAMD Adaptive Behavior Scale (Rev. ed.)*. Washington, DC. : American Association on Mental Deficiency.

Ogdon, D. P.(1967). *Psychodiagnostics and personality assessment : A handbook*. Los Angeles: Western Psychological Services.

Othmer, E., Othmer, S, C.(1994). *The Clinical interview using DSM-IV. Vol. 1. Fundamentals.* Washington. DC: American Psychiatric Press.

Piaget, J.(1965). *The children conception of number.* New York: W. W. Norton.

Piotrowski, Z.(1950). A Rorschach compendium: Revised and enlarged. In J. A. Brussel et. al. *A Rorschach Training Manual.* Utica, N. Y.: State Hospitals Press.

Piotrowski, Z.(1957). *Perceptanalysis.* New York: Macmillan.

Piotrowski, Z., and Schreiber, M.(1952). Rorschach perceptanalytic measurement of personality changes during and after intensive psychoanalytically oriented psychotherapy. In G. Bychowski and J. L. Despert (Eds.). *Specialized Techniques in Psychotherapy.* New York: Basic Books.

Piotrowski. C., & Zalewski, C.(1993). Training in psychodynostic testing in APA-approved PsyD and PhD clinical training programs. *Journal of Personality Assessment*, 61, 394-405.

Pressey, S. L., & Cole, L. W.(1918). Irregularity in a psychological examination as a measure of mental deterioration. *Journal of Abnormal Psychology*, 13, 285-294.

Rabin & Mcdinney(1972). *Intelligence tests and childhood fo child psychopathology.* New York: McGraw-Hill.

Rapaport, D., Gill, M., and Schafer, R.(1946). *Diagnostic Psychotherapy Testing. Volumes 1 & 2.* Chicago: Yearbook Publishers.

Robins, L, N., Helzer, J. E., Croughan, J. L., & Ratcliff K. S.(1981). National Institute of Mental Health Diagnostic Interview Schedule. *Archives of General Psychiatry*, 38, 381-389.

Rogers, R.(1995). *Diagnostic and structured interviewing: A handbook for Psychologist.* Odessa, FL: Psychological Assessment Resources.

Roid, G. H.(2003). *Stanford-Binet Intelligence Scales*, Fifth edition. Itasca, IL: Riverside.

Russ, S. W. & Ollendick, T. H.(1999). *Handbook of psychotherapies with children and families.* Kluwer Academic/ Plenum Publishers.

Sattler, J. M.(1982). *Assessment of children's intelligence and special abillities* (2nd ed.). Boston : Allyn & Bacon.

Schactel, E. G.(1950). Projection and its relation to character attitude and creativity in the kinesthetic response. *Psychiatry*, 14, 124.

Schider, P.(1935). *Image and apperception of the human body*. London: Kegan Paul.

Shearn, C. R. & Russell, K. R.(1969). Use of the family drawing as a technique for studying parent-child interaction. *Journal of Project Technique & Personality Assessment*, 33, 1.

Silverman, W. K., & Albano, A. M.(1996). *The Anxiety Disorders Interview Schedule for DSM-IV : Child Interview Schedule*. San Antonio, TX: Graywind Publications. a division of the Psychological Corporation.

Spearman, C.(1927). *The abilities of man: Their nature and measurement*. New York: Macmillan.

Spitzer, R. L., Endicott, J., & Robins, E.(1978). Research diagnostic criteria: Rationable and reliability. *Archives of General Psychiatry*, 35, 773-782.

Taft, R.(1955). The ability to judge people. *Psychological Bulletin*, 52, 1-23.

Terman, L. M. (1916). *The measurement of intelligence*. Boston: Houghton Mifflin.

Thomas, E. A., Exner, J. E., and Baker, W.(1982). Rating of real versus ideal self among 225 college student. Workshops Study No. 287 (unpublished), Rorschach Workshops.

Thurstone. L. L.(1938). Primary mental abilities. *Psychometric Monographs., No. 1.*

Vernon, P. E.(1950). *The structure of human abilities*. London: Methuen.

Vernon, P. E.(1960). *The structure of human abilities*. (2nd ed.). London: Methuen.

Vernon, P. E.(1964). *Personality assessment : A critical survey*. London: Methuen.

Wade, T. C., Baker. T. B., & Hartman, D. P.(1979). Behavior therapist: self-reported views and practices. *The Behavior therapist*, 2, 3-6.

Watkins, C. E., Campbell. V. L., Nieberding, R., & Hallmark, R.(1995). Contemporary practice of Psychological Assessment by Clinical Psychologists. *Professional Psychology: Research and practice*, 26, 54-60.

Wechsler, D.(1958). *The Measurement and appraisal of adult intelligence (4th ed.)*. Baltimore: Williams & Wilkins.

Wechsler, D.(1967). *Manual for the Wechsler Preschool and Primary and Primary*

School of Intelligence. New York: Psychological Corporation.

Wechsler, D.(1974). *Wechsler Memory Scale manual San Antonio*. TX : The Psychological Corporation.

Wechsler, D.(1981). *Manual for the Wechsler Adult Intelligence Scale-Revised*. New York: Psychological Corporation.

Wechsler, D.(2014a). *Wechsler Intelligence Scale for Children*, (5th ed.). San Antonio, TX: Pearson.

Wechsler, D.(2014b). *WISC-V Technical and Interpretive manual*. San Antonio, TX: Peerson.

Wedding, D., & Faust, D.(1989). Clinical Judgment and decision making in neuropsychology. *Archives of Clinical Neuropsychology*, 4, 233-265.

Weinberg, J., Diller, L., Gerstman, L., & Schulman, P.(1972). Digit span in right and left hemiplegics. *Journal of Clinical Psychology*, 28, 361.

Weiss, L. G., Saklofske, D. H., Holdnack, J. A., & Prifitera, A.(2015). *WISC-V assessment and interpretation: Scientist-Practitioner Perspectives*. London: Academic Press.

Witkin, H. A., Dyk, R. B., Faterson, H. G., Goodenough, D. R., & Karp, S. A.(1974). *Psychological Differentiation*. Erlbaum, Potomac, Md.

Wolf, W.(1946). *The personality of the pre-school child*. N.Y.: Grune & Stratton.

Yerkes, R. M., Bridges, J. W., & Hardwick, R. S.(1915). *A Point Scale for measuring mental ability*, Baltimore: Warwick & Yord.

찾아보기

ㄹ

ㅁ

ㅂ

ㅅ

ㅇ

ㅈ

기타

저자 소개

강문희
고려대학교 문과대(문학사)
이화여자대학교 교육심리학과(문학석사, 문학박사)
캐나다 마니토바대학교 교육심리학과(교육심리학석사)
현재 서울여자대학교 아동학과 명예 교수
　　청아심리상담센터 대표

박 경
서울여자대학교 교육심리학과(문학사)
중앙대학교 대학원 심리학과 임상심리전공(문학석사)
고려대학교 대학원 심리학과 임상심리전공(문학박사)
현재 서울여자대학교 사회과학대 명예 교수
　　심리상담센터 연음 공동소장

정옥환
서울여자대학교 교육심리학과(문학사, 문학석사)
미국 오하이오대학교 교육심리학과(문학석사)
서울여자대학교 대학원 아동심리전공(문학박사)
현재 도담가족상담연구소 대표

3판 아동심리검사

초판 발행 2003년 3월 5일
2판 발행 2011년 2월 24일
3판 발행 2022년 8월 30일

지은이 강문희, 박경, 정옥환
펴낸이 류원식
펴낸곳 교문사

편집팀장 김경수 | **책임진행** 윤소연 | **디자인** 신나리 | **본문편집** 홍익m&b

주소 10881, 경기도 파주시 문발로 116
대표전화 031-955-6111 | **팩스** 031-955-0955
홈페이지 www.gyomoon.com | **이메일** genie@gyomoon.com
등록번호 1968.10.28. 제406-2006-000035호

ISBN 978-89-363-2376-9(93370)
정가 26,000원